**ESBOÇOS DE UMA
TEORIA DA CULTURA**

Obras de Zygmunt Bauman:

- 44 cartas do mundo líquido moderno
- Amor líquido
- Aprendendo a pensar com a sociologia
- A arte da vida
- Babel
- Bauman sobre Bauman
- Capitalismo parasitário
- Cegueira moral
- Comunidade
- Confiança e medo na cidade
- A cultura no mundo líquido moderno
- Danos colaterais
- O elogio da literatura
- Em busca da política
- Ensaios sobre o conceito de cultura
- Esboços de uma teoria da cultura
- Estado de crise
- Estranho familiar
- Estranhos à nossa porta
- A ética é possível num mundo de consumidores?
- Europa
- Globalização: as consequências humanas

- Identidade
- A individualidade numa época de incertezas
- Isto não é um diário
- Legisladores e intérpretes
- Mal líquido
- O mal-estar da pós-modernidade
- Medo líquido
- Modernidade e ambivalência
- Modernidade e Holocausto
- Modernidade líquida
- Nascidos em tempos líquidos
- Para que serve a sociologia?
- O retorno do pêndulo
- Retrotopia
- A riqueza de poucos beneficia todos nós?
- Sobre educação e juventude
- A sociedade individualizada
- Tempos líquidos
- Vida a crédito
- Vida em fragmentos
- Vida líquida
- Vida para consumo
- Vidas desperdiçadas
- Vigilância líquida

Zygmunt Bauman

ESBOÇOS DE UMA TEORIA DA CULTURA

Organização:
Dariusz Brzeziński

Tradução:
Carlos Alberto Medeiros

Copyright © 2018 by Zygmunt Bauman

Grafia atualizada segundo o Acordo Ortográfico da Língua Portuguesa de 1990, que entrou em vigor no Brasil em 2009.

Título original
Szkice z teorii kultury

Traduzido da edição inglesa (Sketches in the Theory of Culture)

Capa e imagem
Bruno Oliveira

Preparação
Angela Ramalho Vianna

Índice remissivo
Probo Poletti

Revisão
Clara Diament
Aminah Haman

Catalogação na Publicação (CIP)
(Câmara Brasileira do Livro, SP, Brasil)

Bauman, Zygmunt, 1925-2017
  Esboços de uma teoria da cultura / Zygmunt Bauman ; organização Dariusz Brzeziński ; tradução Carlos Alberto Medeiros. — 1ª ed. — Rio de Janeiro : Zahar, 2022.

  Título original: Szkice z teorii kultury.
  ISBN 978-65-5979-058-6

  1. Cultura e sociedade 2. Cultura — Filosofia I. Brzeziński, Dariusz. II. Título.

22-98874	CDD: 306

Índice para catálogo sistemático:
1. Cultura e sociedade : Sociologia   301.092

Eliete Marques da Silva — Bibliotecária — CRB-8/9380

[2022]
Todos os direitos desta edição reservados à
EDITORA SCHWARCZ S.A.
Praça Floriano, 19, sala 3001 — Cinelândia
20031-050 — Rio de Janeiro — RJ
Telefone: (21) 3993-7510
www.companhiadasletras.com.br
www.blogdacompanhia.com.br
facebook.com/editorazahar
instagram.com/editorazahar
twitter.com/editorazahar

· Sumário ·

Prefácio: Uma mensagem na garrafa: Sobre a obra
recuperada de Zygmunt Bauman, por Dariusz Brzeziński   7

Introdução   33

PARTE I. Signo e cultura   37

1. As origens da teoria semiótica da cultura ou
A crise da antropologia cultural   39

2. Para uma teoria semiótica da cultura   71

3. Homem e signo   113

4. O problema dos universais e a teoria semiótica da cultura   156

5. Alguns problemas de pesquisa na teoria semiótica da cultura   189

PARTE II. Cultura e estrutura social   235

6. Organização cultural e extracultural da sociedade   237

7. Economia, cultura e tipologias de sociedades   261

8. Determinantes culturais do processo de pesquisa   303

9. Três observações sobre problemas da
educação contemporânea   321

10. Massas, classes, elites: A semiótica e a reimaginação
da função sociológica da cultura   341

Posfácio   369

Notas   377

Índice remissivo   389

· Prefácio ·
Uma mensagem na garrafa: Sobre a obra recuperada de Zygmunt Bauman

Dariusz Brzeziński

Introdução

"A alegoria da 'mensagem na garrafa' implica dois pressupostos: que havia uma mensagem apropriada a ser escrita e digna do incômodo de se jogar a garrafa no mar; e que, uma vez encontrada e lida (num momento que não pode ser definido antecipadamente), a mensagem ainda será digna dos esforços, da parte de quem a encontrou, de retirá-la, estudá-la, absorvê-la e adotá-la."[1] Essas palavras de Zygmunt Bauman podem muito bem ser aplicadas a este *Esboços de uma teoria da cultura*, que está encontrando seu caminho até as mãos dos leitores meio século depois de ter sido escrito. O livro deveria ter saído em 1968, mas, em função dos eventos de março daquele ano e das medidas repressivas a que o autor foi submetido, teve a publicação censurada. O texto original não foi preservado pelos editores, e a única cópia que Bauman possuía foi confiscada quando — forçado a emigrar — ele cruzou a fronteira da Polônia. Por muitos anos o livro foi considerado irremediavelmente perdido, tanto pelo autor quanto pelos pesquisadores que estudaram sua obra.[2] Enquanto isso — tal como uma mensagem numa garrafa atravessando o oceano — ele conseguiu sobreviver num conjunto incompleto de provas tipográficas. Estas foram recentemente encontradas, e, graças a estudos realizados, foi possível reconstruir todo o texto da obra.[3] *Esboços de uma teoria da cultura* é um livro notável tanto por sua história quanto pelo valor das ideias nele apresentadas. Inclui artigos dedicados à reflexão teórica stricto sensu e a temas como: a condição da cultura de massa, as demandas da pedagogia, as mudanças nas regiões rurais etc. Em sua análise, o autor refere-se a estudos realizados em várias áreas, criando um discurso interdisciplinar que, ainda hoje, abrange o *signum specificum* de seu trabalho.[4] Por um lado, a obra pode ser lida como um exame das transformações que estavam ocorrendo nas ciências sociais na década de 1960. Amplo espaço é dedicado à crise da antropologia cultural e ao potencial do estruturalismo e da cibernética. Bauman analisa, de forma crítica e incisiva, as correntes que então se desenvolviam e apresenta suas próprias propostas, bastante interessantes, como parte de seus estudos sobre a cultura. Por outro lado, o livro contém reflexões sobre o nascimento de um novo tipo de sociedade caracterizado, entre outras coisas, por um maior grau de individualização, pela intensificação de uma rede global de relacionamentos e por transformações rápidas e imprevisíveis. O sociólogo escreveu sobre o mundo da segunda metade do século passado sob a rubrica da "liquidez" e do "amorfismo", antecipando assim, em algumas décadas, seus pensamentos posteriores sobre a transformação da modernidade.[5]

Este prefácio dedica-se a familiarizar os leitores com a "mensagem na garrafa" que é *Esboços de uma teoria da cultura*, e também a indicar seu valor para o leitor atual. Na primeira parte, apresento as circunstâncias que levaram a encontrar o livro e os passos necessários para reconstituí-lo. Depois passamos para a época em que ele foi escrito. Vou descrever alguns eventos da biografia intelectual de Bauman importantes nesse contexto e traçar um esboço da conjuntura dos eventos socioculturais da Polônia no ano de 1968. As duas seções seguintes se dedicam aos conteúdos de *Esboços de uma teoria da cultura*. Primeiro descrevo a problemática de determinados capítulos e então aponto a evolução da perspectiva de Bauman sobre a cultura, claramente visível nesse texto. Concluo apresentando as mensagens que esta obra, começada meio século atrás e, felizmente, há pouco "encontrada na praia", pode transmitir para o presente.

A história da cópia preservada e da reconstituição do texto do livro

As circunstâncias particulares que envolvem a sobrevivência de um grande volume de provas tipográficas de *Esboços de uma teoria da cultura* decerto continuarão para sempre misteriosas. Só podemos especular com base nas escassas evidências. A cópia foi encontrada nas dependências das bibliotecas conjuntas do Departamento de Filosofia e Sociologia da Universidade de Varsóvia, do Instituto de Filosofia e Sociologia da Academia Polonesa de Ciências e da Sociedade Polonesa de Filosofia, localizadas na Krakowskie Przedmieście 3, em Varsóvia. Estava oculta sob uma pilha de outros papéis numa caixa de metal a que ninguém teve acesso durante anos. Foi encontrada por Janusz Siek, diretor da biblioteca, durante uma limpeza geral em função de sua aposentadoria. A cópia chegou a minhas mãos durante uma pesquisa realizada nos anos de 2014-7 para um projeto financiado pelo Centro Nacional de Ciência da Polônia: "A obra de Zygmunt Bauman no contexto das teorias contemporâneas da cultura". Ter em mãos um texto oficialmente considerado perdido, que me revelou aspectos até então desconhecidos da obra intelectual do autor de *Modernidade e Holocausto* e que era ao mesmo tempo um excelente relato de uma problemática presente em estudos atuais, foi para mim uma experiência notável. A descoberta da cópia sobrevivente de *Esboços de uma teoria da cultura* foi um choque — e ao mesmo tempo motivo de grande alegria — para seu autor, Zygmunt Bauman. Consegui encontrar-me pessoalmente com ele para discuti-la quando fui professor visitante na Universidade de Leeds, em fevereiro de 2016. Naquela época, ele me falou sobre estudos que havia realizado em conexão com a escrita do livro e também sobre os eventos relacionados a sua destruição em 1968. Consegui mais informações sobre o tema da cópia preservada durante um inventário de arquivos realizado, em março de 2016, na editora Ossolineum, onde o livro fora preparado pela primeira vez para publicação.[6] Os documentos coletados nos arquivos da editora para *Esboços de uma teoria da cultura* ajudaram na reconstituição do texto e também lançaram luz sobre a história de sua criação e das tentativas de destruí-lo.

A partir dos documentos oficiais, ficamos sabendo que a Ossolineum desistiu de publicar *Esboços de uma teoria da cultura* e rompeu o contrato com Zygmunt Bauman em 13 de abril de 1968. A editora justificava-se com uma declaração sobre "ele estar politicamente comprometido, como foi revelado durante os eventos de março".[7] Vale a pena considerar essa decisão no contexto mais amplo da repressão imposta pelas lideranças da época aos professores reconhecidos como opositores políticos. Estes perderam seus cargos,[8] seus trabalhos publicados foram censurados e por vezes se viram privados da oportunidade de desenvolver uma carreira acadêmica.[9] Bauman, como um dos principais pensadores revisionistas, foi plenamente atingido. Ele foi um dos cinco funcionários independentes da instituição que perderam seus empregos na Universidade de Varsóvia em decorrência dos eventos de março.[10] Foi destituído de todas as suas funções em assembleias acadêmicas e grupos editoriais, e seus trabalhos publicados foram colocados sob uma censura de facto. Além disso, como observa Nina Kraśko:

> Por efeito de sua filiação étnica, de sua posição na vida acadêmica polonesa, de seu papel ativo no Partido dos Trabalhadores Poloneses Unidos, de sua identificação com o marxismo, Bauman tornou-se alvo de uma caça às bruxas conduzida pela mídia e por políticos. Seu nome aparecia em publicações jornalísticas como um substantivo comum, escrito em minúsculas e no plural.[11]

Essa situação forçou o sociólogo a se juntar à chamada "emigração de março".[12] Primeiro ele foi para Israel, onde trabalhou na Universidade de Tel Aviv. Depois — de 1971 até sua aposentadoria — foi diretor do Instituto de Sociologia da Universidade de Leeds, na Grã-Bretanha.

Os esforços para preservar a única cópia de *Esboços de uma teoria da cultura* devem ser avaliados à luz dos fatos mencionados. Isso exigiu, sem dúvida, tanto bravura quanto a convicção sobre o valor desse texto. Hoje só podemos supor — essa hipótese foi proposta por Janusz Siek numa conversa comigo — que um empregado da editora Ossolineum, desejando salvar o livro, entregou um fragmento preservado das provas tipográficas (na forma das chamadas "provas de galé") ao então diretor das já citadas bibliotecas, Janusz Krajewski. Este mandou encadernar o texto e o escondeu num lugar onde depois poderia recuperá-lo em tempos mais favoráveis. Mas não viveu o suficiente para isso.

A cópia preservada tem seis capítulos e meio do livro, dos dez que haviam sido planejados. Com base na Introdução e no material editorial preservado na Ossolineum, foi possível reconstituir a parte que faltava, supostamente composta de artigos antes publicados em revistas acadêmicas.[13] Com a passagem do tempo, é difícil determinar agora em que medida eles seriam revisados para compor o livro; só podemos presumir que essas mudanças — se, de fato, viessem a ocorrer — seriam de pouca monta.[14] Somando-se às partes do texto que não estavam entre as provas, houve uma decisão tomada pelos editores a fim de reconstituir os conteúdos fundamentais do livro. No desejo de respeitar plenamente a vontade de Zygmunt Bauman em relação à preservação do caráter histórico do texto, decidiu-se não realizar a maioria das alterações editoriais que, pela passagem do tempo desde que fora escrito, se poderiam justificar. Resolveu-se, por exemplo, preservar as traduções feitas por Bauman das obras por ele citadas, embora muitas delas desde então tenham sido traduzidas para o polonês. As intervenções realizadas durante o processo editorial introduziram mudanças no texto que haviam sido indicadas nas provas, unificaram as citações e introduziram pequenas alterações tipográficas determinadas pela evolução da gramática polonesa.

Esboços de uma teoria da cultura no contexto da obra anterior de Bauman

Se *Esboços de uma teoria da cultura* fosse lançado em 1968, teria sido o 15º livro publicado por Bauman — como autor ou coautor — durante seu período como professor na Polônia.[15] Junto com a obra intitulada *Cultura e sociedade: Preliminares*,[16] publicada dois anos antes, esse livro revelou as significativas transformações que afetaram seus interesses acadêmicos durante a década de 1960. Antes suas análises concentravam-se principalmente na esfera da sociologia política, tanto no plano internacional quanto no da República Popular da Polônia.[17] Seu doutorado — defendido em 1956 — foi sobre o socialismo britânico,[18] e o tema do texto que levou à sua habilitação em 1960 foi o movimento trabalhista inglês.[19] Entre o conjunto das obras de Bauman relacionadas à política polonesa,[20] vale a pena, sobretudo, dirigir a atenção para suas reflexões sobre o tema das mudanças fundamentais que deveriam ocorrer após o Degelo de Outubro.[21] O agravamento da situação na Polônia durante os anos subsequentes confirmou sua crença no caráter ilusório dessas expectativas e o colocou numa posição cada vez mais crítica em relação às lideranças políticas. Isso teve consequências tanto para suas opiniões políticas quanto para seu trabalho acadêmico.

Quanto às opiniões políticas, deve-se enfatizar acima de tudo que Bauman abandonou a doutrina oficial do marxismo e se tornou um revisionista.[22] Nesse sentido, o mais fundamental foi o fato de ele se inspirar no pensamento de Antonio Gramsci.[23] Assim falou ele a esse respeito em sua entrevista a Keith Tester:

> Eu li boas advertências nos *Cadernos do cárcere* de Gramsci: havia uma forma de salvar o núcleo ético, assim como o potencial ana-

Prefácio

lítico, que eu não via motivos para descartar da rígida carapaça em que ele fora encerrado e reprimido.[24]

O "núcleo ético" a que ele se referiu nessa resposta era uma sensibilidade diante da exploração, da injustiça e do sofrimento socialmente produzido. Bauman, porém, aos poucos abandonou sua convicção no papel significativo do Partido para eliminar esses problemas. Em vez disso, começou a reavaliar os méritos das iniciativas populares.[25] Mas ele tinha oportunidades muito limitadas de apresentar esses pontos de vista em publicações. Sua primeira esposa — Janina — lembrava-se, anos depois, das dificuldades por ele enfrentadas na segunda metade da década de 1960:

> Todos os seus livros e artigos eram estritamente censurados, e suas aparições públicas, veementemente condenadas, cada passo cuidadosamente vigiado. Ele aguardou a decisão sobre sua cátedra sem nenhuma chance de aprovação pelas instâncias responsáveis. Enfureceu particularmente o Partido quando, durante os famosos julgamentos de Kuroń e Modzelewski, se pronunciou em defesa de um estudante a que era ligado. Uma nuvem sombria se estendeu sobre sua cabeça e se tornou mais densa com a passagem do tempo.[26]

A resposta serve como uma boa introdução às mudanças que ocorreram como parte do segundo aspecto já mencionado — o caráter do trabalho acadêmico realizado por Bauman. A impossibilidade de comunicar suas próprias concepções e sua crescente discordância em relação à política conduzida pelos que estavam no poder contribuíram para a metamorfose nos interesses de pesquisa do sociólogo. Eles se concentravam no problema da cultura.[27] Não era um tema totalmente novo para Bauman. Suas análises iniciais, contudo, tinham como foco a crença — característica do pensamento marxista-leninista — no primado da base sobre a superestrutura e principalmente a questão do escopo da implementação dos valores socialistas e capitalistas.[28] Os estudos de Bauman sobre a cultura desde aproximadamente a segunda metade da década de 1960 assumiram uma forma totalmente diferente. Acima de tudo, foram caracterizados por um vigoroso impulso teórico. De 1964 a 1968, o sociólogo escreveu uma série de artigos dedicados a reflexões sobre a essência da cultura, sua relação com a estrutura social e também a relação entre ela e a personalidade dos indivíduos.[29] Ele também publicou um livro intitulado *Cultura e sociedade: Preliminares*, no qual apresentou sua própria visão da transformação das realidades culturais, usando um método de tipos ideais. Na época, seus interesses pela cultura também tinham uma dimensão empírica. Isso se refletiu em seu trabalho como diretor do Departamento de Sociologia Geral na Divisão de Filosofia da Universidade de Varsóvia, o Gabinete de Antropologia do Povo Polonês. Embora só funcionasse por um ano, o Gabinete deixou uma marca permanente na sociologia polonesa, graças aos projetos e conceitos desenvolvidos por seus membros.[30]

Para *Esboços de uma teoria da cultura*, Bauman escreveu textos totalmente novos ou adaptou alguns artigos antes publicados em revistas acadêmicas. Este livro dá uma boa ideia de seus esforços de pesquisa nessa época e possibilita delinear uma evolução em suas crenças sobre a essência e o significado da cultura. Em sua crítica sobre o livro, Stefan Żółkiewski escreveu:

> O livro preparado por Z. Bauman distingue-se por uma grande atualidade acadêmica; ele adapta às condições polonesas, de maneira original, ideias que hoje se desenvolvem sobretudo no Ocidente e no Oriente, para compreender as questões teóricas da cultura popularizando entre nós essa problemática contemporânea, e ao mesmo tempo acrescentando suas próprias soluções e pontos de vista.[31]

A ordem de destruir essa publicação foi, assim, não apenas outro ataque a Bauman na sequência dos eventos de março, mas também uma grande perda para a pesquisa polonesa. Portanto, a oportunidade de tomar conhecimento dela depois de muitos anos é agora ainda mais valiosa.

A problemática de *Esboços de uma teoria da cultura*

Esboços de uma teoria da cultura compõe-se de dez capítulos e divide-se em duas partes. A primeira delas, intitulada "Signo e cultura", contém reflexões inspiradas basicamente no estruturalismo e na semiótica, duas correntes que aqui se combinam com as premissas do pensamento marxista. A questão que organiza os esforços do autor é uma tentativa de desenvolver uma teoria da cultura que seria geral, rigorosa e intersubjetivamente verificável. Bauman inspirou-se basicamente no trabalho de Claude Lévi-Strauss, cujo pensamento adaptou de forma criativa e que com frequência também criticou. Os textos que constituem a Parte II — "Cultura e estrutura social" — resultam do fascínio do autor pelo pensamento estruturalista e têm como foco uma problemática diferente. Neles o sociólogo analisou a relação entre as dimensões cultural e estrutural da organização da vida social. Ele o fez tanto como um processo de reflexão teórica stricto sensu quanto por referência a exemplos concretos, históricos e também contemporâneos. Os capítulos que compõem essa parte do livro são uma continuação da problemática investigada de maneira diferente em *Cultura e sociedade: Preliminares*, publicado dois anos antes. No capítulo de abertura do livro — intitulado "As origens da teoria semiótica da cultura ou A crise da antropologia cultural" —, Bauman reflete sobre as transformações que naquela época ocorriam nos estudos culturais. Ele prova que as correntes predominantes nas décadas anteriores, baseadas na coleta e análise escrupulosa de informações pertinentes ao funcionamento de coletivos específicos, acabaram revelando-se verdadeiros becos sem saída. Nessa crítica, ele seguiu os passos do criador da antropologia cultural, cuja ideia de criar uma teoria geral da cultura foi vista por Bauman como muito atraente. Contudo, ele não concordava com Lévi-Strauss no que se refere à necessidade de se concentrar nas leis universais do funcionamento da mente humana. Era necessário aplicar as soluções metodológicas propostas pelo estruturalista francês à análise da realidade, em que a cultura desempenhava uma função semiótica. Essa questão foi desenvolvida em capítulos posteriores que compuseram a primeira parte do livro. No capítulo 2 — "Para uma teoria semiótica da cultura" — Bauman analisa várias teorias do signo e indica seu significado para a pesquisa sobre cultura. Afirma que a propriedade fundamental da cultura é a organização e estruturação do comportamento humano. A ferramenta mais importante para realizar essa função é, segundo ele, o "padrão de comportamento" — ou o "ato" —, cuja relação com a ação compara com a que existe entre um fonema e um som falado. As conclusões que surgem dessa comparação constituem para Bauman a base da interpretação da cultura como uma estrutura de signos. O tema das reflexões contidas no capítulo 3 — intitulado "Homem e signo" — é a especificidade do sistema semiótico próprio do *Homo sapiens*, e também — *pars pro toto* — uma reflexão sobre a essência da espécie humana. Nessas reflexões, o autor se refere à pesquisa realizada em estudos biológicos e tecnológicos. Ele analisa a função dos sistemas de signos de outras criaturas vivas e se refere a previsões sobre o futuro das máquinas. No debate sobre a particularidade do humano, enfatiza o significado da tecnologia e dos padrões de comportamento, reconhecendo esses fatores como ferramentas para organizar o mundo. Com base no pressuposto que alimenta a análise do capítulo 4 — "O problema dos universais e a teoria semiótica da cultura" —, afirma ele que "existe, comum a todas as pessoas, incluindo a particularidade de sua espécie, um esquema de pensamento-ação impresso na estrutura de seus sistemas de parentesco e judiciário, na estrutura dos cuidados médicos e nos sistemas políticos, e em todos os outros 'itens' tão diligentemente dissecados e agrupados por categorizadores profissionais" (cf. p. 158). Esse esquema é materializado, na opinião de Bauman, nos esforços para estruturar e organizar o

Prefácio   17

ambiente externo. O sociólogo salienta, porém, que esse processo nunca termina, e as regiões não abrangidas por ele são a fonte do dinamismo cultural. O complemento dessa análise, simultaneamente abrindo novas perspectivas de pesquisa, é o capítulo 5: "Alguns problemas de pesquisa na teoria semiótica da cultura". Nele, Bauman reflete sobre o tema dos padrões correspondentes a campos culturais específicos. Ele distingue sociedades em que predominam signos "que criam posições" e signos "derivados de posições", indicando as consequências desse estado de coisas no terreno da dinâmica das mudanças culturais.

O capítulo 6 — "Organização cultural e extracultural da sociedade" — começa com a descrição renovada da função informacional e de controle da cultura. Na época, Bauman situava essa reflexão ao lado do problema das limitações estruturais. Escreveu ele: "O arranjo jurídico-político, trabalhando em conjunto com o econômico, serve à mesma função, de modo geral, do sistema cultural: sua tarefa é a limitação do conjunto de possibilidades abstratas maximizando a possibilidade de algumas delas e eliminando outras" (p. 243). O sociólogo descreve o conflito entre cultura e estrutura em termos da teoria da alienação; de seu ponto de vista, a direção adequada dos esforços que levam a essa solução deveria ser a percepção da ideia marxista de ativismo. Uma exemplificação interessante da relação entre os sistemas cultural e econômico é apresentada por Bauman no capítulo 7 — "Economia, cultura e tipologias de sociedades". Nele, Bauman delineou as transformações que estavam ocorrendo nas sociedades rurais usando o conceito de urbanização. O principal tema dessas reflexões foram as consequências multidimensionais — tanto sociais quanto culturais — do processo de inclusão dessas áreas na esfera dos mecanismos do mercado. O sociólogo também se referiu às mudanças que ocorreram nas aldeias polonesas depois da guerra. O capítulo 8 — cujo título é "Determinantes culturais do processo de pesquisa" — é dedicado à reflexão sobre o processo de moldar as maneiras como as pessoas percebem o mundo. A esse respeito, Bauman enfatiza o papel fundamental dos fatores ambientais — indicando claramente, porém, que eles não têm um caráter determinante. Em sua visão, eles influenciam, entre outras coisas, o delineamento de posições gerais do indivíduo em relação à realidade, moldando os mais importantes objetivos de pesquisa, assim como a subordinação e organização dos fatos. Nesse contexto, ele enfatiza o significado dos chamados "mediadores culturais", termo que usa em referência a professores, escritores, sacerdotes, monges etc. Uma análise mais profunda do papel dos pedagogos pode ser encontrada no capítulo 9, "Três observações sobre problemas da educação contemporânea". O contexto dessas reflexões foi a transformação sociocultural, que, em um trabalho anterior, Bauman conectou à formação de uma "sociedade heterogênea em desenvolvimento".[32] Nessa situação, afirmou o sociólogo,

> A principal pressão, a mais forte, deve recair sobre a responsabilidade do indivíduo por sua própria escolha. Um jovem deve ser preparado por uma educação esclarecida, não pelas ruas, pelo fato de que sua vida será composta de um conjunto de decisões e escolhas individuais e de que nada nem ninguém, seja um plano divino ou uma necessidade histórica, vai retirar-lhe o peso da responsabilidade pelas suas próprias ações. (p. 340)

O capítulo final do livro — "Massas, classes, elites: A semiótica e a reimaginação da função sociológica da cultura" — é dedicado a reflexões sobre os efeitos estruturais do crescimento dos meios de comunicação de massa. Nele Bauman prova que a constituição de um novo tipo de cultura exigia transformações sociais anteriores, baseadas, antes de mais nada, no aparecimento de uma dependência universal em relação ao mercado, à organização e à tecnologia. As realizações da tecnologia, por sua vez, contribuíam para o desaparecimento da divisão de valores entre superiores e inferiores. Um importante comentário sobre as reflexões contidas em *Esboços de uma teoria da cultura* é o Epílogo do livro que Bauman escreveu em 2016. Nele, o autor

Prefácio

discute as transformações ocorridas em seu trabalho na segunda metade da década de 1960. Afirma ele, entre outras coisas, que "O maior choque para mim foi perceber o quanto eu podia confiar em minha memória, descobrindo a cultura como um *processo* e não como um corpo material que fosse constante ou configurado para a autoestabilização e a permanência" (cf. p. 371). A mudança aqui descrita na percepção da cultura — passando de uma visão de "estrutura" para a ideia de "estruturação" — será discutida mais a fundo na próxima seção deste texto. Também vou explicar como algumas das ideias apresentadas por Bauman na obra aqui debatida antecipam seus insights sobre a teoria da cultura no início do século XXI.

A evolução da teoria da cultura de Zygmunt Bauman

Na Introdução de *Cultura e sociedade*, escrito em 1966, Bauman escreveu: "A cultura é um recurso criado ou copiado, mas sempre possuído por determinada coletividade de pessoas, informação transmitida entre si, por sua vez, por indivíduos pela mediação de símbolos com significados estabelecidos para esse determinado grupo".[33] De acordo com essa definição, na época, o sociólogo colocou uma ênfase especial nas questões da coerência e da integralização da cultura, e também em seu isomorfismo em relação ao sistema social. Ele indicou que o papel dela é criar significados compartilhados, assim como valores, posições e motivações a ela associados. Graças a isso, a cultura pode participar de maneira essencial do processo de criação de sentimentos de unidade entre pessoas de determinado grupo.[34] Nessa época, Bauman apresentou a relação entre indivíduo e cultura — tanto nesse livro[35] quanto na maioria das análises contidas em *Esboços de uma teoria da cultura* (p. 69)[36] — de maneira bastante unilateral em termos de um processo de internalização de conteúdos específicos. Isso não significa, porém, que tenha estabelecido posições deterministas, já que aproximou a função estruturante da cultura da noção de volição: "Um indivíduo cujo comportamento é regulado por objetivos e padrões comportamentais pode proceder de determinada maneira, mas não é obrigado a isso", escreveu Bauman em *Esboços de uma teoria da cultura*. "É por esse motivo que seu comportamento é significativamente menos estereotipado ajustando-se com mais presteza à resposta do ambiente" (p. 305). Embora o sociólogo enfatizasse fortemente o papel modelador da cultura naquela época, ele também salientava o fato de que ela apenas contribuía para o processo de tomada de decisão do indivíduo.

Na parte das reflexões contidas no livro que aqui estão sendo consideradas, o papel da agência do indivíduo foi muito mais amplamente enfatizado. Por exemplo, na conclusão do capítulo 6, Bauman justapõe duas visões de mundo, a positivista e a humanista. Pela primeira, o humano é um ser que reage a estímulos; suas ações, contudo, são baseadas num arranjo sociocultural específico. Mas a segunda concepção presume que o indivíduo humano não seja tanto o receptor, mas o criador do mundo — um sujeito capaz de participar ativamente de sua constante transformação. Tendendo a essa visão, Bauman escreveu:

> A presença de um ato criativo em todo evento humano significa que ele foge à perspectiva positivista — que só pode ser parcialmente incluído num esquema com um número finito de variáveis mensuráveis. O que permanece fora dos limites do esquema positivista é um ser humano lutador e ativo, permanentemente envolvido em escolher, avaliar, organizar o mundo. Que não é apenas um ponto limítrofe de vetores de energia, mas também um ponto de partida. (p. 259)

Naquela época, fonte dessa visão do ser humano era entre outras coisas, para Bauman, uma leitura revisionista do pensamento de Marx.[37] Mas ele também tinha fontes diversas, das quais podemos apontar a cibernética (pp. 237-60) ou — submetido a uma interpretação muito interessante — o pensamento de

Claude Lévi-Strauss (pp. 369-75). Todas essas correntes tiveram seu papel na evolução da teoria da cultura do sociólogo, baseada na transição de uma concentração no ato de organizar valores específicos para uma reflexão sobre o papel ativo desses mesmos processos na criação e estruturação da realidade social.

As observações acima descritas coexistiram nos trabalhos de Bauman, nesse período, com ideias baseadas numa outra perspectiva. Seu surgimento está ligado às reflexões do sociólogo sobre o crescente processo de diferenciação da cultura. Ele descreveu sua perspectiva da época como consequência da moldagem do mundo da civilização tecnológica, da intensificação dos contatos entre diferentes regiões do globo e do papel cada vez mais essencial que os mecanismos do mercado passaram a assumir. No contexto de todos esses eventos, escreveu ele:

A cultura da sociedade, em que se cruzam vários valores e perspectivas de pesquisa, deixa de ser um sistema. Torna-se uma instável coleção de modelos e significados não necessariamente coerentes. Torna-se uma cultura de massa. Surge uma pletora de contatos culturais acidentais.[38]

Eo ipso, na opinião do sociólogo, sociedades heterogêneas em desenvolvimento são caracterizadas pela escalada da individualização; nelas, as normas culturais se tornaram cada vez mais um objeto de escolha. Isso, simultaneamente, significou — de acordo com a perspectiva da cultura antes descrita — que os laços que unem o coletivo começaram a se esgarçar.[39] Naquela época, Bauman refletiu sobre as consequências desse processo em diversos níveis diferentes. Em *Cultura e sociedade*, elas foram impulsionadas pela questão do mercado assumindo a função de uma chave para decompor a estrutura sociocultural.[40] Em *Esboços de uma teoria da cultura*, contudo, ele as apresenta em termos do potencial início de um novo estágio na história da civilização ocidental.

Nesse contexto, vale a pena apresentar uma declaração mais extensa de Bauman, que aparece no final do capítulo 4, "O problema dos universais e a teoria semiótica da cultura":

> Vivemos numa era que parece, pela primeira vez na história humana, reconhecer a multiplicidade cultural como característica inata e inequívoca do mundo — dando origem a novas formas de identidade que se conformam à pluralidade, tal como um peixe na água — e até se gaba do fato de não apenas ter descoberto, mas até aceitado como um estado humano e um modo de ser nobre e dignificante essa indeterminação da condição humana como apelo à humanidade. Nossa era multiplica as regiões marginais e não tem mais vergonha. Pelo contrário, reconhece-as, pela boca de seus maiores pensadores, como sua característica constitutiva. (p. 187).

Essas palavras — escritas por um sociólogo meio século atrás — podem ser proveitosamente alinhadas com seus últimos trabalhos sobre o papel da ambivalência na cultura contemporânea,[41] a decomposição das estruturas sociais e culturais[42] ou a fragmentação da identidade[43] etc. Na época, ele percebeu esses processos numa forma inicial, mas suspeitou que pudessem embalar mudanças socioculturais posteriores. Percebeu a realidade contemporânea em categorias limítrofes, dirigindo a atenção para o fato de que quase todas as funções que durante anos, em sua visão, haviam sido desempenhadas pela cultura sucumbiram à suspensão de facto na estrutura da sociedade heterogênea que então se desenvolvia. Escrevendo sobre a "liquidez" do mundo contemporâneo, seu crescente pluralismo e a intensificação dos vínculos globais (pp. 230-2, 247-50), ele contemplou o papel que a cultura poderia desempenhar no futuro. Parece correto afirmar que estava então estabelecendo as bases de seus futuros trabalhos sobre a modernidade.

Conclusão

Na última parte do texto a que me referi na Introdução — as reflexões de Bauman sobre o tema da metáfora da "mensagem na garrafa" —, o autor escreveu: "Enviar a mensagem a um espaço e tempo não mapeados baseia-se na esperança de que sua força sobreviva ao atual descaso e às condições (transitórias) que causaram essa negligência".[44] A publicação de *Esboços de uma teoria da cultura* — que ocorre meio século depois da época em que foi escrito — acena exatamente para esse tipo de esperança. Este é um livro não apenas histórico, mas também uma obra com significado essencial para as ciências humanas e sociais contemporâneas. Em primeiro lugar, é um importante legado sobre o desenvolvimento das correntes intelectuais na década de 1960. O trabalho de Bauman apresenta o leitor aos debates que se travavam entre intelectuais trabalhando sobre estruturalismo, semiótica, cibernética, pensamento revisionista etc. O próprio autor participou ativamente desses debates, apresentando soluções muito interessantes — muitas vezes inovadoras numa escala global — na arena da teoria cultural. Em segundo lugar, há neste livro muitas previsões acuradas sobre o desenvolvimento de processos socioculturais. As reflexões de Bauman sobre o papel da ambivalência, da individualização ou da rede global de relacionamentos são incrivelmente perspicazes. Além disso, o livro corresponde com elegância às análises do mesmo autor sobre as condições da modernidade líquida. Em terceiro lugar, esta obra pode ser lida tanto como reveladora de um aspecto do trabalho do sociólogo antes desconhecido quanto demonstradora das continuidades de seus interesses de pesquisa. A reflexão sobre a essência da cultura e suas transformações durante as últimas décadas foi um tema constante da obra de Bauman durante toda a sua carreira acadêmica.[45] *Esboços de uma teoria da cultura* não apenas revela seu interesse por essa problemática, mas também contém um conjunto de linhas que seriam posteriormente desenvolvidas pelo autor.

Também vale enfatizar que toda a obra de Bauman é orientada tanto para uma análise das realidades culturais quanto para suas transformações.[46] Em *Esboços de uma teoria da cultura*, essa questão também é apresentada claramente. O autor se posiciona contra a visão do indivíduo passivo, totalmente subordinado às estruturas e instituições existentes. "O homem não é apenas o objeto da operação, mas é também o operador", escreve ele. "Não é somente uma criação do mundo, mas também um criador. Não há nada de especificamente humano no fato de ele ser uma criação. Os seres humanos só se constituem como humanos quando, e na medida em que, agem como criadores, operadores, sujeitos" (p. 255). Essas palavras são representativas do pensamento de Bauman em todos os estágios de sua obra criativa. Ele estimulou continuamente uma abordagem crítica do statu quo, transcendendo as realidades existentes e também exercendo atividades cujo objetivo era a transformação dessas realidades. Isso se expressou ao colocar lado a lado os imperativos sociais, culturais e criados pela modernidade, num esforço de estimular a esperança de sobrepujá-los. A leitura histórica de *Esboços de uma teoria da cultura* — como obra preparada para ser impressa exatamente antes dos eventos de março — assume um significado particular nesse contexto. Bauman escreveu: "Se não aceitarmos acriticamente os valores que a cultura existente está adaptada para criar e divulgar, ao percebermos as falhas essenciais na disseminação de valores a que determinada cultura adere em sua ideologia, temos o direito de submeter o sistema de cultura dominante a uma análise crítica e apresentar uma contraproposta de outro sistema" (p. 358).

Hoje, a mensagem deste livro tem, no sentido aqui considerado, um significado essencial. Um conjunto de ideias delineado como previsões do futuro foi apresentado como desafios que a sociedade atual precisará confrontar. Nessa análise — realizada por Bauman durante muitos anos —, a modernidade líquida constitui a materialização de facto de seus temores mais antigos. Tanto então quanto agora, ele apresenta a seus leitores o desafio

Prefácio

de participarem ativamente com o propósito de superar essas dificuldades. Vale a pena, nesse contexto, citar mais uma vez o fragmento de sua resposta que eu inseri na estrutura composicional deste texto:

A alegoria da "mensagem na garrafa" implica dois pressupostos: que havia uma mensagem apropriada a ser escrita e digna do incômodo de se jogar a garrafa no mar; e que, uma vez encontrada e lida (num momento que não pode ser definido antecipadamente), a mensagem ainda será digna dos esforços, da parte de quem a encontrou, de retirá-la, estudá-la, absorvê-la e adotá-la. [...] A mensagem na garrafa é testemunha da *transitoriedade da frustração* e da *permanência da esperança*, da *indestrutibilidade das possibilidades* e da fragilidade das adversidades que impedem a implementação das possibilidades.[47]

Notas

1. Zygmunt Bauman, *Liquid Life*, p. 142.

2. Cf. Elżbieta Tarkowska, *Powroty i kontynuacje: Zigmuntowi Baumanowi w darze*, p. 320; Janina Bauman, *A Dream of Belonging: My Years in Post-War Poland*, pp. 200, 201.

3. A pesquisa para a elaboração de *Esboços de uma teoria da cultura* foi financiada pelo Centro Nacional de Ciência da Polônia com base em subvenção obtida após a conclusão de curso de doutorado, com base na decisão no dec--2014/12/S/HS2/00391. Dariusz Brzeziński é filiado ao Instituto de Filosofia e Sociologia da Academia Polonesa de Ciências, ul. Nowy Świat 72, 00-330, Varsóvia.

4. Keith Tester, "Introduction". In: Zygmunt Bauman e Keith Tester. *Conversations with Zygmunt Bauman*, pp. 7, 8.

5. Zygmunt Bauman, *Liquid Modernity*.

6. Gostaria de expressar minha gratidão à equipe da editora Ossolineum pela permissão de realizar a pesquisa de arquivo.

7. Fragmento do "Relatório sobre o cancelamento dos honorários e custos de publicação", de 9 de maio de 1968, localizado nos arquivos editoriais de *Esboços de uma teoria da cultura* (cartão catalográfico n. b-196).

26 Esboços de uma teoria da cultura

8. Vale assinalar que o revisor de *Esboços de uma teoria da cultura* — Stefan Żółkiewski — foi demitido de seu cargo de secretário da I Divisão da Academia Polonesa de Ciências em consequência dos eventos de março (cf. Jerzy Eisler. Plski rok 1968, p. 439).

9. Cf. Władysław Krajewski, "The March Events of 1968 and Polish Philosophy", pp. 106-10.

10. A mesma decisão do ministro da Educação Superior — Henryk Jabłoński —, em 25 de março, levou Leszek Kołakowski, Stefan Morawski, Maria Hirszowicz-Bielińska e Włodzimierz Brus à demissão de seus cargos na Universidade de Bronisław Baczko.

11. Nina Kraśko, "O socjologii zaanga żowanej Zygmunta Baumana", p. 33.

12. Zygmunt Bauman, "The End of Polish Jewry: A Sociological Review".

13. Na cópia das provas estava metade do capítulo intitulado "Economia, cultura e tipologias de sociedades". Ele foi recriado com base no artigo "Sobre a questão da urbanização das aldeias", publicado em *Kultura i społecze ństwo*, nº 3, com o acréscimo de uma introdução ampliada — e plenamente recuperada. Os capítulos intitulados "Determinantes culturais do processo de pesquisa" e "Três observações sobre problemas da educação contemporânea" foram reconstituídos com base em textos publicados, com títulos semelhantes, em *Studia filozoficzne*, nº 4, e na *revista Kwartalnik Pedagogiczny*, nº 4, respectivamente. O capítulo final do livro foi publicado anteriormente como um artigo sob o título "Duas notas sobre as margens da cultura de massa" na revista *Kultura i Społeczeństwo*, nº 1 (1965). Segundo documentos encontrados no arquivo editorial referente a *Esboços de uma teoria da cultura*, o artigo deveria ter o título de "Massas, classes, elites: a semiótica e reimaginação da função sociológica da cultura", que foi mantido no livro. Alguns artigos utilizados neste livro foram traduzidos para o inglês na época (cf. Bauman, "Two Notes on Mass Culture"), mas foram novamente retraduzidos para este livro.

14. Dos seis capítulos inteiramente preservados nas provas, dois — "Para uma teoria semiótica da cultura" e "Homem e signo" — foram escritos com base em artigos anteriormente publicados em periódicos acadêmicos (o primeiro em *Kultura i społecze ństwo*, nº 3, de 1967, sob o título "Signo, estrutura, cultura", e o segundo em *Studia socjologiczne*, nº 3, de 1967, com o mesmo título aqui usado). Nesse caso, as mudanças realizadas no processo de preparação do livro para impressão foram irrelevantes. Também vale notar nesse contexto que fragmentos dos capítulos 1 e 5 foram publicados em inglês como "Marx and the Contemporary Theory of Culture", em *Social Science Information*, nº 3, de 1968; e "Semiotics and the Function of Culture", em *Social Science Information*, nº 5, de 1968.

15. Uma relação das obras de Bauman anteriores a sua emigração pode ser encontrada em Keith Tester e Michael Hviid Jacobsen, *Bauman before Postmodernity: Invitation, Conversations and Annoted Bibliography, 1953-1983*, pp. 223-6.

16. Zygmunt Bauman, *Kultura i społecze ństwo. Preliminaria*.

Prefácio 27

17. Jerzy Wiatr, "Zygmunt Bauman i pocz ątki socjologii polityki w Polsce powojennej". Estudos nessa área foram realizados por Bauman sob os auspícios da Divisão de Materialismo Histórico da Universidade de Varsóvia, sob a direção de Julian Hochfeld, e do departamento que foi criado a partir dessa divisão. O sociólogo assumiu a direção depois que Julian Hochfeld foi nomeado para um posto na Unesco.

18. Zygmunt Bauman, *Socjalizm brytyjski: Źródła, filozofia, doktryna polityczna.*

19. Id., *Between Class and Elite: The Evolution of the British Labour Movement, A Sociological Study.*

20. Ver, por exemplo: Zygmunt Bauman e Jerzy Wiatr, "O roli mas w historii"; Zygmunt Bauman, "O potrzebie socjologii partii"; *Zagadnienia centralizmu demokratycznego w pracach Lenina*; "Social Structure of the Party Organization in Industrial Works"; e "Struktura władzy społeczno ści lokalnej".

21. Zygmunt Bauman, *Zagadnienia centralizmu demokratycznego w pracach Lenina.*

22. Cf. Darius Brzeziński, *My ślenie utopijne w teorii społecznej Zygmunta Baumana.*

23. Antonio Gramsci, *Selected from The Prison Notebooks*; Zygmunt Bauman, "Antonio Gramsci: Czyli socjologia w działaniu".

24. Zygmunt Bauman e Keith Tester, op. cit., p. 26.

25. Zygmunt Bauman, "Modern Times, Modern Marxism".

26. Janina Bauman, op. cit., p. 138.

27. Elżbieta Tarkowska, "Koniec i pocz ątek, czyli próba antropologii społeczeństwa polskiego", p. 11.

28. Cf. Zygmunt Bauman e Jerzy Wiatr, op. cit.; Zygmunt Bauman, "Values and Standards of Success of the Warsaw Youth" e *Kariera. Cztery szkice socjologiczne.*

29. Cf., por exemplo, Zygmunt Bauman, "Bieguny nalizy kulturowej; *Kariera. Cztery szkice socjologiczne*, pp. 58-74; "Osobowość, kultura, struktura społeczna"; "Znak, struktura, kultura".

30. Elżbieta Tarkowska, "Koniec i pocz ątek, czyli próba antropologii społeczeństwa polskiego".

31. A resenha de Stefan Żółkiewski pode ser encontrada no já citado arquivo editorial da Ossolineum sobre *Esboços de uma teoria da cultura.*

32. Zygmunt Bauman, *Kultura i społecze ństwo. Preliminaria*, pp. 374-450. Em *Cultura e sociedade*, Bauman apresentou uma tipologia dos coletivos humanos, levando em consideração a gama de suas diferenças sociais e culturais. Num dos extremos do continuum, ele colocou a sociedade "Hhhm", caracterizada pela homogeneidade no campo da estrutura social e por um sistema axionormativo; no outro extremo, a sociedade "Htht" — heterogênea em ambas as dimensões. Esta última também foi descrita pela expressão "sociedades heterogêneas em desenvolvimento", tendo em vista a dinâmica das mudanças que nelas ocorriam.

33. Zygmunt Bauman, *Kultura i społecze ństwo: Preliminaria*, pp. 95, 96.

34. Essa visão de Bauman sobre a cultura evoca a formulação clássica dessa categoria na antropologia. Ann Swindler escreveu sobre ela o seguinte: "Ela presume que a cultura molda a ação fornecendo fins ou valores finais em relação aos quais é dirigida a ação, tornando assim os valores o evento causal central da cultura" (Cf. Ann Swidler, "Culture and Action: Symbols and Strategies", p. 273).

35. Vale mencionar um pequeno trecho de *Cultura e sociedade*: "A esfera dos objetivos, valores, significados e padrões — todas essas coisas que, independentemente de sua origem para além do indivíduo, são interiorizadas ou podem ser internalizadas — será incluída neste livro sob o conceito de cultura" (Zygmunt Bauman, *Kultura i społecze ństwo. Preliminaria*, p. 10). Vale mencionar ao mesmo tempo que, na opinião do sociólogo, adotar objetivos específicos nem sempre deve ser relacionado à possibilidade de sua realização, pois fatores estruturais podem constituir um obstáculo. Essa é a base do conflito entre cultura e estrutura, cuja gênese e evolução são o tema prioritário examinado em *Cultura e sociedade*.

36. "[A] cultura é a um só tempo o processo de organizar, estruturar o ambiente do indivíduo e uma forma de correlacionar e coordenar o padrão do comportamento individual com aquele do ambiente que o cerca", escreveu Bauman em *Esboços de uma teoria da cultura* (p. 69). Vale observar que muitos dos capítulos que compõem a segunda parte do livro foram lançados sob a forma de artigos antes de serem publicados em *Kultura i Społeczeństwo*.

37. Zygmunt Bauman, "Modern Times, Modern Marxism".

38. Id., *Kultura i społecze ństwo. Preliminaria*, p. 433.

39. Bauman descreveu esse processo em termos da emergência de "mecanismos cismogênicos", empregando assim uma categoria introduzida por Gregory Bateson (*Kultura i społecze ństwo. Preliminaria*, pp. 186-232).

40. Zygmunt Bauman, "Two Notes on Mass Culture". *Polish Sociological Bulletin*, n. 2, 1966a, pp. 374-450; Dariuz Brzeziński, "Consumerism Culture in Zygmunt Bauman's Critical Sociology: A Comparative Analysis of his Polish and English Writings", pp. 77-94.

41. Id., *Modernity and Ambivalence.*

42. Id., *Liquid Modernity.*

43. Id., *Liquid Love.*

44. Id., *Liquid Life*, p. 142.

45. Id., *Intimations of Postmodernity*, p. 207. Numa conversa com Roman Kubicki e Anna Zeidler-Janiszewska, Zygmunt Bauman pronunciou as seguintes palavras: "Parece-me [...] que todo este tempo (e é, afinal, quase meio século) tenho feito as mesmas perguntas, ou semelhantes, só que fiquei vagando de um lugar para outro em busca de respostas" (Zygmunt Bauman, Kubicki Roman e Anna Zeidler-Janiszewska, *Życie w kontekstach. Rozmowy o tym, co za nami i o tym, co przed nami*, p. 56).

46. Cf. Darius Brzeziński, *My ślenie utopijne w teorii społecznej Zygmunta Baumana.*

47. Zygmunt Bauman, *Liquid Life*, pp. 142-3, grifos no original.

Prefácio 29

Bibliografia

Livros e artigos

BAUMAN, Janina. *A Dream of Belonging: My Years in Post-war Poland*. Londres: Virago, 1998.

BAUMAN, Zygmunt. "O potrzebie socjologii partii". *My śl fi lozofi czna*, n. 2, 1957a, pp. 3-26.

_____. *Zagadnienia centralizmu demokratycznego w pracach Lenina*. Varsóvia: Książka i Wiedza, 1957b.

_____. *Socjalizm brytyjski: Źródła, filozofia, doktryna polityczna*. Varsóvia: PWN, 1959.

_____. "Values and Standards of Success of the Warsaw Youth". *Polish Sociological Bulletin*, n. 2, 1962a, pp. 77-90.

_____. "Social Structure of the Party Organization in Industrial Works".

_____. "Struktura władzy społeczno ści lokalnej". *Studia socjologiczno-polityczne*, n. 12, 1962c, pp. 7-30.

_____. "Antonio Gramsci: Czyli socjologia w działaniu". *Kultura i społecze ństwo*, n. 1, 1963, pp. 19-34.

_____. "Bieguny nalizy kulturowej". *Studia socjologiczne*, n. 3, 1964a, pp. 51-91.

_____. "W sprawie urbanizacji wsi". *Kultura i społecze ństwo*, n. 3, 1964b, pp. 51-70.

_____. *Kariera. Cztery szkice socjologiczne*. Varsóvia: Iskry, 1965a.

_____. "Osobowość, kultura, struktura społeczna". *Studia socjologiczne*, n. 2, 1965b, pp. 203-33.

_____. "Two Notes on Mass Culture". *Polish Sociological Bulletin*, n. 2, 1966a, pp. 58-74.

_____. "Kulturowe determinanty procesu poznawczego". *Studia filozoficzne*, n. 4, 1966b, pp. 107-18.

_____. *Kultura i społecze ństwo. Preliminaria*. Varsóvia: PWN, 1966c.

_____. "Some Problems in Contemporary Education". *International Social Science Journal*, v. 19, n. 3, 1967a, pp. 325-37.

_____. "Człowiek i znak". *Studia socjologiczne*, n. 7, 1967b, pp. 49-82.

_____. "Modern Times, Modern Marxism". *Social Research*, n. 3, 1967c, pp. 399-415.

_____. "Znak, struktura, kultura". *Kultura i społecze ństwo*, n. 3, 1967d, pp. 69-95.

_____. "Marx and the Contemporary Theory of Culture". *Social Science Information*, n. 3, pp. 19-33, 1968a.

_____. "Semiotics and the Function of Culture". *Social Science Information*, n. 5, 1968b, pp. 69-80.

_____. *Szkice z teorii kultury*. Breslávia: Zakład Narodowy im. Ossoli ńskich (provas editoriais incompletas), 1968c.

_____. "The End of Polish Jewry: A Sociological Review". *Bulletin on Soviet and East European Jewish Affairs*, n. 1, 1969, pp. 3-8.

BAUMAN, Zygmunt. *Between Class and Elite: The Evolution of the British Labour Movement, A Sociological Study*, trad. de Sheila Patterson. Manchester: Manchester University Press, 1972.

_____. *Modernity and Ambivalence*. Ithaca, NY: Cornell University Press, 1991. [Ed. bras.: *Modernidade e ambivalência*. Rio de Janeiro: Zahar, 1999.]

_____. *Intimations of Postmodernity*. Londres; Nova York: Routledge, 1992.

_____. *Liquid Modernity*. Cambridge: Polity, 2000. [Ed. bras.: *Modernidade líquida*. Rio de Janeiro: Zahar, 2001.]

_____. *Liquid Love: On the Frailty of Human Bonds*. Cambridge: Polity, 2003. [Ed. bras.: *Amor líquido*. Rio de Janeiro: Zahar, 2004.]

_____. *Liquid Life*. Cambridge: Polity, 2005. [Ed. bras.: *Vida líquida*. Rio de Janeiro: Zahar, 2007.]

BAUMAN, Zygmunt; JERZY, Wiatr. "O roli mas w historii". *Myśl filozoficzna*, n. 3, 1953, pp. 69-99.

BAUMAN, Zygmunt; TESTER, Keith. *Conversations with Zygmunt Bauman*. Cambridge: Polity, 2001. [Ed. bras.: *Bauman sobre Bauman*. Rio de Janeiro: Zahar, 2011.]

BAUMAN, Zygmunt; ROMAN, Kubicki; ZEIDLER-JANISZEWSKA, Anna. *Życie w kontekstach. Rozmowy o tym, co za nami i o tym, co przed nami*. Varsóvia: Akademickie i Profesjonalne, 2009.

BRZEZIŃSKI, Dariusz. *My ślenie utopijne w teorii społecznej Zygmunta Baumana*. Varsóvia: Scholar, 2015.

_____. "Human Praxis, Alternative Thinking and Heterogeneous Culture: Zygmunt Bauman's Revisionist Thought". *Hybris*, n. 2, 2017, pp. 61-80.

_____. "Consumerist Culture in Zygmunt Bauman's Critical Sociology: A Comparative Analysis of his Polish and English Writings". *Polish Sociological Review*, v. 1, n. 201, 2018, pp. 77-94.

EISLER, Jerzy. *Polski rok 1968*. Varsóvia: IPN, 2006.

GRAMSCI, Antonio. *Selected from the Prison Notebooks*, org. e trad. de Quentin Hoare e Geoffrey Nowell Smith. Londres: Lawrence & Wishart, 1971.

KRAJEWSKI, Władysław. "The March Events of 1968 and Polish Philosophy". *Praxis International*, v. 2, n. 1, 1982, pp. 106-10.

KRAŚKO, Nina. "O socjologii zaanga żowanej Zygmunta Baumana". In: TARKOWSKA, Elżbieta (Org.). *Powroty i kontynuacje*. Varsóvia: Ifis Pan, 1995, pp. 22-37.

SWIDLER, Ann. "Culture in Action: Symbols and Strategies". *American Sociological Review*, n. 51, 1986, pp. 273-86.

TARKOWSKA, Elżbieta. "Koniec i pocz ątek, czyli próba antropologii społeczeństwa polskiego". In: _____. (Org.), *Powroty i kontynuacje*. Varsóvia: Ifis Pan, 1995a, pp. 9-21.

_____. (Org.). *Powroty i kontynuacje: Zygmuntowi Bau-manowi w darze*. Varsóvia: IFiS PAN, 1995b.

TESTER, Keith, 2001. "Introduction". In: *Conversations with Zygmunt Bauman*. Cambridge: Polity, 2001. pp. 1-15. [Ed. bras.: *Bauman sobre Bauman*. Rio de Janeiro: Zahar, 2011.]

Prefácio   31

TESTER, Keith; JACOBSEN, Michael Hviid. *Bauman before Postmodernity: Invitation, Conversations and Annotated Bibliography 1953-1989*. Aalborg: Aalborg University Press, 2005.

WIATR, Jerzy. "Zygmunt Bauman i pocz ątki socjologii polityki w Polsce powojennej". In: CHRZANOWSKI, Andrzej; GODZIC, Wiesław; ZEIDLER-JANISZEWSKA, Anna (Orgs.). *Zrozumie ć nowoczesność. Księga Jubileuszowa Zygmunta Baumana*. Varsóvia: Officyna, 2010, pp. 265-70.

Documentos coletados no arquivo editorial de *Esboços de uma teoria da cultura* (cartão n. b-196), localizado na editora Ossolineum

Documentos editoriais, correspondência entre o editor e Zygmunt Bauman.

ŻÓŁKIEWSKI, Stefan. "Revisão do texto datilografado do livro de Zygmunt Bauman intitulado *Esboços de uma teoria da cultura*".

· Introdução ·

Os artigos aqui reunidos foram escritos em diferentes momentos — alguns antes, outros depois da publicação de *Cultura e sociedade.* Reuni-los neste volume só se justifica por uma circunstância: um objetivo comum que o autor identifica em todos eles. Esse objetivo comum é desenvolver uma teoria que permita uma compreensão das ações humanas, suas características compartilhadas e sua variedade de formas que ultrapassariam o círculo fechado da descrição etnográfica e etnológica ou das generalizações estatísticas empíricas. Pareceu ao autor que a semiótica, combinada a uma interpretação marxista ainda vibrante e relevante da estrutura social, forneceria os elementos adequados a esse tipo de teoria.

Um objetivo claro não garante a realização exitosa. Na verdade, o autor fica muito nervoso ao submeter os produtos de seus esforços à avaliação do leitor. No caso de uma apreciação crítica das propostas reunidas neste volume, ele se reconforta no conhecimento de que a importância da empreitada é tamanha que justifica o trabalho — e no conhecimento de que mesmo uma tentativa fracassada de abordar um novo e importante problema pode, afinal, ter papel positivo, estimulando o interesse criativo por assuntos que até então não receberam atenção suficiente. Na opinião do autor, um tema desse tipo é a compreensão da cultura não como catálogo desorganizado de criações humanas, inventário acidental de ideias prosaicas ou um agregado de reflexões passivas sobre o mundo como objeto, mas como um sistema de práxis humana, constantemente organizando o sistema que abrange o ser e o mundo dos homens.

Todos os esboços agrupados neste volume são uma tentativa de combinar duas perspectivas teóricas oferecidas pela teoria semiótica e pelo estruturalismo marxista. Elas aparecem em diferentes proporções, e isso explica a divisão dos esboços em duas partes, como é descrito por seus títulos. "Para uma teoria semiótica da cultura" apresenta esforços preliminares de interpretar a cultura como um sistema de signos que organizam ativamente o mundo humano, reduzindo sua incerteza, tornando-o previsível, um sistema de referência organizado para a práxis humana. Em "Alguns problemas de pesquisa na teoria semiótica da cultura", tento descrever os temas de estudo da "pesquisa inicial" que surgem à luz desse tipo de sistema cultural. Outro esboço, "O problema dos universais e a teoria semiótica da cultura", fiel a seu título, apresenta o problema dos esquemas gerais, comuns, de organização do mundo, iluminados de diversas formas em todo sistema cultural concreto e em todo campo de cultura funcionalmente identificável. Aqui vemos também o problema dos universais como uma questão das generalizações teóricas, metodologicamente diferente de um procedimento que é simplesmente chamado de "generalização empírica". O terceiro esboço da primeira parte, "Homem e signo", é uma tentativa de utilizar proposições previamente formuladas para analisar características particulares dos processos da vida humana que constituem, assim como ocorre com todas as outras coisas vivas, uma unidade de procedimentos que assimila o ambiente ao organismo e ajusta o organismo a seu ambiente.

"Organização cultural e extracultural da sociedade" é um esboço que examina mais de perto a relação entre cultura e estruturas sociais, postulando que essa relação pode ser descrita em termos de categorias de significado. No esboço intitulado "Economia, cultura e tipologias de sociedades" examino — com base no fenômeno contemporâneo amplamente debatido da "urbanização rural" — o problema da mecânica do determinismo que une a esfera da circulação de mercadorias à estrutura dos sistemas culturais. O esboço "Determinantes culturais do processo de pesquisa" examina com mais proximidade a influência desses determinantes sobre o mapa do mundo cognitivo humano. Os dois esboços finais dedicam-se à aplicação das teorias da cultura apresentadas neste volume a questões pedagógicas contemporâneas e à análise do importante fenômeno da atualidade descrito como o desenvolvimento da cultura de massa.

Os agradecimentos que tipicamente ornamentam o prefácio de um autor vão dessa vez para meus colegas do Departamento de Sociologia da Universidade de Varsóvia — críticos severos e implacáveis de minha obra que também são amigos geniais, fornecendo assim os dois elementos necessários para criar uma esfera adequada ao trabalho intelectual. São deles muitas das ideias deste livro que podem ter aceitação entre os leitores. As falhas que ele apresente não são da responsabilidade deles — só podem ser atribuídas à negligência ou teimosia do autor. Quero agradecer de forma especialmente calorosa ao professor Stefan Żółkiewski, que me apresentou a teoria semiótica da cultura e fez com que eu me interessasse por ela.

Konstancin, fevereiro de 1967

· PARTE I ·

Signo e cultura

· 1 ·

As origens da teoria semiótica da cultura ou A crise da antropologia cultural

Uma das lições que podem ser tiradas acerca da popularidade da teoria semiótica da cultura nos últimos anos é o eterno praxiomorfismo da maneira humana de ver o mundo. As pessoas veem o mundo da maneira como aprenderam a moldá-lo; sempre lhe atribuem os mecanismos cujas conexões ocultas elas reconheceram ao moldá-las na prática e replicá-las em experimentos. As pessoas justificam a correspondência entre sua experiência dos estados de "entrar" e "sair" de objetos examinados com a ajuda de modelos que sempre personificam com fidelidade o estado recentemente alcançado de capacidade técnico-operacional. Isso reflete, em grau semelhante, tanto Tales de Mileto quanto geneticistas contemporâneos que — seguindo o nascimento da ideia do holograma a partir do berço da tecnologia que produziu lasers e masers — atribuíram aos genes uma natureza holográfica; ou psicólogos como N. E. Golovin, que, logo depois de entender a técnica do "escaneamento" na telelocalização, apresentou o processo do pensamento humano como o "escaneamento" de um campo de informação. Conhecendo as tendências praxiomórficas da mente humana, podemos encontrar facilmente a conexão entre as conquistas técnicas da teoria da informação e da cibernética e a percepção da cultura como um sistema de signos que organiza a informação — em outras palavras, "sistemas auto-organizadores", estruturantes, dos seres humanos e seus ambientes. Essas reflexões revelam as fontes de inspiração daqueles que buscam uma teoria moderna da cultura. Mas não explicam a busca em si. Por que, após tantos anos de, se não uma aversão à teoria, pelo menos uma falta de apetite pela teoria, esta súbita guinada, entre os antropólogos, em direção a uma teoria geral da cultura? Por que o súbito protesto contra uma irreflexiva acumulação de novas descrições de tribos, aldeias e subúrbios em processo de urbanização às centenas de milhares de volumes de documentação etnográfica já reunidos? Uma resposta a essa pergunta exige o exame mais cuidadoso de uma situação que se sustentou durante metade do século XX nas reflexões humanas sobre a cultura.

A cultura como objeto de pesquisa

Em *Allgemeine Kulturgeschichte der Menschheit* [História da cultura geral da humanidade], publicado em 1843, Gustav Klemm estabeleceu uma conexão entre a ideia de cultura e a forma de uma árvore, quando conscientemente cultivada por uma pessoa; a fricção de um punhado de galhos para produzir fogo; o costume de cremar o corpo do pai; as pinturas corporais decorativas. Dessa forma, mais de 120 anos atrás, a ideia atual de cultura alcançou sua forma final. Em primeiro lugar, o conceito surgiu de um senso seletivo e hierárquico que acompanhou a *paideia* grega e a cultura romana do *animi*: friccionar um punhado de galhos ou esfregar palitos contra a superfície áspera de uma caixa para produzir fogo, a cremação ou o enterro, uma árvore de formato redondo ou o falso nanismo de um arbusto — tudo isso agora era cultura, algum tipo de cultura. Em segundo lugar, esse conceito, despido de ingredientes valorativos, foi subsequentemente aplicado a todos os elementos do mundo, que assim ganhou o selo da ação humana — ele não existiria se não fossem os seres humanos. Todas as definições de cultura posteriormente formuladas encaixam-se com elegância nessas fronteiras desenhadas com um floreio. Todas essas definições visavam estreitar as fronteiras dos fenômenos definidos como culturais — excluir certos elementos menos interessantes do universo de Klemm. Assim, a bem conhecida definição de Stefan Czarnowski expulsa para além da fronteira do que é considerado cultura tudo aquilo que no universo dos signos humanos de Klemm é acidental, singular, incomum. Florian Znaniecki, em sua definição de cultura, cuida sobretudo de remover de sua órbita tudo o que não é uma referência a valores humanos, ou seja, os aspectos "físicos" de fenômenos que de outra forma seriam vistos como culturais. Por fim, Stanisław Ossowski propõe excluir da ideia de "cultura" todas as coisas — criações objetificadas, reconhecidamente construídas por seres humanos, mas dotadas de uma existência independente, reificada ("correlatos de cultura"). Essa última definição, semelhante ao conceito formulado por Clark Wissler em 1916 (a cultura como um complexo delineado de ideias associadas), demarca um domínio dos fenômenos culturais que é o mais útil para as perspectivas semióticas. Essa conjectura realça a formulação de uma definição de cultura de idêntico escopo por James Taylor em 1949: "A cultura pode ser brevemente caracterizada como uma corrente de ideias fluindo entre indivíduos por meio de atividades simbólicas, ensino verbal ou imitação".[1]

Todas as definições de cultura têm em comum não apenas o fato de os elementos coletivos que descrevem fornecerem, em suma, o conjunto contido na definição de Klemm. Também compartilham o fato de objetificarem a cultura — acima de qualquer discussão, ela é uma criação humana, existindo nas pessoas e por meio delas como um objeto em si e para si, exterior ao indivíduo e, portanto, um potencial objeto de estudo. Essa objetificação intelectual da esfera da cultura, embora hoje nos pareça óbvia e natural, decerto não nasceu de uma capacidade inata da espécie humana nem da "natureza" particular dos fenômenos culturais. Ela foi, e tinha de ser, o produto de um desenvolvimento histórico. Karl Marx escreveu sobre as pessoas:

Como [o homem] não entra no mundo possuindo um espelho nem, como um filósofo fichteano, capaz de dizer "eu sou", ele primeiro vê e reconhece a si mesmo em outro homem. Pedro só se relaciona consigo mesmo como um homem por meio de sua relação com outro homem, Paulo, no qual reconhece sua semelhança.[2]

As estruturas dos pensamentos humanos "privados" são características internalizadas de interações sociais humanas. Ver a maneira de ser de um indivíduo como um objeto externo, reificado, só poderia ocorrer como resultado de um contato prático com outra forma de ser, objetiva em virtude de sua autonomia e externalidade corporal. Os contatos corporais foram, assim, o berço do conceito de cultura.

Porque foi dessa maneira, podemos supor que a "descoberta" da cultura como algo dotado de uma existência objetiva seja mais provável em civilizações heterogêneas, em expansão, que existam precisamente através de contatos culturais que acabem internalizando a diversidade cultural. E de fato foi assim. A cultura no sentido descrito foi "descoberta" no berço da civilização na qual as características antes mencionadas tiveram sua maior intensidade — no mundo greco-cristão. O grau em que as propriedades de uma civilização-objeto caracterizam a perspectiva da civilização-sujeito, permanecendo no domínio do contato físico, se evidencia na "cegueira/miopia cultural" da Europa pré-renascentista, culturalmente homogênea, comparada com a acuidade da visão dos gregos, sensível a todas as diferenças culturais. Margaret T. Hogden, autora de um fantástico estudo da antropologia europeia nos séculos XVI e XVII, observa com admiração o fato de que, para a Idade Média europeia, era característico que

peregrinos deixassem atrás de si um volumoso acervo de literatura de viagem criada por figuras religiosas, soldados e leigos, descrevendo as causas de realizarem suas viagens e o que viram nessas jornadas. Em toda essa escrita, que surgiu de contatos com outras

As origens da teoria semiótica da cultura ou A crise da antropologia cultural   **43**

pessoas, eles mostraram muito pouca curiosidade sobre elas, ou a absoluta falta de curiosidade, muito pouco interesse por outras formas de vida e poucas reações às diferenças culturais.[3]

Por outro lado, Heródoto — criado numa sociedade que, em função de sua diversidade cultural, eu incluí no livro *Cultura e sociedade* na categoria Htht — dedica suas *Histórias* basicamente a uma coisa: um diligente inventário de tudo da vida cotidiana de outras pessoas que fosse diferente do modo de vida dos gregos, que fosse singular, incomum. Eis um exemplo (I, 35):

No que se refere ao próprio Egito, devo estender muito minha observação, porque não existe um país que possua tantas maravilhas. [...] Não apenas o clima é diferente do resto do mundo, e os rios não se parecem com quaisquer outros, mas também as pessoas, na maior parte de suas maneiras e costumes, constituem o exato reverso das práticas comuns da humanidade. As mulheres frequentam os mercados e o comércio, enquanto os homens se sentam em casa no tear; e aqui, enquanto o resto do mundo trabalha puxando o fio para cima, os egípcios puxam-no para baixo; as mulheres também levam suas cargas sobre os ombros, enquanto os homens as levam sobre as cabeças. Eles fazem suas refeições fora de casa, nas ruas, mas se retiram para suas casas para finalidades privadas, dando como motivo que o que é impróprio, mas necessário, deve ser feito em segredo, mas o que não tem nada de impróprio deve ser feito abertamente. Uma mulher não pode exercer o sacerdócio, seja para um deus ou uma deusa, mas os homens o podem, nos dois casos; filhos não precisam ajudar os pais, a menos que queiram fazê-lo, mas filhas sim, quer queiram ou não.[4]

Para Heródoto, um "fato vivenciável" é o que se coloca em oposição ao modo de ser ao qual ele se tornara irreflexivamente acostumado; mas a presença de tal oposição significativa remove a falta de reflexividade sobre os costumes de uma pessoa, reificando-os, transformando-os num potencial objeto de investigação "a partir de fora". Dessa maneira, toda civilização é "egocêntrica" — e, além disso, é precisamente por esse egocentrismo que passa o caminho que conduz ao relativismo, por meio da autoavaliação.

O resultado dessa reflexão nascida do contato cultural é, em última instância, a consciência de que o modo de vida de uma pessoa é apenas uma possibilidade entre muitas (não importa se considerado o melhor ou simplesmente diferente). Surge então a possibilidade de perguntar a si mesmo de onde vem essa alteridade e por que pessoas diferentes observam diferentes costumes.

Conhecemos a resposta que pode ser deduzida a partir das crenças de pessoas de culturas homogêneas — a resposta que elas dariam a si mesmas, caso sua situação não tornasse a pergunta incompreensível. A resposta é direta: costumes são uma característica "inata" dos seres humanos, tal como a cor da pele ou os padrões de crescimento dos cabelos. São um "dado"; na mitologia religiosa, pode-se acrescentar que são dados por Deus. Mesmo em Hesíodo, a ordem natural e o sistema moral são considerados no mesmo plano do ponto de vista lógico e vistos como cláusulas do mesmo decreto divino. Para chegar a um tipo diferente de resposta, para compreender as fontes humanas da cultura e dos preceitos morais, seria preciso estabelecer a ideia de um ideal, de um objetivo, a formação da realidade segundo um plano específico, no cadinho da manipulação técnica da natureza. Também seria preciso vivenciar várias normas e realidades. Em outras palavras, passar pelo descentramento do sistema de contingências chamado civilização e o conjunto de aspirações conhecido como cultura, que é o resultado de uma heterogeneização simultânea, embora não paralela, de sociedade e cultura. Como escreveu Werner Jaeger (reduzindo a questão a uma reflexão acadêmica sobre tecnologia):

> Os gregos não pensaram na natureza humana como um problema teórico até que, ao estudarem o mundo exterior, especialmente pela medicina e pela matemática, estabeleceram uma técnica exata

com base na qual deram início a um estudo da natureza interior do homem.[5]

Isso abriu caminho para a famosa alegoria de Plutarco sobre os três ingredientes da *agri culturae* e da *culturae animi* (bom solo, bons grãos e bom fazendeiro), contida na escolha etimológica aceita até hoje como uma resposta à pergunta sobre as origens do modo humano de ser. Tal resposta só pôde ser oferecida de maneira consciente e significativa pela civilização europeia.

Só a civilização europeia compreendeu o processo de transmissão cultural pelo lado da educação, e não da aprendizagem. A educação cultural ocorre, obviamente, em todas as civilizações. Segundo a classificação formulada por Margaret Mead em *Continuities in Cultural Evolution* [*Continuidades na evolução da cultura*], isso ocorre por empatia irreflexiva, imitação ou identificação. Em lugar algum, contudo, o papel de professor recai sobre alguém que tenha sido estudante nesse processo: o sujeito é a pessoa que está aprendendo; aquela que transmite as experiências ossificadas na cultura aparece no papel de ajudante, como condição externa do processo. Algumas vezes uma tribo invade ou até subjuga outra. Essa conquista não está necessariamente relacionada a esforços missionários ou a um desejo de conversão, como foi característico na expansão territorial europeia. Na prática, no lugar do nativo que precisa aprender uma língua estranha para entender uma mensagem necessária a sua sobrevivência aparece o colonizador que deve forçar os nativos a aprenderem a fim de ser compreendido. A situação da expansão colonial, baseada numa convicção de superioridade cultural, leva a uma mudança do foco do processo educacional. A ênfase agora recai sobre "Mudar os hábitos das pessoas, as ideias das pessoas, a língua das pessoas, as crenças das pessoas, as lealdades emocionais das pessoas, envolve uma espécie de violência deliberada contra as personalidades desenvolvidas de outras pessoas".[6]

O modelo da hierarquização de grupos étnicos está contido nas hierarquias sociais da cultura de classe. A *aretê* da nobreza criou a ideia de *paideia*. A divisão dentro da sociedade em características "melhores" e "piores" fornece conceitos que mais tarde foram aplicados a avaliações de culturas etnicamente estranhas. Um professor empregado por pessoas ricas torna-se o protótipo do professor de uma nação, não apenas de estrangeiros, mas também dos "primitivos".

Tomados em conjunto, todos esses elementos explicam por que somente na cultura greco-romana surgiram a ideia e a atividade da etnografia, ou da análise de culturas estranhas, percebidas como entidades independentes que poderiam ser tratadas como qualquer outro objeto de estudo e descrição. Isso não explica, contudo, o que — no plano das motivações pessoais — era e é procurado pelo etnógrafo europeu (no sentido ecumênico do termo) que investiga modos de vida diferentes dos seus. Com base nos elementos descritos, seria possível criar tanto a atitude dos colonizadores quanto a dos românticos em relação à diferença cultural. O que determina a escolha entre essas atitudes é um fator adicional — as atitudes do etnógrafo em relação a sua própria sociedade.

A sociedade a que se pertence e a percepção da diferença

As perguntas que acabei de apresentar não podem ser entendidas no nível de generalidade adequado às normas psicológicas. O conceito do etnógrafo impede isso — insignificante em referência à maioria das culturas conhecidas, adequado apenas à civilização europeia. A etnografia como um campo do conhecimento, e como ofício, só aparece em situações nas quais uma civilização obtém em relação a outra uma vantagem decisiva de natureza não cultural — econômica ou militar —, o que a coloca na mesma posição que (internamente) a aristocracia ocupa em relação aos plebeus, utilizando no processo termos teóricos e provas práticas a fim de demonstrar sua própria superioridade cultural. Só neste caso é que o dilema da conformidade ou inconformidade de alguém em relação a sua própria sociedade e a seus próprios costumes assume a forma de escolha entre alternativas, entre o romântico e o colonial. As alternativas só ganham significado quando se aceita que sua própria civilização é o produto de um desenvolvimento mais prolongado (não no sentido do tempo abstrato, mas histórico-qualitativo) e, por causa disso, já se encontra numa fase "superior" de evolução; que seus ancestrais já tiveram costumes que ainda hoje são mantidos entre povos "primitivos"; e que os atuais descendentes de "primitivos", se nada de inesperado acontecer, irão viver segundo nossos costumes. Essa convicção não foi tema de conflitos em nossa época, quando os pioneiros da etnografia europeia se dividiram estritamente em dois campos. A diferença estava nas avaliações do desenvolvimento — pelas quais nossa sociedade superou a dos povos "primitivos" — como bom ou ruim; e nas avaliações derivadas de percepções das virtudes e dos vícios de nossa própria sociedade.

Esse padrão tinha um formato banal: uma perspectiva crítica da sociedade a que se pertencia estava ligada à ideia de declínio civilizacional, prejudicando a ordem natural e harmoniosa das coisas. O anseio por uma harmonia inata ganha um formato completo já nos *Essais* de Michel de Montaigne. O Bom Selvagem do Iluminismo já é uma variação de um tema codificado por Montaigne:

> Não há nada de bárbaro ou selvagem nesse povo, a não ser que se chame de bárbara qualquer coisa que seja alheia a seus próprios costumes. Porque, honestamente, não há outra medida para a verdade e a razão senão o exemplo e a imagem de nossa terra natal: é lá que se encontram a melhor religião, as melhores leis, os melhores e mais elevados costumes em todas as coisas. Eles são selvagens da mesma forma que chamamos de selvagem uma ovelha, que a natureza produziu e desenvolveu; quando, em essência, deveríamos chamar de selvagens aqueles que condenamos por nossas ideias e desviamos de seu modo natural de ser. Na deles

encontramos um estimulante e verdadeiro conjunto de virtudes e propriedades úteis e inatas; na nossa, nós as degradamos, desviando-as para as necessidades de nossas demandas corrompidas. [...] Nós sobrecarregamos a beleza e a generosidade da natureza com o trabalho de nossas mentes, nós a sufocamos. Assim, em todo lugar em que ela espalhe o brilho de sua pureza, uma estranha vergonha é imposta a nossos vazios e lascivos desejos.

Os "selvagens" habitam uma nação

em que não há mercado, nenhum conhecimento das ciências, números, nomes para o poder político ou burocrático, servidão, riqueza ou pobreza, contratos, herança, ocupação, respeito pela linhagem a não ser o pertencimento tribal, roupas, agricultura, metais, uso do vinho ou trigo. Até palavras que se refiram a mentiras, traição, desilusão, cobiça, inveja, calúnia e perdão são desconhecidas.[7]

A lista das virtudes do "homem da natureza" foi criada a partir de um ato acusatório dirigido contra a própria sociedade do acusador.

A admiração pelo desenvolvimento da civilização continha, para variar — sem considerar as afiliações políticas do autor —, uma condenação dos costumes primitivos. Pela perspectiva da ideologia do progresso, o primitivo (ou simplesmente o não europeu) virou sinônimo de "atrasado" ou "subdesenvolvido". Essa interpretação estava ligada a uma ampla gama de avaliações morais. Num extremo do espectro estava William Strachey, autor *The Historie of Travaile into Virginia Britannia* [A história da viagem à Virgínia Britânica], de 1612. Na visão dele, as atrocidades cometidas contra os habitantes do Peru, do México ou das Antilhas eram, na verdade, benéficas, porque a vida deles era muito mais horrível. Ou John Wesley (1703-91), que perguntou, injuriado, se os povos da Lapônia, da Groenlândia ou de Samoa poderiam ser vistos como tão civilizados quanto nossos bois ou ovelhas. Comparar as hordas de selvagens a nossos cavalos ou animais domésticos era fazer-lhes um elogio! Essa visão seria mais tarde adotada pelos representantes da "missão do homem branco". No outro extremo estavam os ideólogos da "ajuda aos atrasados" e da difusão da civilização. Suas vozes passaram a ser cada vez mais ouvidas, de forma diretamente proporcional ao avanço do poder militar e político dos "selvagens" — um importante argumento em favor de civilizá-los.

Nós acompanhamos os caminhos divergentes do pensamento etnográfico até esse ponto, onde eles chegam a uma encruzilhada fundamental. Com a passagem do tempo, como é tipicamente o caso no desenvolvimento da sociedade, os caminhos distintos se tornaram institucionalizados — e a partir daí, para começar a seguir um deles, não era mais necessário repetir de forma ontogenética as experiências que os motivaram, as quais antes serviam para criar esta ou aquela maneira de perceber o "outro". Hoje é possível tornar-se etnógrafo da mesma forma que as pessoas se tornam engenheiros ou linguistas: escolhendo uma carreira que, em função dos privilégios que oferece, é considerada preferível. Apenas os eventuais "grandes" sentem-se compelidos a refletir sobre sua decisão, explicando e examinando suas razões e lições inconscientes. Quando o fazem, retornam teimosamente a uma estrutura ainda viva, a relação entre minha cultura e outras, buscando um "motivo social" para a existência de sua própria carreira:

> Não é por acaso se raramente o etnógrafo demonstra diante de seu próprio grupo uma atitude neutra. Se é missionário ou administrador, podemos inferir que aceitou identificar-se com uma ordem, a ponto de consagrar-se à sua propagação; e, quando exerce sua profissão no plano científico e universitário, há fortes possibilidades de que se possa descobrir no seu passado fatores objetivos que o mostram pouco ou nada adaptado à sociedade onde nasceu. [...] Não escapamos do dilema: ou o etnógrafo adere às normas de seu grupo, e os outros só podem lhe inspirar uma curiosidade

passageira da qual a reprovação jamais está ausente; ou é capaz de se entregar por inteiro a eles, e sua objetividade fica viciada porquanto, querendo ou não, para se dar a todas as sociedades ele se negou pelo menos a uma.[8]

O mesmo se aplicou na época de Montaigne e Wesley tal como se aplica hoje, na época de Lévi-Strauss, que escreveu essas palavras. Mas uma coisa mudou: o europeu deixou de acreditar na obviedade de seu mundo. Ou melhor, o mundo do europeu deixou de ser óbvio para ele. Não há nada de estranho nisso. Um mundo que é fluido e mutável — um mundo que tão decisivamente atribui a mentira ao dia anterior, de modo que ninguém pode jamais acreditar que amanhã se possam confirmar as verdades de hoje — não pode ser óbvio. Vivenciar a historicidade da existência — essa singularidade particular de nossa versão de civilização — compromete, em última instância, quaisquer percepções sobre a existência de algum tipo de valor suficientemente forte para subordinar a si mesmo o curso dos eventos humanos. Nos primórdios do pensamento histórico, tais valores eram apaixonadamente procurados, apenas para que mais tarde os rejeitássemos ou nos desencantássemos com eles. O único insight que permaneceu foi sobre a variabilidade/mutabilidade em si como um princípio do ser; ele se enraizou tão profundamente no pensamento europeu que etnógrafos, lutando para reivindicar a "a-historicidade" de civilizações homogêneas, tiveram de cometer uma violência contra suas próprias formas de pensar. Há autores hoje que acreditam — e sustentam suas crenças com elementos comprobatórios importantes — que o mesmo bom senso que os leva a investigar a existência da sociedade humana, "análoga ao crescimento de um organismo",[9] remonta ao tempo de Tucídides, e assim tem tido muita chance de se tornar uma premissa irreflexiva.

Esse mesmo bom senso tem sido testado em nossa época. A convicção de que as formas de existência humana estão em permanente mudança continua forte até hoje; buscamos ampliá-la, coletando com diligência evidências disso — e também para as civilizações, cuja existência desmente essa convicção. Mas a analogia biológica em relação a estágios de desenvolvimento predeterminados, geneticamente codificados, a analogia da lagarta — que já contém em si a crisálida e a larva, a qual é uma borboleta adormecida — deixou de nos satisfazer do ponto de vista intelectual. Não podemos acreditar que toda sociedade deva passar por um estágio fascista — de modo que acreditamos, em vez disso, no testemunho da arqueologia, o qual demonstra que nem toda civilização tem uma fase de pinturas rupestres ou grandes esculturas de pedra. Nossa sociedade, que força toda geração a vivenciar novamente a crise de valores por que passou a anterior, tornou-nos céticos em relação a quaisquer absolutos axiomáticos — mesmo aqueles com os quais ainda não cruzamos. Assim, nada mais é óbvio para nós — e não podemos falar da "necessidade biológica" de desenvolvimento social. O termo "primitivo", referindo-se a uma sociedade diferente da nossa, torna-se cada vez mais descritivo e perde a roupagem histórico-filosófica com que costumava se apresentar. Observamos as discrepâncias entre os caminhos da lógica e o das leis sociais da visão de mundo. Quando "outras" sociedades ainda seguiam caminhos imanentes, independentes, de desenvolvimento, nós as enxergávamos como se estivessem congeladas em fases anteriores do percurso que leva ao nosso modo de ser. Quando essas "outras" sociedades realmente aceitaram — em parte forçadas por nossos canhões, em parte seduzidas pelo brilho de nossos bens materiais — nosso modelo como o topo da ladeira que estavam subindo, nossa visão de mundo perdeu esse formato do tipo ladeira, e os degraus dispersos vieram a constituir um mosaico de caminhos divergentes. O desprezo pelo próprio modelo desempenhou um papel nada desdenhável. A linha de Montaigne triunfou, embora de uma forma totalmente nova.

A obra de Bronisław Malinowski e Ruth Benedict forneceu o material intelectual para esse triunfo e determinou sua forma contemporânea. A passagem pelas ilhas Trobriand desse súdito do Império Austro-Húngaro, que no início da guerra se encontrava numa conferência de etnografia na Austrália, foi um gatilho acidental que levou à explosão de um depósito de dinamite que vinha sendo coletada sob a frágil construção que era a linha única de evolução. Localizado, por necessidade, no exterior, numa sociedade em tudo não europeia, forçado a aprender sua língua e a participar de sua vida cotidiana, Malinowski foi o primeiro etnógrafo europeu a perceber uma "outra" sociedade, não como um conjunto desorganizado de características mais ou menos diferentes dos modelos europeus, mas como um todo logicamente consistente, cada peça compreensível apenas no contexto das demais. Com base no que Malinowski viu e escreveu, Ruth Benedict criou uma nova visão da organização da espécie humana como um conjunto de potes de argila dos quais cada grupo de pessoas bebe a água da vida de sua própria maneira. Não importa que ela — junto com seu mestre Franz Boas — não aprovasse o a-historicismo metodológico de Malinowski e seu "funcionalismo individual"; sem a revolução de Malinowski não haveria a "culturosofia" de Ruth Benedict, e essas circunstâncias são decisivas para afinidades capazes de criar os pontos que unem descobertas intelectuais nas crônicas do pensamento humano.

O resultado da transformação aqui discutida foi, primeiro, a substituição de uma dimensão puramente vertical por outra, horizontal — e de uma geometria temporal linear por uma geometria plana. Alinhadas, até recentemente, em fila única numa ladeira de desenvolvimento vertical, as "outras" culturas súbitamente se encontravam lado a lado. O sincrônico de repente ganhou um valor que não poderia ter quando visto como um momento passageiro dentro de um fluxo de formas transitórias. Essa nova visão tinha seu próprio igualitarismo, de acordo com a noção recentemente postulada de igualdade humana; assim, dentro dessa aceitação pairava, frequentemente de modo subconsciente, um protesto contra o funcionamento da própria cultura da pessoa, que constituía uma agressão a esse postulado. Em segundo lugar, o significado da revolução foi expresso na simultânea substituição da imagem determinista do mundo — uma imagem probabilística, um gráfico linear — por uma árvore. Nosso mundo tornou-se um de muitos mundos possíveis, decididamente menos provável que "outros" mundos humanos; essa premissa da revolução "cultural-filosófica" colocou seu produto intelectual em contato com as mais modernas premissas filosóficas de outras disciplinas e, portanto, lhe proporcionou o esplendor e a capacidade de persuasão, emergindo de sua acomodação ao clima intelectual geral da época.

A destruição de construções intelectuais, contudo, não pode ocorrer sem custos. Estes também tinham de ser pagos pela demolição do modelo evolutivo para organizar o conhecimento sobre a cultura.

O nome da crise

O custo foi a crise da antropologia. A inevitabilidade dessa crise já estava contida no pensamento revolucionário de Malinowski. Quando a crise iria ocorrer (quando seria conscientemente reconhecida como crise), isso dependia apenas da dinâmica dos estudos etnográficos. E essa dinâmica, graças à interferência da "alteridade" cultural nos interesses vitais da civilização eurocêntrica, foi muito vigorosa no último meio século.

O significado da crise pode ser descrito como a acumulação de um amplo estoque de informações potenciais, as quais, contudo, não podiam ser usadas como informações — ser transformadas em "informações para nós" — porque as estruturas por elas descritas eram desconhecidas. Temos muitas formas que, em nosso entendimento, devem ser signos; mas não sabemos como os decifrar. Não conhecemos o código de que fazem parte — puxa, não sabemos onde situar a realidade na qual eles exercem a função de signos.

De modo mais claro: o exemplo de Malinowski criou o impulso para uma produção sem precedentes de infindáveis descrições de "outras" sociedades, organizando informações sobre essas culturas num sistema fechado dentro das estruturas dessas próprias sociedades. O ideal do pesquisador era alcançar a máxima coerência do modelo a fim de ultrapassar o nível da percepção — que ainda é permeado pelas categorias que o pesquisador traz de sua própria cultura — para atingir uma estrutura de análise interna a esse sistema cultural. Tal era o postulado geral que foi instrumentalizado de várias maneiras: ou, como no funcionalismo "puro", os elementos percebidos da cultura eram interpretados como se atendessem às necessidades de indivíduos e coletivos; ou — seguindo as demandas de Thomas e Znaniecki — o que se buscava acima de tudo era o que são esses elementos para as pessoas que lançam mão deles (a partir desses elementos, Alfred Radcliffe-Brown construiu seu conceito de estruturas sociais). A diferença de opiniões relacionava-se — se a considerarmos de uma perspectiva mais ampla — às técnicas de interpretação, mas não ao objetivo básico do estudo antropológico. O ideal em ambos os casos era o mesmo; o antropólogo-padrão era o tipo de pessoa que esquecia, tanto quanto possível, aquilo que sua própria cultura lhe havia ensinado e, por essa razão, era capaz de entender o máximo sobre a cultura que se tornara seu objeto de estudo. Esse postulado, porém — como logo se tornou claro —, colocava a antropologia como disciplina, e todo antropólogo como indivíduo, diante da antinomia de Frank Cushing.

Frank Cushing tinha a aspiração de ser um grande etnógrafo. Ele conseguiu alcançar plenamente o ideal almejado: foi iniciado no sacerdócio do arco dos Zuni. Tornou-se um grande sacerdote. O resultado é que deixou de ser etnógrafo. Na encruzilhada que supostamente levaria ao triunfo sobre os conflitos da comunicação multicultural ele encontrou (não propriamente Cushing, para deixar claro, mas aqueles que estudaram sua vida) o fim de toda comunicação. O esforço herético de voltar a uma época anterior à Torre de Babel — como se revela — é pago com a perda total da capacidade de falar.

Felizmente, muito poucos etnógrafos se provaram tão determinados e exitosos quanto Frank Cushing em atingir seus propósitos metodológicos. A divergência entre ideais de pesquisa e realidades tornou-se o pão de cada dia da etnografia. Como é típico nesses casos, a reflexão sobre a metodologia tornou-se tabu. Quanto menos teoria, menos autoanálise, melhor. Apenas uns poucos voltaram a questões epistemológicas. Quando o fizeram, raramente conseguiram muito mais do que requentar velhos sonhos de empatia. Paul J. Bohannan se enfureceu com "o erro fundamental da análise etnográfica e social": o fato de que ela "[eleva] sistemas populares como 'a lei', destinados à ação social na própria sociedade de alguém, à condição de um sistema analítico, e então tenta organizar dados sociais brutos de outras sociedades nessas categorias". Esse erro fundamental é "promover os sistemas populares dos romanos ou dos nativos das ilhas Trobriand ao plano de um sistema de arquivamento para dados que podem não se ajustar a eles". Em relação às instituições e conceitos jurídicos:

> Devemos perceber que o mesmo tipo geral de elementos pode ser classificado de várias maneiras. No longo prazo, as classificações populares é que são importantes para a antropologia social, não a "presença" de transgressões ou contratos que são conceitos tanto populares quanto analíticos em outra sociedade.[10]

Críticos como Kenneth Bohannan eram fãs do lema "avançar para o passado" — um retorno aos autênticos postulados de Malinowski. Eles acreditavam na possibilidade de sua realização; não duvidavam do acerto da heurística. Uma vez mais, propunham práticas segundo as quais o etnógrafo típico — sem reflexão, com certeza, e silenciosamente — se afastaria das pressões das realidades locais. Consciente ou inconscientemente, eles trabalhavam, assim, no sentido de contribuir para o estado da etnografia, cada vez mais vista como algo em crise. Essa condição, segundo Walter Goldschmidt, caracterizava--se por duas direções básicas de pesquisa:

> A detalhada análise interna de culturas individuais que geralmente busca estabelecer inter-relações entre diversos conjuntos de instituições — que tem como melhor exemplo as investigações de Malinowski e é geralmente chamada de estudos culturais; e [...] a comparação de instituições ou características estruturais entre um grupo de sociedades (seja ele delimitado ou de âmbito mundial), mostrando a distribuição e a covariação dessas características.[11]

O beco sem saída da combinação dessas duas direções levou a etnografia a superar um dilema embrionariamente contido no exemplo formulado por Malinowski e Boas, e então aceito pela maioria dos pesquisadores culturais:

> Malinowski foi mais insistente em afirmar que toda cultura pode ser entendida em seus próprios termos; que cada instituição seja vista como um produto da cultura em que se desenvolveu. Daí resulta que uma comparação transcultural de instituições é essencialmente uma falsa atividade, pois estamos comparando o que não é comparável. Mas o modo interno de análise nunca pode nos dar base para uma verdadeira generalização e não oferece meios de extrapolação além do tempo e da posição do local. Na verdade, ele nos deixa claramente nas mãos dos boasianos, para os quais cada cultura é unicamente o produto de sua própria história. Se quisermos evitar a invectiva de que a antropologia deve ser história ou nada, devemos encontrar uma saída para esse dilema.[12]

Muitos elementos heterogêneos compõem a percepção do estado da antropologia contemporânea como estado de crise.

1. Apesar das convicções de muitos praticantes da etnografia (persistentes porque, entre outras coisas, nunca submetidas a um autoexame), os postulados de Malinowski estão longe da comprovação. Na melhor das hipóteses, os etnógrafos devem parar, como disse Lévi-Strauss, "a meio caminho" entre sua própria cultura e a outra, e, apesar de suas aspirações de imersão na cultura que estudam, eles de fato desempenham um papel do qual erroneamente se dissociam, e que é o único que de fato justifica a existência da etnografia: o papel de mediador cultural ou tradutor de línguas estrangeiras. Eles desempenham esse papel a despeito das fantasias sobre sua missão e, quando percebem isso, vivenciam-no como transgressivo, como algo que devem justificar ou explicar. Escapar da crise nesse ponto exige remover o estigma moral de um comportamento que é generalizado e inevitável.

2. A comprovação dos postulados de Malinowski, embora jamais concretizada, é suficientemente ativa para dar às descrições etnográficas da cultura uma forma que torna quase impossível a traduzibilidade da informação sobre culturas — ou pelo menos significativamente mais difícil. Na intenção e na gênese, o antievolucionismo de Malinowski foi permeado pelo espírito da democracia e do igualitarismo: na prática, a comprovação dessas ideias levou a uma ruptura da imagem da espécie humana em enclaves distintos, sem comunicação, e a uma vigorosa enfatização das diferenças, a ponto de a noção de um *Homo sapiens* unificado ser obscurecida ou até questionada. O conceito (justificadamente) criticado de evolução linear não foi substituído por qualquer outro princípio de alguma forma unificada de existência humana. Isso evocou um protesto compreensível e a busca de "universais culturais" que, contudo, como Stanisław Ossowski sabiamente apontou, se transformaram em universais "pré-culturais" — categorias biológicas/fisiológicas — ou num inventário totalmente desinformativo sobre as áreas de interesse do etnógrafo, como no caso da famosa lista de George P. Murdock: todo povo

organiza de alguma forma as relações sexuais entre homens e mulheres; todo povo forma algum tipo de avaliação sobre tipos de crimes; todo povo tem preferências culinárias etc. etc. No segundo caso, estamos lidando com — para usar uma alegoria fantástica de Bronisław Baczko — uma típica máquina de vendas quebrada que constantemente devolve a própria moeda que alguém lhe insere. O que é mais importante, porém — os chamados esforços para integrar universais "disciplinares" —, é, em essência, unicamente um inventário de diferentes graus de individuação, o que se evidencia nos esforços práticos de Murdock para analisar um desses "universais" — o sistema de parentesco.

3. A fim de preservar a ideia de uma espécie humana unificada sob essas condições, devemos ir além do domínio da antropologia stricto sensu, realizando uma operação de redução em busca de uma base psicológica da ação humana. A conclusão inevitável a se tirar da aplicação das propostas metodológicas de Malinowski e Boas é a convicção de que a cultura é o que diferencia: se existe algo que unifique, é a constituição biopsíquica da espécie humana, os mecanismos neurofisiológicos, modificados pela cultura apenas em suas expressões externo--objetivas. Se ninguém conseguiu apresentar outras objeções a essa tese, ainda haveria outra suficientemente problemática para os antropólogos, o "a-culturalismo" dos meios psicológicos de "integração cultural". A consciência de que psicólogos são capazes de construir experimentos de tal maneira que os resultados de suas pesquisas possam ser assimilados em categorias universais é um pobre consolo para os antropólogos. A partir desse fato, nada ou quase nada surge em resposta à pergunta quanto a se, dentro da camada analiticamente distinta como cultural, haveria — junto com diferenças — fenômenos compartilhados, atributos do ser humano como criatura cultural. E dentro de quais categorias tais fenômenos deveriam ser moldados?

Vivemos numa época de integração prática da cultura mundial. Parece que — na medida em que não se altere o estado aqui caracterizado, que estamos chamando de crise da antropologia — a etnografia conseguiu encontrar-se na retaguarda de um mundo em que a "história mundial" era unicamente um conceito analítico.

Claude Lévi-Strauss ou a negação da negação

A se acreditar em *Tristes trópicos* — que é tanto um tratado sobre as belezas e as dores do trabalho do etnógrafo quanto uma autobiografia —, Claude Lévi-Strauss, aluno de Mauss e admirador de Saussure, embarcou no seu aprendizado em estudos culturais acreditando na sabedoria e eficácia das regras, amplamente aceitas, do ofício. Acreditava — assim como outros — que a tarefa do etnógrafo era reconhecer a "alteridade" como alteridade, em sua lógica interna, "privada", não contaminada pelo pensamento intrusivo cultivado pela retórica da civilização estrangeira. A compreensão etnográfica só podia ser alcançada pelo contato físico direto com "outros" — em termos de espaço, ao se aproximar dos "outros", o etnógrafo se afastava ao mesmo tempo de sua própria cultura, não apenas física, mas também intelectualmente. Havia um pressuposto silenciosamente aceito de que a proximidade física relevante garantia, ou pelo menos tornava mais provável, uma proximidade mental.

Inspirado por essa convicção, Lévi-Strauss realizou suas peregrinações à "fonte do humano". Os indígenas, em sua pureza primordial, pré-civilizada, apresentariam uma imagem clara dessa fonte, em oposição a seus irmãos mais civilizados. Infelizmente, os que ainda viviam perto dos centros metropolitanos no Brasil não haviam preservado muito de seu legado. Desde o início, percebeu-se, como é típico nesses casos, que o contato físico destruía o objeto de estudo. Não existe pesquisa que seja pura reflexão: cada estudo é uma ação — seu objeto, depois de ser estudado, é diferente do que era antes. Assim, Lévi-Strauss lançou-se numa aventura a pontos cada vez mais afastados no interior do Brasil, em direção a uma alteridade cada vez mais selvagem, a uma pureza cada vez menos tocada pela civilização. Cadiuéu, Bororo, Nambiquara, cada um desses grupos estava num estágio mais afastado do centro da civilização, outra etapa na abordagem de um "ser humano puro". Mas ainda havia muitas impurezas; se havia arcaísmo, ele era derivado, forçado, degenerativo, resquício do processo civilizatório. Até que, finalmente (que alegria, que os deuses sejam louvados), a situação que é o sonho de todo etnógrafo: os Tupi-Karib, tribo perdida nas profundezas do interior, que nenhum etnógrafo havia encontrado antes e — talvez — jamais tornaria a ver: um ser humano em estado quimicamente puro, um neolítico do século xx, congelado no tempo, esperando pelo olhar perspicaz do etnógrafo para desvelar diante dele os segredos das bases fundamentais da civilização. E aqui, no final de suas viagens, no limiar de um grande segredo, depois de baixar a cortina que cobria esse "santo dos santos" da religião etnográfica, ocorre uma epifania, o reconhecimento de um equívoco, e sua consequência — a conversão:

> No entanto, essa aventura iniciada no entusiasmo deixava-me uma impressão de vazio.
>
> Eu quisera ir até o ponto extremo da selvageria; não devia estar plenamente satisfeito, entre aqueles graciosos indígenas que ninguém vira antes de mim, que talvez ninguém veria depois? Ao término de um exultante percurso, eu tinha os meus selvagens. Infelizmente, eram-no demasiado! [...] Ali estavam eles, prontinhos para me ensinar seus costumes e suas crenças, e eu não conhecia sua língua. Tão próximos de mim quanto uma imagem no espelho, eu podia tocá-los, mas não compreendê-los. Recebia ao mesmo tempo minha recompensa e meu castigo. Pois não era culpa minha e de minha profissão acreditar que os homens nem sempre são homens? Que uns merecem mais interesse e atenção

porque a cor de sua pele e seus costumes nos espantam? Basta que eu consiga avistá-los, e eles se despojarão de sua estranheza: eu poderia muito bem ter ficado na minha própria aldeia. Ou, como aqui, que a conservem: e, nesse caso, essa estranheza não me adianta nada, já que nem sequer sou capaz de entender o que a faz ser assim.[13]

Submetida à sublimação intelectual, a experiência do fracasso ressurgiu como uma crítica à forma como os jovens eram programados no ambiente etnográfico. A tensão criada pelo insucesso foi aliviada com a descoberta da antinomia de Frank Cushing. Essa descoberta é a chave de tudo o que Claude Lévi-Strauss, o grande revolucionário da autoconsciência cultural, veio a criar depois. Os contornos de um projeto novo, revolucionário, aparecem nas últimas páginas de *Tristes trópicos*:

> Pois, se é verdade que a comparação de um pequeno número de sociedades faz com que pareçam muito diferentes entre si, essas diferenças atenuam-se quando o campo de investigação se amplia. [...] Procuraremos, pois, a base inabalável da sociedade humana. Para tal procura, a comparação etnográfica contribui de duas maneiras. Mostra que essa base não poderia ser encontrada em nossa civilização: de todas as sociedades observadas, é talvez a que mais se afasta disso. Por outro lado, ao destacar os caracteres comuns à maioria das sociedades humanas, ela ajuda a constituir um tipo que nenhuma reproduz fielmente mas que define a direção em que a investigação deve se orientar.[14]

Esse tipo está localizado no nível da cultura neolítica. Nesse nível — e aqui Lévi-Strauss se baseia em Rousseau — emerge uma "natureza humana" completa, ainda não degenerada em suas manifestações, a qual, segundo Rousseau — em oposição às alegações de Diderot —, não é algo pré-social, mas uma coisa que não pode aparecer fora da sociedade; a possibilidade de socialização já é inerente à natureza humana.

A concretização das características potenciais da humanidade ocorre através de sua objetivação na sociedade, na forma correspondente à esfera apropriada de relações interpessoais — linguagem, ordenamento jurídico etc. [...] Falando de maneira geral — "nós realmente só nos tornamos humanos quando já nos tornamos cidadãos".[15]

Para conhecer a natureza da humanidade, basta conhecer a forma mais primordial de socialização humana, o estágio em que o mecanismo social "frio", automático, cíclico ainda não se transformou na máquina a vapor "quente", unidirecional, criadora de entropia.[16] Aqui, precisamente, está a natureza humana, e ela só — ou basicamente — se evidencia nas instituições humanas: mitos, cerimônias, sistemas de parentesco — nessas organizações simbólicas, que são abaladas e reconstruídas, como um caleidoscópio, sempre com os mesmos fragmentos da alma humana.

O esforço de recriar essa natureza humana é *O pensamento selvagem*, livro sobre o pensamento dos selvagens — como o amor-perfeito que cresce espontaneamente antes de ser cultivado pela civilização. Antes disso havia *Antropologia estrutural* — um volume de estudos, esforços para usar uma nova metodologia, aplicar uma nova teoria. Em vez da proximidade física, que — como *Tristes trópicos* deixa claro — interfere nas tentativas de alcançar uma proximidade intelectual, em vez de torná-la mais fácil (epistemologicamente: o contato físico destrói o objeto que se busca para o contato intelectual; psicologicamente: a reação de Lévi-Strauss ao fazer contato com os tupis foi uma nova versão de *Cinna* de Corneille), havia o postulado da proximidade intelectual enquanto se mantinha a distância física. Graças à linguagem, às ideias abstratas, ao pensamento, as pessoas podem criar mentalmente a estrutura do mundo — sem destruir o objeto que essa estrutura deve reproduzir. É preciso descartar da etnografia tradicional a ideia de empatia: por que deveria o pesquisador abandonar os melhores e mais acurados métodos de criação de estruturas produzidos por sua própria civilização a fim de penetrar nas profundezas de um pensamento primitivo que não passou por autorreflexão semelhante? O que tinha sido um pecado vergonhoso para etnógrafos, passível de críticas quando constituía um afastamento não intencional de ideias conscientemente aceitas, devia ser um postulado programático. A verdadeira estrutura da forma primitiva de ser, esse conteúdo fundamental, oculto da esfera dos fenômenos acessíveis pela experiência, não está disponível à consciência de pessoas que não usam métodos modernos de análise estrutural. Tendo conhecimento desses métodos, o pesquisador deve tornar consciente o inconsciente, compreensível o sensorial. Em *Tristes trópicos*, Lévi-Strauss descobre as contradições da estrutura social na geometria distorcida das tatuagens ornamentais dos Cadiuéu. Em *Antropologia estrutural*, ele encontra uma explicação para as oposições obsessivamente enfatizadas no sistema de parentesco. Em *O pensamento selvagem*, Lévi-Strauss extrapola o que antes fora um pressuposto com pretextos frágeis, uma teoria do totemismo: uma explicação para o fato de um clã ser do urso e outro da águia; e a explicação deve ser procurada não nas associações míticas entre os clãs e, de acordo com isso, entre o do urso e o da águia, mas no isomorfismo das duas oposições — clã A : clã B :: urso : águia. Além da esfera fenomenal encontram-se nem tanto necessidades individuais ou coletivas, mas estruturas. A estrutura é a essência da cultura. Compreender a cultura equivale a entender uma estrutura comum por trás de todas as esferas tecnológicas especializadas da atividade humana. Mas estrutura do quê, exatamente?

A estrutura do pensamento humano; o espírito do ser humano, como Lévi-Strauss explica em *O cru e o cozido* e repete em *Do mel às cinzas*. Se a etnografia é a descrição de costumes e instituições, a antropologia não é um estudo desses fenômenos, mas da estrutura do pensamento humano que neles se manifesta. O modelo de sociedade em todas as suas partes é a expressão direta da estrutura de pensamento — e, além do pensamento, talvez da mente (*O totemismo hoje*). Essa estrutura é essencialmente idêntica para a totalidade da espécie humana. O que difere é apenas sua expressão objetificada. Toda expressão é, contudo — e isso pode ser rastreado —, o produto de uma transformação conduzida num nível elementar. Tornar visíveis essas transformações é a tarefa do antropólogo. Mas Lévi-Strauss estava, afinal, buscando a base comum da civilização humana e a encontrou no pensamento neolítico. Nesse nível, certamente podemos falar de idênticas estruturas de pensamento em todas as culturas e, como o pensamento neolítico continua a ser ainda hoje a base de nossa vida cotidiana, as estruturas comuns são evidentes mesmo nas sociedades modernas. Nessa área, o pensamento concreto domina, chegando à compreensão sem sacrificar a particularidade, localizada no plano da percepção, conectando estruturas isomórficas com signos intelectualmente acessíveis, sugeridos pela experiência e nela reconhecíveis: as estruturas totêmicas são um excelente exemplo desse processo. O pensamento fundamental liga essas estruturas segundo as leis da gramática intelectual, da qual ele não tem consciência — tal como pessoas sem instrução não têm consciência das leis da gramática na linguagem, embora as utilizem com sucesso na fala. O que se escolhe para desempenhar o papel de signo cultural depende de condições ecológicas e históricas, ou de contingências; mas as estruturas em que esses signos se localizam existem — de forma prática e teórica — em volumes finitos: há exatamente tantos deles quantos possam ser construídos por meio de combinações de certo número, pequeno, de oposições binárias simples, acessíveis no estágio neolítico da organização do ambiente humano. A cultura — em cujas variedades e existência independente os etnógrafos, sob a influência de Malinowski, insistiram com tanta teimosia — é precisamente a escolha de alguma porção desse conjunto de estruturas possíveis. Assim, é necessário dizer, falando adequadamente (isso surge em particular da metodologia empregada em *Mitológicas*, em que os mitos de "várias culturas" são examinados como um produto de transformações recíprocas), que a comunalidade da espécie humana se baseia na finitude do conjunto de signos relevantes, entre os quais diferentes sistemas culturais podem escolher — sempre usando, contudo, princípios de construção similares, o que permite que cada estrutura seja examinada como a transformação de outra, embora possa provir de uma sociedade com a qual não é cabível supor que ela tenha tido contato físico, seja hoje ou no passado.

Lévi-Strauss sempre enfatizou que esse modo de pensar sobre a cultura era fortemente influenciado — pelo menos nesse caso — pelos avanços da linguística estrutural. Foi a linguística que desenvolveu esse "método de análise mais atual" de que nossa civilização precisa usar para analisar o pensamento primitivo. Mais raramente consideramos outro fato: Lévi-Strauss, ao criar essa ideia sobre a antropologia e suas funções, continuava sob a forte influência das correntes da linguística estrutural que davam muito pouca importância a questões semânticas, presumindo que todo o sistema de análise da linguagem pudesse ser conduzido sem referência à esfera do significado. Quando rastreamos o desenvolvimento das teorias de Lévi-Strauss — de *Tristes trópicos* às *Mitológicas* —, saímos com a sensação de que a influência dessas correntes se torna cada vez mais clara. Dez anos atrás, Lévi-Strauss disse que a compreensão da função das oposições estruturais, e não das oposições em si, é tarefa do antropólogo, e não do linguista. Nas *Mitológicas*, ele fala muito pouco sobre funções — toda a sua atenção é concentrada nas estruturas e suas transformações. O autor evita claramente esta questão: se a estrutura do mito tem significado, qual é ele? E dá uma resposta superficial a essa pergunta: estruturas dão significado umas às outras — ele não emprestou grande valor à pergunta. Em sua visão, portanto, nós chegamos, no caso da construção estrutural da cultura humana, a um desses "fatos extremos" sobre os quais podemos perguntar "como?", mas não "por quê?". Ou seja, é simplesmente a estrutura do pensamento humano. Esta talvez se baseie na estrutura do cérebro — mas essa já não é uma questão para os antropólogos. Não há necessidade de pesquisar mais sobre esse tema. Assim, o que aconteceu com a função das operações estruturantes que o antropólogo estava identificando em primeiro lugar?

E depois?

É cada vez mais difícil responder a essa pergunta a partir das últimas obras de Lévi-Strauss. Em relação aos fatos extremos, não há como investigar sua função. Mais ainda: é impossível indagar sobre sua justificativa em relação a quaisquer outros fatos: a razão de sua existência é o próprio fato de existirem. Assim, não podemos investigar sua função ou seu significado.

Se o antigo conflito entre uma interpretação materialista ou idealista do ser humano ainda tem significado nas humanidades contemporâneas, é aí que ele pode ser encontrado. Não haveria base para acusar Lévi-Strauss de idealismo epistemológico. Basta olhar ao redor e ver com que cuidado ele analisa as abelhas sul-africanas, as melíponas, e seu estranho mel, produzido a partir de tudo, menos do néctar das flores, para entender a posição ocupada pelo seu mel na estrutura de pensamento, assim como as categorias que ele representa nessa estrutura; ou a meticulosidade com que ele estuda — a fim de entender seu papel simbólico — as características das espécies particulares de animais utilizadas nos sistemas totêmicos; ou as acusações de falta de princípios lançadas sobre intelectuais da literatura (numa entrevista concedida a *Les Lettres Françaises*) que pretendem usar um método estrutural "puro" para analisar textos literários: para entender a análise estrutural do mito, é necessário um conhecimento fundamental de etnografia, biologia, botânica etc., mas, para analisar uma obra literária, criada e funcionando numa sociedade de tipo completamente diferente, é necessário o conhecimento de história, fatos econômicos e muitas outras coisas "tradicionais" — foi frustrada a esperança dos intelectuais de literatura de que o estruturalismo os libertaria das exigências da erudição tradicional. Basta observar algumas afirmações de Lévi-Strauss sobre sua perspectiva teórica para ver a "materialidade" de sua epistemologia no sentido mais moderno do termo. O problema parece diferente quando considerado da perspectiva da ontologia sociológica: o que é um "fato extremo" no mundo dos temas humanos? Para Lévi-Strauss, ele é a construção do pensamento humano, o modo de conceber estruturas intelectuais, recriando ou projetando formas alternativas de existência humana. Para Marx, esse fato extremo é a realidade da existência humana: um ser humano ativo, atuante, que cria e consome mercadorias e organiza ativamente seu mundo humano. Quando se toma esse tipo de decisão filosófica, investigar a função das estruturas volta a ganhar significado. Isso não pode ser investigado — cada vez mais, não pode ser investigado — com base na filosofia de Lévi-Strauss. Para a filosofia marxista, essa é uma questão básica subjacente.

Como pode a obra de Lévi-Strauss fornecer uma resposta mais rica a essa questão? Basicamente, pelo método estrutural de entender os fenômenos culturais; oriundo da linguística estrutural e desenvolvido para uso em trabalhos antropológicos como um processo de separar fenômenos culturais formando oposições e revelando, dentro delas, uma estrutura que lhes é isomórfica. Só se precisa descobrir a estrutura e tomar uma decisão sobre em que plano da existência humana ela deve ser situada. Em outras palavras, para evitar o beco sem saída a que a filosofia de Lévi-Strauss leva o pesquisador — embora sem desprezar coisa alguma de suas descobertas metodológicas —, é necessário imaginar qual realidade em relação a essa cultura — esse aspecto especificamente humano da vida ativa — preenche a função de um signo.

Da perspectiva de uma filosofia marxista ativista e materialista, a função da cultura se baseia em reduzir as incertezas do mundo. A cultura (de modo semelhante — segundo Pierre Boulez — toda a criação) baseia-se na transformação do imprevisível em necessário. Escolhas culturais concretizam uma possibilidade improvável — junto com a arte, elas registram uma escolha: no momento em que a escolha é feita, tornam essa possibilidade uma coisa concebível. A cultura é, assim, a criação de informação, um processo de extrair informação do ambiente interno e externo de uma pessoa. Por um lado, ela se expressa na eliminação ativa da possibilidade de certas ocorrências, e assim no aumento da previsibilidade de um ambiente; por outro, depende da sinalização da estrutura desse ambiente — possibilitando, assim, a escolha de comportamentos adequados a essa estrutura e viabilizando a descoberta de informações contidas nesse ambiente (transformando esses signos num código reconhecível). Desse modo, a cultura tem funções tanto de informação quanto de controle. A diferenciação de uma dimensão mental de ideias, mediando a relação entre um organismo e seu ambiente, cria a possibilidade de separação e, assim, de uma dissociação recíproca entre esses aspectos. Uma porção considerável da informação contida numa estrutura ambiental é potencialmente não sinalizada e não extraída — enquanto, por outro lado, em cada sistema de signos é possível encontrar muitas oposições que estão "além do que é necessário": signos que ainda não encontraram suas funções. Mas uma cultura que exemplifique um "bom funcionamento" é um arranjo em que essa dissociação não acontece.

As afirmações sobre a funcionalidade de determinado fenômeno são elípticas até acrescentarmos qual arranjo está funcionando em referência a ele. Podemos examinar funções da cultura em relação a coletivos inteiros (sociedades) que definiram os limites da indeterminação em seu mundo desta forma particular e não de qualquer outra. Estaremos interessados nas ferramentas sociais amplamente usadas nos processos de acomodação-assimilação: a correlação entre a estrutura da sociedade e a estrutura de possibilidades contida no ambiente "natural", os recursos da tecnologia socialmente acessível (ou as variedades de repertórios de comportamento em relação à natureza) e também os recursos sociais do conhecimento (ou as oposições significativas que se possam distinguir) sobre o mundo real e um mundo possível (esse tipo de perspectiva abrange, junto com outras disciplinas, também a arte e a ideologia). Estaremos igualmente interessados em modos de organização, na assimilação dessa parte do mundo natural que esta civilização em particular escolheu como seu ambiente (transformando a paisagem, criando o mundo termostático ao tornar as condições climáticas internas independentes de flutuações meteorológicas incidentais etc.). Mas quando investigamos o funcionamento da cultura em relação ao indivíduo, logo aparece que o que era, de uma perspectiva social, um aspecto adaptativo, "interno" à cultura, se torna, da perspectiva do indivíduo, objeto de processos de assimilação, e, assim, algo externo. O ambiente do indivíduo é composto, acima de tudo, de outras pessoas: essas outras pessoas se colocam entre o indivíduo e os bens necessários para satisfazer suas necessidades, desempenhando o papel de obstáculos — ou de transmissores que darão acesso a esses bens. O problema da acomodação do indivíduo é basicamente o de alcançar um isomorfismo entre a estrutura de seus comportamentos e a do coletivo humano que forma seu ambiente. O mecanismo que serve para resolver esse problema é o processo de familiarizar-se com a cultura (no processo de sua transmissão e educação) e sua interiorização.

Se agora combinamos essas duas perspectivas — a individual e a social —, o resultado é que a cultura é a um só tempo o processo de organizar, estruturar o ambiente do indivíduo e uma forma de correlacionar e coordenar o padrão do comportamento individual com aquele do ambiente que o cerca. Em relação ao indivíduo, a cultura é a extensão ou o desenvolvimento de uma capacidade de adaptação comum a todos os organismos vivos: a associação de um comportamento específico com estímulos particulares. A qualidade mais importante desse mecanismo específico aos seres humanos é que, no seu caso, esses estímulos (sinais) são mais frequentemente determinados pela ação humana, são eles próprios produtos da cultura. No caso do indivíduo, a "estrutura" do ambiente e a "estrutura" de seu comportamento não são sistemas autônomos com determinantes independentes, e de qualquer modo não precisam ser — e, na pior das hipóteses, o são apenas em parte; podem ser, e tipicamente o são, concretizadas com a ajuda do mesmo grupo de mecanismos. A estrutura simbólica do sistema cultural é, em certo sentido, uma projeção (embora sempre incompleta e inexata) tanto da estrutura da personalidade quanto da estrutura social. Na medida em que, como no caso do ambiente natural, o objetivo básico é "descobrir os signos como tais", os componentes do ambiente que são criados pela atividade humana, predominantes na estrutura geral do ambiente, só podem existir no caso de "sinalizarem" a realidade. Distinções essenciais relacionadas ao acesso a bens são incomparavelmente mais ricas na sociedade humana, e — o que é da maior importância — não se correlacionam com diferenças humanas inatas. Para que sua função diretiva tenha eficácia é necessária a introdução, na realidade social, de grande número de oposições artificiais de signos. Da mesma forma como uma lança aumenta o comprimento dos braços, por natureza curtos, dos seres humanos, variações em roupas e acessórios, formas de se movimentar, etiqueta, locais de residência e maneiras de comer servem para reduzir a pobreza semiótica natural do corpo humano. No caso de algumas dessas oposições, a função diretivo-semiótica é a única razão válida para sua existência. Para outras, a função de satisfazer necessidades (individuais ou coletivas) interfere com a função semiótica, tornando mais difícil uma análise inequívoca, como no caso das funções duplas do alimento, da roupa, do abrigo. A tarefa do antropólogo é criar um inventário dessas múltiplas funções, desvendar os mecanismos (psicológicos, econômicos, sociais) que tornam mais difícil obter uma correlação total.

Eu apresentei — de uma forma extremamente resumida — as premissas básicas de uma concepção semiótica da cultura e suas funções sociais. A meu ver, essas próprias premissas demarcam as categorias que devem ser empregadas para superar as dificuldades que receberam a designação de crise da antropologia cultural. O desenvolvimento dessas premissas é o projeto de outros esboços apresentados neste volume.

· 2 ·

Para uma teoria semiótica da cultura

O postulado da "compreensão", como uma característica particular da investigação de fatos como os eventos humanos ou culturais, não é novo para as humanidades. Na consciência moderna, ele está ligado aos nomes de Wilhelm Dilthey, Max Weber, Florian Znaniecki. Sem levar em consideração as diferenças entre eles — que ainda podem ser fundamentais para a história do pensamento social —, os três pensadores situaram a "compreensão" na esfera psicológica. "Compreender" a ação humana, para eles, era equivalente a mergulhar nas profundezas das estruturas de pensamento da pessoa em ação ou recriar o "mapa cognitivo" do indivíduo na situação — os objetivos que uma pessoa atuante se esforça por atingir com suas atividades, as necessidades a que esses objetivos se acoplam. "Compreender" é, em outras palavras, entender os determinantes psicológicos "externos/pessoais" da ação humana. Na visão de Znaniecki, os intelectuais da cultura compreendem as ações humanas quando descobrem o que elas são para a pessoa que está agindo:

> Em contraste com o cientista natural, que busca descobrir uma ordem entre dados empíricos totalmente independentes de agentes humanos conscientes, o estudioso da cultura tenta descobrir

alguma ordem entre dados empíricos que dependem de agentes humanos conscientes, sendo por eles produzida e mantida. Para realizar essa tarefa, ele toma cada um dos dados empíricos que investiga com o que chamamos de seu coeficiente humanístico, ou seja, tal como parece aos indivíduos humanos que o experimentam e utilizam.[1]

Znaniecki, porém, opõe-se decisivamente às conclusões solipsistas a que tal posição, pelo menos para algumas interpretações ontologizantes, poderia levar[2] — em sua visão, aceitar o postulado da "compreensão" leva invariavelmente o pesquisador a uma conjectura intuitiva sobre o objeto das experiências da pessoa em ação, o que é absolutamente inacessível, sempre apenas inferido, geralmente com a participação de experiências introspectivas. Esse elemento de aleatoriedade, a irredutível ambiguidade — sempre presente na sociologia "analítica" ou "humanista", e assim decididamente estranha ao espírito da intelectualidade contemporânea —, alienou e continua alienando a maioria dos pesquisadores da sociedade contemporânea. Além disso, contribui para visões alternativas neopositivistas ou behavioristas que reduzem o postulado da "compreensão" de fatos sociais ao sentido que "compreensão" concedeu ao estudo da natureza — ou seja, formular leis gerais que ligam fatos empíricos, intersubjetivamente observados, como cadeias repetíveis de causa e efeito. Essa proposta tende a obscurecer, se não a negar, todas as diferenças entre os objetivos de pesquisa do naturalista e os do humanista (que se distinguem nesse caso, obviamente, pelo objeto de estudo, e não pelas formas de estudá-lo).

Parece necessário reiterar essas questões conhecidas porque o próximo esboço também trata de uma "compreensão" dos fenômenos sociais, mas o termo terá um significado muito diferente daquele ao qual normalmente o associamos, da forma como é usado em deliberações sobre os objetivos de pesquisa nas humanidades. A versão de "compreensão" com que lidaremos não é completamente estranha aos postulados da sociologia analítica.

Pelo contrário, tem para com eles uma dívida séria, se não decisiva, pela consciência da diferença entre a "compreensão" do humanista e a do naturalista, assim como da diferença qualitativa entre os objetivos de pesquisa que o caráter sociocultural dos fatos analíticos apresenta ao pesquisador. Também se vincula à sociologia analítica por uma aversão às reduções behavioristas e à tendência de enumerar ou mensurar em estudos sociais fatos associados a uma concepção neopositivista de sociologia. Mas a noção de "compreensão" aqui apresentada também se opõe ao psicologismo da sociologia analítica. Aceitando a reivindicação de uma distinção metodológica entre naturalismo e humanidades, ao mesmo tempo busca para estas últimas um procedimento de pesquisa que seria tanto rigoroso quanto intersubjetivamente verificável; tenta evitar conduzir o pesquisador por viagens — ocasionalmente inteligentes e informativas, mas sempre intuitivas — às profundezas da alma humana. A versão de compreensão aqui analisada vem, acima de tudo, nem tanto da relação direta "ator-situação", mas da existência da sociedade como estrutura concreta, objetiva, de relações sociais — uma estrutura criada inconscientemente e que existe, não na forma de um "mapa cognitivo" produzido na mente do autor de um diário, mas criada como resultado de uma prática humana real, material, e existindo no sentido de que os elementos de seu ato prático agem e se modificam entre si. Essa versão segue, portanto, os princípios filosóficos básicos das humanidades marxistas.

O problema da compreensão aparece no contexto das humanidades marxistas não na esfera das relações entre as experiências psíquicas e os comportamentos do indivíduo, mas na esfera das relações entre os comportamentos humanos e a estrutura social, entendida como um sistema de dependências inter-humanas que são criadas no processo de circulação de bens destinado a satisfazer as necessidades dos homens. Como fomos acostumados a "estruturalizar" num sistema — que denominamos cultural — comportamentos humanos observáveis, se estes evidenciam uma repetitividade de certos elementos típicos, podemos dizer que o problema da compreensão na versão aceita na discussão que se segue pertence à relação entre cultura e estrutura social. Em outras palavras, estaremos interessados nos métodos de pesquisa que nos permitam "compreender" fatos culturais em referência à estrutura social, e consequentemente também nos possibilitem discernir essa estrutura social que surge dos fatos empíricos dados pela cultura.

Por motivos semelhantes, a versão de "compreensão" aqui apresentada se opõe à filosofia detalhada na antropologia estrutural de Lévi-Strauss, particularmente na forma que lhe foi dada por seu criador em sua obra final. Negar a importância da contribuição de Lévi-Strauss para as humanidades contemporâneas, desviando o olhar do estímulo que ele deu aos esforços para torná-las mais rigorosas e acadêmicas, de modo a se adequar às humanidades, de acordo com seu objeto, seria evidentemente ingênuo. É Lévi-Strauss que deve ser mais enfaticamente preconizado para que as humanidades assimilem o método estruturalista, o qual se desenvolveu entre os linguistas graças às ideias de Baudouin de Courtenay, de Ferdinand de Saussure e dos membros do Círculo Linguístico de Praga; e foi Lévi-Strauss quem aperfeiçoou esse método para a análise do pensamento humano. Quando se trata de teoria social, contudo, à qual estou propenso que se aplique esse método, Lévi-Strauss, como se estivesse se posicionando contra algumas interpretações de sua obra, fica mais próximo do modo tradicional de "compreensão" em sociologia do que daquele que é do interesse dos teóricos marxistas. Se essa postulação podia causar ceticismo no período que coincidiu com a publicação de *Antropologia estrutural*, o texto de *O cru e o cozido* torna isso bastante óbvio. É assim que esse autor formula as premissas fundamentais de seu estudo final: "Não pretendemos, portanto, mostrar como os homens pensam nos mitos, mas como os mitos se pensam nos homens, e à sua revelia".[3] E é assim que ele resume as conclusões de seus achados, em que revelou estruturas de significado numerosas e mutuamente correspondentes interferindo no próprio cerne dos mitos analíticos: "E se perguntarmos a qual significado último remetem essas significações que se significam entre si [...] a única resposta que este livro sugere é a de que os mitos significam o espírito, que os elabora por meio do mundo do qual ele mesmo faz parte".[4] Mesmo aceitando a natureza metafórica dessas formulações — pela qual Lévi-Strauss, um escritor e filósofo, tem particular predileção —, é difícil negar a impressão de que o autor, equipado com o método estrutural, ataca o mesmo problema com que Znaniecki, e não Marx, se confrontava. Lévi-Strauss deseja entender a cultura penetrando (reconhecidamente, de uma forma incomparavelmente moderna e rigorosa) na estrutura da psique humana. Moderna do ponto de vista metodológico, a antropologia de Lévi-Strauss é hoje, mais do que dez anos atrás, bastante tradicional em termos dos problemas que examina.

Não há dúvida de que a maneira moderna de estruturar o problema de "compreender" a cultura deve muito à metodologia da linguística estrutural. O método estrutural lançou novas luzes sobre o problema, de há muito discutido, do "significado", revelando ao mesmo tempo a forma extremamente objetificada como foi analisado, independente das interpretações psicológicas, livre da necessidade de ser implantado num círculo fechado de sensações ou reações individuais. Mas o método estrutural, maravilhosamente adequado às questões de pesquisa em linguística (em geral se sabe a que funções serve a linguagem; o que demanda estudo é o mecanismo graças ao qual ela pode cumprir sua função comunicativa), não pode em si e por si compreender como ele é usado por sistemas que não a linguagem — por exemplo, a cultura, caso em que, como foi inteligentemente observado em sua própria época por Lévi-Strauss, as questões de pesquisa são o exato oposto: as relações recíprocas entre fenômenos, de modo geral, são conhecidas, mas não está totalmente clara a sua função.[5] A chave para a solução do problema da função, decisiva para a compreensão da cultura, está — falando de um modo geral — para além do alcance das possibilidades do método estrutural *eo ipso*. Ele exige o emprego de uma variedade de outras propostas metodológicas e teóricas oferecidas por uma teoria contemporânea dos signos, ou semiótica, ou por uma teoria da informação e um conceito cibernético de sistema — sem o qual relações estruturais fundamentais podem parecer "o trabalho inconsciente da alma".

É por isso que nossas reflexões devem ser precedidas por um debate acerca dessas propostas.

O conceito contemporâneo de signo

A definição mais geral de signo pode ser assim formulada: se o objeto A "remete" o observador O para o objeto B, então podemos dizer que, para O, A é um signo de B. Na frase, vemos o termo "remeter", que está longe de ser operacionalmente preciso. Mas o uso desse tipo de termo genérico era indispensável para que se pudesse criar uma definição suficientemente ampla que transcendesse as controvérsias presentes nas teorias contemporâneas do signo. De modo ainda mais amplo, há a expressão similarmente neutra de Tadeusz Milewski: signos "são algo que tem significado, mas não em virtude do que são, e sim porque dirigem nossa atenção para outra coisa inteiramente diferente, algo que é muitas vezes encontrado em outro lugar, numa área totalmente diversa da realidade".[6]

Uma definição de signo que seria ao mesmo tempo a mais básica e a mais ampla deveria conter os seguintes elementos:

1. Ela presumiria a existência de uma certa relação entre dois fenômenos.
2. Ela presumiria a existência de um observador ao qual pelo menos um dos fenômenos acima fosse ao menos potencialmente acessível pela percepção.
3. Ela presumiria que a relação descrita em (1) existisse apenas "pela mediação" do observador já mencionado (o que não impede necessariamente a existência simultânea de outras relações entre os fenômenos supracitados).

Mas apenas a relação que preenche o requisito (3) é essencial para o signo.

É aqui, parece, que termina o acordo entre semioticistas e se inicia a controvérsia que gira em torno da interpretação da natureza do "emissário" descrito acima. Em referência a esse "emissário", podemos levantar duas questões: a) que tipo de conexão deve existir entre A e B para que A "remeta" alguma coisa a B?; e b) quais são as condições necessárias de uma relação entre A e O para que O seja "remetido" por A a B? Para cada uma dessas duas questões há uma variedade de respostas.

Vamos começar com a questão (a). As respostas mais radicais essencialmente não estabelecem limites para o tipo de relação entre o signo e aquilo que ele significa. Por exemplo, A pode ser o resultado de B. Uma testa quente é um signo de que o organismo está febril; fumaça saindo da chaminé é um signo de que algo está queimando na lareira; um solo úmido é signo de que choveu recentemente. Cada resultado nos "remete" para sua causa, e desse ponto de vista podemos tratar todos os fenômenos observáveis como signos e como uma compreensão do mundo — como um aprofundamento do código que nos permite decifrar seus significados, que neste caso são os mesmos das causas. Entendidos dessa maneira, os signos são determinados pelo significado e, para compreendê-los, o observador deve "expor" essa relação de determinação, o que nos leva aos domínios da biologia ou de fenômenos percebidos em formas próprias a ela: esses signos são os *Anzeichen* ["sinais"] de Husserl ou os "indéxicos" de Peirce. Não estamos preocupados com o fato de esses signos não terem um "emissário" — ou, no mínimo, um emissário que os iria produzir com a intenção de comunicar alguma coisa a alguém. Nós os interpretamos como se a causa provocasse o efeito com a intenção de transmitir uma informação sobre si mesma a um destinatário desconhecido.

No momento não estamos interessados nos benefícios hermenêuticos que provêm de aceitar uma definição igualmente ampla do signo. Basta que, de modo geral, nessa concepção não encontremos quaisquer características distintivas particulares aos fenômenos cuja análise é o domínio das humanidades. É por isso que nos preocuparemos mais com outras formas de entender a relação mencionada, excluindo os "signos naturais" (chamados de "sintomas" por Milewski) da categoria dos signos stricto sensu. Essa outra perspectiva presume a falta de uma relação causal entre A e B — em outras palavras, o tipo de conexão que ocorre no caso das relações de causa e efeito. A nos informa sobre B, não por ter sido provocado por B ou porque o formato ou outras propriedades de B tenham sido "gravados" nele. A função informacional dá a A um terceiro fator, que é o observador — uma pessoa. A fim de indicar a classe dos fenômenos que preenchem a função de signos nesse sentido, Alexander Zinoviev usa a ideia de "contar", a qual define da seguinte maneira:

> Vamos dizer que determinar se o objeto P^1 corresponde ao objeto P^2 é o mesmo que concluir, com a consumação de certas condições, o que deve ser precisamente definido, que depois da escolha de P^1 estava a escolha de P^2. Ou, em outras palavras: existem condições tais que a escolha de P^1 é seguida pela escolha de P^2.

E então: "Se a função particular do objeto P^1 é precisamente o que aparece numa relação de correspondência com o objeto P^2 (ele corresponde ao objeto P^2), então P^1 é um signo de P^2 e P^2, o elemento significado para P^1".[7] Observamos o caráter ativo e criativo do processo de determinação das funções do signo no texto de Zinoviev. Não nos surpreende a afirmação do autor de que "a correspondência entre objetos não é determinada em si mesma, mas decidida por pessoas". Para que essa correspondência exista, deve haver um ser — uma pessoa ou seu modelo — capaz de fazer escolhas. O ato de escolher constitui um signo e, ao mesmo tempo, essa relação singular, essencial, em que o signo denota o elemento que ele significa. Além disso, quanto menos qualquer outra relação (mesmo aquelas que sejam semioticamente não essenciais) interfira na relação direta de compatibilidade entre P^1

e P², mais ajustado estará P¹ para cumprir a função de um signo, desde que não passe por uma transformação em seu processo de realização, o que poderia prejudicar sua comunicabilidade. Vale mencionar que, na semiótica soviética dos últimos anos, temos visto muitas observações referindo-se a esse tipo de natureza ativa, processual, do signo. É difícil dizer se a influência decisiva numa perspectiva similar foi exercida pelo ativismo tradicional da visão de mundo marxista ou pela atração de uma visão de mundo cibernética, controladora. Característica, contudo, é a afirmação de M. W. Popovich de que "o objetivo não é entender 'signos artificiais', mas, se possível, o conceito de 'signos em geral' (também incluindo 'signos naturais') como uma generalização do conceito de 'signo artificial' ou signo comunicativo".[8] Segundo a proposta de Popovich, o sujeito pode tornar-se um signo se: 1) houver um intérprete para o qual o objeto seja um signo (sinal); 2) a observação do signo (sinal) for acompanhada pela transformação da informação que ele contém (o objeto tem significado para o intérprete e pode ser entendido por ele ou ela).[9] À luz desse tipo de explicação, não é tanto que o mundo seja uma linguagem, mas que ele se torne uma linguagem porque as pessoas aprenderam a extrair a informação contida em vários fenômenos. L. A. Abramian[10] segue caminho semelhante, essencialmente identificando a esfera de funcionamento dos signos com a da direção:

> Dirigir é essencialmente um processo de sinalização. Ao menos três fatores estão aí presentes: determinadas mudanças externas; eventos que sinalizam essas mudanças; o objeto autodirecionado, que recebe esses sinais e reage adequadamente a seu significado semiótico. Esses fatores constituem os elementos fundamentais do sistema do objeto, que é a base "substantiva" do processo semiótico. Eles criam a situação semiótica particular fora da qual o objeto não pode cumprir sua função como signo.

Assim, temos uma específica "negação da negação": em primeiro lugar, descartamos os aspectos da "relação de signos" fora do humano ou cognoscível em nome do papel ativo do ser humano. No nível adequado de generalidade, nessa nova perspectiva, podemos, contudo, voltar a aceitar "signos naturais" como objetos da semiótica, mas de um ponto de vista diferente — oposto à perspectiva inicial. Na avaliação final, a característica que diferencia o signo de um determinado sujeito é agora apenas uma atribuição da função sinalizadora-diretiva com respeito ao observador; o caráter da relação entre o signo e o elemento indicado torna-se arbitrário, enquanto existir, e é ativo para esse observador.

Dessa maneira, a questão (a) se funde, por assim dizer, com a questão (b). Dessa última perspectiva, ela leva ao problema de quando, e em que condições, o observador se torna capaz de extrair potenciais informações contidas no signo. Esse problema é tradicionalmente examinado no contexto do significado entendido como uma correspondência que ocorre dentro da mente do observador — e a maioria das respostas que se encontram na literatura pode ser apresentada como modificações da ideia clássica formulada em 1923 por Charles K. Ogden e Ivor A. Richards, de acordo com o espírito "mentalista" da época, da seguinte maneira: o objeto torna-se o signo de outro objeto quando nos traz à mente este último (de modo característico, um conceito essencialmente idêntico foi formulado em 1964 por L. D. Reznikow).[11] Com o avanço da psicologia, variantes posteriores de resposta foram gradualmente adquirindo caráter behaviorista. Já em 1938, Charles Morris, em *Foundations of the Theory of Sign* [*Fundamentos da teoria dos signos*], asseverava que uma estrutura de estímulo que provoca uma reação no organismo anteriormente causada pelo mesmo objeto pode se tornar o signo desse objeto (e de novo encontramos definição semelhante na obra de D. P. Górski de 1962).[12] Por fim, uma versão complementada pelo acréscimo da teoria pedagógica aceita pelos psicolinguistas americanos, o conceito criado por Charles Osgood[13] afirma: o "não objeto" se torna um signo do "objeto" quando evoca no organismo uma reação mediada que (a) é uma parte do complexo comportamental

Para uma teoria semiótica da cultura 81

causado pelo objeto e (b) provoca uma evidente autoestimulação que modera a reação, a qual não ocorreria sem a mencionada associação do não objeto com o objeto como catalisador. O leitor vai associar essa formulação com a expressão que Lev Vygotsky[14] criou para as "ferramentas psicológicas" (ou signos) já em 1930: diferentemente das ferramentas técnicas, que operam sobre objetos exteriores, as ferramentas psicológicas agem sobre a psique. Um fenômeno externo torna-se uma ferramenta psicológica enquanto o comportamento não se dirige a ele — enquanto cumpre, em vez disso, "o papel de um meio pelo qual dirigimos e realizamos as operações psicológicas necessárias para realizar a tarefa".

Depois dessas observações preliminares sobre o conceito geral de signo, necessariamente muito resumidas e certamente insatisfatórias para um semiólogo de carreira, podemos considerar se e quais problemas podem ser esclarecidos quando se observa a cultura de uma perspectiva semiótica.

O significado dos comportamentos humanos

Já indicamos que os problemas do signo, do significado e da compreensão foram mais profundamente investigados no campo da linguística. Intelectuais da área das humanidades estão recorrendo à linguística em busca de definições desses conceitos e de ideias fundamentais para o tema. Isso tem consequências lamentáveis: a linguística é limitada, em seus interesses, a objetos que se especializam no papel de signo, que só existem como signos, e assim, à primeira vista, nos afasta mais da percepção da função de signo de objetos que não são apenas isso. Mas há também benefícios: a natureza do signo é mais amplamente revelada, desobscurecida, quando a atenção do pesquisador é atraída para suas formas mais puras, preparadas a partir dos resultados de outras conexões funcionais ou genéticas. É por isso que, mesmo para o sociólogo — que gostaria de ver quais novidades poderiam ser percebidas em comportamentos humanos que já são bem compreendidos se eles forem vistos como signos com um significado que se situa num nível diferente de realidade —, o que os linguistas têm a dizer sobre o tema dos signos e significados pode ser muito útil.

É na linguagem que os mecanismos do significado e da compreensão se apresentam com maior clareza (esses dois termos referem-se essencialmente a versões da criação e recriação do mesmo processo). Esse mecanismo, como nos dizem os linguistas modernos, exige — mais genericamente falando — a existência de duas estruturas que são mutuamente isomórficas,[15] no sentido de que a oposição entre os elementos da estrutura S_1 corresponde às oposições entre os elementos da estrutura S_2, embora não haja uma relação genética entre esses elementos, e toda estrutura seja governada por "suas próprias leis". Se aceitarmos que S_1 é um sistema de signos e S_2, de significados,[16] então os elementos de S_1 são constituídos por sua oposição entre os "paradigmáticos" (a escolha entre alternativas que funcionam da mesma forma, e que, portanto, são intercambiáveis numa dada posição) e os "sintagmáticos" (relações lineares com outros signos, formando combinações de maior complexidade),[17] com outros elementos da mesma estrutura; assim, compreendê-los exige uma referência às relações entre S_1 e S_2, ou ao nível semântico. Segundo a rigorosa definição de J. D. Aspresjan, a postura geral que atualmente domina a linguística surge do pressuposto de que a

> diferença entre dois significados léxicos, quaisquer que sejam, se é essencial em determinada linguagem, reflete-se em diferenças estruturais essenciais. Assim, quando quer que encontremos uma oposição estrutural, podemos presumir que tenhamos descoberto uma oposição semântica, ou seja, uma oposição entre pelo menos dois significados independentes.[18]

Uma das teses fundamentais da linguística moderna é, assim, uma ideia sobre efeitos que são verdadeiramente ilimitados: significado e compreensão não são uma questão de relações entre signos singulares, tomados individualmente, e um sujeito ou imagem igualmente singular, mas de uma relação entre um sistema de signos e um sistema de significados. O processo de alcançar a compreensão dos elementos do sistema S_1 só pode ser concretizado entendendo-se o arranjo de relacionamentos entre os elementos, indicando sua posição em S_1 — que subsequentemente depende da descoberta de tal relação entre os elementos do sistema S_2, os quais são isomórficos a esse arranjo (ou, nos termos de Zinoviev, "correspondentes"). Veremos agora como são essenciais essas diretivas metodológicas para a compreensão dos comportamentos humanos em sua função semiótica.

Uma função crucial do sistema de signos que é a linguagem é a comunicação ou a transmissão de informações. Como afirma Roman Suszko, em total concordância com a demarcação contemporânea do problema, "a comunicação é um processo com um caráter social, sendo assim localizada dentro de um certo grupo G de indivíduos humanos que transmitem e recebem signos (sinais) surgidos da organização de determinado sistema de signos".[19] A função comunicativa é essencial no sentido de que, como afirma Martinet, "a linguagem pode funcionar em outros níveis desde que continue sendo um bom meio de comunicação".[20] Estudar a função comunicativa da linguagem e os mecanismos que servem para realizar tal função vai esgotar, genericamente falando, tudo que possa ser proveitosamente dito sobre a linguagem. Isso não significa, contudo — apesar do antípoda frequentemente aceito, mas logicamente imperfeito —, que o problema da comunicação na sociedade humana e o estudo dos mecanismos de informação-transmissão possam ser reduzidos ao estudo da linguagem stricto sensu. Como Henri Lefebvre inteligentemente observa,

> na prática, os seres humanos se comunicam por meio de um contexto significativo tanto quanto, se não mais do que, mediante a linguagem e a conversação de que participam. Rosto, trajes, gestos

(cerimoniosos ou espontâneos), música, cantigas e coisas semelhantes desempenham igualmente um papel como linguagem.[21]

(Acrescentemos que, à luz da perspectiva evolutiva no desenvolvimento da linguagem no interior da espécie, a palavra parece ser o signo estenográfico mais recentemente introduzido de
outros elementos fundamentais de significação: ver capítulo 3
deste volume, "Homem e signo"). Se esse lado da questão foi mais
difícil de perceber que a função de comunicação, que era óbvia
para qualquer um, foi porque todas as coisas e eventos descritos
por Lefebvre também têm uma função para além da transmissão de informações: um armário serve para guardar roupas ou
panelas, as roupas para proteger o corpo do frio, a música satisfaz as necessidades estéticas e assim por diante. A atenção dos
pesquisadores teve como foco mais frequentemente a segunda
função — a função técnica, como diria Vygotsky — das coisas e
dos comportamentos dos seres humanos. Para delinear a função
de objetos e eventos, eles foram conectados diretamente à necessidade individual ou coletiva, invariavelmente percebida como
um certo estado de tensão que rompe o equilíbrio do organismo
humano, ou do coletivo organizado de pessoas, que o objeto ou
evento iria aliviar ou evitar. A instrumentalidade desse pensamento manifestava-se independentemente de a função relacio-
nar-se a necessidades individuais ou coletivas, quer fosse interpretada pluralística ou holisticamente. Encontramos o mesmo
tipo de pensamento nas definições de Malinowski ao descrever a
função como "a satisfação de necessidades por meio de ações em
que as pessoas são unificadas utilizando produtos e consumindo
bens", e na que explica a função como "o papel de determinada
instituição no âmbito geral de uma cultura";[22] e também na afirmação de Émile Durkheim de que "perguntar sobre a função de
uma divisão do trabalho é o mesmo que procurar as necessidades
a que ela correponde;[23] e nas definições mais holísticas, como a
de Radcliffe-Brown (uma função é um "input de atividade parcial
na atividade geral de que ele faz parte"). Essa atividade geral cria

certa unidade que é alcançada em virtude do fato de que "todas as partes do sistema social funcionam em conjunto e de maneira suficientemente harmonizada e internamente coerente, ou seja, sem criar conflitos permanentes que poderiam não ser resolvidos nem submetidos a uma regulação").[24]

Ao mesmo tempo, pelo que parece, as expressões "ferramenta técnica" e "ferramenta psicológica", introduzidas por Vygotsky, deveriam ser entendidas sobretudo como descrições de duas funções qualitativamente diferentes que podem ser aplicadas ao mesmo tempo a objetos de um mesmo conjunto, e não como nomes de dois conjuntos distintos. Enquanto talvez possamos falar de coisas e eventos que são apenas ferramentas psicológicas (as palavras de uma língua, que só podem ser vistas como ferramentas técnicas em invocações do tipo "Serve-te, mesinha!" e outros feitiços; a magia em geral talvez possa ser interpretada como derivada da existência de uma função técnica com base na existência da função psicológica), é muito mais difícil no mundo humano encontrar coisas que só tenham o papel de ferramentas técnicas. O mesmo conjunto de roupas é simultaneamente uma ferramenta psicológica e técnica. Isso pode ser explicado no contexto da necessidade a que satisfaz ("no inverno usamos roupas de lã porque está frio lá fora e a lã é um mau condutor de calor"), mas também pode ser entendido no contexto de informações sobre alguma coisa, que nas roupas não têm relação com sua função "técnica" — mas essas informações serão transmitidas a qualquer um que as observe e compreenda o código em que elas se exprimem. Podem ser informações sobre a condição de classe do proprietário ou sobre seu prestígio, idade, sexo, emprego, sobre o papel que ele ou ela desempenha (roupas de caça, trajes de montaria, para esquiar etc.), ou ainda sobre suas intenções amistosas ou hostis. Uma função igualmente dupla é prontamente discernível em movimentos que servem para levar comida à boca, nos instrumentos que usamos para fazer isso, na maneira como nos dirigimos às pessoas que conhecemos e àquelas que encontramos por acaso etc. — talvez em todos os comportamentos humanos e seus correlatos materiais. Podemos dizer, de modo geral, que o papel da "ferramenta psicológica" ou dos meios de registrar e transmitir informações serve, em maior ou menor grau ou proporção, a todas as ações humanas e seus correlatos, independente de terem alguma função técnica.

Da afirmação acima segue-se uma conclusão metodológica importante. Ou seja, a análise de qualquer conjunto de ações humanas só pode ser completa se, e apenas se, for composta de: a) uma explicação dos comportamentos em seu papel de ferramentas técnicas; e b) uma compreensão deles em seu papel de ferramentas psicológicas. Nenhum desses procedimentos, tomado individualmente, é capaz de explicar qualquer — ou dificilmente alguma — ação humana em sua plenitude. Algumas características da ação que esteja sendo examinada sempre continuarão "redundantes" — excessivas, inexplicáveis, aparentemente desnecessárias — pela perspectiva de conjuntos variáveis de comportamentos examinados do ponto de vista de um único procedimento. Alguns, mas apenas alguns, aspectos das vestimentas podem ser explicados à luz da função técnica das roupas. Outros aspectos, mas apenas alguns, tornam-se compreensíveis à luz de sua função psicológica ou informacional. As ações humanas são, portanto, bidimensionais: são sempre um ponto de interseção entre os planos técnico-energético e psicológico-informativo. Toda dimensão tem seus próprios critérios de "racionalidade" e é governada por suas próprias leis. As duas dimensões devem ser submetidas ao estudo sociológico. A sociedade geralmente tende a ser analisada, de modo explícito ou implícito, sobretudo como um sistema que serve à produção, circulação e distribuição de bens. Um complemento necessário a essa análise é observar os comportamentos humanos de uma perspectiva semiótica — como uma ferramenta de transmissão de informações, como um signo.

Chegamos, por fim, à questão fundamental: se as ações humanas são signos, qual o significado deles? Que estrutura isomórfica ao sistema de ação humano pode ser considerada um sistema sobre o qual somos informados pelos comportamentos humanos? Vamos começar com alguns exemplos. Um diretor e um empregado trabalham no mesmo escritório. Se o empregado deseja falar com o diretor, ele pede para a secretária que trabalha no escritório do diretor marcar o encontro. Se o diretor deseja falar com o empregado, diz à secretária para marcar o encontro. O diretor também pode entrar na sala do empregado sem avisar. A diferença entre essas ações não pode ser explicada por suas funções técnicas. Se presumimos que uma ponte levadiça, na forma de secretária, serve para proteger o diretor de uma agenda excessivamente sobrecarregada, então, para demonstrar a racionalidade técnica do sistema, seria necessário demonstrar que a agenda do diretor é mais lotada que a do empregado, o que nem sempre é possível. A diferença em suas ações torna-se, porém, compreensível e racional se considerarmos sua função informacional: a diferença de comportamentos é isomórfica à diferenciação entre as posições de diretor e empregado na empresa. Ela informa a ambos os lados sobre o caráter de sua relação mútua e os coloca na posição adequada com respeito aos lugares que ocupam, permitindo que se orientem na situação e escolham um meio de ação tecnicamente racional para isso. A função semiótica aparece de forma ainda mais clara no caso da diferença entre o número de estrelas nas dragonas militares, o avental do criado e a gravata-borboleta, o número cuidadosamente determinado de cumprimentos durante um encontro casual na rua e a ampla variedade de maneiras de realizar esse gesto, desde tocar despreocupadamente a borda do chapéu do outro com a ponta dos dedos até inclinar o corpo com um meio sorriso obsequioso.

A função informacional das ações humanas, de modo muito semelhante a todas as funções informacionais, depende de se reduzir a indeterminação da situação.[25] A quantidade de informações contidas na comunicação é mensurada pela diferença entre o grau de indeterminação que existia antes de se receber a informação e o grau que se faz presente depois que ela foi recebida. Quanto mais resultados igualmente prováveis determinada situação possa conter, maior a quantidade de informação que deve ser fornecida para que a indeterminação de uma situação seja eliminada sem deixar vestígios. Se existem dois estados alternativos igualmente prováveis, é necessário apenas um bit de informação (um bit, segundo Claude E. Shannon, é precisamente a quantidade de informação necessária para se fazer uma escolha entre duas possibilidades igualmente prováveis, porém mutuamente excludentes); no caso de quatro possibilidades, são necessários dois; no caso de 64, seis, e assim por diante. A conclusão que se pode tirar é que quanto maior for a indeterminação de uma situação social, maior será a quantidade de informação adequada sobre o comportamento humano de que se necessita para tornar possível uma avaliação correta. Nossa ansiedade, nossa dificuldade e nossa fome de informações crescem proporcionalmente à indeterminação da situação em que nos encontremos, a nossa incapacidade de "classificá-la". Cobramos mais elementos semióticos de um estranho que nos para na rua do que de uma pessoa com quem nos encontramos ocasionalmente e que tenha uma posição estável em nosso "mapa-múndi". Se essa adequação não se manifesta em proporção direta com a riqueza da etiqueta simbiótica, com o grau de indeterminação de uma situação, isso é só pela intervenção de um fator adicional, embora importante: a especificação completa de uma situação não é igualmente importante em todos os casos, e satisfazer todos os elementos semióticos do comportamento de um parceiro é também uma função dessa importância.

De modo geral, separar as ações humanas e seus corolários dos papéis semióticos que lhes são atribuídos permite-nos escolher as ferramentas técnicas adequadas a uma situação. E nós as desligamos desses papéis excluindo a indeterminação da situação e a "constituindo", por assim dizer, na consciência da ação individual. Do que isso depende, que ferramentas técnicas são racionais em determinada situação ou maximamente úteis e eficientes da perspectiva das necessidades que por meio delas devem ser satisfeitas? Isso se baseia em dois fatores que constituem objetivamente a situação, como o sistema de estradas e muros que abrem ou obstruem o caminho que leva aos bens em consideração — em outras palavras, da estrutura social que indica as posições mútuas das pessoas em posições opostas ou próximas umas às outras numa situação dada.

Em suma, o comportamento humano, na medida em que aparece no papel de um signo, nos dá informações sobre a parte da estrutura social que é fundamental para a construção de determinada situação — sobre o sistema de probabilidades presente numa situação. Evidentemente, ele só informa o receptor para o qual o código é compreensível. Dos três tipos fundamentais de signos destacados por Charles Peirce — o ícone, o índice e o símbolo —, os comportamentos humanos em suas funções semióticas estão mais próximos dos símbolos: signos cuja relação com aquilo que significam não depende de "nenhum tipo de similaridade, relação sucessiva ou aparecimento simultâneo" do signo e dos fenômenos que ele significa.[26] Não perceber suficientemente esse fato explica o prolongado erro de pesquisadores de culturas estranhas às suas que tentaram usar uma perspectiva "ética" e não "êmica"[27] (uma analogia da diferença de perspectiva entre a fonética e a fonologia) — ou não trataram os costumes nelas observados como um código e tentaram "racionalizá-los" recorrendo a necessidades biológicas individuais ou coletivas, ou, finalmente, resignados, os reconheceram como manifestação visível do irracionalismo inato do "pensamento primitivo".

Não vale a pena comentar aqui esses tipos de erro — todo leitor assíduo da literatura antropológica está suficientemente familiarizado com eles. Vale a pena, porém, examinar de perto um erro percebido com menos facilidade, que também surge de valorizar mais uma análise "ética" do que uma "êmica", mas algo que tem origem não tanto no processo regular de compreensão da função de signo de comportamentos, e sim na interpretação dessas funções a partir do contexto de outras estruturas que lhe são estranhas — geralmente a partir do alicerce da própria e bem conhecida estrutura de significados do estudioso. Em outras palavras, o erro que temos em mente surge em casos nos quais o pesquisador se esquece de que o significado do comportamento observado só pode ser entendido no contexto em que ele tem um significado — ou no cofuncionamento de duas estruturas: o código de comportamento, que serve à circulação de informações, e a estrutura social que serve à circulação de bens.

Como exemplo dessa categoria de equívoco, podemos considerar o fenômeno, observado em todas as sociedades primitivas, da sincera renúncia à riqueza, em que pessoas situadas no topo da hierarquia social fazem a doação de suas fortunas. Esse fenômeno causou perplexidade entre pesquisadores provenientes de sociedades em que comportamento semelhante serviria de base para interditar a pessoa. Antropólogos tentaram várias maneiras de descrever esse espetáculo enigmático, atribuindo-lhe um significado cultural que fosse acessível a eles próprios e a seus leitores; para fazê-lo, contudo, trataram-no erradamente como um elemento de seu próprio código, e não como componente de uma estrutura inteiramente diferente que só teria significado dentro de seu próprio contexto. Alguns autores suspeitam que o ato de se desfazer de sua fortuna, algo aparentemente "irracional", é, contudo, uma forma particularmente requintada, embora sinuosa, de obter ganhos materiais individuais. Parece ser essa a posição de Raymond Firth:

> Muitas das ações econômicas de povos primitivos, incluindo suas festas e outros exercícios de consumo em grande escala, parecem carecer de uma racionalidade imediata. Mas, a longo prazo, elas de fato atingem os objetivos de ganho material. Mesmo onde isso não acontece assim, as concepções racionais não foram abandonadas. Seu escopo foi apenas ampliado para abarcar o sistema social, e não apenas o sistema econômico.[28]

Visão semelhante é apresentada por pesquisadores de povos primitivos igualmente reconhecidos, como Melville J.

Herskovits.[29] Construções complicadas e exaustivas mostraram-se necessárias para salvar a obviamente anacrônica explicação sobre o significado dos fatos, ligada ao contexto do mercado e das estruturas sociais determinado pela relação com a propriedade que era bem conhecida dos pesquisadores, mas não dos objetos de seus estudos. Outros antropólogos se inclinaram a tratar o prestígio obtido pelos generosos organizadores das festas segundo o modelo de mercadorias em circulação no mercado capitalista, com funções de troca e armazenamento. Nenhum deles conseguiu evitar as armadilhas que proliferam num método que serve para examinar o significado de atos considerados individualmente fora da estrutura que lhes é semântica e contextualmente essencial.

A verdade é que os fenômenos aqui considerados podiam ter os significados que lhes foram atribuídos por Firth ou Herskovits apenas no caso de estarem arraigados numa estrutura social em que "as escolhas econômicas são especificamente determinadas pelo valor relativo dos *bens* envolvidos".[30] Só então poderíamos procurar a "função técnica" das atividades dos organizadores das festas em termos dos ganhos que previam obter em troca. Então, também, a situação em que o indivíduo "em posição elevada" oferece, e o de "baixa posição" recebe, podia parecer contraditória e contrária ao bom senso, e deixaria o pesquisador preocupado, o que se aliviaria com a ajuda de hipóteses acrobáticas do tipo daquelas formuladas por Firth.

O mesmo problema vai aparecer sob outra luz quando nos lembramos de que não é a forma ou a aparência externa de um comportamento que realiza a função da informação, mas sua oposição contextual a outro curso de ação; e quando percebemos, além disso, que a oposição no cerne de algum código compreensível é inalterada em relação aos próprios signos, que podem ser substituídos por outros, desde que a oposição seja mantida; ou quando percebemos que os "materiais" de que a oposição é "fabricada" são, em toda sociedade, extraídos de elementos que lhe são disponíveis, não havendo razão para considerar qualquer outro material "inerentemente mais útil" para servir à função de signo. Se nos lembrarmos disso tudo, vai ficar mais claro para nós que a diferenciação de posições sociais não precisa ser expressa "pela natureza das coisas", com a posição mais elevada associada ao receber e não ao dar, e vice-versa. Tal visão é compreensível numa sociedade em que a circulação de bens é regulada pela propriedade de mercadorias ou por privar outras pessoas dos direitos de dispor delas. Mas também seria isso numa sociedade em que não há mercado para a troca de mercadorias nem propriedade privada — ou seja, numa situação em que uma categoria de pessoas ganha acesso a bens somente se atender às condições estabelecidas por outra categoria? Ou numa sociedade em que a circulação de bens é regulada por instituições de acesso universal a todos os bens, independentemente de quem os produziu ou descobriu? Por que ficamos surpresos pelo fato de que, numa sociedade desse tipo, as hierarquias se manifestem pelas diferenças em dar e não receber? Ou de que a posição mais elevada está na mesma relação com uma posição mais baixa assim como dar está para receber, e não o contrário?

Se X dá e Y recebe, X é "mais nobre", "melhor", mais digno de respeito do que Y. Y deve reverenciar X ou ser subordinado a ele, e considerá-lo uma pessoa de maior valor. Um princípio generalizado de reciprocidade constitui o código de conduta cujo significado é uma hierarquia social pré-mercado. Herbert I. Hogbin descreve essa situação em relação a uma pequena aldeia da Nova Guiné:

> O homem que é generoso por um longo período tem, assim, muitas pessoas que lhe devem. Não há nenhum problema quando elas são do mesmo status que o dele — os pobres dão uns aos outros presentes insignificantes e os ricos trocam regalos suntuosos. Mas se os recursos desse homem são maiores que os deles, eles podem considerar impossível retribuir e vão ficar devendo. Profundamente conscientes de sua posição, eles expressam sua humildade

em termos de deferência e respeito [...]. A relação de devedores e credores forma a base do sistema de liderança.[31]

Dessa maneira, os líderes, as pessoas mais respeitadas e ouvidas com grande humildade, são os que "comem osso e mastigam pedra", por todas as coisas boas que eles dão sem hesitar. Malinowski relata situações semelhantes. Nas ilhas Trobriand,

possuir é dar [...]. De um homem que possui alguma coisa espera-se que a compartilhe, que a distribua [...]. E, quanto maior for o nível, maior a obrigação [...]. Não em todos os casos, mas em muitos deles, renunciar à riqueza é expressão da superioridade do doador em relação ao receptor.[32]

Edmund Leach afirma sobre o povo das montanhas da Birmânia: "Em teoria, então, as pessoas da classe superior recebem presentes de seus inferiores. Mas nenhuma vantagem econômica permanente advém disso. Quem receber um presente fica em dívida (*hka*) com o doador". Uma pessoa de classe mais alta está "o tempo todo sob a compulsão social de doar mais do que recebe. De outro modo, será visto como avarento, e o homem avarento corre o perigo de perder o status".[33]

Observemos que a variedade de códigos que servem para transmitir informações sobre diferenças de posições sociais não apenas se torna visível quando estudamos as sociedades primitivas. O problema é digno de um tratamento amplo e distinto, mas aqui devemos notar que, em nossa sociedade, em diferentes "níveis" de organização social (família, grupo de amigos, grupo político, ambiente diversificado), oposições comportamentais inteiramente diferentes são usadas para demarcar as hierarquias sociais indicadas pela situação. Esse fato coloca diante de nós a questão, ainda importante, da arbitrariedade, ou de sua falta, na escolha de uma linguagem comportamental. Devemos investigar em que grau, se é que em algum, a estrutura "significante" determina a forma do código "significante".

A arbitrariedade e os graus de liberdade no signo-ação

Ver o sistema de comportamentos humanos como um código atualiza o problema debatido por Platão em *Crátilo*: será que a linguagem liga forma e conteúdo "por sua natureza" (*physei*) ou por consentimento (*thesei*)? Uma das primeiras afirmações de Saussure foi que o signo (idêntico, em seu contexto, ao "símbolo" de Peirce) é arbitrário, significando que "não é motivado [...], mas arbitrário em relação ao elemento significado, o qual não é conectado por nenhum vínculo inato".[34]

Essa tese não é aceita sem reservas pelos linguistas contemporâneos. Em primeiro lugar, diz-se que os signos linguísticos são "arbitrários" em graus variados: "pera" é um signo mais arbitrário que "pereira", "ícone" mais do que "iconoclasta". Em segundo lugar, aponta-se — como já foi discutido em relação à teoria geral do signo — que um signo não pode ser determinado por fenômenos extralinguísticos, mas também é absolutamente marcado pela estrutura da própria linguagem. Entretanto não estamos interessados nessas restrições, mas no fato essencial, apontado por Émile Benveniste[35] e Charles Bally[36] — ou seja, que, enquanto o signo é de fato arbitrário em relação ao "mundo exterior" (toda estruturação linguística é, até certo ponto, uma convenção entre muitas possíveis), esse princípio da arbitrariedade não pode ser transferido para a relação entre dois aspectos do mesmo signo: a forma (significante) e o conteúdo (significado). A forma e o conteúdo não são arbitrários em relação um ao outro: são mutuamente constitutivos e só se tornam um signo em sua unidade orgânica.

A relação entre o signo e a realidade externa não tem um papel essencial no problema que está diante de nós. Não estamos interessados no problema epistemológico, mas no cultural ou sociológico. Só estamos interessados na realidade social, e essa realidade não existe para além da cultura ou independente dela.

Não existe fora do comportamento humano. O problema que estamos investigando se localiza na "semiótica sociológica", ou no domínio da relação entre a "forma" e o "conteúdo" das ações humanas tratados como signos — e, assim, na esfera em que o princípio da arbitrariedade não funciona, pois o que está operando aqui não é um "reflexo" passivo, mas uma criação ativa da realidade, não apenas o "reflexo" da estrutura de uma situação, mas a estruturação dessa situação. Como estamos tratando de um processo ativo e criativo — com a estruturação, e não apenas com o reconhecimento da estrutura (embora os dois componentes possam, em proporções variadas, aparecer ao mesmo tempo) —, temos de presumir a existência de algum tipo de relação mútua entre esses dois aspectos do signo comportamental.

Essa relação, obviamente, não pode ser entendida como "similaridade". O pesquisador que tentasse decodificar a "linguagem" dos negócios ou da etiqueta com base numa analogia icônica ou do tipo signo com fenômenos localizados no domínio do significado estaria no caminho errado. A esfera do significado — a da circulação de mercadorias — difere daquela do significante — a das ações humanas — de modo tão substantivo que o termo "similaridade" não pode ser apropriadamente usado para se referir à relação entre elas. O que determina a relativa estabilidade e não substituibilidade do signo não é "inato" nem se baseia numa relação de semelhança com o significado.

Há, não obstante, certo tipo de relação entre a esfera do significante e o significado (cultura e sociedade) que, em certo sentido, é "natural", à qual podemos relacionar nem tanto a noção de similaridade quanto o conceito de "congruência", usado em geometria e na teoria dos conjuntos (na formulação de Wacław Sierpiński,

a condição necessária e suficiente — para que dois conjuntos, A e B, sejam congruentes entre si — é que exista uma correspondência um a um entre seus pontos que preserve a distância, de modo que, se ax e a2 são pontos no conjunto A, e bx e b2 são pontos do conjunto B a eles atribuídos, então a distância entre ax e a2 é igual àquela entre bx e b2).[37]

Lembrando que, em grafos, as margens que conectam os vértices podem ser interpretadas como símbolos das relações entre indivíduos, tal como simbolizados pelos vértices[38] (particularmente nos grafos k-regulares e nos assinalados),[39] podemos substituir a manutenção das relações pela preservação da distância na formulação da congruência de sistemas. Nesse caso, na verdade, não usamos o termo "congruência", como assinalou Saussure:

> Somos vítimas de uma grave ilusão se descrevemos determinado componente [a linguagem] apenas como a conexão de determinado som com determinado conceito. Defini-lo dessa maneira significaria que o separamos do sistema de que faz parte ou que acreditamos que seja possível começar com os componentes e construir o sistema como uma soma desses mesmos componentes; quando, na verdade, é o oposto: devemos começar com a totalidade para obter no processo de análise os elementos que ela contém.[40]

No trecho mencionado se oculta um pensamento ainda essencial: o conteúdo informacional do signo está presente nem tanto em sua relação direta com o sujeito que não é um signo, mas em sua relação com outros signos do mesmo código. Essas relações, podemos acrescentar, correspondem àquelas entre elementos da esfera do significado, revelando a "congruência" dos dois domínios. Isso nos traz à mente um tipo específico de ícone analisado por Peirce: diagramas ou signos complexos em que a similaridade entre significante e significado se refere apenas à relação entre suas partes. As respectivas relações, criadas numa situação social concreta entre os participantes em consequência de suas ações, podem ser interpretadas como "diagramas" das rotas de circulação de mercadorias ou como uma parcela adequada da estrutura social. Em alguns casos, esse código da função diagramática pode ser entendido de maneira relativamente simples — pelo simbolismo baseado na similaridade das relações.

Jakobson, por exemplo, indica que, em muitas línguas, o plural é formado a partir do singular com a adição de um morfema — não conhecemos, contudo, nenhuma língua em que ele seja criado pela remoção de um componente; e, de modo semelhante, em muitas línguas, ao adicionarmos um morfema, criamos vários graus de comparação aos adjetivos.[41] Em referência ao código da conduta humana, poderíamos indicar o drástico crescimento e a progressiva complexidade da etiqueta social, dependendo da distância social entre as pessoas envolvidas.

Seria uma grande simplificação, contudo, se considerássemos esse simples simbolismo, fenômeno bastante raro, uma condição necessária do princípio "diagramático" da construção do código. Mesmo a utilização consistente do princípio diagramático deixa muita liberdade de escolha quanto aos meios de expressão. Em simples diagramas gráficos, podemos expressar a mesma relação por meio de barras coloridas, partes de uma linha ou segmentos de um círculo e muitas outras figuras. A função informacional de um diagrama não é afetada por essas mudanças, desde que se mantenha a relação entre os elementos que se deseja expressar com ele. Em diagramas muito complexos — por exemplo, no caso da moda e de tendências do vestuário, diferenciadas por classe, sexo ou geração —, observamos de modo semelhante uma enorme escala de mudanças no arranjo de oposições dentro da função informacional. Pela perspectiva dessa função, nada limita as flutuações da moda além da manutenção de diferenças essenciais — só as diferenças, contudo, e não a forma concreta da roupa ou do gesto, têm um papel semântico ou transmitem informações. O desejo de esvaziar diferenças específicas, muito importante em determinado momento, pode ocasionalmente ser realizado à custa de ocultar outras que sejam menos relevantes na transmissão de informações: a tendência hoje observada de uma redução gradual das diferenças entre roupas e comportamentos masculinos e femininos na geração mais jovem serve a uma importante função semântica — ela amplia a oposição em relação à "geração adulta", que cuidadosamente assegura uma nítida expressão da diferença de gênero nas maneiras de trajar; e assim essa oposição tem assumido um peso social específico em consequência de características historicamente condicionadas da época.[42] De modo semelhante, todo privilégio só é essencial pela perspectiva semiótica se diferenciar o portador de outras pessoas. Ele deixa de exercer uma pressão motivadora a partir do momento em que a mercadoria que foi seu objeto também se torna propriedade de pessoas das quais esse privilégio deveria distinguir o portador. Durante a época do nascimento e fase inicial da televisão, possuir uma TV era, por direito de oposição, um signo do pertencimento à "elite sofisticada". Hoje, numa época em que a TV é amplamente acessível, esse pertencimento é significado por meio da mesma oposição por não se possuir um aparelho. Alunos de instituições de ensino superior abandonaram os chapéus especiais que usavam quando as escolas deixaram de reconhecer o privilégio de classe. Na verdade, valeria a pena considerar as evidentes diferenças entre os mecanismos semióticos das culturas feudal e industrial: aqueles baseiam-se no instrumento do privilégio, "individualizando", por assim dizer, a estrutura social; estes operam acima de tudo por meio de indicadores categóricos — "classe-ficando" a estrutura. Infelizmente, não temos espaço suficiente para investigar esse importante problema.

Assim, voltamos ao tema básico para a análise da função semiótica do comportamento humano. Para que qualquer tipo de coisa — um som, um movimento, um objeto — preencha a função de um signo e reduza a indeterminação de uma situação a que ele se refira, deve distinguir-se de outras coisas que funcionam no papel de signo. Não que um código seja um conjunto de signos, mas os signos são elementos de um código; só são signos como elementos de um sistema, e precisamente por causa disso. Quanto a considerar esse código como um sistema, ele não é tanto um conjunto de elementos — e não apenas um arranjo destes — quanto uma combinação de oposições que diferencia os elementos entre si. Não são os elementos tomados individualmente que preenchem a função semiótica, mas a oposição entre eles. Cumprimentar alguém com deferência na rua não teria significado se não houvesse transeuntes que não cumprimentaríamos; é justo porque existem essas pessoas que a deferência pode servir como função informacional — ela distingue o subconjunto de pessoas a que somos conectados por meio de relações culturalmente normalizadas. "Entrar pelo escritório da secretária" não seria um signo, no domínio sociológico, se todos os escritórios tivessem acesso pelo da secretária. Representantes dos partidos britânicos tradicionais, que tipicamente chegavam à Câmara dos Comuns usando cartolas, passaram entusiasticamente a usar chapéus quando os primeiros representantes da classe trabalhadora começaram a aparecer também com cartolas.

A dinâmica do perfil de consumo das "classes altas" nas sociedades capitalistas contemporâneas é caracterizada por um interminável distanciamento de símbolos que perdem seu valor distintivo em resultado da produção em massa. Essa regra geral foi sumária e precisamente descrita por Algirdas J. Greimas: "1. O termo-objeto individual não possui significado algum; 2. Significado presume a existência de uma relação; a manifestação dessa relação entre termos é que é a condição necessária desse significado".[43] E de modo um pouco mais metafórico por Claude Lévi-Strauss: "Nenhum fator de diversidade pode ser admitido trabalhando por conta própria na empreitada coletiva de significação, mas apenas na condição de substituto, frequente ou ocasional, dos outros elementos classificados no mesmo pacote".[44]

As considerações anteriores só se referem a comportamentos humanos quando eles nos informam sobre a estrutura de uma situação que existe independentemente deles e de sua forma. De modo específico, referem-se mais a comportamentos humanos quanto maior for o grau em que esses comportamentos permaneçam numa relação "continuamente reflexiva" com a estrutura social: isto é, quanto mais eles apenas "apresentem uma imagem" (semelhante a um diagrama) das relações que constituem a estrutura social, que nasceu antes deles e sem sua influência.

Em outras palavras, a arbitrariedade dos signos comportamentais cresce paralelamente ao grau em que a estrutura social é capaz de fugir à regulação cultural e, assim, ao grau em que o papel ativo da cultura é substituído por informações passivas sobre o estado de coisas existente. Evidentemente, não há situação em que um papel ou outro ganhe supremacia. Num caso, porém, em que todos os participantes de uma situação permanecem em contato direto e íntimo, como num grupo de amigos ou vizinhos, encontramos o elemento da "estruturação" predominando no comportamento sobre o papel de "refletir a cultura" ou de "informar passivamente" sobre a estrutura, mais do que no caso oposto. Determinar a posição de cada um desses dois papéis exigiria uma análise distinta. Mas podemos afirmar genericamente que, quanto maior o papel criativo, estruturante, do comportamento, mais estrita e convencional é a relação entre a forma do comportamento e seus conteúdos. Em outro texto descrevi essa ideia como o problema da "compatibilidade" e da "separação" de cultura e sociedade.

A função semiótica como determinante

Já mencionamos que as ações humanas devem ser interpretadas remetendo a duas "racionalizações" diferentes: a técnica e a semiótica. Porque, apesar da significativa diferença entre as exigências situadas nesses dois sistemas de referência, governados por suas próprias leis, estas são, afinal, as mesmas ações, uniformes apesar de seu dualismo funcional, a despeito do fato de poderem ser analisadas em dois níveis mutuamente autônomos, de modo que em cada ação, em maior ou menor grau, um conflito entre diferentes demandas pode aparecer. O grau de liberdade permitido por uma função pode entrar em conflito com as demandas de outra. Em referência à questão de quanto a interferência das funções limita a escala da liberdade das ações, vamos ver isso com clareza no exemplo dos tipos de ação que desempenham uma função exclusivamente — ou quase exclusivamente — semiótica em sua versão criativa que "estrutura a realidade social". Max Gluckman propõe que essas sejam designadas pelo termo "cerimônia", tendo em mente "qualquer organização complexa da atividade humana composta de formas de comportamento que expressam relações sociais"[45] (em nossa visão, seria correto falar de "constituir", e não de "expressar"; a cerimônia de casamento cria, e não "expressa", uma nova relação social). À categoria de cerimônia pertencem todos os "rituais de amadurecimento", cuja função depende de se constituir a transição de um papel social para outro. A função semiótica dos rituais de amadurecimento explica a extraordinária diversidade de suas formas tal como descritas na etnografia — excedendo amplamente a reconhecida variedade de formas de caçar ou de plantar. Também explica a plenitude, a expansão desses rituais em sociedades primitivas, em que a mesma pessoa pode desempenhar vários papéis dentro do mesmo ambiente (o que torna importantíssimo conscientizar a sociedade de que uma mudança de papéis está ocorrendo, assim como uma mudança em matéria de direitos e responsabilidades), tal como uma relativa deterioração desses rituais em sociedades modernas, complexas, em que os diferentes papéis são desempenhados por pessoas vindas geralmente de vários ambientes, em consequência do que cada ambiente só conhece uma pessoa num único papel, permanentemente estabelecido. O fato de ser precisamente esta a causa do verdadeiro desaparecimento dos rituais de amadurecimento é atestado pela manutenção desses rituais em casos em que o indivíduo desempenhe vários papéis numa hierarquia sem mudar de ambiente, e isso significa permanecer entre pessoas que o conhecem em seu papel anterior; um excelente exemplo é a defesa pública de uma dissertação ou a habilitação em ambientes acadêmicos.

Comportamentos especializados na função semiótica também realçam o papel criativo, estruturante, contido na preservação de informações. É o ritual do batismo que torna a criança um membro da sociedade, a cerimônia de iniciação que transforma um jovem num homem, o ritual do enterro que retira a pessoa do reino dos vivos, a coroação que transforma um usurpador em rei e um toque da espada que faz do cadete um oficial. Mas de onde vem o impulso comum, observado em todas as civilizações, de estruturar, de organizar o mundo humano, dotando cada situação e cada papel social de um manual estritamente formulado de comportamento humano e de uma etiqueta altamente visível? Uma resposta para essa pergunta exige uma breve digressão para fora do domínio da sociologia e mesmo da semiótica. Devemos retornar por um momento à já mencionada relação íntima entre informação e controle.

Em 1961, a Universidade de Illinois organizou uma conferência que continua representativa em termos de seus participantes, dedicados ao problema da auto-organização. Os intelectuais ali reunidos, segundo matérias publicadas posteriormente,[46] propuseram-se uma tarefa muito ambiciosa: abordar, à luz de novas perspectivas abertas pela cibernética e pelas máquinas "pensantes", as questões fundamentais do problema filosófico da relação entre os seres humanos e a natureza. Na época, foram formuladas muitas ideias que ofereciam uma resposta — embora altamente filosófica — à questão que acabara de ser apresentada. Numa palestra especialmente brilhante, George W. Zopf Jr. disse, entre outras coisas:

> Não posso pensar em nada mais cruel e estúpido do que uma natureza capaz de criar uma criança equipada unicamente com a lógica. E não conheço nenhum pensamento mais fértil que esse, de que amplas camadas de adaptabilidade (a um mundo determinado, concreto) sejam construídas em cada organismo desde o nascimento. O organismo não precisa descobrir as propriedades mais imutáveis do mundo nem suas mais rígidas fronteiras — elas são apresentadas a priori, incorporadas ao próprio organismo. Tais propriedades, como a facilidade de indução, preferindo critérios específicos de similaridade, a tendência a uma fragmentação particular do mundo, estão contidas na estrutura de uma máquina

Para uma teoria semiótica da cultura 103

viva. A máquina não examina todos os mundos possíveis, e não precisa fazê-lo.

Nessa afirmação encontramos uma ideia que ainda é bastante crucial: a explicação de certos modos de ação e pensamento humanos muito gerais e difusos deve ser procurada no próprio fato da "boa adaptação" da espécie humana a este mundo particular em que ela vive e não a algum outro. Como William Ross Ashby vigorosamente enfatizou no mesmo seminário, referindo-se aos estudos de Gerd Sommerhoff, "não existe algo como uma 'boa organização' no sentido absoluto". Toda organização, benéfica em certas condições, pode se tornar "ruim" se as condições mudarem. Ora, nem o próprio grau de organização pode ser avaliado num sentido absoluto. Um excesso de organização, em certas circunstâncias, pode ser um signo de organismo mal adaptado, da mesma forma que uma organização primitiva. Se, por exemplo, como diz Ross Ashby, pequenos meteoritos continuassem a passar pela atmosfera terrestre, a forma mais bem adaptada de organização para uma substância viva seria um protoplasma amorfo, capaz de passar por uma peneira e de fluir de um lugar para outro sem impedimento.

Estamos mais interessados, porém, num dos exemplos apresentados por Ross Ashby. Será que o fato de ter memória, e a capacidade de aprender, é uma evidência da "boa" organização de um organismo vivo? Digamos que alguém utilize um mecanismo de "sedução" de ratos: joga deliciosos pedaços de toucinho numa canaleta. O rato, criatura inerentemente desconfiada, de início morde apenas um pedaço bem pequeno. Descobrindo, dia após dia, novas porções de toucinho no mesmo lugar, acostuma-se com essa visão e "aprende", por fim satisfazendo sua fome sem reservas. Só então joga-se uma parte de toucinho envenenado; por causa de sua memória e da capacidade de aprender, o rato tem morte violenta. E se ele não tivesse memória? A cada vez comeria apenas um pedaço muito pequeno da isca, e não engoliria o veneno. A memória é, assim, o signo da boa organização, caso se presuma que o ambiente externo seja relativamente justo e que certas situações se repetem — que determinados estados são geralmente seguidos por outros claramente indicados. O comportamento organizado, estruturado, de um organismo só é, portanto, um sintoma de "boa organização" se o mundo em que o organismo vive for, ele próprio, organizado e estruturado. Podemos aceitar que a facilidade de auto-organização e de estruturação dos próprios comportamentos que funciona para os organismos vivos seja resultado da seleção natural, na qual sobreviveram as formas que utilizaram uma estrutura isomórfica para organizar seu ambiente. Uma tendência à auto-organização manifesta-se, dessa maneira, como "desenvolvida" em organismos vivos e desempenhando um papel adaptativo fundamental.

O problema apresentado na reflexão filosófica de Ross Ashby foi tratado experimentalmente por psicólogos soviéticos. Alexei N. Leontiev e E. P. Kripczyk propuseram-se a examinar experimentalmente as condições de efetivo "processamento de informações" pelas pessoas. O experimento foi simples: eles mediram a velocidade com que as pessoas apertavam botões reagindo a sinais transmitidos pelos pesquisadores. Na primeira versão, estavam interessados na relação entre a velocidade da reação e a "quantidade média de informações" contidas no sinal (significando que a quantidade de informações contidas era modificada pela mudança do número de sinais igualmente prováveis e possíveis). Na segunda versão, mediram a velocidade das reações dependendo da "informação individual" transmitida pelo sinal (significando que eles o modificavam, alterando a probabilidade de que um dos dois possíveis sinais aparecesse — manipulando a frequência com que determinado sinal iria aparecer num certo intervalo de tempo). Resultou que os gráficos dos tempos de reação tiveram um formato completamente diferente em cada um dos casos. O tempo de reação ampliou-se consideravelmente mais com o aumento da "quantidade média de informações" do que com a ampliação da "informação individual". Os autores do estudo chegaram à conclusão de que o organismo humano é mais capaz de enfrentar situações em que seja confrontado com sinais de diferentes graus de probabilidade do que quando não há base para esperar um sinal mais do que outro. Na opinião dos autores, essa variedade de reações a situações idênticas no sentido puramente numérico surge das formas "ativas" com que as pessoas se tornam familiarizadas com uma situação; as pessoas apreendem a estrutura de uma situação e a analisam, "armando-se", por assim dizer, contra ocorrências raras e improváveis — daí a reação, comparativamente rápida, que elas provocam.[47] As pessoas são, portanto, mais bem preparadas para se comportarem numa situação em que a estrutura é clara (um coletivo estruturado é precisamente aquele em que certas ocorrências são mais prováveis do que outras) do que em situações amorfas.

Mais luz foi lançada sobre essas ideias pelo experimento conduzido por E. I. Bojko.[48] A informação sobre a escolha de um entre dezesseis sinais foi passada aos sujeitos, primeiro simplesmente indicando um sinal concreto e, na segunda versão, por meio de coordenadas: foram dadas a linha e a coluna em que se dividiram os dezesseis sinais. Do ponto de vista de mensurar a informação, o primeiro método é bem mais eficiente (informação média por símbolo = 4 bits, "redundâncias" = 0) que o segundo (informação média por símbolo = 2 bits, "redundâncias" = 0,615). Entretanto, na primeira versão do experimento, os tempos de reação medidos foram decididamente mais lentos que na segunda: além disso, na segunda versão, os sujeitos "aprenderam" muito mais depressa. Essa contradição é bastante instrutiva. Para uma teoria da informação, interessada nas possibilidades de comunicação por meio de determinado canal de capacidade estabelecida, "eficiente" é igual a rápido. Ocorre que o cérebro humano é construído de tal maneira que prefere decididamente a precisão e reações infalíveis. Um excesso de informação, desnecessário do ponto de vista de uma teoria da conectividade, pode ter um significado definitivo para a adaptação no caso de organismos vivos. Num modelo maximamente eficiente de transmissão de informações, corrigir erros produzidos por "ruído" (ou interferência) ou por receptores defeituosos é absolutamente impossível. E, para o organismo vivo, um erro pode se mostrar uma tragédia irreparável. Os experimentos aqui mencionados confirmam claramente as hipóteses de Zopf Jr. e Ross Ashby. Um organismo vivo é construído segundo as necessidades de um mundo "estruturalizado", e só nesse mundo ele pode prosperar. Ele está naturalmente predisposto a se familiarizar com a estrutura de eventos à sua volta. Pelo menos no caso do organismo humano, essa não é apenas uma habilidade de "refletir passivamente" ou mesmo de uma descoberta cognitiva. Muito pelo contrário, é uma habilidade qualitativamente nova de estruturar ativamente o universo observável, trazendo a ordem para o que é desorganizado, adaptando seu ambiente a suas próprias habilidades.

A cultura como codificação da função semiótica da ação

A espécie humana, em virtude de sua própria existência, tem de resolver problemas semelhantes aos de outras espécies: encontrar o equilíbrio adequado entre o conjunto de oportunidades oculto em seu ambiente natural e o agregado de seus próprios poderes. Os seres humanos distinguem-se de outros animais não pelos tipos de problema existencial que enfrentam, mas pela forma como os solucionam. Essa forma particular é especificamente humana — é a essência do ser da espécie humana, se é que essa expressão usada em excesso tem algum significado.

Essa forma particularmente humana de resolver problemas existenciais baseia-se no fato de que os seres humanos, como espécie, formam sociedades — em outras palavras, criam suas próprias condições externas — organizando, estruturando seu mundo, transformando a "permanência", a homogeneidade imprevisível, em "impermanência", uma heterogeneidade previsível; atribuindo a certas possibilidades maior probabilidade que a

Para uma teoria semiótica da cultura 107

outras; tornando as condições de seu próprio ser previsíveis pelo fato específico de agirem a fim de criá-las e preservá-las. Tudo isso é realizado pela espécie humana, reduzindo a contingência infinita a um conjunto finito, economicamente construído, de possibilidades práticas; e fazendo isso ao colocar entre cada indivíduo e seu mundo uma rede de significados, transformando "o que é empírico" naquilo "que é compreensível".[49] Esse método particularmente humano de resolver problemas existenciais é concretizado por meio da ação — pela ação, e não simplesmente fazendo coisas, o que os animais também fazem; mediante formas particulares de comportamento cuja função — além de satisfazer as necessidades biológicas das criaturas humanas — é também organizar o mundo ou criar um mundo organizado, impondo uma estrutura a uma esfera amorfa de experiência, produzindo uma neguentropia num mundo afetado pelo crescimento da entropia. A espécie humana está constantemente eliminando a indeterminação de seu mundo, mas ela consegue fazer isso ao organizar ativamente esse mundo, e não simplesmente ao descobrir uma ordem natural a ela entregue pela Providência ou pela Natureza. "Ativamente" no sentido ao mesmo tempo material e cognitivo, pois esses dois aspectos, permanecendo numa relação de significado, vão descobrir sua unidade natural no ato prático da ação humana. "O maior defeito do materialismo até agora existente — incluindo o de Ludwig Feuerbach" — como escreveu Marx na década de 1840 — "é que a coisa, a realidade, a sensorialidade, é concebida apenas na forma de objeto de contemplação, mas não como atividade ou prática sensorial humana, não subjetivamente"; "A consciência nunca pode ser nada mais do que a existência consciente, e a existência dos homens é seu verdadeiro processo vital."[50] Os seres humanos como espécie não apenas "aprendem" a se orientar num mundo que está dado, de uma vez por todas; eles transformam esse mundo em que ingressam num mundo organizado no qual sua orientação pode se completar de uma forma que não poderia ocorrer em qualquer mundo "natural". A espécie humana cria um mundo adequado a ser cartograficamente compreendido e cria um mapa desse mesmo tipo de mundo. Cabe aos indivíduos adquirir a habilidade de ler o mapa.

Essa afirmação demonstra o enorme e criativo papel da cultura em sua função semiótica, menos comumente ressaltado do que seu aspecto técnico. A cultura transforma o caos amorfo num sistema de probabilidades que ao mesmo tempo é previsível e pode ser manipulado — previsível exatamente porque pode ser manipulado. O caos da experiência transforma-se num sistema consistente de significados, e o conjunto de indivíduos, num sistema social com uma estrutura estável. A cultura é a erradicação da indeterminação da situação humana (ou, no mínimo, sua redução) ao eliminar algumas possibilidades em favor de outras.

A ferramenta básica para realizar essa função da cultura é o modelo do comportamento. Para entender plenamente o significado desse termo amplamente utilizado, mas altamente ambíguo, vale a pena trazer à mente as duas oposições semânticas fundamentais que indicam seu conteúdo. A primeira é a oposição "padrão-lei". Às vezes essa oposição é descrita como algo entre uma "norma" e uma "realidade", enfatizando o elemento de inconveniência do conceito do padrão, em oposição às avaliações existenciais (ver, por exemplo, em Talcott Parsons, a justaposição de ideias "existenciais" e "normativas";[51] da verdadeira oposição, proveniente da perspectiva da lógica, conclui-se — de modo não totalmente correto — que também existe uma oposição a partir de uma perspectiva sociológica). Podemos, porém, considerar essa mesma oposição em sua aplicabilidade aos assuntos humanos a partir de outra perspectiva. Uma lei é uma sentença que nos informa que a probabilidade de determinado evento, se as condições a, b, c... n forem atendidas, é $P = 1$. O padrão, contudo, só nos informa que, se essas mesmas condições são atendidas, $0,5 < P <$: que a ocorrência de determinado evento é provável, mas não necessária. É possível que X na condição S se comporte da forma Q_1: é mais provável que X se comporte da forma Q_2, Q_3 ou Q_n. Mas por trás desses outros tipos de comportamento situa-se uma dose, embora não ampla, de probabilidade. O contraste entre a lei e o padrão é enfatizado em proporção ao aumento da diferença entre 1 e P e à redução da diferença entre P e 0,5. Na consciência de uma tribo relativamente isolada do contato cultural, com um sistema cultural relativamente fechado, a diferença entre lei e padrão pode ser difícil de perceber. Essencialmente, na consciência do povo primitivo, as "leis" que governam os eventos naturais e aquelas que regulam os eventos humanos estão no mesmo plano. Os conceitos de falha e pecado, claramente derivados da ideia de um padrão decorrente do conceito de lei, apareceram relativamente tarde na história humana, apenas como resultado de uma heterogeneização da cultura e de intensos contatos interculturais.[52] Até essa época, afastar-se do padrão era tratado de modo semelhante a uma doença — como uma violação da ordem natural que devia ser eliminada e cuja eliminação (o retorno à antiga ordem) não deixaria qualquer remanescente na forma de opróbrio moral, sentimento de culpa etc. Essa mistura de conceitos em nossa civilização acostumada a distingui-los profundamente só podia sustentar-se no fato de que ambas as ideias, que tendemos a chamar de leis, a partir de nossa perspectiva, assim como aquelas que chamamos de padrões, na verdade servem para nos informar sobre uma probabilidade de eventos muito semelhante.

O conceito de "padrão" é excessivamente limitado em oposição ao conceito de "comportamento individual". O padrão nunca se realiza em sua forma pura, por si mesmo, mas sempre por meio de algum comportamento concreto. A ação é mais rica que o padrão. Ela oculta, por assim dizer, o esqueleto do padrão com um tecido vivo de personalidade individual, ditado pelo caráter da pessoa que age e pela situação irrepetível. A relação do padrão com a ação pode ser comparada à relação entre o fonema e qualquer som vocalizado. É difícil descobrir duas pessoas que pronunciem o /r/ ou o /e/ de forma absolutamente idêntica. Mas se a pessoa que está ouvindo, membro do mesmo grupo linguístico, entende o som como /r/, é apenas por perceber por trás da cortina de todo indivíduo características da resposta prática, um certo conjunto de diferenças que separa o fonema /r/ de todos os outros fonemas semanticamente importantes da língua. Enquanto o indivíduo não diverge a ponto de cruzar as fronteiras da compreensão — as oposições distintivas próprias do fonema —, a afirmação do emissor, apesar das muitas características individuais que ela tenha, "redundantes" em relação ao fonema, não entrará em conflito com o modelo e não perderá sua função comunicativa. O modelo de ação é, assim, uma "ação" em relação às ações individuais (ou, como Samuel Goodenough descreveu, as ações individuais são "ícones" do modelo cultural[53]).

Se agora levarmos em consideração ambas as oposições antes mencionadas, o padrão de ação vai nos parecer um conjunto de características distintivas, estabelecendo uma diferença entre as ações mais prováveis de certos indivíduos de determinado coletivo cultural em situações internas ao contexto de determinado sistema cultural de significados. Essa definição dá grande relevo ao papel decisivo dos padrões de comportamento na estruturação do mundo social e à simultânea redução de sua indeterminação — o aumento da "neguentropia".

O surgimento de um padrão de comportamento é sempre uma escolha entre milhares de possibilidades abstratas, embora raramente resulte de uma escolha consciente. Trata-se, assim, de um momento decisivo no processo de estruturação da realidade humana, de tornar compreensível a experiência. Que o mundo, estruturado dessa forma, apareça para as pessoas, mais tarde, como uma realidade fundamental em relação à realidade delas; e permanece o fato de que esse mundo, na forma como ele aparece para as pessoas, foi constituído por ações humanas, unindo em si o significante e o significado — e assim mediando as relações "indivíduo-sociedade" e "espécie humana-natureza". Não é de estranhar que, consciente ou inconscientemente, nos esforços pedagógicos e inadvertidamente, os membros de um coletivo cultural retornem obsessivamente, e de inúmeras maneiras, à hierarquia de alguns pares simples de oposição, simultaneamente

Para uma teoria semiótica da cultura 111

constituindo seu pensamento e suas relações recíprocas. Não é de estranhar que, tentando revelar a estrutura interna de vários campos da ação humana — como faz Lévi-Strauss com tanta perspicácia ("podemos assim esperar descobrir, para cada caso individual, de que maneira a culinária de determinada sociedade é uma linguagem na qual essa sociedade traduz inconscientemente sua estrutura, sem deixar, mais uma vez inconscientemente, de revelar suas contradições"[54]) —, continuemos a descobrir estruturas mutuamente congruentes, infindáveis variações isomórficas sobre o mesmo tema, nascidas do destino humano que é o eterno esforço de dar significado a um mundo que não tem nenhum em si ou por si, organizando-o em vez de "sermos" organizados por ele.

A espécie humana distingue-se de outras espécies por sua "facilidade cultural" (chamada, em outros contextos, de "cultura no sentido atributivo",[55] uma analogia à *faculté du langage* de Saussure ou à *rieczenoj organizacji* ["nenhuma organização"] de Leslaw W. Szczerba),[56] cuja explicação podemos encontrar na gênese de nossa espécie. Essa facilidade cultural é precisamente a capacidade de estruturar o mundo, tornando certas eventualidades mais prováveis do que outras. O sistema cultural ("a cultura num sentido distributivo, análogo à *"langue"* de Saussure, ao *"jazykowo sistemy"* de Szczerba ou ao *jazykowo standarta* ["linguagem-padrão"] de Alexei A. Leontiev[57]) já é a realização dessa facilidade, o resultado da seleção de certas possibilidades, efetivando uma forma possível de estruturar o mundo, entre muitas outras. Acima de tudo isso está a combinação de modelos de comportamento selecionados, mutuamente complementares, mas também incumbidos da função de informação, constituindo a estrutura do mundo humano, ao mesmo tempo que o tornava compreensível. Esse sistema cultural é precisamente a combinação de referências — externas, mas também internas, cognitivas — que forma o contexto em que um indivíduo, um membro de determinado coletivo cultural, pode atuar. Tornar-se consciente desse fato permite-nos ultrapassar o círculo vicioso da tediosa controvérsia entre "escolha" e "determinação". "Uma práxis direta" — como afirma Stefan Żółkiewski — "não cria arbitrariamente, mas faz uso de práticas existentes, faz uma escolha entre elas. Estruturas culturais servem como um inventário de possibilidades inconscientes que nunca existe num número infinito."[58] Somente nesse contexto é que surge o significado da ação humana, que se torna compreensível como a realização de um "padrão" cultural, ligado a outros padrões dentro de um sistema cultural, juntando "significante" e "significado", sendo o código do mundo humano e da informação contida nesse código.

· 3 ·

Homem e signo

O homem é a medida de todas as coisas...

Essa descoberta dos sofistas também nos permite entender os destinos cambiáveis da autoconsciência humana, a compreensão, pela humanidade, de sua própria natureza. A medida de todas as coisas não é tanto o homem como um certo tipo de organização anatômica/fisiológica, mas o homem como um ser histórico, organizado por fatores sociais e culturais. Esses fatores e sua organização estão sujeitos a mudanças históricas, e, junto com eles, a avaliação do que os seres fazem do todo — assim como de si mesmos — também muda.

O fenômeno do antropomorfismo é tipicamente interpretado de forma mecanicista. Existe, como dada, uma forma particular de os seres humanos conceberem a si mesmos, que é então usada por pessoas como um esquema pré-fabricado em seus esforços para entender e dar significado à informação, fornecida pelos sentidos, sobre outras formas de vida. O homem e o mundo são dois domínios mutuamente independentes — "elevados, postos em acordo entre si" —, e cada um tenta ajustar-se ao outro numa estreita rede de suas próprias leis e categorias: em essência, contudo, o mecanismo do antropomorfismo é muito mais sutil. Ao mudarem o mundo — disse Marx —, as pessoas mudam sua própria essência. Moldando o mundo, os seres humanos criam sua própria visão sobre ele. Não tanto que os seres humanos sejam a medida de seu mundo como sua prática social, simultaneamente concreta e simbólica, é a medida do homem e de tudo mais. Uma criança que brinca com blocos de construção e o projeto de construção de um adulto servem ao mesmo propósito: ampliar a rede de categorias pela qual a inteligência humana consegue assimilar o mundo às suas próprias necessidades e acomodá-las à estrutura do mundo já alcançada. O processo simultaneamente subjetivo e objetivo da prática humana indica a todo momento o contexto conceitual por meio do qual os seres humanos podem refletir sobre si mesmos.

Em 1637, os luminares do pensamento europeu descobriram que

> o que acima de tudo está aqui [ou seja, a construção do humano], digno de observação, é a geração dos espíritos animais, que são como um vento muito sutil ou uma chama muito pura e vívida que, ascendendo continuamente em grande abundância do coração ao cérebro, penetra pelos nervos até os músculos e dá movimento a todos os membros; assim, para explicar outras partes do sangue que, mais agitadas e penetrantes, são as mais adequadas para compor esses espíritos, avançando em direção ao cérebro, não é necessário supor qualquer outra causa, mas simplesmente que as artérias que as conduzem para lá procedem do coração nas mais diretas linhas, e que, segundo as regras da mecânica, que são as mesmas daquelas da natureza, quando muitos objetos tendem para um mesmo ponto em que não há espaço suficiente para todos (como no caso das partes do sangue que fluem a partir da cavidade do coração e se movimentam em direção ao cérebro), as partes mais fracas e menos agitadas devem ser necessariamente levadas para fora a partir desse ponto pelas mais fortes que, sozinhas dessa forma, chegam a ele.[1]

E, doze anos depois, puderam fornecer uma descrição mais profunda e precisa desse fenômeno:

Há três coisas a serem consideradas em sua vitalidade, a saber, sua substância essencial ou anterior, que se estende para fora na forma de pequenos filamentos do cérebro, onde se originam, para as extremidades de outros membros onde esses filamentos são amarrados; em seguida, as peles em que estão envoltos, que, sendo contínuas com as que envolvem o cérebro, formam pequenos tubos em que esses filamentos estão fechados; por fim, os espíritos animais, conduzidos por esses mesmos tubos do cérebro aos músculos, são o motivo de esses filamentos lá permanecerem sem ser absolutamente incomodados, e se estenderem de tal maneira que a menor coisa a se mover nessa parte do corpo, à qual a extremidade de cada um deles está atada, deve pela mesma razão mover essa parte do cérebro de onde ela vem: da mesma forma que, quando um homem puxa a ponta de uma corda, faz com que a outra se estique.

Por fim, deve-se observar que a máquina de nosso corpo é composta de tal forma que as mudanças que provocam o movimento dos espíritos podem também funcionar para abrir alguns poros do cérebro mais que outros: e, reciprocamente, quando algum desses poros nunca está mais ou menos aberto do que normalmente pela ação desses nervos submetidos aos sentidos, eles alteram de alguma forma o movimento dos espíritos e fazem com que sejam transmitidos aos músculos que servem para movimentar o corpo da maneira como em geral ocorre no caso dessa ação.[2]

Os bisnetos desses luminares continuaram a discutir com grande fervor esses "fios que põem a máquina humana em movimento" nos salões intelectuais do Rococó, assim como a afirmação aparentemente óbvia de que "a mente possui músculos que servem para pensar, assim como os das pernas servem para andar".[3] As pessoas ficaram fascinadas pelas possibilidades então recém-descobertas de apreender o mundo por meio de fios que colocariam outros fios em movimento, portas que se abririam em várias larguras e tubos em que líquidos quentes fluíam até o topo e líquidos frios até o fundo. Era assim que o mundo lhes parecia, da mesma forma que eles próprios. Não podia ser de outra forma — eles o haviam criado, até aquele ponto, dessa maneira.

Depois, nas ações do mundo humano, chegou a era da eletricidade, e o sistema nervoso humano começou a ser visto pelas pessoas como fios de telefone, com a eletricidade fluindo por eles. O verdadeiro estado de subjugação do mundo, se não determina totalmente a forma como os seres humanos são percebidos, pelo menos indica as fronteiras, muito rígidas e difíceis de atravessar, de sua liberdade. Adaptamo-nos facilmente ao pensamento se lhe aplicamos as opiniões mencionadas, proferidas por fãs da Antiguidade, mal recuperadas dos cantos empoeirados da memória — de acordo com essas opiniões contra as quais estamos armados com alternativas mais confiáveis, pois mais compatíveis com nossa experiência contemporânea. O pensamento nos evoca resistência quando nos oferece relacioná-lo a ideias atualmente aceitas. Essa variabilidade de nossas reações não é absolutamente misteriosa. Apenas nos falta uma perspectiva crítica em relação às visões contemporâneas, aquele ponto de alavancagem arquimediano que nos permitiria movimentar o mundo tal como o vemos. Enxergamos essas visões "a partir de dentro", e esse sistema de referências, por meio do qual suas limitações históricas poderiam se tornar mais visíveis, é inimaginável para nós, da mesma forma que a terceira dimensão para as lagartas bidimensionais de Stefan Cwojdziński. Não por acidente, as fases de desenvolvimento da prática e do pensamento humanos são demarcadas por convulsões e transformações revolucionárias.

A forma contemporânea do praxiomorfismo

Em vez falar sobre o antropomorfismo como uma tendência inata do pensamento humano, deveríamos discutir o praxiomorfismo. Nossos esquemas de enxergar o mundo, e de enxergar a nós mesmos, demarcam um estágio realmente alcançado de um processo filogenético de assimilação e acomodação cujo conteúdo é a prática histórica dos seres humanos socioculturais. Essa tese se aplica, no mesmo grau, tanto às visões cartesianas quanto àquelas atualmente percebidas como a palavra final e inquestionável da academia, embora neste último caso isso não seja nem possa ser óbvio. Hoje, puxar cordas e abrir portas deixou de nos divertir. Ao moldarmos o mundo, alcançamos qualitativamente um novo mundo — agregados que são auto-organizados, autocontrolados ou independentes. Logo que iniciamos a construção desses agregados, pudemos ver através de suas lentes as formas "naturais" de ser que nos cercavam. Essa nova perspectiva não poderia ter surgido de outra maneira a não ser na forma das tarefas concretas a que chegamos no desenvolvimento de nossa ação histórica. O que Zopf Jr. disse sobre as máquinas também pode ser aplicado a todos os objetos do conhecimento humano: o teste final — se uma máquina pode cumprir essa própria função que lhe atribuímos — deve ser "operativo": "As máquinas vão realizar a função exigida no caso de acionarmos a ordem que corresponde a essa função. Vou repetir: se podemos interagir com uma máquina de modo mais efetivo aceitando a premissa de que ela pensa, então ela pensa".[4]

Nosso estágio de moldagem é caracterizado pela construção de agregados independentes, ou daqueles em que ocorre o processo diretivo, que são, além disso, dotados de suas formas próprias de converter energia e informação, tornando possível modificar a estrutura do conjunto.[5] Esse tipo de arranjo independente "pode ser dirigido sem organizador externo, pois é seu próprio organizador e se dirige segundo seu próprio interesse". Qual é esse "próprio interesse"? "A autodireção de um sistema independente segundo seus próprios interesses nada mais é que manter, tanto quanto possível, a estrutura do sistema independente num estado de equilíbrio funcional." Em outras palavras,

a essência do sistema independente está na posse de uma estrutura resistente à possibilidade de mudanças que resultariam em parâmetros físicos do próprio sistema capazes de ultrapassar os limites que lhe permitiriam manter a capacidade de dirigir a si mesmo.

Em suma, o objetivo da autodireção é a autodireção. O objetivo da balança é manter o equilíbrio. Não encontramos nenhuma falha nesse raciocínio, mas não podemos, afinal, evitar a observação de que nossa concordância com ele provavelmente não se relaciona ao sentimento avassalador da "falta de propósito" do mundo, que é uma descoberta de nossa época e que, diante de uma inspeção mais rigorosa, revela-se uma versão bastante perversa da afirmação de que "propósito" é uma categoria puramente humana e que ninguém, além dos seres humanos, a atribui aos humanos ou ao mundo.

Não sei se a convergência na época da Grande Depressão e o livro de Walter B. Cannon[6] propondo a categoria da "homeostase" como uma espécie de chave para a compreensão dos organismos vivos podem ser atribuídos a um acidente. "Chegamos à conclusão", Cannon escreveu naquela época,

de que o organismo não se baseia, estritamente falando, na manutenção de um certo equilíbrio entre a resistência a conflitos externos ou a uma transformação e um balanceamento constantes em relação a fatores externos. O organismo não é um "sistema fechado" que exista apesar do resto do mundo, mas um sistema aberto em todos os pontos, que permanece numa relação constante e necessária com o ambiente.[7]

Jack M. Fletcher,[8] nos Estados Unidos, e Jean Piaget,[9] na França, propuseram transferir a categoria de equilíbrio da biologia para a psicologia como categoria fundamental para organizar e explicar processos psíquicos. A ideia de equilíbrio não nasceu, evidentemente, em 1932. O próprio Cannon escreveu sobre seus diversos antecessores, alguns deles de momentos históricos muito anteriores. Mesmo se omitirmos as analogias demasiadamente ambíguas que encontramos em Hipócrates, Spinoza, afinal, afirmou que *conatus se concervandi*, e Herbert Spencer via o equilíbrio como o objetivo da evolução. Mas o velho termo ganhou novo significado em nossa época. Já com Cannon, porém mais ainda com seus seguidores, quanto mais se mergulhava nas máquinas cibernéticas deste momento (disseminando a forma de pensar sobre o mundo descoberta por Marx cem anos antes — antecipando, como se revelou, a era moderna), mais se trazia à tona o significado dinâmico, dialético, da categoria de equilíbrio. Como escreve Piaget:

> Compreendido dessa forma, o equilíbrio não é uma coisa passiva, mas o oposto, é algo decididamente ativo [...]. Equilíbrio é sinônimo de atividade [...]. Sobre a estrutura, podemos dizer que ela é equilibrada no sentido de que o indivíduo permanece suficientemente ativo a fim de neutralizar todas as perturbações da compensação externa [...]. O conceito de equilíbrio contém os de compensação e atividade.[10]

> A vida é [...] a constante criação de formas que são ainda mais complexas e o alcance gradual de um estado de equilíbrio entre essas formas e o ambiente. Afirmar que a inteligência é um acidente particular da adaptação biológica significa aceitar que ela é essencialmente um fator regulador e que sua função se baseia na estruturação do mundo, de modo muito semelhante à forma como um organismo estrutura sua vizinhança imediata.[11]

Portanto, estamos lidando com uma forma totalmente nova de entender o equilíbrio, muito distante das analogias mecanicistas — um conceito ligado, geneticamente ligado, a uma dialética marxista da práxis como a experiência de moldar máquinas cibernéticas. Esse equilíbrio é simultaneamente o resultado e a premissa da atividade. Ele é, de fato, o segundo aspecto da atividade, servindo apenas à atividade das máquinas — tanto as que "nascem" quanto as que são "construídas". Ao construir, preferimos usar o termo "estruturar" em vez de "estrutura", "organizar" em vez de "organização", "adaptar" em vez de "adaptação". Um organismo equilibrado é essencialmente um sistema que "estruturou" seu ambiente selecionando dele, ao mesmo tempo, alguns aspectos essenciais para si mesmo e para sua "auto-organização", ou "acomodando" sua própria estrutura de tal maneira que ela se torne isomórfica à estrutura adquirida do ambiente. O organismo, evidentemente, reage a estímulos externos, mas as características do ambiente "físico" que estimulam uma reação e a forma que essa reação assume são determinadas por sua estrutura "interna". Por outro lado, a atividade do organismo é determinada por essa estrutura interna, mas a verdadeira seleção do repertório é determinada pela estrutura dos estímulos ambientais. E tanto a estruturação externa quanto a interna dependem de se realizar a "organização", ou, como escreve Ross Ashby, de se estabelecerem fronteiras que selecionem certas possibilidades a partir de um conjunto ilimitado de possibilidades abstratas, de tornar uma sequência de eventos mais provável que outras. Poderíamos dizer que as diferenças entre a máquina "humana" que se "auto-organiza" e a "animal" se baseiam no fato de a identidade situacional-organizacional ser alcançada pelo animal sobretudo ao moldar sua própria estrutura, enquanto o ser humano atinge fins semelhantes basicamente organizando seu ambiente interno, tornando-o mais estruturado e, portanto, mais previsível. Mas tanto o ser humano quanto o animal são organismos que formam uma totalidade com seu ambiente e para os quais os processos de assimilação do ambiente e acomodação a suas próprias estruturas sempre abrangem um aspecto inalienável de um processo de vida. Como afirma V. S. Tjuchtin: "Nos estados neurodinâmicos, o aparelho refletor produz estruturas (relações organizadas) que são isomórficas no que se refere às relações (estruturas) na esfera das coisas, e as duas ordens de relacionamentos são mutuamente relacionadas".[12]

Tomamos como certo que o conjunto de eventos é organizado — tem uma estrutura — se a ocorrência de alguns deles for mais provável que a de outros pertencentes ao mesmo conjunto. Portanto, totalidades "estruturadas" não são homogêneas. O grau de sua heterogeneidade é indicado pelo termo "informação". Mas, quanto maior for a heterogeneidade da situação, maiores serão seus conteúdos informacionais. A quantidade de informação pode ser mensurada subtraindo-se o grau de indeterminação de um conjunto inteiramente homogêneo — e, portanto, um conjunto em que toda escolha fosse igualmente possível — do grau de indeterminação de fato apresentado pela totalidade "estruturada". Além disso, a estruturação é um processo de ampliar os conteúdos informacionais do conjunto. As categorias "estrutura" e "informação" permanecem na relação mais próxima possível entre si; portanto, podem ser definidas uma pela outra. Assim, não admira que o conceito de estruturalização como modo de ser para organismos vivos não possa funcionar sem o complemento trazido a ele pelas teorias contemporâneas da informação, desenvolvidas por Claude Shannon com base em experiências procedentes de modos de comunicação. Pensar em categorias de informação é algo que está ressurgindo atualmente. Onde quer que se encontre uma estrutura clara, ela é sobre informação. A estrutura de grandes porções do DNA é percebida como um código genético: a estrutura de partes do RNA é um código de informação acumulado na memória. As experiências de criar os meios modernos de comunicar a informação não têm menos influência no pensamento contemporâneo do que as experiências com alçapões de abertura automática tiveram sobre o pensamento de Descartes e trabalhar com molas sobre o de La Mettrie.

A moderna compreensão do processo de vida de um organismo depende de absorver a máxima quantidade de informações sobre seu ambiente e as estruturas de seus processos orgânicos que a ele correspondem. Esse processo não depende de gravar passivamente a estrutura de eventos externos, como no caso de um bloco de madeira que se quebra em pedaços sob a pressão da lâmina de um machado. Muito pelo contrário — o lado que dá início ao processo, seu sujeito, é precisamente o organismo vivo. Ele satura o ambiente de informações. Pode fazê-lo de duas formas: a) descobrindo a estrutura do ambiente; b) dando ao ambiente uma estrutura ao manipulá-lo ativamente. Esse objetivo também pode ser alcançado de duas maneiras diferentes: a) filogeneticamente, com a ajuda da transmissão herdada da forma máxima estruturada de um organismo, que não é particularmente suscetível à mudança; ou b) ontogeneticamente, aprendendo e adquirindo novas habilidades. Essas duas divisões sub-ramificadas não deveriam ser vistas como elementos para a criação de uma classificação quadripartite dos seres vivos. Como mostram estudos sobre o comportamento animal, o modo de ser de cada espécie representa todas as possibilidades aqui descritas, mas em proporções altamente variáveis. Falando de modo genérico (mas apenas genérico), podemos dizer que ambos os eixos são evolutivamente orientados: o desenvolvimento de espécies biológicas desde o protoplasma elementar até o ser humano partiu — nas duas dimensões — de uma decisiva maioria de elementos de (a) para um papel cada vez mais amplo dos elementos de (b).

Está claro nessa definição como uma manipulação ativa do ambiente pode ser percebida como a atividade básica do organismo. Não está claro no caso de "descobrir" a estrutura do ambiente se filogeneticamente descrito ou ontogeneticamente adquirido; nós nos acostumamos a tratar intuitivamente essa "descoberta" como o mundo imprimindo a si mesmo em nossos órgãos mentais. Mas, na verdade, todo organismo descobre, toma consciência somente de certos aspectos do ambiente. Podemos até dizer, caindo no subjetivismo — mas apenas de uma perspectiva mecanicista —, que a estrutura do ambiente é, sempre, um processo puramente cognitivo, uma função do mesmo ambiente como o conjunto de condutores funcionais do organismo. A questão é que o organismo extrai de um potencial agregado apenas a informação que lhe é essencial — de uma perspectiva funcional. Abundantes observações do comportamento de todas as espécies de animais demonstraram claramente que eles se caracterizam por modelos de comportamento mais ou menos estabelecidos apenas em relação a: a) outros exemplos da mesma espécie; b) representantes da espécie de que são presas; c) representantes da espécie da qual são predadores. Com respeito a qualquer outra criatura, os animais não têm estereótipos de comportamento herdados ou assimilados; essas outras criaturas podem muito bem não fazer parte de seu ambiente (em todo caso, não competem pela mesma fonte de alimentos) — elas não existem para eles, passam despercebidas, não têm "significado". A exploração do mundo é sempre seletiva, sujeita às necessidades do organismo: diretas de modo endogênico e não exogênico.

Adquirir informação sobre o ambiente (seja de forma ontogenética ou filogenética) depende de conectar certas formas de se comportar não com o objeto desse comportamento, mas com a probabilidade de que esse objeto apareça. Uma reação direta ao objeto não significa necessariamente uma "compreensão informacional" acerca do ambiente; se a reação ocorre só quando o objeto adequado aparece de forma imprevisível e absolutamente acidental, não podemos, com base na definição, falar de "estruturação" do ambiente. E o valor adaptativo dessa reação atrasada será pequeno; de que serve o instinto de voar se você está nas garras de um lobo? Quão mais valioso é esse instinto quando surge em reação ao odor emitido pelas glândulas sudoríparas do lobo? Assim, o domínio da informação sobre o ambiente baseia-se em criar uma estrutura de comportamento adequada ao sistema de probabilidades de certos objetos que aparecem — ou seja, os que são importantes para os animais.

Em outras palavras, o domínio da informação se baseia na criação de uma relação estável entre observação e ação, correspondendo à relação consistente entre a observação e a possibilidade de aparecimento do objeto que é importante para o organismo. Se essa relação é criada, os alertas antes mencionados tornam-se, para o animal, o signo de um objeto importante. Dominar a informação — o organismo estruturando o ambiente — baseia-se em transformar objetos e eventos que são funcionalmente neutros em si e para si em signos de objetos e eventos que são funcionalmente importantes. À luz dessa afirmativa, podemos ver os esforços de psicólogos que investigam "processos de aprendizagem" (tanto o clássico, como Ivan Pavlov o chamou, quanto o "instrumental", examinado por psicólogos americanos como Burrhus Skinner, Edward Tolman, Clark Hull ou Robert Lundin) como estudos das formas de transformar eventos insignificantes em signos; e a pesquisa de etologistas ao estilo de Konrad Z. Lorenz e Nikolaas Tinbergen como o estudo de um "sistema de signos" herdado.

Qualquer objeto ou evento que resulte de outro objeto ou evento pode ser um signo natural, desde que a estabilidade da relação de causa e efeito esteja ligada à resposta instintiva adequada no repertório comportamental do organismo. O cheiro da pele do lobo é um signo natural desse tipo para o coelho; o signo do ser humano para um mosquito é o calor de seu corpo; o signo de um peixe para o pato que o caça é uma sombra alongada na superfície da água. Nesse caso, a função semiótica é claramente um efeito colateral dessas entidades: o lobo não sua para avisar o coelho nem o ser humano para atrair o mosquito. No mundo animal, porém, essas são as características que têm um papel comunicativo nas relações entre espécies. Elas podem ser substâncias aromáticas que as abelhas usam para demarcar o caminho que leva a uma fonte de néctar recém-descoberta; ou o trinado de um gafanhoto para que outros saibam que o salto que ele está para dar não é o signo da aproximação de um inimigo e não deve ser tomado como sinal de alerta; ou o anel verde em torno do pescoço de um pato, cuja presença tem papel importante nos rituais de acasalamento e sem o qual a cópula não pode acontecer. Mas essas peculiaridades "semanticamente especializadas" também podem ser incluídas entre os signos "naturais" pelo fato de seu significado ser ligado e associado a eles de modo singular, inalterável e não convencional, de uma forma quase instintiva, nas estruturas físicas de membros da espécie.

Assim, os animais, como indivíduos ou membros de uma espécie, transformam em signos, de que revelam o significado, apenas os sujeitos que permanecem em algum tipo de relação inata com eventos que lhes são essenciais da perspectiva de seus processos vitais. Os animais não apenas se adaptam a seus ambientes, mas também ajustam o ambiente às suas necessidades. Em vez de dizer que "o ser humano é a medida de todas as coisas", poderíamos dizer em vez disso que "todo organismo vivo é uma medida daquilo que ele considera o seu mundo".

Os signos e o mundo animal

O grande etólogo francês Remy Chauvin oferece a seguinte explicação brilhantemente redigida da forma contemporânea de compreender os organismos animais:

> Um observador neutro que contempla o mundo vivo tem uma perspectiva completamente diferente daquela de uma pessoa de 25 anos atrás. É um mundo de sinais. Uma determinada espécie distingue apenas certos sinais contidos em seu mundo. Outros aspectos do mundo como um todo continuam completamente despercebidos ou não têm significado.[13]

Na verdade, foi preciso que muita coisa acontecesse para que essa perspectiva semiótica do mundo vivo prevalecesse. Mesmo durante as décadas de 1820 e 1830, a visão de Chauvin teria sido encarada, de modo desfavorável, como herética pelas maiores cabeças da biologia e da psicologia animal. Depois da admiração ingênua da qualidade "orientada por objetivos" da natureza ao estilo de Ernst Haeckl ou Jean-Henri Fabre no século XIX, houve um período de várias décadas dominado por duas visões que competiam entre si embora fossem, em essência, igualmente mecanicistas — modos simplificados de pensar sobre os processos vitais do mundo animal. Um desses modos, representado sobretudo por William McDougall,[14] usava um esquema incisivo de "objetivo-reação"; o animal vê o objeto que lhe serve de alimento, ataca-o, mata-o e o come; o animal vê o objeto ao qual serve de alimento, vira e foge. O animal sempre age conforme suas necessidades. Um gato de barriga cheia, diz McDougall, permite calmamente que um rato brinque aos seus pés. Ao que o etólogo Lorenz replicou, anos depois: McDougall nunca deve ter visto um gato ou rato vivos. Outro modo, iniciado no fim do século XIX por Jacques Loeb e desenvolvido por Étienne Rabaud,[15] foi caracterizado por uma fórmula igualmente incisiva: "estímulo-reação". Os mecanismos cegos dos animais são colocados em movimento repetidamente por estímulos externos, levados pela vida por um conjunto acidental de estímulos, como folhas mortas por uma rajada de vento aleatória. As duas escolas gastaram boa dose de energia para provar a incoerência do lado oposto — mas, na realidade, estavam amplamente de acordo em sua tendência de separar os ciclos vitais dos animais em arcos reflexos isolados. Podemos indagar em que grau essa forma de perceber o mundo animal foi resultado da maneira de observá-lo — sobretudo em laboratórios e por meio de experimentos nos quais os pesquisadores viam os comportamentos dos animais como uma série de reações isoladas, pois, para que o experimento funcionasse da maneira correta, segundo a regra do raciocínio de John Stuart Mill, tanto os estímulos quanto as reações foram tirados de seu contexto natural. Foram psicólogos americanos que aperfeiçoaram o uso desse método. Eles tomaram como premissa a existência de um mecanismo geral determinando o comportamento das criaturas vivas e por longos anos cercaram seu programa de pesquisa numa moldura de labirintos e caminhos criativamente construídos, atravessados por ratos brancos famintos. Um mistério, contudo, persistia (que esses psicólogos não consideraram): em que grau esse falso mundo, cuidadosamente criado pelo pesquisador, era uma cópia do ambiente natural do rato, para o qual o desenvolvimento filogenético de sua espécie o havia preparado? E seriam os comportamentos do rato nesse mundo artificial observado um acidente patológico, em lugar de uma representação dos verdadeiros comportamentos do animal?

Ignorar essas questões deu origem aos primórdios da escola de etologia (com seu acessório "objetiva"). Seus fundadores foram Konrad Z. Lorenz[16] e Nikolaas Tinbergen.[17] Ambos começaram abandonando seus laboratórios e embarcando numa longa e ingrata observação de animais em seus hábitats naturais. Logo perceberam que suas suspeitas eram corretas. O comportamento dos animais dificilmente lembrava as infindáveis peregrinações de ratos famintos no labirinto.

As principais conclusões da escola dos etólogos estavam surpreendentemente de acordo com a postura contemporânea das ideias "praxiomórficas" sobre animais vivos, e poderiam ser descritas da seguinte maneira: o ambiente não é um conjunto de "estímulos" ou "objetivos" do comportamento animal. Junto com o organismo do animal, ele abrange uma totalidade sistêmica claramente estruturalizada. Cada comportamento do animal é um longo e complexo processo de cooperação entre organismo e ambiente. Cada elemento sucessivo do comportamento do animal tende a provocar um sinal específico do ambiente. Ele entra no que o estereótipo define como próximo estágio se seu signo necessário não aparecer. Caso contrário, ocorre uma interrupção da atividade.

Assim, o próprio animal é gerador de todas as suas atividades. Tal esquema de atividades, indicado pela estrutura do organismo, dá um ritmo a essas ações e delineia o "significado" de elementos do mundo circundante. As mesmas entidades físicas podem ser signos de vários objetos, a depender da fase das atividades do animal em que apareçam.

Quando uma vespa caça, a visão da lagarta vai lhe provocar uma ação agressiva e o uso de técnicas para paralisar a vítima. Mas se pusermos uma lagarta imobilizada perto do ninho no mesmo momento em que a vespa está se preparando para abri-lo a fim de colocar ali um pouco de comida, ela vai pegar a lagarta e empurrá-la para o ninho sem fazer coisa alguma para imobilizá-la. Se mais tarde deixarmos ali outra lagarta, quando a mãe estiver tapando o ninho, a lagarta será jogada de lado como se fosse um lixo inútil. Assim, o mesmo objeto pode provocar reações muito diferentes dependendo da fase da ação do caçador, embora a lagarta sempre seja a fonte dos mesmos estímulos em termos de aparência, odor e gosto.[18]

A vespa, tal como todos os organismos vivos, é uma medida de todas as coisas. Esse comportamento de um organismo vivo dá significado aos elementos do mundo circundante, estruturando esse mundo, determinando o significado denotativo de seus componentes. Segundo os etólogos, estímulos externos "apenas fazem o papel de sinal provocando um comportamento instintivo",[19] e só podem desempenhar esse papel quando aparecem num momento muito específico do ciclo comportamental. Qualquer objeto redondo, independentemente de seu tamanho ou formato elipsoide, da natureza circular ou cilíndrica de seu formato, vai fazer o ganso que está chocando tentar, com movimentos rítmicos do bico e do pescoço, empurrá-lo para o ninho. Um ganso que não esteja sentado sobre os ovos não vai notar nem mesmo um ovo de ganso no chão ao seu lado. Quando posto em movimento, o esquema do comportamento permanece rígido e é levado à sua conclusão, ainda que o estímulo que deu início à ação, e que é aparentemente o propósito desta, desapareça. Se esse objeto branco e redondo que antes foi mostrado ao ganso for removido de seu campo de visão, a ave vai realizar calmamente, "em vão", todo o ritual esperado para recuperar o ovo que caiu de seu ninho.[20] Os estímulos que provocam e são lançados pela mecânica do organismo são mutuamente dependentes dentro de uma totalidade altamente organizada de "organismo-ambiente".

Até aqui examinamos a relação entre o organismo e seu ambiente — e especificamente a parte do ambiente que não é determinada, seja pelos processos filogenéticos de formação de estruturas instintivas no organismo, seja pelo processo ontogenético de enriquecer o repertório de comportamentos. Se, contudo, os estímulos catalisadores que estamos analisando estiverem localizados no comportamento de outro membro da espécie, o mecanismo comportamental descrito aparece-nos como uma mensagem de comunicação ou de organização intraespécie; à luz da imaginação atual, podemos considerar as duas visões como sinônimas. "Parece muito provável", diz Ross Ashby,

> que devêssemos descrever a "manutenção" ou "organização" das partes como um estado em que haja "comunicação" entre elas [...].

A transmissão de informações de A para B presume necessariamente a presença de certas restrições, uma determinada correlação entre eventos em A e em B. Se, por exemplo, durante determinada ocorrência em A um entre vários eventos possa suceder no ponto B, então não há transmissão de A para B nem restrições a todos os possíveis pares de estados (A, B).[21]

Pelo menos um mínimo de comunicação aparece em todas as espécies de animais. Mesmo aquelas cujos membros são tipicamente solitários — mantendo distância de outros da mesma espécie (por exemplo, o albatroz) — participam, em certos estágios da vida, de atividades que exigem cooperação entre eles. Uma dessas atividades é a cópula, garantindo a sobrevivência da espécie, à qual se junta a "defesa do território" contra outros da mesma espécie. Cada um deles estrutura seu ambiente da mesma forma, aspira aos mesmos elementos e é, portanto, um potencial competidor por subsistência, acasalamento etc. Assim, qualquer espécie que não esteja destinada à extinção deve ter embutido um mapa dos elementos importantes de seu ambiente externo, junto com um mapa "cognitivo", uma série de comportamentos voltados para o desenvolvimento de ciclos de cooperação com membros da espécie. Para cada criatura o estereótipo deve ser construído de maneira a incluir um sistema consistente, ao lado do estereótipo correspondente do outro animal — um potencial parceiro sexual ou competidor por território. Isso significa que cada elemento do comportamento individual de A deve ser um estímulo semanticamente inequívoco para o indivíduo B e vice-versa. Só nesse caso é que a cooperação de dois indivíduos pode ganhar a forma de uma sequência estável do tipo $A_1 - B_1 - A_2 - B_2 \ldots A_n - B_n$.

Os estudos de Nikolaas Tinbergen sobre os comportamentos do "sociável" peixe esgana-gata, espécie na qual, pelo que sabemos, os machos constroem ninhos para os ovos postos pelas fêmeas, ganharam fama mundial. Tinbergen afirmava, acima de tudo, que os esgana-gatas machos defendiam cuidadosamente de outros machos o seu território, escolhido para a construção do ninho. Se dois machos se cruzassem, o comportamento de cada um deles era como um conjunto de efeitos combinados colocados em ação de acordo com o comportamento do outro. Se o intruso mordia, o dono da área também iria morder. Se um assumisse "pose assustadora", o outro faria o mesmo. Se um fugisse, o outro iria persegui-lo. O comportamento do parceiro sempre era inequivocamente "interpretado" como signo com um significado extremamente restrito, e o outro reagiria a esse significado. De particular interesse, já que visivelmente reminiscente da ansiedade humana em situações de fenômenos "culturalmente ambivalentes", são os momentos em que dois machos se cruzam em situações em que múltiplos significados são possíveis: nas fronteiras de seu território. Nesse caso, nenhum deles é dono nem intruso — ou melhor, ambos são simultaneamente donos e intrusos. O comportamento deles numa situação dessas não pode, assim, formar uma sequência coerente. O comportamento do indivíduo A não produz a reação esperada do indivíduo B e vice-versa. O conflito entre o impulso de atacar e o impulso de fugir encontra expressão numa "ação metastática" funcionalmente insignificante: ambos os machos começam a cavar buracos na extremidade de seu território — comportamento totalmente inadequado à situação, um mecanismo comportamental voltado para a construção de um ninho.

Comportamentos territoriais são extremamente generalizados entre animais. Têm sido observados entre aranhas, peixes, anfíbios, pássaros (os famosos cantos dos pássaros são simplesmente os machos assinalando o território de sua propriedade).

Um território é geralmente mantido inviolado apenas para os da sua espécie e, portanto, o reconhecimento desta é muito necessário. A não ser que animais de diferentes espécies entrem em competição diretamente pelos mesmos tipos de alimento e ao mesmo tempo, eles geralmente ignoram um ao outro. Alguns pássaros podem morar na mesma arvorezinha, mas não dois membros da mesma espécie.[22]

Esses sinais "territoriais", geralmente emitidos por meio de cheiro ou som, são apresentados por animais num mundo que é cheio de odores e de sons. A simples conclusão a ser tirada disso é que, em primeiro lugar, os sinais devem se distinguir de seu ambiente por serem "antinaturais", improváveis em determinado meio. Em segundo lugar — e isto é provavelmente mais importante —, os órgãos mentais e as habilidades motoras dos indivíduos de determinada espécie devem ser particularmente sintonizados com esse tipo de oposição. Vogais longas e curtas constituem uma oposição importante na língua inglesa, mas para um ouvido polonês, não acostumado a distinguir entre elas, o primeiro estágio no aprendizado da língua inglesa apresenta sérias dificuldades em entender os diferentes significados que se manifestam nessa oposição.

Dessa maneira, chegamos ao problema dos signos e das oposições significativas — esse denominador comum do caráter "significante" do comportamento intraespécie e da estruturalização significante do ambiente externo. Podemos, em geral, dizer que o desenvolvimento evolutivo da comunicação no mundo animal procede basicamente em duas direções: a) o aumento do número de oposições significativas discerníveis e criadas; e b) o aparecimento e a expansão da capacidade de continuar ampliando o número dessas oposições no curso da vida individual (o aparecimento de uma facilidade para diferenciar signos adquiridos — ou aprendizagem).

A riqueza e a plasticidade dos comportamentos permanecem numa correlação estrita com o número de oposições significantes diferenciadas (embora quaisquer tentativas de determinar "objetivamente" qual dos dois é a causa e qual é o efeito sejam injustificáveis). Diferenciar apenas duas oposições (por exemplo, claro-escuro, azedo-neutro) entre protozoários pode se ligar no máximo a quatro variantes de comportamento. O número de variantes possíveis, já que é fácil de contar, junto com a facilidade de diferenciar entre as oposições significativas, cresce num ritmo geométrico. Quanto mais oposições significativas, mais rico é o complexo de "comportamentos-estrutura do ambiente". Muitos experimentos com bonecos provaram claramente que apenas certos elementos do ambiente, por vezes bastante comuns, tinham um significado importante para comportamentos instintivos. O esgana-gata macho vai lutar com qualquer boneco de qualquer formato desde que ele tenha uma barriga vermelha; mas não lutará nem com uma réplica exata de esgana-gata macho se este não tiver barriga vermelha. Se uma pipa longa de um lado e curta de outro for içada sobre um bando de patos nadando num lago, a reação destes vai depender da forma como a pipa for empinada: se a parte longa estiver na frente, os patos continuam nadando calmamente; se o lado curto for visto na frente, os patos fogem (reagindo ao pescoço curto dos pássaros predadores). Um pintinho recém-nascido seguirá qualquer objeto grande em movimento que entre em sua linha de visão como se ele fosse sua mãe.

A classe de eventos que poderiam fazer o papel de estímulos para comportamentos instintivos parece, assim, muito "difusa", e sempre inclui, ao lado de eventos que são funcionalmente essenciais, ocorrências não essenciais. Seria difícil explicar esse fenômeno pela imperfeição inata dos órgãos sensoriais dos animais. Tem sido impossível, com vários animais capazes de aprender, ensiná-los a distinguir entre figuras e formas que eles normalmente conseguiriam diferenciar no mundo "selvagem". Assim, devemos aceitar uma solução distinta: nem tudo que é oferecido aos sentidos é "escolhido" como importante pelo animal; nem todas as coisas observadas pelos sentidos têm significado como signos. Sua forma de organizar a realidade é sempre uma abstração — presume que certas características sejam subestimadas e outras enfatizadas. Essa seleção é sempre o produto da cooperação filo ou ontogenética entre o organismo e o ambiente. Em função disso, a "idiotice" do esgana-gata macho, exibida no aquário em condições naturais, não era necessariamente tão tola. É possível que a probabilidade de alguma coisa com barriga vermelha que não fosse outro esgana-gata macho aparecer nessas condições fosse tão pequena que desenvolver um mecanismo comportamental para outra oposição além de "barriga vermelha/barriga não vermelha" não se mostrasse funcional. De modo semelhante, o aparecimento de pipas representando pássaros predadores é, na vida diária dos lagos, bastante incomum, e com certeza insignificante para a raça dos patos. Muito parecido com os seres humanos que abrem a porta sempre que ouvem alguém batendo, embora possa ser um leão que fugiu do zoológico. Reconhecidamente, caso fugir do zoológico e visitar o apartamento de pessoas se tornasse um típico hobby dos leões locais, as pessoas logo aprenderiam a distinguir o arranhar das patas de um leão do conjunto de sons que se podem ouvir na porta da frente (diferentemente dos patos, que, dotados apenas do mecanismo filogenético de produzir signos, provavelmente pagariam com suas vidas por uma súbita e milagrosa extensão do pescoço dos predadores aéreos). O pesquisador soviético S. A. Rysakova, em experimentos sobre o "processamento de informações" por seres humanos, deu significado, numa variante, a três de oito possíveis sinais de que eram todos igualmente absurdos (um deles acendia uma luz vermelha, outro produzia choques elétricos e o terceiro destruiria o dispositivo); resultou que, na variante "significativa", os sujeitos desenvolveram a habilidade de manipular 3,5 vezes mais rápido, em alguns casos, do que na variante "sem significado".[23]

Quanto menos as oposições significativas distinguem os receptores animais, menos complicado — mais comum — é o mundo dos organismos vivos, mais inequívoca a estrutura e mais reduzido o repertório de comportamentos. Quanto mais "inalterável", menos elástico é o complexo "organismo-ambiente". Isso significa que organismos dotados de um menor número de signos são "menos adaptados" a seu ambiente. O que seria um defeito grave em organismos com um repertório comportamental mais complexo pode ser, para organismos mais simples, uma pequena marola dificilmente perceptível na onda de realidade que é importante para eles. O funcionamento da vida de organismos mais simples depende de características mais gerais, imutáveis, de sua realidade externa. Por essa riqueza de seu repertório de comportamentos, pela complexidade semântica de seu mundo, organismos com uma complexidade relativamente maior pagam com a maior dependência em relação aos caprichos de seu ambiente. Essa hipótese, em última instância, não pode ser verificada, mas a sobrevivência duradoura de espécies primitivas que surgiram no Paleozoico, em contraste com o caleidoscópio de espécies mais avançadas de curta existência e extintas e categorias recentemente surgidas, é muito marcante.

Provavelmente por esse motivo, uma importante condição da adaptação evolutiva de organismos que exigem mais de seu ambiente — organismos com tal estrutura interna que, por força da lei do isomorfismo, exigem uma estrutura ambiental que seja semanticamente mais variada e amplamente equipada com signos — é um complemento filogenético, mecanismo instintivo para sinais criativos, com um mecanismo ontogenético: a capacidade de aprender. Para um organismo com estrutura complexa de comportamento em múltiplas camadas, flutuações indiscerníveis no ambiente tornam-se importantes para suas vidas, ainda que sejam insignificantes para espécies dotadas de estruturas mais simples. Assim, mesmo pequenas alterações no ambiente também são importantes — e muito mais prováveis do que mudanças globais, catastróficas, que poderiam afetar negativamente as minhocas, com suas oposições gerais e comparativamente poucas do tipo úmido-seco, claro-escuro. O desenvolvimento evolutivo, falando de um modo geral, tende a números cada vez maiores de peculiaridades semioticamente essenciais para o ambiente — embora devamos observar e enfatizar que essa tendência não tem uma natureza singular: os elementos incluídos no sistema semiótico não são idênticos em diferentes espécies, o que evidentemente se observa ao comparar o sentido fragilmente estruturado do olfato nos seres humanos com a "olfação espacial" de certos insetos, ou a proporção de sinais auditivos e olfativos em primatas, que atinge índices semelhantes em gatos ou cães.

Experimentos já demonstraram, para além de qualquer dúvida, que a capacidade de aprender só aparece em organismos dotados de um sistema nervoso simétrico bilateral.[24] A partir desse nível evolutivo, a porção de elementos ontologicamente adquiridos — aprendidos — na composição geral dos comportamentos individuais aumenta claramente, embora não de maneira sistemática. É sintomático que o papel dos elementos da aprendizagem seja comparativamente maior nos ramos da árvore evolutiva caracterizados pela maior variabilidade e por um dinamismo "especiegenético".

Na visão mais geral, poderíamos apresentar o processo de aprendizagem dotado de duas faces: a) a eliminação gradual do repertório de comportamentos de reações a sinais não vinculados a objetos que sejam importantes para a vida do organismo (o fenômeno da habituação ou "acostumar-se com"); b) uma gradual introdução no repertório de comportamentos de reações a sinais que manifestam sua conexão, ou sua proximidade temporal-geográfica, com objetos que sejam importantes para a vida do organismo. O processo de aprendizagem é, assim, um processo de seleção de signos, que deve ser preciso no mesmo grau em que as várias características particulares dos signos determinam a probabilidade dos eventos por eles sinalizados, ou no grau em que o evento sinalizado por eles é importante no processo de vida da criatura que está aprendendo (no segundo caso, o processo de aprendizagem opera segundo o princípio da aposta de Pascal: seria insensato para um cervo decidir se o cheiro da pele humana que ele sente é um signo de que a pessoa que produz esse odor veio para a floresta a fim de caçar ou para namorar). De modo semelhante, o organismo que está aprendendo indica de modo endógeno as linhas desse sistema de signos, que será o resultado de um processo de aprendizagem; ele traz a esse processo uma simpatia inata pelas características do ambiente a que Pavlov deu o nome de "estímulos incondicionais". Esse conjunto de estímulos incondicionais fornece os critérios de seleção para a construção do sistema de signos. O conjunto torna-se menor com o progresso da evolução e limita cada vez menos os processos de aprendizagem. Como o perspicaz pesquisador japonês Syunzo Kawamura observou, os macacos-japoneses só reconhecem instintivamente como alimento o leite materno; eles precisam aprender a aceitar outras coisas como comida.[25]

Ao aprender — ou seja, ao ajustar seu repertório de comportamentos ao conjunto de possibilidades contido no ambiente —, o organismo torna o ambiente mais previsível para si próprio, "estruturando-o", mesmo quando a modificação da estrutura material não vai além da eliminação de potenciais competidores do seu território. O processo de aprendizagem é também o mecanismo mais elementar desse processo de assimilação-acomodação, um processo que é isomórfico à estruturação do organismo e do ambiente, que é o conteúdo do fenômeno da "vida orgânica". Esse mecanismo torna-se especialmente fértil quando se infiltra no desenvolvimento ontogenético.

A comunicação intraespécie e a criação do humano

Enquanto os problemas de um membro individual de determinada espécie se limitam a identificar e afastar um macho desconhecido de seu terreno e encontrar, no universo das criaturas vivas, uma fêmea pronta para copular, o agregado de signos comunicativos não precisa ser particularmente rico, além de não haver uma necessidade ecológica que justifique sua ampliação. Uma mudança qualitativa ocorre apenas quando os indivíduos de uma espécie ingressam em vida social. Quanto maior for o papel dos contatos com outros indivíduos da espécie na estruturação de sua vida social, maior será o papel dos signos especializados no serviço da comunicação intraespécie — o "código" da espécie.

O único eixo da diferença de comportamentos durante o contato com membros da própria espécie no estágio que precede o já mencionado salto qualitativo é o sexo. É suficiente para eles, em função das interações intraespécie, ter a necessária clareza e originalidade de significado, ter códigos muito simples operando mediante uma ou duas oposições, permitindo a diferenciação entre: a) um membro da própria espécie e o resto do mundo; b) um membro do sexo oposto e um membro de seu próprio sexo. Nenhuma outra distinção é necessária, e seria um luxo não funcional da perspectiva da adaptação orgânica — a instituição do territorialismo praticamente exclui todos os contatos intraespécie de qualquer outro tipo. Por vezes acontece que, numa espécie que seja difusa dessa maneira, ocorra o fenômeno aparentemente paradoxal de contatos pessoais individualizados, basicamente nas relações entre os sexos: nessas circunstâncias, formam-se esses laços de acasalação de longo prazo ou mesmo por toda a vida, nos quais o macho pode consistentemente encontrar "sua" fêmea, sem erro, entre todas as outras, e vice-versa, fenômeno que Kramer denominou "o nascimento do indivíduo".[26] Esse fenômeno pode ser explicado, contudo, por meio do fenômeno bastante semelhante de "marcar" um objeto, o que explica por que o pintinho recém-nascido consegue identificar como sua mãe qualquer objeto grande que se mova. Durante a sessão de acasalamento, o aparelho sensorial do macho dessa espécie particularmente "individualizada" é preparado para "marcar" a primeira fêmea que atrai. Esse tipo de individualização, portanto, não tem muito em comum com o processo de distinguir posições individuais em comportamentos diferenciados, o que acontece com base na organização social.

O código intraespécie não se enriquece muito em casos nos quais a espécie fica acostumada a viver em hordas durante certos períodos. Por horda entendemos um coletivo anônimo de indivíduos vivendo em proximidade geográfica, usando o mesmo campo de alimentação, mas sem trabalharem juntos para satisfazer suas necessidades coletivas. Uma horda, em outras palavras, não constitui um "sistema auto-organizativo" — segundo G. A. Pask, ele surge quando "constituir uma coalizão que proporciona uma vantagem".[27] A vida numa horda não dá aos participantes que a ela se unem nenhuma vantagem visível em comparação com uma possível vida solitária: a quantidade de alimentos obtida não se amplia. Os indivíduos numa horda vivem lado a lado em termos de espaço, mas não estão juntos no sentido social. O enriquecimento do código também não é substancial: geralmente consiste num sinal de alerta de perigo, mas esse sinal também aparece ocasionalmente entre espécies sobre as quais seria difícil dizer que vivem em horda. Uma oposição de signos (geralmente pelo cheiro) que permite distinguir um membro da própria espécie de um intruso também se inclui entre as oposições gerais que servem para identificar membros da própria espécie (que não estejam relacionados a comportamentos agressivos); é apenas essa oposição de signos que assume o papel de determinante entre a alternativa "amigo-oponente".

A situação passa por uma mudança importante no momento em que a horda atravessa uma metamorfose e se transforma numa "protossociedade", quando surgem questões de redistribuição de bens ou de garantia dos privilégios de determinados membros, geralmente conectados ao surgimento de responsabilidades de "patronato" em relação a outros membros e incluindo coisas como repartir a comida com indivíduos mais jovens ainda incapazes de obter seu próprio alimento. Protossociedades (não incluo aqui as "ordens de insetos", construídas sobre um princípio diferente — uma plasticidade ontogênica de determinados mecanismos fisiológicos; cf. a obra de Martin Lindauer[28]) só podem ser criadas entre espécies cujos sistemas neurofisiológicos permitem aprender — porque sua característica central é uma diferenciação de papéis, com "direitos" e "responsabilidades". No domínio das protossociedades, além da diferenciação de comportamento na base de um sexo oposto ao outro, ou de um membro do grupo e um estranho, há outro nível de diferenciação importante: "superior-igual-inferior". O eixo semântico "superior-inferior" é a forma mais simples de codificar uma estrutura social para uso do indivíduo. Embora os papéis na protossociedade só possam ser diferenciados de maneira acessória — como no caso, por exemplo, da "ordem das bicadas" entre os pássaros —, da perspectiva de cada indivíduo tomado isoladamente, a totalidade da horda entra em duas categorias: "superior" e "inferior", com a ocasional inclusão de uma terceira categoria, a "neutra". Dessa maneira, as complexas hierarquias das protossociedades podem ser construídas com a ajuda de dois "interruptores" no comportamento de cada indivíduo. O líder numa sociedade desse tipo seria o indivíduo que nunca precisasse apertar o "interruptor" na segunda posição. O fato de isso ser assim foi provado por muitos estudos indicando a existência de hierarquias em ciclos particulares fechados de protossociedades: A é "superior" a B, B a C, mas C é "superior" a A. Os membros da protossociedade não diferenciam seu comportamento em resposta aos complicados sistemas de pertencimento de classe de seus interlocutores. Só se lembram dos resultados de seus confrontos, que solidificaram o significado de suas relações particulares com outros membros da horda e, de seu ponto de vista, a estruturaram numa totalidade dividida em duas partes.

Nós afirmamos que o surgimento de uma oposição "superior-inferior" foi extremamente importante. Ela apresenta uma qualidade em comparação com as oposições anteriormente desenvolvidas na comunicação intraespécie. Abrange uma transição da "descoberta" da natureza de signo do ambiente — "vindo a conhecer" sua estrutura dada de antemão incluindo certos elementos dessa estrutura num ambiente importante para a espécie — para a criação ativa da estrutura ambiental, um esforço na direção de "introduzir" um significado inequívoco e uma previsibilidade num conjunto de eventos que por si mesmos não são inequívocos nem previsíveis. Assim, temos essa oposição na origem de um mecanismo qualitativamente novo nos fatos da evolução — um mecanismo da prática que provoca a organização ativa da informação.

Na realidade, na medida em que o eixo do sexo, e mesmo o do "amigo-oponente", tem por base diferenças "inatas", naturais, entre indivíduos, só essas diferenças se tornam importantes para a espécie — o eixo superior-inferior introduz diferenças no grupo que não existiriam para os membros de uma horda, ou "objetivamente". Situar indivíduos ao longo desse eixo acontece por meio da ação prática, mediante a luta de "todos contra todos", que só então determina a relação que membros individuais terão com os outros. Portanto, o caráter inequívoco e previsível do ambiente para os membros da protossociedade não é um dado filogenético, e tampouco é adquirido pela aprendizagem — ele é "lançado" no ambiente pelo próprio coletivo vivo. A realidade é assim organizada — reconhecidamente, segundo um determinado esquema filogenético, mas é, contudo, ativamente organizada. Uma das características mais essenciais da espécie *Homo sapiens*, que colocou os seres humanos no mais elevado degrau da evolução, não é, ao menos em sua forma inicial, um fenômeno inteiramente novo na história da espécie.

Seguindo o desenvolvimento evolutivo do aparelho neuropsicológico da espécie, surgem as possibilidades de outras complicações na protossociedade — diferentes formas de organização, dependendo de mais de um eixo semântico. Relações relativamente complicadas podem ser encontradas em espécies de macacos que vivem na selva. A grande autoridade em "primatologia" Clarence Ray Carpenter distingue onze diferentes variações de comportamento entre essas espécies.[29] Reconhecidamente, a maioria das diferenças que ele observa tem como base diversidades inatas, não as adquiridas ou impostas. O que parece especialmente importante, contudo, é a afirmação de Carpenter de que uma característica de cada um dos tipos diferenciados de relacionamento é a suscetibilidade à modificação, diferenciação ou generalização adquirida mediante processo de condicionamento ou aprendizagem. Essa plasticidade das relações presume a existência de um eixo semântico relativamente rico, de um caráter ativo que estrutura a realidade. Esse pressuposto confirmaria as numerosas observações que, em conformidade, reconhecem o importantíssimo papel dos processos de aprendizagem no comportamento dos macacos. Kinji Imanishi[30] oferece informações específicas sobre o surgimento de um hábito, aceito pelo grupo, de comer guloseimas e lavar batatas-doces no riacho, que é claramente desenvolvido por um processo de aprendizagem (imitação). Múltiplas observações referentes ao papel dos contatos sociais na aquisição de novas habilidades por macacos têm sido documentadas em ambientes de laboratório.

Observemos outra qualidade muito importante das protossociedades de um nível mais elevado. Ao contrário das hordas hierarquizadas apenas "individualisticamente", no caso dos macacos o surgimento de algo semelhante a "classes" é percebido em diversos níveis da hierarquia. Machos que ocupam uma posição "inferior" em relação a alguns integrantes e "superior" em relação a outros tipicamente se mantêm unidos e, no caso de um deles sofrer um ataque, correm a defendê-lo.[31] Esse princípio de construção de uma hierarquia é certamente mais complicado do que aquele que encontramos entre galinhas — exige, talvez, que o indivíduo esteja consciente de toda a hierarquia, e não apenas de sua posição. Também não pode ser constituído pelos esforços particulares de indivíduos, mas requer algum tipo de esforço coletivo, uma iniciativa da sociedade como um todo: a posição de determinado indivíduo é decidida não puramente por seus esforços (pelos resultados de sua própria luta), mas também pelas lutas que acontecem entre outros indivíduos. A estrutura social ganha, dessa maneira, uma existência que "transcende" até certo ponto o indivíduo n, e se apresenta aos indivíduos como "objetiva", estabelecida — e a "socialização" de um indivíduo maduro torna-se um mecanismo que o coloca no lugar adequado dentro da estrutura. Assim, encontramos aqui, numa forma bruta, primitiva, quase todas as características de uma estrutura social vigente em grupos humanos, junto com a peculiaridade predominante em tais estruturas: seus conteúdos são uma sistematização da circulação e divisão de bens, e também seu fator constitutivo, um sistema de signos (poder-se-ia dizer "cultural", não fosse pela ausência de linguagem), diferenciando comportamentos interpessoais de acordo com sua posição na estrutura (e vice-versa: a posição na estrutura é indicada por um conjunto de formas de comportamento, colocando o indivíduo nessa própria posição; em pequenas hordas de macacos, à semelhança dos grupos humanos mais primitivos, a "adaptação" de estruturas a padrões de comportamento e disposições de circulação de bens ainda está ocorrendo, e assim a questão do que é original e do que é derivado não pode ser apresentada de modo significativo).

A observação conflita com a forma típica de enxergar a relação entre os seres humanos e outras criaturas vivas. Essa forma típica de ver o tema é mais uma vaga "intuição" que surge, talvez, de uma rede particular de conceitos predominante entre os seres humanos; e o fenômeno, generalizado na cultura, pelo qual mecanismos de defesa suprimem os domínios da ambiguidade a fim de manter uma situação em que os significados do comportamento são claros; e a tendência, imposta por esse mecanismo de defesa, de dirigir a seleção de material comprobatório, garantindo um resultado que se "autoconfirme". O postulado da inequivocidade semântica, operando com uma força particular para seres humanos nas fronteiras do "humano-não humano" (que é também a divisa entre o "campo cultural", governado por modelos bilaterais que limitam a imprevisibilidade do comportamento, e o restante do "campo psíquico"), exige um reconhecimento do fosso decisivo entre os seres humanos e seus parentes evolutivos mais próximos; exige pensar em categorias de "ou-ou". É por isso que nos inclinamos, pela natureza de nossa forma cultural de organizar o mundo, a buscar ativamente propriedades específicas de indivíduos e dirigir nossa atenção para características singulares de pessoas, superenfatizando a significação desses achados. O debate sobre se o que separa os seres humanos de outras espécies vivas é "apenas" quantitativo, ou mesmo qualitativo, não é, para sermos honestos, empiricamente solucionável por meio do positivismo ingênuo encapsulado no sentido "sobre-humano" da palavra "empiria". É nossa forma cultural de conhecer o mundo que nos propõe reconhecer que "até" traços qualitativos, que — se fossem situados em outras, menos drásticas, fronteiras do pensamento — seriam reconhecidos sem resistência como "apenas" quantitativos. As tendências da ciência são contrárias aos impulsos inatos do mecanismo cultural para organizar o mundo. As divisões entre os fios da rede de ideias constituem a principal fonte de energia para a pesquisa e o desenvolvimento do conhecimento, o que sempre leva ao surgimento de novas categorias que cobrem não apenas os fossos, mas também as fronteiras e as regiões marginais. Assim, isso deve levar à produção de regiões semanticamente ambivalentes e, portanto, a áreas em que a cultura, em sua função básica — a unificação semântica do mundo —, está acostumada a proteger um implacável tabu, produzindo os sentimentos de sagrado e de medo.

Em toda a era histórica que tem sido documentada pelo testemunho escrito do pensamento humano pairam nos limites do "animal-humano" aberrações disformes, monstros sanguinários e feras espantosas envoltos na névoa do terror espiritual. Eles eram necessários precisamente como uma encarnação visível do tabu cultural, como a concretização da irresistível tendência humana a manifestar a impassibilidade, a inacessibilidade das barreiras mentais. Plínio, o Velho e, seguindo sua trilha, Gaio Júlio Solino, criador da enciclopédia mais popular da Europa medieval, escreveram sobre os terríveis atlantes, que "nem têm nomes" e maldizem o Sol, e os não menos horripilantes trogloditas, que se alimentavam de cobras e viviam em cavernas subterrâneas. A imaginação de Isidoro de Sevilha foi até mais rica: as fronteiras do *oikouméne* na Idade Média eram densamente povoadas por criaturas que demonstravam, para além de qualquer dúvida, os limites hermeticamente fechados que separavam humanos de não humanos. As *Etimologias* de Isidoro incluem antropófagos, cinocéfalos, ciclopes; monstros sem cabeça, mas com bocas e olhos no peito; há monstros sem nariz e outros que estendem seus lábios inferiores sobre o corpo à noite como um cobertor; os ciópodes têm um pé gigante que eles estendem durante horas para se abrigar das tempestades.[32] Pietro Martire descreveu em *De novo orbe* as descobertas de Colombo, buscando, acima de tudo, confirmar as asserções da teratologia. Registrou com diligência oportunidades de localizar o novo reino dos antropófagos, que

> castram [crianças] para engordá-las como fazemos com galinhas e bacorinhos, e as comem quando estão bem alimentadas: quando o fazem, comem primeiro suas partes internas e extremas, como mãos, pés, braços, pescoço e cabeça. As outras partes mais carnudas, eles armazenam, da mesma forma como fazemos pastéis de porco.

Eles "mantêm [as mulheres] para crescer, como fazemos com as galinhas para pôr ovos".[33] Ora, mesmo no tempo de Lineu, várias versões do *Homo monstrosus* conseguiram seu espaço nas listas sistemáticas de espécies ao lado do *Homo sapiens*. Lineu não negava que as formas por ele identificadas pudessem se desenvolver; mas era um desenvolvimento no sentido aristotélico, que não prejudicava a unidade cultural; toda forma desenvolvida visando o ideal a ela concedido — e unicamente a ela — pela natureza ou por Deus. Esta era mais perfeita quanto mais lhe fosse particular: individual e inimitável.

Não nos deveria surpreender a resistência muito além da teimosia normal com que o senso comum acadêmico se defendeu contra as ideias evolucionistas de Charles Darwin. Ao enfrentar Darwin, a Igreja estava defendendo não apenas doutrinas teológicas, mas também a persistência dos fundamentos do mundo humano; por um longo tempo ela pôde contar com o apoio da intuição humana, exigindo clareza nas divisões semânticas, a univocidade dos signos do mundo.

A tendência inata dos mecanismos culturais não pode ser revertida com tanta facilidade. O lugar dos antropófagos na consciência social foi rapidamente ocupado por fósseis de monstros, vários pitecantropos e neandertais, que não eram humanos nem símios, tão distantes no tempo de sua própria *oikouméne* como os cinocéfalos estavam no espaço, e atendendo habilmente à função de barreira protetora separando os seres humanos daquilo que é vivo, mas não humano. Por muito tempo, pessoas com autoridade acadêmica irreprochável, como Kröeber, expressaram por escrito sua convicção de que os "humanos" apareceram de repente, no vácuo entre pai e filho: sob a influência de mutações puramente biológicas, nasceu uma criatura com um crânio gigante e um sistema nervoso bem desenvolvido, mas que era estúpida e barulhenta e tinha o formato de um macaco — até que um dia um lampejo de gênio iluminou os cantos antes vazios do cérebro, e foi assim que o Ser Humano apareceu no mundo como o senhor de toda criação...

Infelizmente, tabus culturais foram eliminados até dessas posições defensivas. Com resistência, a contragosto, tiveram de se afastar ante a pressão de novas descobertas arqueológicas (paleontológicas?). Não faz muito tempo, as descobertas feitas na China eram vigorosamente debatidas. As ferramentas encontradas ao lado dos ossos de sinantropos deviam ter chegado lá acidentalmente ou levadas por "pessoas verdadeiras", que assumiram a difícil tarefa de matar esses animais monstruosos. Não era possível que uma criatura tão primitiva como o sinantropo pudesse, como o Ser Humano, realizar a difícil tarefa de criar ferramentas... (lembrem-se de como o grande Émile Cartailhac insistentemente atacou — sob os aplausos da Europa esclarecida — dom Marcelino de Sautuola, descobridor acidental das pinturas da caverna de Altamira: monstros paleolíticos não poderiam pintar dessa maneira, era impossível admiti-lo). Junto com isso vieram as descobertas realizadas em Sterkfontein, Swartkrans e Koomdrai, na África do Sul, as quais mostraram que o responsável pela criação dessas ferramentas era uma forma biológica ainda mais primitiva que o sinantropo, geralmente incapaz de se manter firme em pé sobre as duas pernas e, em termos de capacidade mental, muito mais próximo dos símios que dos seres humanos contemporâneos.[34] A confirmação das descobertas feitas por Louis S. B. e Mary Leakey na Garganta de Olduvai, em Tanganica, esfriou nova onda de protestos. Ficou provado que, se isso não contradiz "o que todo mundo sabe", quem vai querer saber? Provou-se que todas as habilidades e capacidades que consideramos características de uma determinada classe de indivíduos incluídos sob o nome de "humanos" se desenvolveram gradualmente, passo a passo; e que o desenvolvimento da cultura já se havia iniciado em formas biologicamente distantes dos seres humanos modernos — muito antes de os humanos alcançarem sua forma biológica atual. Essa descoberta enfim autorizou (ao menos pelo viés acadêmico) que os humanos fossem vistos como seres que reuniram e combinaram de seu próprio modo certas capacidades que — em versões anteriores, mais simples — também foram úteis para formas que os precederam na sequência evolutiva. E não apenas no nível biológico.

Uma das consequências importantes e revolucionárias dessa nova perspectiva sobre as atividades humanas é o reconhecimento de que a cultura, antes considerada um produto da biologia evolutiva, era uma coautora dessa evolução.

Talvez o exemplo seguinte torne mais clara essa função criativa na evolução do papel biológico da cultura: os crânios de gatos e cães domésticos, porcos, cavalos e bovinos têm a mesma relação com seus ancestrais da selva que os crânios do *Homo sapiens* com os do *Homo neanderthalensis*. São menores, com musculaturas mais frágeis e "ganchos" menores para os músculos. Esses detalhes anatômicos diminuíram sem consequências negativas quando deixaram de ser necessários para a sustentação do organismo. Por que essas características que fizeram do focinho um instrumento de batalha deixaram de ter importância? Gatos domésticos, porcos e cavalos, de modo muito semelhante aos seres humanos que os domesticaram, vivem num ambiente diferente daquele de seus antepassados selvagens, num mundo muito mais "regular", organizado, mais claramente ajustado a suas necessidades, "estruturado" de acordo com elas. Seu organismo e seu mundo se encaixam, tal como os calcanhares nas concavidades das meias. Uma mandíbula muscularmente aparelhada e dentes pontudos eram equipamentos naturais "redundantes", servindo como compensação para a irredutível imprevisibilidade das condições externas. Quando essa imprevisibilidade foi aos poucos reduzida, e um ritmo constantemente repetido foi imposto a esse mundo, o excesso inato de equipamentos biológicos se tornou, "por via das dúvidas", cada vez mais irrelevante do ponto de vista da adaptação. Assim, essa redução não provocou nenhuma consequência trágica.

Se os ancestrais do homem moderno já haviam alcançado um nível de protossociedade, seu "ambiente externo" era composto de dois elementos: a parte com que a comunicação e um consenso de ação eram impossíveis e aquela da própria espécie do indivíduo, com a qual se coopera a fim de adquirir alimentação e defesa contra inimigos. A tarefa de "organizar o mundo externo" abrangia dois encargos: eliminar a contingência que pairava sobre a parte "não comunicativa" dando-lhe uma estrutura material isomórfica àquela das necessidades próprias de um indivíduo; e aumentar a previsibilidade na segunda parte estabelecendo uma sequência estímulo-reação. A solução da primeira tarefa é a tecnologia; a da segunda, modelos de comportamento. Ambas as ferramentas para organizar coletivamente o mundo abrangem a cultura.

(Falando de tecnologia e modelos de comportamento, em ambos os casos estou pensando em alguma coisa que transcenda a distinção, tão importante para os especialistas em lógica, entre "conhecimento descritivo" e "conhecimento normativo". Se a cultura é um sistema de signos, e um signo é simplesmente o elo entre uma forma específica de reação e um objeto particular, então a cultura, de modo muito semelhante ao signo, é tanto "descritiva" quanto "normativa", e as duas qualidades o servem de modo simultâneo e inextricável. Signos servem tanto para reconhecer, identificar objetos quanto para reconhecer, identificar as formas ou predisposições de comportamento a eles vinculadas. Estabelecer diferenças entre padrões serve ao mesmo tempo para traçar um mapa cognitivo do mundo; as oposições entre categorias descritivas correspondem ativamente àquelas entre padrões. As duas estruturas são isomórficas entre si e formam lados inseparáveis da prática humana.)

E assim o mundo em que o ancestral humano iniciou sua vida, antes da forma biológica atualmente alcançada, era um mundo artificial, organizado pela cultura. A esse mundo artificial, organizado, o mais adequado a todas as "representações do ambiente voltadas para a espécie", os seres humanos se adaptaram biologicamente.

Ferramentas, caça, organização familiar e, mais tarde, arte, religião e uma forma primitiva de "ciência" moldaram somaticamente o homem e são, portanto, necessárias não apenas para a sua sobrevivência, mas para sua realização existencial. É verdade que sem o homem não haveria formas culturais. Mas também é verdade que sem as formas culturais não existiria o homem.[35]

Adaptando-se biologicamente ao mundo cultural, o ser humano tornou-se um escravo da cultura. Essa é a limitação que os seres humanos impuseram a si mesmos ao colocá-la sobre o seu mundo.

A batalha pela singularidade humana

Enumeramos muitas coisas que "só os seres humanos"...
Só os seres humanos riem. Só os seres humanos choram. Só os seres humanos inventam outros mundos chamados religiões. Só os seres humanos constroem castelos na imaginação, chamados de arte. Só os seres humanos têm valores, além de necessidades, e história, além de futuro. Só os seres humanos sabem que vão morrer... Só os seres humanos — como diz Pierre Teilhard de Chardin — distinguem-se como o sujeito de sua própria coerência e de valores internos.[36]

Tudo isso tem algum tipo de denominador comum. Hoje acreditamos que esse denominador comum, a base da particularidade da espécie humana, o segredo de sua dominação sobre o mundo e o self, seja a linguagem. Não simplesmente o sistema de signos, mas a linguagem. O uso de signos é atribuído a todos os organismos vivos. A linguagem é vista como descoberta e propriedade exclusiva dos seres humanos. Mas qual a diferença?

Pesquisadores descrevem muitos signos de comunicação, incluindo os acústicos usados por macacos que vivem na selva. Um gibão temporariamente separado do grupo vai demonstrar, quando voltar, suas intenções "altruístas" e amigáveis envolvendo os parentes num grunhido tranquilo. As fêmeas de outras espécies de primatas, quando no cio, se aproximam do macho desejado e vibram impetuosamente a língua na abertura oval formada pelos lábios. Ambos os sinais são claramente intencionais e provocam uma reação bastante restrita do parceiro — elas são, portanto, inequivocamente "entendidas".[37] Os sinais acústicos dos macacos são comparativamente ricos. O pesquisador soviético N. A. Tich distingue, por exemplo, entre os primatas, o complexo sonoro "o-o-u" manifestando medo, o complexo "C" expressando simpatia, "c-c-c" um convite à intimidade, "ak-ak--ak" sinalizando perigo e pedido de ajuda.[38] Esses são, provavelmente, os sinais comunicativos mais desenvolvidos descobertos no mundo animal. Mas são bem diferentes do sistema de comunicação dos seres humanos. Ernst Cassirer[39] aponta uma diferença: todos os sinais emitidos por macacos referem-se a seu estado emocional, nenhum deles tem um referente "objetivo". São, segundo a classificação de Tadeusz Milewski, sintomas e não sinais num sentido estrito. Não dizem coisa alguma sobre a realidade "externa"; não dão informações sobre uma relação de significado objetificada; manifestam apenas um estado particular do organismo que os expressa, assim como o enrubescimento das nádegas de uma fêmea de babuíno indica que ela está no cio. Mas há outra diferença. O sistema de signos acústicos do macaco tem um único nível, que é fechado e improdutivo — de modo muito semelhante a nosso sistema de sinais de trânsito com três signos. Esses sinais não podem ser acrescidos ou conectados para a produção de novos significados; não podemos acender a luz vermelha e a verde ao mesmo tempo sem introduzir na situação, em vez de um novo significado, um estado de profundo caos e ausência de sentido. Assim, o sistema do macaco é uma via de mão única a partir da qual só se pode atravessar para o desenvolvimento ilimitado introduzindo níveis de articulação mais elevados. E essa é uma propriedade da linguagem humana.

Cassirer diz que os signos-símbolos humanos, diferentemente dos signos naturais, são designantes, e não apenas operadores. Ele capta aqui o que talvez seja a característica decisiva do sistema humano de signos: seu caráter criativo — produtivo em relação ao mundo.

Toda percepção, não apenas a dos humanos, abrange três elementos igualmente essenciais: a) ter sensações distintas de entornos caóticos, provocadas por estímulos externos, que diferem em alguns aspectos e são diversas de outros componentes; b) reunir os diferenciais de uma situação num determinado sistema classificatório contido no aparelho neurofisiológico do organismo — ou seja, avaliar a situação; c) realizar o conjunto de operações posto em movimento pela avaliação mencionada.[40] Esse conjunto de operações pode ser rígida e inequivocamente conectado à avaliação, mas também dela se separar por uma pletora de operações garantindo certo número de níveis de liberdade. Embora o esquema de observação em animais e humanos possa se dar de forma semelhante, tal como apresentado, podemos igualmente apontar diferenças importantes. A "avaliação da situação" no caso de animais (mas também de bebês!) é um ato subjetivamente biológico. O sistema classificatório é decididamente "subjetivo", estruturado de acordo com o estado do organismo — "ameaças", "matar a fome", possivelmente "prazer" e "dor". O mundo não se divide em várias coisas objetivamente existentes — e assim o organismo não se separa dele como algo que exista de modo independente. Existe apenas um universo global de sensações, no qual a conexão entre sensações endógenas e exógenas ainda é imediata e orgânica. E, assim sendo, nem o organismo nem o mundo externo aparecem como um objeto potencialmente manipulável. Para um cão, o "dono" é um conjunto complexo de cheiros, toque, comida; o cão não reage à fotografia do dono (a menos, claro, que tenha sido "condicionado" a isso). Os seres humanos, porém, "objetivizam" o mundo e a si mesmos, e Piaget, com brilhante perspicácia, desvela esse mecanismo complexo que leva o bebê, por meio de extenuantes esforços, a tal subjetivação. Por outro lado, a avaliação humana — e apenas humana — de uma situação é realizada na mente e não necessariamente de forma prática (não necessariamente pela produção de arcos reflexos); e ela ocorre mediante a utilização de uma rede desenvolvida de ideias que tem claramente um caráter abstrato não vinculado ao tempo, ao espaço ou à imagem. Entre a imaginação e o pensamento conceitual existe um vácuo qualitativo. Nenhum de nós consegue imaginar "um cão em geral" que não assumisse a forma de uma possível posição no espaço — deitado, em pé, sentado, correndo. Mas todos nós temos o conceito abstrato de "cão em geral". Assim, mesmo no caso de uma imagem simples como essa, nossa observação é articulada em duas categorias lógicas que se relacionam a dois conceitos abstratos. É difícil superestimar os horizontes que são abertos por essa estrutura de pensamento. Mas ela é obviamente secundária em relação à estrutura do sistema de signos humano, desenvolvido a partir do princípio de dois níveis de articulação.[41] As categorias linguísticas não "refletem" ideias: criam-nas. Na linguagem, o ser humano apreende as regras da classificação ativa, organizando e oferecendo ao mundo um significado unificado. A fim de manipular ativamente o mundo, o ser humano deve primeiro "objetivizá-lo". Mas a subjetificação do mundo não é um dado, não aparece aos sentidos de maneira não mediada; em todos os casos, ela é, na forma como aparece às pessoas, um produto complexo de operações conceituais.

Por um lado, podemos tratar a mente humana como uma extensão do desenvolvimento do desejo, adequada a todos os organismos, para equilibrar assimilação e acomodação — para "isomorfizar" a estrutura de oportunidades na área e a estrutura de necessidades do organismo. Podemos buscar mecanismos de adaptação homólogos à inteligência humana em todos os organismos. A partir dessa visão genérica, o problema assumido pela inteligência humana e pela espécie humana em geral não é nada particularmente novo na história da vida. Por outro lado, contudo, afirma Piaget,

> se as categorias de pensamento são, de certa forma, pré-formadas na ação biológica, elas não aparecem no domínio das funções biológicas como estruturas conscientes ou mesmo inconscientes. Se a adaptação biológica é uma espécie de reconhecimento material do ambiente, uma série de outros processos de estruturalização foi necessária para que esse mecanismo de pura ação produzisse a imaginação e a cognição.[42]

Um ser humano reconhece coisas em suas experiências sensoriais com a ajuda de palavras pronunciadas ou pensadas. "Para atribuir, por exemplo, dimensões reais a um pequeno borrão que eu percebo como uma montanha ou uma mancha de tinta, tenho de colocá-lo num mundo substancial e causal, num espaço organizado etc., e assim dar-lhe uma estrutura intelectual."[43] Podemos dizer que o sistema de signos situa-se entre cada animal e seu ambiente. Não é um traço particular da espécie humana. No caso do *Homo sapiens*, esse sistema de signos, mediante uma articulação em múltiplas camadas, entre outras coisas, atingiu tal desenvolvimento em termos de "quantidade" que ganhou uma nova qualidade: tornou-se o verdadeiro mediador da relação do ser humano com o mundo, tornando possível, dessa forma, a objetivização tanto do mundo quanto do indivíduo humano.

No caso dos animais, da mesma forma, os signos são um aspecto da ação, um lado, um elemento da atividade humana. Uma vez mais, porém, o enriquecimento incomparável desses signos na espécie humana está conectado a um avanço desconhecido em outras esferas, uma crescente variabilidade da ação. Já vimos como o que antes fora um comportamento simplesmente animal se torna diferenciado com o acréscimo de um único eixo semântico. A linguagem humana — e o repositório humano de categorias conceituais — é caracterizada por uma incrível abundância de eixos semânticos. Isso vai de par com a possibilidade de uma diferenciação de padrões de comportamento não encontrada em nenhum outro lugar — formas de atividade e criação humanas. Os seres humanos podem diferenciar no mundo "externo" graças a sua armadura conceitual, nuances e diferenças tão sutis que nem mesmo o mais incrível aparelho sensorial consegue discernir. Mas com isso também vemos uma capacidade de se especializar de formas sutis, de estender as atividades de um indivíduo e os vestígios por elas deixados no mundo externo.

E as ferramentas? Não é a sua criação o traço distintivo da espécie humana? Mas sim, a descoberta de Marx mantém seu mérito mesmo atualmente, e nenhuma tendência ou descoberta acadêmica pode degradá-la. É graças às ferramentas que os seres humanos podem transformar seu mundo material, mudar sua estrutura natural, eliminar algumas de suas propriedades que não serão assimiladas, multiplicando outras que são vistas como um material para assimilação. Signos e ferramentas, só esses dois elementos da cultura humana possuem, graças a seu potencial de multiplicar e diferenciar, a maravilhosa propriedade da acumulação, possibilitando tanto o crescimento da espécie humana quanto o aumento da complexidade de suas formas de vida: a transição de uma cultura primitiva, "onipotente", internamente indiferenciada para uma cultura altamente especializada com base na divisão do trabalho, praticamente ilimitada em seu crescimento;[44] de culturas mecanicistas, funcionando no "zero absoluto da temperatura histórica", a culturas que lembram uma máquina a vapor, desenvolvendo-se num nível de "calor histórico",[45] dominando ao máximo seu mundo e produzindo, nesse processo, grande volume de entropia...

Mas as ferramentas, de modo muito semelhante aos signos linguísticos, são dois signos da práxis dos homens que não podem existir um sem o outro. Essa práxis é o verdadeiro traço distintivo da espécie humana. Como os dois outros aspectos inseparáveis, ela tem a capacidade de crescer exponencialmente, de agregar, de acumular. Não busca apenas as oportunidades que se ocultam na realidade, mas cria oportunidades. É a culminação da relação ativa que um organismo vivo tem com o mundo. Nela, a moldagem do mundo pela vida biológica atingiu sua forma mais completa. Mas seria a forma final?

À guisa de conclusão

A era das máquinas cibernéticas, que, como vimos, levou a uma nova perspectiva sobre o problema secular da natureza humana, também se tornou pré-requisito para eventos acadêmicos que são percebidos por alguns pensadores — e, acima de tudo, pelo bom senso imortal — como um novo ataque aos sentimentos apenas recuperados de soberania da espécie humana e à ideia acerca do caráter inequívoco de sua posição na taxonomia do mundo. Esses eventos: a construção de máquinas descritas como "pensantes", que realizam muitas tarefas atribuídas aos seres humanos — só que de maneira muito mais efetiva. A opinião pública e seus porta-vozes protestam com o mesmo vigor com que pessoas se opuseram no passado às propostas de Darwin. Isso não é possível — que algo que não é humano possa simultaneamente ser humano. Surge uma nova e assustadora esfera de ambiguidade cultural, uma esfera que havia sido o lar do tabu, evocando tanto nosso medo metafísico quanto uma curiosidade pecaminosa e irreprimível.

Em 1950 foi publicado o histórico artigo de Alan M. Turing em que esse pai espiritual das "máquinas pensantes" provou ser possível construir uma máquina que se comportasse como um ser humano inteligente — portanto, uma máquina inteligente.[46] Em 1952, Ross Ashby produziu um homeostato, que mantém em seu "ambiente externo" um equilíbrio benéfico a ele próprio. A Speculatrix, máquina criada por William G. Walter (1953), rondava seu entorno em busca de comida e abrigo. Em 1954, Walter e J. A. Deutsch criaram o famoso rato cibernético que aprendeu a trafegar habilmente por um labirinto. Finalmente, em 1958 surgiu o modelo LT (Logical Theoretician), cujo autor reconheceu ser capaz de resolver problemas de uma forma idêntica a um ser humano.[47] Tudo isso teve lugar com o acompanhamento de uma discussão interminável dos dois lados do oceano e do Elba sobre se seria possível a máquina pensar. Houve uma busca ativa por definições de pensamento que excluíssem as demonstrações cada vez mais refinadas de inventividade na criação de máquinas eletrônicas. Após um ou dois anos, se não antes, foi necessário encontrar novas definições. Michael Scriven[48] viu a vivência de emoções como a característica mais importante dos seres humanos, e concluiu aliviado que "devemos obrigar as máquinas a cultivar e trabalhar, realizar e imitar, mas não a sentir prazer, misericórdia ou piedade por si mesmas". Keith Gunderson[49] resgatou a dignidade dos seres humanos assinalando que "não podemos dizer do fonógrafo que ele tocou a peça no sábado com rara perfeição, nem que algum dia será por nós estimulado". Anatol Rapaport[50] criticava os computadores dizendo que eles não eram capazes de apreender a semelhança de situações com diferentes aparências nem de criar de modo independente as normas de aceitação de uma resposta. Esse é apenas um punhado de reações, exemplos dos milhares de posições assumidas na bibliografia sobre o tema.

Não sou especialista em cibernética e não sou capaz de avaliar o mérito técnico dessas e de muitas outras acusações. Suspeito que algumas delas se baseiem em incompreensões, enquanto outras contêm lapsos de natureza técnica e talvez até teórica. Estou interessado num aspecto totalmente diferente desse tema: sua base cultural e sua influência sobre nossa concepção do humano.

Assim, o conflito, além dos aspectos já mencionados (o medo da ambivalência semântica cujo inseparável manto sagrado aparece claramente nas fantasias apocalípticas de um mundo em que as máquinas governam impiedosamente os seres humanos, tão popular hoje), tem outros ângulos instrutivos. Ele nos traz à mente os debates medievais sobre a seguinte questão: seria Deus tão poderoso a ponto de criar um ser ainda mais poderoso que Ele? Esse debate não tem solução e depende de nossa posição filosófica, se considerarmos que as respostas teoricamente possíveis atestam a nulidade dos seres humanos ou sua potência. Pessoalmente, inclino-me para a segunda visão, e isso é tudo que eu gostaria de acrescentar à opinião muito sensata de I. B. Nowik:

> Embora ambos os lados do debate sobre a relação entre humanos e máquinas permaneçam em aberto, a posição mais perigosa é a que delineia de modo dogmático o caminho do desenvolvimento de máquinas cibernéticas, fechando assim a passagem a novas ideias e substituindo a metafísica dialética por um jogo de *ignorabimus*.[51]

· 4 ·

O problema dos universais e a teoria semiótica da cultura

Classificação e generalização são dois métodos alternativos de organizar determinados elementos da experiência. O primeiro parece mais arcaico e primitivo. Não vai além do nível da experiência; não acrescenta nenhum conhecimento novo ao que já está contido no protocolo das reivindicações dos sentidos. Permite apenas um relato resumido daquilo que de outra forma exigiria uma lista muito mais longa. A brevidade da inscrição e transmissão de conhecimento empírico oferecidas pela classificação é sempre relativa. Em primeiro lugar, a lógica não indica quaisquer fronteiras para a amplitude e minuciosidade da classificação. Como estar de acordo com os dados da experiência não é uma condição necessária da exatidão, mas o "guia" singular, objetivamente articulado, que dirige o ato da classificação, uma classificação maximamente correta teria de alcançar até a $(sub)^n$ classe, a qual conteria apenas objetos singulares; nenhum indicador "objetivo" poderia validar a suspensão da subdivisão de subclasses em outras subclasses em qualquer nível mais geral. Em segundo lugar, toda classificação é feita com base numa característica selecionada. Maçãs podem ser classificadas com base na cor, no tamanho, no açúcar que contêm, na variedade — e nenhuma dessas classificações é "em si e por si" superior a qualquer outra; justificando a razão de sua existência, cada uma delas deve, em última instância, basear-se nos caprichos do pesquisador.

Isso não significa, contudo, que a classificação seja inútil no processo de produzir conhecimento acadêmico; pelo contrário, ela introduz uma ordem necessária no caos de elementos empíricos e pode ser incrivelmente vantajosa no processo de criar teorias, desde que não se atribua a ela um papel mais amplo do que poderia possivelmente atingir — papel que não o de uma estenografia individual que é válida num nível empírico de compreensão. O problema é que os estudos comparativos não se atribuem tarefas mais ambiciosas do que chegar a uma descrição relativamente definida de observações fundamentais se não aspiram a nada mais que substituir a classe de afirmações do tipo "a maçã 1 é vermelha", "a maçã 2 é vermelha", ... "a maçã n é vermelha" pela descrição "a classe das maçãs vermelhas", e se a realização dessa descrição, ou de um conjunto dessas descrições, é tomada erroneamente como a comprovação de uma nova teoria sobre o fenômeno estudado. Para evitar dúvidas, vamos reconhecer que o processo de classificação também contém o procedimento da generalização; é a generalização no nível aritmético, sem também ultrapassar o nível das sentenças empíricas, de modo muito semelhante à classificação.

Uma generalização que seria uma verdadeira alternativa, e que mencionamos no início, refere-se ao nível das construções moldadas, ou da teoria, sustentado pelo nível da experiência sensorial, mas qualitativamente diferente dele, e oferecendo o tipo de conhecimento que não está contido na própria experiência. O problema dos universais culturais é precisamente a questão desse tipo de generalização. Essa afirmativa explica a diferença entre o conceito de universais aqui empregado e aquele encontrado na literatura etnológica e que acha sua expressão mais plena numa descrição banal criada por George P. Murdock: a de que em cada sociedade as pessoas criam as crianças de alguma forma, e tratam as doenças, punem crimes, têm algum tipo de herança etc.

etc. Cada um desses "itens" pode ser a premissa de mais uma classificação, e, dessa maneira, muitas gerações de etnólogos têm estabelecido um jogo sem fim cujos resultados nunca poderão ser alcançados, levando a uma transferência incessante de fichas de estudo de uma gaveta para outra.

E se, em vez disso, ultrapassássemos o fato verdadeiramente universal da espécie humana e disséssemos que os seres humanos, em suas atividades, praticamente adaptam o mundo a si mesmos e a ele se adaptam, imprimindo a estrutura de suas necessidades no formato material e mental de seu ambiente, e a estrutura do mundo no formato de esquemas elementares de sua razão prática, que seu desenvolvimento filo e ontogenético produz um esquema geral de uma visão do mundo, um esquema simultaneamente subjetivo e objetivo, pois é em partes iguais um produto da assimilação do mundo e da acomodação da mente? E se, em consequência desse pressuposto, disséssemos que existe, em comum a todas as pessoas, abrangendo a particularidade de sua espécie, um esquema de pensamento-ação gravado na estrutura de seus sistemas judiciário e de parentesco, na estrutura dos cuidados de saúde e dos sistemas políticos, assim como de todos os outros "itens" tão diligentemente dissecados e agrupados por categorizadores profissionais? E se também tomarmos como dado que esse esquema — sem considerar se é empregado conscientemente pelos que dele fazem uso — é o alicerce de outras "esferas" ou "instituições" da vida social funcionalmente distintas, recebendo, graças a isso, a particularidade fenomenal, sensorial, qualitativa de suas necessidades, que ele foi estimulado a satisfazer? Aceitar essas premissas e considerá-las a partir da perspectiva do material coletado por etnógrafos e classificado por etnólogos poderia abrir perspectivas de pesquisa de fato novas. Seria possível dizer: perspectivas imensuráveis. Só então poderíamos ser levados a compreender o que é geral (não confundir com o que é compartilhado) no material cultural, atemorizante em sua heterogeneidade; só então poderíamos também ser tentados pelo que certamente é uma característica central dos estudos sobre seres humanos: rastrear o isomorfismo da cultura e da estrutura social, de cuja existência suspeitamos, mas sobre cuja natureza só podemos especular. Mas estamos, afinal, discutindo algo relevante: os princípios comuns da construção de uma visão normativa do mundo e de uma imagem "objetiva" deste, a organização mental e prática do ambiente humano.

A consciência do objetivo acima justifica e ao mesmo tempo impõe a amplitude do campo de pesquisa. Buscando as estruturas elementares do pensamento-ação, ou da práxis humana, dever-se-iam alcançar tanto os documentos (orais e escritos) do pensamento humano quanto os pontos de partida e os produtos materiais desse pensamento: modos de organizar de maneira prática o mundo humano. A estruturalização é o mesmo que desenterrar ocorrências previsíveis e simultaneamente elevá-las até o nível da possibilidade abstrata, tornando algumas possibilidades mais prováveis à custa de outras. Uma pessoa — como uma máquina auto-organizadora e dona de um mecanismo especializado que contribui para o processo de informação ou reduz a indeterminação de uma situação como "entrada" — realiza esses objetivos de estruturação simultaneamente "por dentro" e "por fora", trazendo ordem ao ambiente (assimilando-o nos níveis mental e prático) e fornecendo uma estrutura isomórfica a seu pensamento (ajustando-o ao ambiente). Ambos os processos são mutuamente interdependentes, redundando em resultados comuns da ação sobre a estrutura do mundo e sobre as propriedades da máquina humana de auto-organização: um conflito sobre a primazia do nível sincrônico não faz sentido. O mundo do humano e os pensamentos humanos têm uma estrutura isomórfica, e essa estrutura comum também está gravada nos dois aspectos do contato entre o ser humano e o mundo: na ação e no pensamento. O lócus dos universais culturais, tal como os entendemos, é, assim, a cultura como um todo. Todas essas manifestações da cultura "no nível da percepção" podem e devem ser reconhecidas como pontos de partida empíricos na construção de um modelo de universais.

À primeira vista, a tarefa se afigurava extremamente difícil. Na verdade, parecia que pelo menos algumas formas de enxergar o mundo são determinadas pela própria natureza das qualidades orgânicas de uma pessoa. Essa ilusão decorria dos pressupostos de um prolongado conflito — que ainda ressurge de tempos em tempos — sobre o tema das "ideias inatas" ou "categorias apriorísticas". Parecia, por exemplo, que a essas ideias, impostas pela natureza do organismo humano, pertence a categoria de espaço, determinada pelas qualidades inatas dos órgãos sensoriais humanos, que só percebem algumas porções do tamanho de corpos ou comprimentos de ondas sonoras. Mas essas são limitações impostas aos indivíduos unicamente no plano sensório-motor de sua organização psíquica. Se as pessoas não conseguissem gerenciar essas coisas com sua inteligência, as limitações dos receptores com que nascem os seres humanos seriam suficientes para explicar os "universais" — exceto que eles não seriam universais culturais. A questão, contudo, é que, como escreve Piaget,

> o espaço euclidiano percebido por nossas faculdades é apenas um entre outros possíveis, fisicamente vivenciados. A atividade dedutiva e a organização da mente são, pelo contrário, ilimitadas e levam, no campo do espaço, a generalizações que ultrapassam toda intuição.[1]

Assim, não é a construção de receptores e efetores humanos que, antes da cultura, determina "os universais culturais", embora certamente ela demarque as fronteiras do material prático a partir do qual ela se dá — deixando, contudo, um espaço bastante amplo para a possibilidade de uma adaptação inteiramente plástica da espécie, ou a certos membros dela, às condições de sua existência (e vice-versa). No belíssimo estudo de Pierre Francastela intitulado *Peinture et Société* [*Pintura e sociedade*], encontramos uma estimulante análise das mudanças na organização do espaço que ocorreram desde o período medieval até os tempos modernos e que foram imortalizadas na pintura europeia. As pinturas medievais não organizavam o espaço: a localização dos objetos não era determinada por sua distância física, "objetivizada", mas por sua distância em relação a Deus. Independentemente de sua posição num sentido físico, as figuras dos santos, como as daqueles mais próximos de Deus, eram as mais amplas; depois deles vinham os sacerdotes; e, bem no final, situados nessa hierarquia como os menores, os cordeiros seculares. O espaço da pintura era, assim, diretamente organizado em relação a Deus como ponto de partida e segundo um princípio que produziu todas as formas de organização, incluindo a espacial.

O Renascimento descobriu a perspectiva: agora o espaço era conscientemente organizado, do ponto de vista humano, subjetiva e objetivamente ao mesmo tempo: o pintor escolhia um ponto do qual observava os objetos, mas a natureza assinalava o ponto de vista a partir do qual esses objetos lhe apareceriam. O mundo foi, desde então, um palco para os homens, e não para Deus, e o indivíduo — em cooperação com a natureza — criou um modo de organizá-lo. Como as ideias de Francastela se relacionavam à crença na existência pancultural de categorias de espaço? É realmente difícil chegar a uma conclusão, a não ser a de que até as categorias de espaço — as mais óbvias candidatas, ao que parece, a acompanhar a noção de ideia inata — são de ordem cultural. A perspectiva, nessa formulação renascentista, não é uma característica do mundo em si ou para si, tal como não o é a organização sacralizada do espaço na Idade Média. Ambas as formas de perceber o espaço são produtos de um estudo real da cooperação do mundo e da consciência humana num processo prático, ativo, de assimilação-acomodação. A partir desse processo, como de um ponto de partida empírico, deve-se começar buscando universais culturais, mantendo ao mesmo tempo uma absoluta neutralidade no conflito sobre a noção de nativismo ou ideias inatas. Mesmo que essas ideias inatas tenham influência sobre a forma dos universais culturais, é só nesses casos e na medida em que tenham sido incluídas como vantajosas para adaptação na práxis humana e não tenham sido superadas. E assim sua existência, ou a falta dela, não tem impacto sobre nossa investigação.

Vamos imaginar, contudo, se as formas de organização do espaço na era medieval e no Renascimento, com todo o seu *au niveau de perception* que tanto fascinou Francastela, não tivessem características comuns, situadas para além do nível da percepção sensorial, no plano da estrutura interna — que poderia ser recriada não por meio de um simples protocolo da experiência sensorial, mas num caminho constituído pela generalização de modelos. A essa questão deveríamos dar provavelmente uma resposta positiva. Sim, podemos moldar a estrutura de nossa maneira de ver o mundo que está igualmente presente em ambas as formas de enxergar o espaço, embora só apareça aqui da mesma maneira como o que é geral aparece no que é concreto. Um exemplo é a organização do mundo que o divide em esferas concêntricas: interna e externa, e um conjunto de esferas fazendo a mediação entre elas. No caso da pintura medieval, a figura de um conceito prático de "por dentro" é dada por Deus: o que está perto dele e o que lhe é interno. Na pintura renascentista, o "dentro" é indicado pela proximidade física, terrena, com o meu "eu" — em relação a minha pessoa, que, pintando, constrói essa imagem do mundo. No primeiro caso, o esquema das esferas concêntricas é imposto a um mundo organizado por valores escatológicos. A redenção da alma é o objetivo principal da práxis humana, o mais valioso dos bens procurados: também ela, personificada por Deus, se situa no centro da esfera humana. No segundo caso, a hierarquia de valores gira em torno de bens terrenos: os seres humanos, satisfazendo suas necessidades físicas, adequadas a suas formas corpóreas atuais, tornam-se o foco da organização do espaço. Em ambos os casos, porém, o esquema da organização do espaço é semelhante. O que determina sua estrutura?

É a prática humana, incorporando as estruturas — isomórficas entre si — do mundo externo e da mente humana. É essa prática, referindo-se de várias maneiras a diversos fragmentos do mundo por meio de seu processo de diferenciação, que dá forma aos anéis concêntricos do mundo, os quais diferem entre si no sentido cognitivo-criativo que eles dão à máquina humana dilatada e auto-organizadora. O anel mais próximo é a esfera em que os seres humanos satisfazem suas necessidades cotidianas; ele deve proporcionar-lhes um sentimento de segurança na área das necessidades mais importantes, aquelas que são decisivas para a existência. É, assim, o domínio não apenas de coleta e exploração, mas também de cultivo. Serve não somente hoje, mas também amanhã e depois. As pessoas têm com ela uma relação de propriedade e individualidade; a fronteira entre a própria pessoa e sua esfera não é totalmente clara, altruísmo pode ser confundido com egoísmo e vice-versa; o benefício dessa esfera é um indicador claro de seu próprio sucesso. Depois vem a esfera que também satisfaz necessidades ad hoc — mas que são ad hoc numa base de caso a caso. É uma floresta tal como vista por um agricultor que ocasionalmente vai caçar a fim de diversificar seu cardápio. Em relação a essa esfera, os conceitos de egoísmo, permuta equilibrada e interesse privado se tornam significativos. Aqui se encontram inimigos, mas também amigos. Essa esfera é dominada pelo desejo de explorar, pelo ganho imediato, sem preocupação com o cultivo. Existe aqui uma clara separação entre "mim" e "eles". Por trás dela, nos fundos, situa-se a esfera externa, a que faltam contornos perceptíveis — que não foram desenhados com clareza por serem essencialmente indiferentes às minhas necessidades; tampouco são particularmente úteis ou desfavoráveis. Às vezes, por acidente, alguma coisa dessa esfera pode ser captada, assimilada. Trata-se, porém, de casos raros e, na balança geral da vida, tão irrelevantes que não tenho necessidade de regular claramente minha posição em relação a essa esfera, e, em consequência disso, sua persistente falta de clareza não me parece ameaçadora...

Assim, é provavelmente a prática humana que imprime no pensamento dos homens esse esquema de esferas concêntricas que ele mais tarde voltará a incorporar, via feedback, quando quer que realizemos o processo de domesticação, estruturalizando alguma função vital recentemente surgida, um novo aspecto do contato inter-humano ou o encontro entre uma pessoa e o mundo. Seria esse um dos culturais universais procurados, um dos princípios de construção de todo sistema de cultura e de cada "campo" cultural diferenciado?

Nesse ponto, devemos apresentar as ideias de Edmund Leach, que — ao que parece — fornecem evidências acerca da perspicácia de nosso pensamento.

A teoria dos domínios do espaço social de Edmund Leach

Há poucas palavras na literatura antropológica tão desafiadoras e intelectualmente frutíferas quanto as de um pequeno artigo da autoria de um inglês adepto dos conceitos de Claude Lévi--Strauss, Edmund Leach — engenheiro que, relativamente tarde e em resultado de várias ocorrências acidentais, se tornou interessado pela antropologia, adquirindo fama internacional graças à originalidade e à ambição teórica de seus conceitos, e logo se tornando *la bête noire* da etnologia inglesa por uma batalha impiedosa contra a tradição, sagrada para todos os etnólogos ingleses, dos estilos descritivos de Malinowski e Radcliffe-Brown. Tenho em mente o artigo "Aspectos antropológicos da linguagem: Categorias animais e insultos verbais".[2] Nele Leach justapõe os "domínios do espaço social" (segundo sua terminologia), que as pessoas distinguem em dois diferentes níveis particularizados com base em dois aspectos do interesse humano: a) suas vidas sexuais, b) saciar a fome (subsistência); e Leach usa uma tabela que podemos apresentar da seguinte maneira:

	1	2	3	4	5
	Ego	Casa	Fazenda	Campo	Longe
A	Ego	Irmã	Prima	Vizinha	Estrangeiro
B	Ego	Animal de estimação	Animal doméstico	"Caça"	Animal selvagem

O problema dos universais e a teoria semiótica da cultura   165

Por uma análise minuciosa, Leach afirma que A1 : A2 : A3 : A4 : A5 = B1 : B2 : B3 : B4 : B5. Em outras palavras, que as relações entre os termos sucessivos das duas categorias são isomórficas uma em relação à outra. Assim, a irmã não é percebida como parceira sexual. Um cão ou gato querido não é tratado como refeição — embora, assim como a irmã é "objetivamente" uma mulher, o poodle é "objetivamente" carne. A prima não é percebida como potencial esposa, mas é uma parceira mais comum e atraente para relações sexuais, e às vezes objeto da iniciação sexual pré-marital (Leach baseia suas conclusões em costumes típicos da cultura inglesa, mas na bibliografia etnográfica podemos encontrar muitos exemplos de disseminação mais ampla desses princípios). Segundo Brenda Z. Seligman, embora as regras endogâmicas que excluem parentes próximos do campo de potenciais parceiros sexuais possam ser vistas como uma expansão da esfera das obrigações internas das famílias na proibição do incesto, seu papel social e seu peso emocional são completamente diferentes.[3] De acordo com o texto de Meyer Fortes sobre os Talensi da África Ocidental, eles acreditam que até pensar sobre o incesto com a própria mãe é algo improvável e que o sexo com a irmã é engraçado — nenhuma pessoa madura seria capaz de apresentar comportamento tão hilário; mas a "irmã" de alguém do clã que seja biologicamente distante, embora não possa ser escolhida como esposa, é extremamente atraente como parceira sexual — ainda mais, acrescenta Fortes, porque o sexo com ela tem um leve tom de ilegalidade. Vizinhos são um conjunto de candidatos potenciais para o casamento, mas as relações com eles oscilam ao longo do eixo "amigo-inimigo". Mulheres "estranhas", distantes, praticamente não são mulheres de modo algum. Só raramente acontece de elas aparecerem no papel de mulheres. Quanto aos animais, o rebanho serve como alimento, mas indivíduos marcados como comida em geral são privados de sua identidade sexual por meio da castração. Os jogos selvagens são consumados num estado sexualmente inalterado e, de modo muito parecido com as relações com fêmeas vizinhas, permanecemos numa relação de amizade ou inimizade para com eles. Animais distantes não aparecem em nosso cardápio — ou temos nojo de seus corpos e não os vemos como potenciais refeições ou só os comemos raramente, apenas em ocasiões muito especiais.

Espaços distintos na esfera de aplacar a fome e satisfazer impulsos sexuais são justapostos por Leach na sequência "Ego – Casa – Jardim – Campo – Distante". Os nomes aqui usados, sugerindo conceitos relacionados a distâncias físicas, não devem ser, como pode parecer, tomados literalmente. A relação entre o "distante" físico e o sociocultural certamente não é de identidade, algo com que todos concordariam; mas além disso ela decerto não é tão óbvia e incontroversa como poderia parecer. Assim, por um lado, Jordan M. Scher, expressando o que são essencialmente opiniões gerais, afirma que só numa sociedade moderna, complexa, pode aparecer um "estranho que não seja nem conhecido nem inimigo declarado, ou seja, um pedestre de passagem"[4] — uma pessoa que seja fisicamente próxima e ao mesmo tempo culturalmente distante. Por outro lado, Margaret Mead declara que foi apenas a experiência da própria superioridade, reforçada pela prática da colonização de povos civilizados (e, portanto, sociedades complexas), que criou a atitude do proselitismo, demovendo plenamente as fronteiras que separam povos considerados estranhos e cujo status cultural é ambivalente. Esta é uma tendência centrípeta comum a povos primitivos, tornando impossível a tese da superioridade dos próprios costumes de uma pessoa, pela qual ela pode facilmente viver ao lado de povos cuja "distância cultural" é tolerada sem hesitação e confirmada na alegação de que "Nós [seres humanos] fazemos assim e eles [outros povos] fazem diferente".[5] Resolver essa questão não tem maior relevância para o nosso problema — simplesmente a registramos. Para nossos objetivos, basta que nos tornemos claramente conscientes de que os termos usados nas sequências acima deveriam ser entendidos de modo semelhante aos nomes usados em outras sequências — como símbolos subjetivos-objetivos que se referem a significados culturais, e não a propriedades das coisas em si, que podem ser descritas em termos físicos.

Muito mais essencial desse ponto de vista é a divergência entre os "domínios do espaço social" discernidos por Leach e as esferas que propusemos, diferenciadas pela práxis humana internamente distinta. Essa divergência, ao que parece, pode ser facilmente resolvida. O espaço 5 em Leach parece cobrir com muita clareza nossa esfera externa; o espaço 4, nossa esfera imediata; isso deixa em aberto os espaços 2 e 3. Em nossa opinião, eles se ajustam às características que atribuímos à esfera interna. Estas ficam mais claramente evidentes em tudo que aprendemos com Leach sobre o espaço 3; o espaço 2, porém, é uma típica esfera de "fronteira" (entre "Ego" e o espaço 3) que surgiu em consequência da fusão dos "transbordamentos" desses espaços vizinhos. Esferas limítrofes semelhantes poderiam ser facilmente assinaladas, até mesmo entre os espaços ou esferas remanescentes, embora não desempenhem papel tão importante na existência humana como a região de fronteira descrita por Leach. Cabe, contudo, assinalar que as características das esferas de fronteira são derivadas daquelas de esferas vizinhas, e não independentes. Esferas de fronteira têm certos significados específicos, ainda importantes, que vamos discutir separadamente. Por ora, apenas indicamos que, quando tentamos aplicar o conceito de Leach a outras esferas da vida além daquelas analisadas por esse autor, a utilidade heurística exige precisamente três, e não mais, esferas concêntricas. Embora — vamos enfatizar isso vigorosamente — o espaço dentro de cada esfera também seja organizado, e os significados culturais localizados "do lado esquerdo" da esfera possam não ser idênticos ao significado dos elementos localizados "à direita". A questão, porém, é que os lugares específicos dentro da esfera diferem entre si apenas numa intensidade quantitativamente expressiva de características gerais das esferas, enquanto lugares situados em esferas distintas diferem qualitativamente.

Vamos atingir o domínio que é sociologicamente decisivo para a disciplina, as próprias instituições culturais que regulam a circulação de bens, essa condição sine qua non da existência de coletividades humanas. Nessa importante e vital esfera da vida social, que não é minimamente marginal, podemos facilmente distinguir três diferentes princípios culturais fantasticamente ajustados a três anéis concêntricos e suas características definidoras, como apresentamos na seção anterior.

O primeiro princípio é a instituição que Marshall D. Sahlins descreveu em sua época como "reciprocidade generalizada". Ele baseia-se no fato de que os seres humanos dão, sem pensar a respeito, os ganhos que devem ser obtidos por fazê-lo; dão sem pensar em retorno; dar não é conscientemente pensado como "ficar livre de", como uma perda. Talvez até o termo "reciprocidade", mesmo com o qualificativo "generalizada", seja inadequadamente utilizado nesse contexto. Em todo caso, o elemento da reciprocidade não atinge o nível da consciência nem atua como um motivo para o comportamento. Um agricultor que se joga sob um trem para salvar um cavalo é uma excelente personificação do funcionamento da "reciprocidade generalizada". Talvez a quantidade de bens dados e adquiridos em consequência do funcionamento do princípio da reciprocidade generalizada seja equilibrada no longo prazo, mas essa circunstância não tem uma motivação justificável. Há motivos muito diferentes atuando aqui: uma extensão do conceito de "eu" para pessoas às quais se dá alguma coisa, percebendo o ato delas de usar os bens da mesma forma que se percebe o ato de usá-los para si mesmo. Um pai que oferece seus rendimentos em apoio a sua família geralmente não o faz pensando nos ganhos que mais tarde vai obter de seu filho ou filha. Uma pessoa que compartilha seu último centavo com um amigo querido não o faz necessariamente em função de um cálculo e da ideia de garantir ajuda a si mesma no caso de uma futura necessidade. É difícil ter simpatia pelo princípio da "reciprocidade generalizada" em nosso mundo orientado pelo mercado, que amplia imensuravelmente a esfera intermediária à custa da esfera interna. Mas uma pletora de material etnográfico confirma além de todas as dúvidas sua presença e o imenso

O problema dos universais e a teoria semiótica da cultura   169

papel que desempenha em certos estágios do desenvolvimento social; porém, todas as tentativas de interpretação presentista dos fatos a ele conectados — empreendidas por "antropólogos da economia" como Raymond Firth, e visando provar a qualquer custo a existência de um cálculo capitalista entre os habitantes locais, oculto sob o pretexto de uma generosidade "irracional" — exigem processos "equilibradores" em relação a um material factual obstinado. Vamos fornecer a seguir um documentário etnográfico fragmentário.

O segundo princípio nos é mais conhecido a partir de nossas próprias experiências de instituição da reciprocidade mútua (equilibrada). Aqui se trata da ideia de um tipo de "doação" que é acompanhado da expectativa de retorno análogo. Mais especificamente, só damos o item D_1 se, e apenas se, esta for uma condição necessária para adquirir, em troca, o item D_2. Se D_2 pudesse ser adquirido sem renunciar a D_1, ficaríamos satisfeitos em tirar vantagem da oportunidade. Assim, se damos D_1, é apenas por estarmos numa situação em que somos forçados a isso, quando essa é a única forma de adquirirmos o desejado D_2. O princípio da reciprocidade mútua não pode, assim, funcionar de maneira espontânea — diferentemente da reciprocidade generalizada. E deve ser apoiado por um elemento de coerção na forma de esforços idênticos dos proprietários de D_1 e D_2, ou poderes de subordinação, exigindo continuamente de ambos os lados certas normas de intercâmbio e contendo os recursos necessários para forçá-los a respeitá-las. O funcionamento efetivo dos princípios da reciprocidade equivalente exige assim, em essência, a existência de alguns tipos de ferramentas extraculturais, externas, de regulação. Isso também está conectado a um jogo de forças competitivas sobre interesses conflitantes; ocorre nas condições de um equilíbrio dinâmico alcançado pelo nivelamento dos respectivos vetores de força em direções opostas. Vamos retornar, como conclusão, à observação de que a instituição extremamente generalizada e claramente descrita por etnógrafos das "doações" (depois de cuja oferta regularmente ocorre, embora não necessariamente de imediato, uma doação recíproca do receptor) pode ser apresentada como uma forma intermediária entre a reciprocidade generalizada e a equilibrada.

Finalmente, o princípio da exploração — que aparece mais plenamente no roubo, no saque em tempo de guerra, no uso predatório da terra de ninguém, na caça de animais selvagens até o ponto da extinção, mas que assume uma forma "mais civilizada", baseada simplesmente em tomar sem retribuir. Como regra, trata-se de uma orientação marginal, não muito importante na balança dos processos de satisfação de necessidades, esporadicamente empregada no contato cultural e socialmente desregulada com a esfera dos "estranhos" (com exceção de indivíduos e grupos vistos como patológicos e, portanto, para os quais a esfera interna é anormalmente estreita, e as esferas externas abrangem, na prática, a esfera intermediária). Mas também ocorre de ela ter usos a mais longo prazo nas relações entre fragmentos da mesma sociedade (nos casos de doação unilateral). Utilizar o princípio da exploração, que surge da necessidade de atender a esfera dos "estranhos", e produzindo como resultado de sua força o conceito de estranhos, provoca regularmente um choque entre duas perspectivas ideológicas: afirmações das relações existentes pelos que doam, assim como entre estranhos; e os esforços de apresentar essas mesmas relações, pelos que recebem, como um exemplo de reciprocidade generalizada (embora ocasionalmente os receptores aceitem a condição existente como pertencente aos estrangeiros e reforcem essa condição com um sistema que é quase de Estado, desenvolvido por uma ideologia adequada).

Observemos mais de perto a documentação etnográfica das três esferas concêntricas das relações sociais, constituídas pelos três princípios que regulam as relações sociais antes descritos. Os dados etnográficos de fato pertencem a apenas duas das esferas (a interna e a intermediária) e a sua estrutura externa. Há pouca informação sobre a esfera externa; os etnógrafos geralmente se interessam pelo que é típico, não pelo esporádico.

Assim, entre os membros da tribo dos Kung surgem claramente diferentes formas de "intercâmbio": entre parentes próximos, as coisas compartilhadas sem nenhuma forma de aferição; entre parentes mais distantes, bens e produtos alimentícios são oferecidos sem hesitação, mas com a expectativa de serem retribuídos em igual medida; e finalmente, com os Banto vizinhos, há um comércio regular.[6] Na Nova Guiné, os habitantes das aldeias próximas ao mar fazem trocas entre si sem quaisquer restrições. Mas eles fazem comércio com pessoas de aldeias do interior. Em relação a isso eles sentem algo semelhante a vergonha: nunca realizam transações comerciais na aldeia, mas vão para outros lugares com esse propósito, na estrada que leva ao interior. Uma loja pertencente a um dos habitantes locais situa-se a cinquenta metros da construção mais próxima da aldeia. Quando Busama, habitante de uma aldeia costeira, recebe um saco de cordas de um de seus vizinhos, ele lhe dá em troca um presente que vale duas vezes mais do que teria pagado a um mercador. As pessoas dizem: "Uma pessoa tem vergonha de tratar alguém próximo como mercador".[7] Entre os povos tungúsicos, os membros do clã oferecem renas uns aos outros; mas em suas interações com povos que não são membros de seu clã uma rena é objeto de comércio.[8] Os Kuma praticam o que chamamos de "reciprocidade generalizada" entre um pequeno subclã: no clã como um todo, existe a troca de presentes, mas fora dele prevalecem os princípios do comércio, embora estes também variem dependendo de alguém estar negociando com parceiros regulares ou com um comprador casual. No primeiro caso, eles concordam sem discussão sobre o valor estabelecido dos bens; no segundo, eles barganham intensamente. Não é irrelevante acrescentar que o termo local para uma pessoa com que se está negociando se traduz literalmente como "eu-junto eu-como".[9] Entre os Siuai da Oceania podemos distinguir três setores econômicos: o compartilhamento total dentro do círculo familiar, a ampla assistência mútua entre parentes e moradores da mesma aldeia e um sistema de comércio com pessoas de fora dela. Uma pessoa que more numa aldeia da ilha Tikopia fica encantada se um parente lhe pede alguma coisa como presente e a concede sem hesitação, com verdadeira alegria. Se, no entanto, o tikopiano pretende pedir alguma coisa a alguém que não seja seu parente — de "outra pessoa", como dizem em Tikopia —, ele prepara uma comida, enche com ela um grande cesto e o cobre com um pedaço de pano ou até um cobertor. Só equipado dessa forma é que ele faz um pedido a alguém. Geralmente não há rejeição. Vemos algo semelhante nos textos de Malinowski sobre os trobriandeses, nos de Edward E. Evans-Pritchard sobre os Nuer, nos de Firth sobre os Maori, nos de Jules Henry sobre os Pilagá. Podemos presumir sem correr risco que, na discussão sobre esse tema, só as dificuldades técnico-materiais tornam impossível uma completa inferência. Em todas as sociedades estudadas por antropólogos foi identificado um círculo interno claramente diferenciado das esferas externa e intermediária; seus conteúdos não são idênticos em diferentes tribos — às vezes ele inclui apenas uma pequena família, outras vezes se amplia para abranger toda uma tribo espalhada por uma grande área —, mas ele é sempre regulado pelas relações registradas por Margaret Mead ao escrever sobre o povo Arapesh da Nova Guiné:

> Se há uma carne na trempe sobre o fogo, é de um animal que foi morto por outra pessoa — o irmão, o cunhado, o filho de uma irmã etc. — e lhe foi dado, caso em que ele e sua família podem comê-la; ou é de um animal que ele mesmo matou e está assando a fim de dar para outra pessoa, já que comer aquilo que a própria pessoa matou, ainda que seja apenas um passarinho, é um crime ao qual só os moralmente — que entre os Arapesh em geral significa mentalmente — deficientes podem se rebaixar a cometer. Se a casa em que ele está vivendo é nominalmente sua, terá sido construída, ao menos em parte, com pilares e tábuas de casas de outras pessoas que foram desmontadas ou temporariamente abandonadas, e das quais ele pegou emprestada a madeira. Ele não vai cortar as vigas se forem demasiado longas porque depois elas poderão ser necessárias para a casa de outra pessoa que tenha tamanho ou formato diferente.[10]

A imagem que surge das lições desses testemunhos etnográficos aponta, em geral, para as seguintes verdades:

1. Há uma clara diferenciação entre as regras que governam as relações: a) "consigo mesmo"; b) com pessoas com as quais se interage, mas apenas para satisfazer necessidades específicas, selecionadas; c) com estranhos com os quais todo contato, ainda que por algum motivo essencial, é ocasional, acidental, apenas uma vez. Esses três tipos de pessoas compõem três esferas globais e concêntricas em que a prática humana divide o mundo social, permanecendo no domínio do "campo físico" do indivíduo.

2. O conteúdo de cada esfera pode ser extremamente variado. Além disso, esferas particulares podem se expandir ou contrair em resposta a mudanças culturais ou sociais. Mas sempre mantêm sua diferenciação.

3. A divisão do mundo social entre essas esferas é realizada amplamente do ponto de vista do grau da "economia de informação": quanto mais externo for o círculo, menor e mais fragmentado será o descarte da indeterminação da situação, garantida por modelos de comportamento culturalmente sancionados. Essa situação se dá de acordo com o fato de não serem idênticos os pesos das várias esferas nos processos vitais de acomodação-assimilação do organismo.

4. Toda esfera contém elementos heterogêneos. As fronteiras entre as esferas são sempre, até certo ponto, arbitrárias; em essência, elas são compostas de seu próprio espectro de atitudes. Regiões mais internas de determinada esfera diferem das mais externas, embora, em geral, não no mesmo grau que as regiões adjacentes das esferas vizinhas. Essas regiões são tipicamente o "ponto mais fraco" da regulação cultural, a região dos conflitos, tensões e antagonismos mais agudos, assim como a fonte de desconforto psíquico (como, por sinal, toda indeterminação). É esse importante fenômeno — que abrange, em nossa opinião, um outro universal cultural de incomensurável importância — que devemos agora considerar com maior cuidado.

Margens não delimitadas num mundo delimitado

Como diz Lévi-Strauss, toda classificação é uma vitória sobre o caos.[11] Ao estabelecer distinções entre os elementos do mundo das coisas e atribuir-lhes nomes, os seres humanos transformam a "continuidade" em "descontinuidade", tornando o mundo acessível a uma percepção e uma ação organizadoras. A percepção de que as "coisas" individuais têm uma existência objetiva, diferentemente "do que é geral", que só existe na mente humana, é uma ilusão materialista-primitiva elevada até o nível de princípio ontológico pelo nominalismo e pela reificação, e renascida da percepção de senso comum de um mundo já organizado e informalmente sistematizado pela cultura. Escreve M. W. Popovich:

> A percepção sensorial ["experiência sensorial"] fornece tão pouca informação sobre o que é individual quanto sobre o que é geral. Só ao encontrar um sistema de classificação de uma ordem superior de abstração ["um sistema secundário de sinais"] é que as imagens sensoriais assumem a forma de imagens de objetos individuais, ou seja, dados empíricos elementares. O significado intelectual de impressões é, assim, enriquecido pelo pensamento.[12]

"Para perceber coisas individuais concretas como objetos reais", diz Piaget, "é necessário complementar o que se vê com o que se sabe."[13]

A chave para a classificação oferecida pela cultura precede o conhecimento das coisas — é o pré-requisito para percebê-las, a condição para a orientação no mundo. Graças a ela os seres humanos podem funcionar em ambientes compreensíveis e previsíveis, atingindo o grau mínimo de indeterminação de uma situação exigido para atingir os efeitos necessários e esperados no ambiente.

Hoje, essa função do sistema cultural de significados em geral é clara e não exige discussão mais extensa. O feito de Leach, contudo, foi ter atraído a atenção para um aspecto do mecanismo

O problema dos universais e a teoria semiótica da cultura 175

que serve para realizar essa função da cultura e que geralmente não tem sido considerado.

A linguagem apenas não basta para garantir uma completa "demarcação" do mundo. Se os conceitos nomeados na linguagem dividem o mundo em coisas distintas, só raramente ocorre aos "seres individuais" talhados dessa maneira esgotar aquilo que está sendo dividido; o que é finito nunca pode esgotar o infinito. Entre as coisas nomeadas permanecem fossos — regiões não nomeadas, não demarcadas pela cultura, que não oferecem percepções claras, incompreensíveis, que não são divididas em estímulos conhecidos e facilmente distinguíveis, associadas de modo evidente a reações "pessoais" igualmente conhecidas. Uma cultura que aceitasse a coexistência de regiões delineadas, conhecidas, com outras não delineadas iria executar mal sua função como ferramenta de descarte ou redução da indeterminação do mundo. É por isso que, ao desempenhar a função semiótica da cultura, a linguagem deve ser amparada por outras ferramentas especializadas em eliminar regiões de indeterminação. Essa outra ferramenta é — e aqui chegamos à contribuição de Leach para a teoria semiótica da cultura — o tabu.

> Ele nos ensina que o mundo é constituído de "coisas" que se distinguem por nomes; devemos treinar nossa percepção para reconhecer a descontinuidade do ambiente [...]. Esse segundo tipo de percepção treinada da maneira acima é alcançado pelo uso simultâneo da linguagem e do tabu. A linguagem nos dá nomes para distinguir as coisas; o tabu nos proíbe que nos familiarizemos com a porção do continuum que separa uma coisa da outra.
>
> É claro — o que é reprimido torna-se particularmente interessante. Evitando o fato de todos os estudos serem voltados para a "descoberta" das partes do ambiente localizadas na fronteira do "já conhecido", também observamos o fenômeno, descrito de diferentes maneiras por antropólogos e psicólogos, com base no fato de que, independentemente do que seja tabu, ele não é apenas o objeto de um interesse particular, mas também de ansiedade. O

que quer que seja considerado tabu é sagrado, valioso, importante, poderoso, perigoso, intocável, repulsivo, inominável.[14]

A ambivalência das atitudes relacionadas ao tabu não é, evidentemente, uma descoberta de Leach. O que ele fez foi vincular o fenômeno do tabu ao mecanismo de realização da função semiótica da cultura.

É difícil, inicialmente, entender o tamanho da classe de fenômenos explicados pelo papel particular dos domínios culturais, que propomos chamar de margens não delineadas de um território culturalmente demarcado. O conceito de margem fornece uma chave explicativa unificada para fenômenos antes considerados de forma distinta, entendidos separadamente, a uma distância, desprovidos do denominador comum da "generalização empírica", para fenômenos em relação aos quais têm sido procurados mecanismos geradores extremamente variados, em vez de serem retratados como diferentes entre si apenas epifenomenalmente como resultado do mesmo universal cultural.

Voltemos, contudo, a essa forma de entender a gênese das margens. O modo de compreendê-la proposto por Leach é em sua própria forma extremamente amplo e exige maior precisão. Cumpre fazer uma distinção entre dois fenômenos que são completamente distantes em termos de situação cultural. É difícil imaginar que os domínios inominados — e, portanto, simplesmente desconhecidos e desconhecíveis, como pode parecer a partir do que sabemos sobre os mecanismos gnoseológicos do conhecimento humano — pudessem ser objeto de um "particular interesse"; em todo caso, parece duvidoso que esse "interesse" e essa "ansiedade" particulares devam sempre acompanhar um ao outro e sinalizar a mesma causa comum. Pessoas têm medo do escuro, lugares em que não podem penetrar com a visão e cujos conteúdos não conseguem dominar; pessoas ficam nervosas quando se encontram num terreno desconhecido onde não sabem o que podem encontrar. Esses são exemplos de certa categoria de situação em que o denominador comum é uma falta de significados adequados para descrever a condição vivenciada, tornando impossível prever a sequência de eventos. É difícil dizer, contudo, se tais situações devem ser particularmente atraentes para as pessoas. Não por acidente elas são em geral o domínio da mais intensa expansão cultural, que visa descartá-las, conduzi-las totalmente com informação. As peculiaridades da pesquisa acadêmica indicadas por Leach, assim como a invenção das tochas e das lâmpadas, são exemplos idênticos desse tipo de conquista.

A partir dos casos mencionados, os "pontos em branco" comuns no mapa cultural do mundo deveriam ser destacados como constituindo uma categoria de fenômenos totalmente diferente, aos quais seria adequado aplicar o termo "margens". Os pontos em branco não podem ser um universal cultural. São sempre um evento transitório, temporário e, o que é mais importante, relativamente fácil de afastar na prática; seria de outra forma incompreensível o motivo pelo qual alguém recorreria ao tabu a fim de pô-los em operação. As margens propriamente ditas são algo inteiramente diferente. São um fenômeno crônico que é decisivamente inamovível, invadindo constantemente a vida cotidiana dos seres humanos, caracterizando o campo cultural no mesmo grau de sua organização relativa. Embora nos pareça que os fenômenos que merecem ser diferenciados e individualmente chamados de margens sejam as regiões cuja característica básica não seja a falta, mas de fato um excesso de significados culturais. Incluídos nos significados culturais, eles são plenamente acessíveis à observação humana, identificáveis, e podem ser entendidos por meio dos sentidos ou da imaginação. Mas eles também não têm um significado singular e, mais especificamente, possuem ao mesmo tempo vários significados que são mutuamente contraditórios. Não são apenas sinalizados, mas excessivamente sinalizados. Atingem esse excesso que floresce de uma forma verdadeiramente hegeliana, uma indeterminação de ordem mais elevada na tarefa incômoda, insolúvel, estressante de ajustar o que não pode ser ajustado. Graças aos avanços da linguística estrutural, hoje estamos familiarizados com os mecanismos pelos quais "os signos significam". Sabemos que elementos individuais que não se opõem a coisa alguma não possuem qualquer significado; que, para que apareça uma relação de significado, devem estar presentes pelo menos dois elementos na oposição, que só então pode cumprir a função de significação. Um signo só é capaz de nos fazer diferenciar um objeto do plano "daquilo que é significado" quando se opõe a outro signo do plano "daquilo que significa". Sem oposição não há relação de significado. Assim sendo, a fim de possuir a capacidade da informação, ou de reduzir a indeterminação da situação, o sistema semiótico deve acima de tudo introduzir distinções claras em ambos os planos que possam ser entendidas tanto intelectualmente quanto pelos sentidos. A discordância é a unidade básica fundamental na construção de qualquer sistema semiótico. O maior desconforto de uma pessoa que não conhece determinada língua vem da "miscelânea" de sons num ouvido que não foi treinado para diferenciá-los nessa língua específica, os quais, dentro do contexto de determinado sistema, fazem o papel de oposições semânticas.

Assim, no processo de classificação pela cultura de um mundo contínuo e caótico, junto com a possibilidade de deixar certos domínios vazios, "fossos" entre significados, aparece também o fenômeno da "miscelânea" de significados, ou de eles transbordarem para domínios vizinhos. Entre cada categoria claramente distinta, como tenente e aspirante, aparece o desventurado alferes, sujeito de muitos dramas e baladas pesarosas, cujo status na vida é caracterizado não por seu pertencimento a uma das categorias vizinhas, mas pelo fato de pertencer simultaneamente a ambas. Essa situação é ao mesmo tempo suspeita e sedutora por sua indeterminação — digna de desprezo e admiração oculta, e também de medo. Cada alferes tem vivenciado dolorosamente, na própria pele, a ambivalência inata dessa situação.

Falando de maneira mais geral, a situação das margens se apresenta para nós como um consequência do "derramamento" de categorias culturais sobre regiões vizinhas. O resultado dessa inundação, que ocorre simultaneamente dos dois lados, é o apa-

O problema dos universais e a teoria semiótica da cultura 179

recimento, entre as categorias, de espaços em que os significados de outras situações são mutuamente opostos — significados a que a cultura dominante atribui um caráter de oposição. Essa replicada indeterminação das situações das margens parece apenas justificar o uso do tabu para converter ou preservar a esperada singularidade de significados e traduzir a intensidade de experiências psíquicas vinculadas a esse fenômeno. A cultura reage a essa indeterminação essencial com esforços visando adquirir conhecimento; no caso da indeterminação replicada, os esforços de aprendizagem não são o remédio — os fenômenos das margens não podem ser prática ou intelectualmente assimilados. Assim, a ameaçada inequivocidade de significado do campo cultural deve ser preservada mediante o uso, tanto quanto possível, da repressão e do tabu — e pela eliminação física das margens (um esforço que é frequentemente renovado, mas sempre fútil, como se evidencia, por exemplo, pelos destinos mutáveis da instituição do alferes; os espaços vazios criados pela eliminação de certas categorias das margens são imediatamente ocupados por novas categorias antes não percebidas como marginais; a existência de margens é um atributo inseparável da forma particular como uma cultura exerce sua função semiótica). Vamos aplicar o conceito de margens ao fenômeno das interferências entre categorias culturais vizinhas, e não aos fossos entre elas.

Aceitando essa premissa, deixamos de acatar a acusação de irracionalidade que nos é geralmente dirigida por críticos da religião sob a rubrica do ritual da Eucaristia; se isso chega a ser uma irracionalidade, é uma irracionalidade profundamente arraigada no mecanismo do funcionamento semiótico da cultura. O que poderia ser mais normal do que dirigir os sentimentos mais intensos, essa mistura de medo e admiração, para fenômenos com duplo significado pela própria natureza, como a hóstia — simultaneamente uma obra de mãos humanas e o corpo do Senhor, um lugar em que dois elementos, definidos pela oposição entre si, entram em choque? Ou talvez o próprio uso do termo-tabu "irracionalidade" para descrever situação semelhante evidencie uma tendência similar, profundamente arraigada em nós, de reprimir fenômenos que implicam significados contraditórios? Deixamos de nos surpreender com o fato de que, no cristianismo, o culto da Virgem Maria e do Filho de Deus tenha ofuscado a adoração do Pai celestial imaculado ou do Espírito Santo. Nada há de secreto na natureza categoricamente unificada desses seres, nenhuma multiplicidade de significados que pudesse reviver posições que a cultura reserva precisamente para situações marginais. Outra questão completamente diferente é a mulher de carne e osso que traz Deus ao mundo. Ou o filho do homem, que também é Deus. Deixamos de nos surpreender com o fenômeno, comum a todas as religiões e de grande intensidade emocional, de dirigir os sentimentos religiosos mais fervorosos a imagens ou estátuas de deuses, sobre as quais se sabe, claro, que são trabalho de mãos humanas, mas que também se incluem na esfera da divindade. Passando, para variar, a um campo da cultura totalmente diferente: as dificuldades relacionadas à assimilação cultural do conceito de propriedade social tornam-se claras. Essa é uma ideia situada na interseção de dois conceitos opostos que estimulam comportamentos baseados em princípios antagônicos: "meu" e "não meu". A propriedade social é tanto minha quanto não minha; no mínimo dos mínimos, ela não me pertence da mesma forma que o lenço no meu bolso. Por ser meu, posso comportar-me em relação a ele de formas que são sancionadas pela cultura para coisas que são minhas: posso rasgá-lo, jogá-lo fora ou dá-lo para outra pessoa. Porque também não é meu, não tenho a permissão de fazê-lo. Assim, a propriedade social provoca simultaneamente sentimentos de agressão e medo, estimulando-nos a ligá-la a valores e capacidades que são grandes, poderosos e redentores. Nos velhos tempos, o fato de morros e florestas serem propriedades sociais, ao mesmo tempo "de todos" e "de ninguém", conferiu--lhes uma aura de santidade, criando o sentido de serem o assento dos deuses. A imanente multiplicidade do significado contido nesse conceito é irredutível. Várias formas de tabu adaptadas ao clima cultural são, assim, o único remédio.

Mas a maior acumulação de fenômenos marginais, que também desempenham o maior papel na cultura, ocorre na interseção das esferas do "eu" e do "não eu", e também daquelas do "meu" e do "do estranho".

Comecemos pela primeira interseção. O governo de Uganda conseguiu convencer os cidadãos da necessidade de cavar latrinas profundas e cobrir de terra a matéria fecal dizendo que isso tornaria o excremento inacessível aos feiticeiros. Sylvester M. Lambert, médico americano que trabalhava nas Ilhas Salomão, relembra o pânico entre os habitantes locais quando obteve a amostra fecal de um de seus pacientes. Depois de muita persuasão, eles concordaram em entregar suas fezes para análise, sob a condição de que lhes fosse permitido permanecer no local até o fim do exame e depois queimar, em segurança, o restante dos excrementos.[15] Esses são os dois primeiros exemplos disponíveis do fenômeno universal da cultura. Todas as partes do corpo humano que possam ser separadas do resto, que são simultaneamente "eu" e "não eu", estão cercadas pelo tabu, o qual, de um lado, exige que elas sejam vistas como indecentes, repulsivas, vergonhosas, e, por outro, atribui-lhes um notável poder, o que justifica seu uso universal na prática da magia. Vou deixar de lado o terror espontaneamente evocado pela visão de uma perna, mão ou cabeça separados do corpo. Mas, numa base cotidiana, encontramos o persistente tabu vinculado às fezes, à urina, ao suor e à saliva humanos, assim como a pedaços de unhas e mechas de cabelo.

A ambivalência que nasce do tabu nas fronteiras do "eu" e do "não eu" surge com maior força no caso de partes do corpo humano, mas também aparece, embora de forma diluída, num terreno mais amplo. Não gostávamos de permitir que outras pessoas utilizassem objetos que tivessem tido contato com nossos corpos muito antes de sustentarmos essa aversão instintiva com a explicação racional de "evitar bactérias". Mas o campo semântico do "eu" chega mais além; em certa medida, ele cobre toda a esfera que Leach distinguiu como o domínio do "lar" e o que é por nós reconhecido como uma esfera marginal, subordinada aos significados culturais atribuídos tanto ao "eu" quanto à esfera do "meu" em geral. Agora entendemos por que nossa irmã não é para nós uma mulher, nem nosso irmão um homem; por que um cão ou gato domesticado não é carne; por que sentimos nojo de um rato caseiro, mas não de seu primo selvagem, o rato do campo. Também entendemos por que somos inclinados a permitir que apenas pessoas que nos são próximas entrem em nossa cozinha ou banheiro. E talvez isso também aprofunde nossa compreensão da notável intensidade da emoção que sentimos em relação a pessoas incluídas no domínio do "lar" (ou pelo menos da expectativa universal de tal intensidade e da decepção que sentimos quando essa intensidade não é encontrada) e da completa eliminação, nesse domínio, da diferença entre altruísmo e egoísmo.

A segunda área do tabu altamente significativa do ponto de vista social está localizada, como mencionamos antes, nas fronteiras dos domínios do "meu" e do "do estranho". O domínio do meu pode ser tratado como uma criação do conceito cultural de "eu". É uma região em que nos identificamos, em que estamos em casa, em que não somos apenas explorados, mas também cultivados. O que permanece depois que atingimos a esfera do "meu" é a criação do conceito cultural do "não eu". É algo marcado pela oposição a mim, por contradizer aquilo que sei e penso sobre mim mesmo. A aparição de um objeto que conecta essas duas características culturais dá à luz uma indeterminação que não pode ser eliminada. É a região daquilo que é, quase que por definição, imprevisível, em relação ao qual somos indefesos; não sabemos como devemos nos comportar para provocar a série de eventos estipulada; falta-nos um modelo inequívoco de comportamento; a região escapa claramente ao nosso controle. Estamos ao mesmo tempo com raiva e aterrorizados.

A sabedoria coloquial fornece um interminável fluxo de exemplos dessa situação. Conhecemos o nojo e a repulsa que impregnam termos como "parvenu", "nouveau riche", "cosmopolita". O conceito de "inimigo" provoca o nosso ódio; o

O problema dos universais e a teoria semiótica da cultura   183

conceito de traidor, a nossa repugnância. Um herege é sempre um inimigo mais sério do que uma pessoa de uma outra fé. Qualquer posição política, como regra, luta mais vigorosamente contra grupos que, tomados "objetivamente", sejam próximos dela. O lema "Quem não está conosco está contra nós" tem justificativas profundas, assim como o volume de energia contido nesse bordão: só é necessário provar, e talvez até provocar como resultado de alguma ação, o singular significado da situação que é por ele postulado. A margem não é uma esfera que torne possível a "compreensão objetiva de uma situação". Isso foi demonstrado muito claramente pelos experimentos de Carl Iver Hovland e Muzafer Sheriff: pediu-se a um grupo de "juízes" que estavam profundamente envolvidos como pró ou antinegros que classificassem algumas sentenças como pró ou antinegras. Os dois subgrupos mostraram-se unilaterais em sua avaliação das inequívocas sentenças. Entretanto, as mais ambíguas foram classificadas dentro de cada grupo, sem hesitação, como vinculadas ao lado oposto.

Resultados semelhantes foram obtidos pelos estudos de Hovland, O. J. Harvey e Sheriff sobre modos de classificação apresentados por um auditório cheio de pessoas a favor e contra a Lei Seca, depois de uma restrita discussão sobre esse tema controverso.[16] Se isso dizia respeito apenas a uma dificuldade regular de compreensão, e afastar-se do estado de coisas "objetivo" era simplesmente o resultado de um erro causado pela ignorância, os equívocos seguiam nas duas direções. A unilateralidade na direção dos "equívocos" indica sem qualquer dúvida a existência de outro fator — não as dificuldades comuns relacionadas, por exemplo, a complicadas equações algébricas. Ela indica o funcionamento da instituição cultural do tabu.

Um caso particularmente extremo da interseção, aqui discutida, do "meu" com o "do estranho" é a categoria, amplamente debatida na literatura, das "pessoas marginais". Essa categoria assumiu um peso significativo hoje, enquanto os violentos processos de marginalização que ocorrem em todo o mundo estão criando categorias de pessoas que representam a "nova cultura" e as "velhas sociedades" — por natureza, coisas que são ambivalentes do ponto de vista do significado à luz dos dois sistemas culturais em cuja interseção estão situadas.

> Um exemplo típico de alguém que deixa um mundo mais antigo, mas não consegue entrar num novo, é o lojista de Busama, um nativo de nome Yakob. Ele é malsucedido tanto como membro da sociedade de parentesco à sua volta quanto como empresário europeizado. As pessoas o desaprovam de tal maneira que sempre me repreenderam por falar com ele. Nunca se indignavam se eu passasse uma ou duas horas em contato com criminosos, mas costumavam me criticar severamente quando eu comprava dele um maço de cigarros. "Ele é um homem negro que quer se comportar como se fosse branco, e você não deveria estimulá-lo", costumavam me dizer.[17]

Autor de um texto culto dedicado às pessoas marginalizadas, Everett V. Stonequist[18] divide os objetos de sua pesquisa em "híbridos raciais" e "híbridos culturais". Elżbieta Neyman recentemente apresentou uma classificação decisivamente mais rica das pessoas marginalizadas.[19] Mas, além das diferenças que dividem e justificam os esforços para classificá-las, as pessoas situadas às margens são unidas por uma característica abrangente comum: têm uma multiplicidade de significados culturais, e de forma irredutível. A ambivalência de seus significados culturais, que não pode ser eliminada, pressiona incessantemente as pessoas à sua volta a tentarem reprimi-las ou aniquilá-las, assim como pressiona elas próprias a uma conformidade constante, mas inútil, voltada para uma possibilidade cultural mais atraente, ou a liderar movimentos de protesto como categoria menos interessante, ou a aceitar sua posição de multiplicidade crônica de significados, ou a se isolarem do resto do mundo na fortaleza de um sistema cultural que é externamente consistente e construído a partir de sua posição marginal. A miserável situação dúplice de "eurasianos", particularmente dos anglo-indianos, foi descrita por Gertrude M. Williams:

> Eles são submetidos ao ostracismo tanto por ingleses quanto por hindus. Eles próprios desprezam os hindus, com um ódio amargo, pois veem o sangue hindu como algo que os amaldiçoa. São fascinados pelos ingleses e, miseravelmente, os cortejam. Quando falam da Inglaterra, sempre se referem a ela como sua "terra natal", embora talvez nunca tenham estado lá, e constantemente se esforçam em vão para penetrar nos ambientes britânicos.[20]

A posição repleta de conflitos e tensões intermináveis que o mecanismo particular de cumprimento da função semiótica da cultura impõe às pessoas situadas à margem é o indicador do papel especial que essa categoria desempenha no desenvolvimento de sistemas culturais. Sendo o elemento equilibrado e mais fragilmente organizado desses sistemas, a função semiótica também concentra o maior dinamismo e contém, ao mesmo tempo, seu ponto mais fraco, no qual a estrutura tradicional da cultura pode ser quebrada com maior facilidade. Como afirma Stonequist, o "homem marginal é a personalidade-chave nos contatos entre culturas. É em sua mente que as culturas se juntam, entram em conflito e acabam desenvolvendo algum tipo de ajustamento e interpenetração":

> Em função dessa condição intermediária, o homem marginal se torna um crítico hábil e incisivo do grupo dominante e de sua cultura. Isso porque ele combina o conhecimento e a compreensão do insider com a atitude crítica do estranho. Sua análise não é necessariamente objetiva — há muita tensão emocional implícita para que essa atitude seja fácil de assumir. Mas ele é habilidoso em observar as contradições e "hipocrisias" da cultura dominante. A distância entre suas pretensões morais e suas realizações concretas é algo que lhe salta à vista.[21]

Vamos tentar resumir essa parte de nossas reflexões:

1. No processo de realização da função semiótica de cada cultura, aspirando a organizar informalmente todo o campo psíquico, deve haver "discrepâncias" de significado que assumem uma destas duas formas: ou a) "cisões" entre as categorias, resultantes de uma falta de informação cultural; ou b) uma região marginal com uma multiplicidade de significados culturais surgindo por efeito do "derramamento" de duas categorias vizinhas insuficientemente desconectadas.

2. O mecanismo de defesa dos sistemas culturais em relação às lacunas do tipo (a) se baseia na mobilização de esforços explanatórios; e às insuficiências do tipo (b), na utilização da instituição do tabu, esforços voltados para a repressão cultural ou a aniquilação física.

3. Entre todas as categorias de ambivalência marginal, um papel particularmente exaltado e universal é desempenhado pelas margens que surgem da interseção das esferas "eu" e "não eu" com as do "meu" e do "do estranho".

4. As margens constituem os elementos mais frágeis (menos conservadores) dos sistemas culturais, os mais capazes de aceitar mudanças e que liberam as maiores reservas de energia dinâmica. Se fosse possível criar uma cultura sem margens, ela seria sem dúvida alguma a mais estável de toda a história.

Epílogo

Quase não toquei na questão dos universais culturais. Porque não se trata de um problema que possa ser resolvido em um capítulo, exigindo estudo aprofundado. Mas talvez eu tenha conseguido, apesar da escassez de resultados aqui apresentados, demonstrar que vale a pena correr o risco de tentar encontrar esses universais por um caminho diferente daquele que organiza maçãs de acordo com a cor, o tamanho etc., chegando à conclusão de que "todas as maçãs têm cor" e "todas as maçãs têm tamanho". O outro caminho é a análise da necessidade contida nessas próprias funções culturais — as funções do significado, da subordinação, da estruturalização do mundo e da transformação do caos imprevisível num conjunto finito de possibilidades com uma calculável probabilidade de que ocorram; uma necessidade contida igualmente na operação precisa de mecanismos de realização dessa função e nas inevitáveis imperfeições de sua operação. Talvez os universais descobertos dessa forma tornem possíveis esforços classificatórios superiores, já que intelectualmente produtivos e levando conscientemente à síntese.

Observemos: universais culturais nos informam sobre ambições, tendências, motivações inominadas, indicando um esforço cultural inconsciente. Eles não falam — em referência a um sistema tão dinâmico quanto o cultural, eles não podem falar — de formas inominadas e calcificadas, de formas eternas que abrangem conteúdos mais ou menos exóticos. A "esferização" do mapa cultural é uma tendência e é uma forma de cultura visada, porém nunca é plenamente alcançada; o arco total de classificação está sempre distante da realidade e, por causa disso, é fluido, sempre incompleto, nunca é acabado. As margens de significado são, no mesmo grau, o calcanhar de aquiles da cultura, bem como seu eterno destino. Os sistemas culturais frequentemente fogem das margens ao mesmo tempo que criam continuamente novas margens, provocando novos esforços semióticos — e assim por diante, até a eternidade. Os universais dos sistemas culturais são também universais do seu dinamismo.

Uma objeção vem da boca de todo aquele que vive na segunda metade do século xx. Vivemos numa era que, pela primeira vez na história humana, parece reconhecer a multiplicidade cultural como característica inata e inequívoca do mundo — dando origem a novas formas de identidade que se conformam à pluralidade, tal como um peixe na água —, e até se gaba do fato de não apenas ter descoberto mas até de ter aceitado como estado humano e modo de ser nobre e dignificante essa indeterminação da condição humana como apelo à humanidade. Nossa era multiplica as regiões marginais e não tem mais vergonha. Pelo contrário, reconhece-as, pela boca de seus maiores pensadores, como sua característica constitutiva.

Ainda não sabemos nem podemos saber se esse fenômeno qualitativamente recente na história da espécie humana assinala um novo nível de evolução cultural, sendo uma realização permanente e irreversível, ou se é apenas o sintoma de uma crise passageira, nascida do cadinho da cultura que é a mais cosmopolita desde os tempos dos romanos. A categoria de pessoas verdadeiramente adaptadas à multiplicidade semiótica de significados do mundo, revolucionários crônicos que não almejam secretamente a recuperação da singularidade de significados perdida (que não criam em suas fantasias uma alternativa a essa singularidade), ainda não é mais numerosa do que a categoria das vítimas psicopáticas das tensões nascidas dessa ambivalência. A evidência empírica é muito escassa para apoiar esta ou aquela decisão, e o tempo é curto demais para que se chegue a uma conclusão. O problema da ambivalência cultural de nossa época é, ele próprio, ambivalente em termos de significado. Talvez por essa razão seja tão insistentemente atacado de todos os lados nas discussões filosóficas e por todos os movimentos sociais do período em que vivemos.

Eu não hesitaria em reconhecer esse problema como um enigma importante para o diagnóstico de nossos tempos — como a condição sine qua non de todos os esforços futuros e de todos aqueles ligados ao futuro.

O que é essa tendência inata do cidadão do século xx à multiplicidade de significados? Doença ou maturidade? A moléstia de uma era senil? Ou talvez uma oportunidade inédita na história? Quem sabe um novo salto revolucionário na aventura histórica da humanidade, cujo papel na criação da cultura faça os historiadores do futuro enxergarem a revolução neolítica com indiferença, como um episódio de pouca importância?

Os esforços para resolver essa questão criam uma daquelas situações em que o trabalho dos filósofos se funde com o destino da humanidade.

· 5 ·

Alguns problemas de pesquisa na teoria semiótica da cultura

A perspectiva cibernética, como se tem discutido com frequência em tempos recentes,[1] exige que todo objeto de investigação seja percebido como uma "caixa-preta", ou como um objeto que revela ao observador apenas seus inputs (pressões externas fisicamente acessíveis) e outputs (observações igualmente acessíveis do "comportamento" físico do objeto). O que conecta diretamente os inputs aos outputs — ou seja, como se o observador não existisse — não é fisicamente acessível ao pesquisador. Mas se o observador for um pesquisador ou, ainda mais, um experimentalista, ele pode vincular o objeto estudado, por meio de feedback, a um sistema de elementos interconectados. O pesquisador então atua sobre o objeto observando no output os resultados de suas atividades; tais observações influenciam suas decisões, o que leva a novas ações sobre os inputs do objeto estudado e assim por diante. No curso desse processo, o pesquisador penetra nas "profundezas" do objeto de interesse, apreendendo intelectualmente conexões inacessíveis entre input e output. As conexões são percebidas de forma diferente dos estados de entrada e saída. Observar a entrada e a saída proporciona um "protocolo" das experiências sensoriais do observador. Com base nesse protocolo, inicia-se o trabalho teórico do observador, visando moldar a "essência" do objeto examinado, sua estrutura interna. A tarefa com que ele se defronta baseia-se em "recodificar" a informação contida no protocolo segundo a informação sobre as "construções" (agora ocasionalmente referidas como "constructos"). Essas construções — modelos criados pelo pesquisador, mas limitados em sua arbitrariedade pelos dados do protocolo — não são nem podem ser similares ao arranjo do feedback que "realmente" conecta o input e o output do objeto examinado. Basta-lhes serem isomórficas em relação a esse arranjo. O isomorfismo procurado manifesta-se quando o modelo construído pelo teórico-pesquisador se "comporta" da mesma forma que o objeto examinado — ou seja, quando o modelo revela à observação uma correspondência semelhante entre os estados de input e output.

Dessa forma, segundo a conhecida visão de Herbert A. Simon, "todas as teorias são analogias e todas as analogias são teorias". Construir uma teoria é produzir um modelo que irá se comportar de maneira análoga ao objeto estudado. Evidentemente, isso não significa que o modelo deva ser uma "réplica" do objeto, uma recriação física do objeto material. Pelo contrário, encontramos com maior frequência um modelo simbólico do objeto que não utiliza elementos materiais, mas ideias, conceitos, símbolos abstratos. Todavia, independentemente de seu caráter, os modelos devem, além de cumprir outras funções úteis, descrever e facilitar uma compreensão de sistemas ou eventos complexos.[2]

Se aceitarmos essa concepção de teoria, atualmente popular entre os estudiosos, para encontrar um programa voltado para o estudo da cultura, deve-se começar determinando o que constitui, para o pesquisador do tema, a "caixa-preta" que determina as fronteiras de sua teorização. O estudo da cultura é, sem dúvida alguma — pelo menos em grande parte —, o estudo do comportamento humano ou, mais especificamente, o estudo da cooperação entre indivíduos humanos. É precisamente nessa cooperação que se realizam os eventos que os estudos da cultura tentam analisar e entender por meio de modelos teóricos. O esquema mais direto desse tipo de cooperação pode ser escrito da seguinte maneira:[3]

Indivíduo A   Indivíduo B
S ——→ r.............s ——→ R

Nesse esquema, S indica o campo de estímulos que atua sobre o indivíduo A; r, as reações do indivíduo A a esses estímulos — reações equipadas, de forma verdadeiramente humana, com as ferramentas que Vygotsky classifica como "técnicas", mas também com as que são "psicológicas" (em outras palavras, com certos signos referentes aos significados acessíveis a todos os indivíduos que conheçam o código do qual esses signos são elementos). O signo-nível r, depois de ser decodificado, se torna o estímulo "s" para o indivíduo B. A esse estímulo "s" o indivíduo reage da maneira R.

No esquema acima, como se pode entender facilmente, o espaço S-r, de modo semelhante ao espaço s-R, demarca as fronteiras da "caixa-preta" para o psicólogo. S e s são por ele tratados como os inputs do objeto estudado, e r e R, como seus outputs. Se ele tem ambições teóricas, se esforça para moldar a região dos mecanismos a que não tem acesso direto conectando o estímulo à reação. Se nosso psicólogo persistir em sua animosidade em relação à teoria e satisfizer plenamente suas ambições mediante a produção de protocolos observacionais ou, por fim, em descrições resumidas destes (as chamadas generalizações empíricas), ele estará livre das dificuldades causadas pela influência da misteriosa caixa-preta do individualismo sobre os resultados do experimento, com a ajuda da enigmática vi (variável interveniente), que só reconhece uma dimensão quantitativa da existência. A reconfiguração dessa vi sobre o sujeito da natureza não é tão diferente das resignadas assertivas de Melvin H. Marx: "Todo comportamento deve ser, evidentemente, mediado por um certo tipo de função psicológica"; ignorar esse fato é plenamente justificado, mas isso não nega a realidade de algum tipo de processo ou mecanismo por trás da vi. O importante é que nenhum deles foi definido; os exames desse problema são dominados pela tendência de pensar sobre a vi nas categorias de "algum tipo de processo necessário para definir a relação S-R".[4] Esses psicólogos veem a misteriosa "variável interveniente" como um mal necessário, um paliativo colocado sobre um material resistente, muito distante do ideal que tornaria possível um paraíso não teórico. Se apenas — como Kenneth W. Spence expressou em sua época —, junto com a mudança sistemática nas condições ambientais de X,

> encontrássemos uma simples função conectando os valores selecionados por X com os valores correspondentes R, não teríamos um problema, pois poderíamos descrever precisamente o princípio que os vincula. Infelizmente, porém, as coisas raramente parecem tão simples, em particular na psicologia. Depois de repetidas apresentações da condição X_1, é altamente provável que a reação ganhe uma intensidade diferente ou que não seja possível delinear a relação entre dois conjuntos de valores experimentais. Exatamente neste ponto introduzimos construções hipotéticas e dizemos que as variáveis reativas são determinadas em parte por X1 e em parte por algum fator adicional, ou fatores adicionais Ia, Ib ..., $R = f(X_1, I_a, I_b...)$.[5]

É difícil descartar a impressão de que o "problema" descrito por Spence não é tanto o modelo teórico quanto a forma altamente parcimoniosa de descrever os dados da experiência, que têm um limitado poder de predição. Outros psicólogos — os quais levam em consideração que, no caso da individualidade, estão lidando nem tanto com um objeto que "imprime" passivamente pressões externas, mas, no mínimo, com uma máquina auto-organizadora — não acreditam na possibilidade de se criar um método para descrever o mecanismo dessa máquina sem usar um modelo. É por isso que anseiam por ultrapassar o nível das "generalizações empíricas", que realmente não vai além da esfera de possibilidades já contida na construção teórica de protocolos, para atingir o nível da construção teórica que iluminaria novas perspectivas para compreender o objeto e agir sobre ele. Até agora os modelos construídos por esses psicólogos pertencem a uma de duas amplas categorias: os modelos animistas e os neuropsicológicos.

Vamos voltar ao estudo da cultura. Nossa imagem também apresenta, ao lado da caixa-preta do psicólogo, a do pesquisador da cultura. É a região entre o r e o s. O que chamamos de cultura — sem considerar as várias definições encontradas na literatura — está situado nessa mesma esfera. O fato de o comportamento do indivíduo A ser um estímulo para o indivíduo B — e um estímulo que não pode ser reduzido a sua forma física, mas que se refere ao significado expresso num código convencional e compreensível para ambas as partes — é precisamente um fato cultural básico, um "átomo" no campo da investigação do pesquisador da cultura. Assim, tanto para o psicólogo quanto para esse pesquisador, o ponto de partida é o comportamento humano. Mas o pesquisador da cultura começa onde o psicólogo termina e termina onde este começa.

O ponto de partida empírico do pesquisador da cultura é o fato, frequentemente observado, de que, dentro do contexto de um determinado grupo, o comportamento de um indivíduo provoca comportamentos específicos em outro, e a configuração desses comportamentos provocados não depende da forma física dos que os provocam, mas é invariável em relação a certos elementos comuns conectados a vários comportamentos que os provocam, com variadas características físicas. Esses elementos comuns não são de natureza física: são os significados dos comportamentos, que podem ser expressos mediante diversos códigos mutuamente intercambiáveis: linguístico, gestual, de vestuário, de organização do espaço, do tom da voz etc. Decodificar esses elementos semânticos mútuos pode ser feito empregando-se as regras do raciocínio de John Stuart Mill de maneira puramente experimental. Ainda estamos no domínio dos protocolos experimentais. Nosso pesquisador da cultura é ainda um etnógrafo aspirando a produzir generalizações empíricas.

O antropólogo só se torna um pesquisador da cultura quando atinge o nível da construção de modelos que reproduzem a estrutura interna do sistema — que não diretamente dada nem acessível à experiência sensorial — graças ao comportamento de A que evoca o de B e ao de B que é evocado. Assim, ela ou ele molda o sistema de significados e o mecanismo de produção destes, e ao fazê-lo constrói o sistema da cultura. Esse sistema está para as interações de indivíduos assim como a linguagem está para os seus atos discursivos, e a estrutura tonal para as suas melodias. Ele está totalmente contido naquilo que Ferdinand de Saussure disse uma vez sobre a relação da linguagem, um dos subcódigos da cultura, com seus sintomas empíricos — a fala:

> O que é, então, a estrutura linguística? Não é, em nossa opinião, simplesmente o mesmo que a linguagem. A estrutura linguística é apenas uma parte da linguagem, embora seja essencial. A estrutura de uma linguagem é um produto social de nossa faculdade da linguagem. Ao mesmo tempo, também é um corpo de convenções necessárias adotado pela sociedade a fim da capacitar seus membros a usarem essa faculdade. A linguagem, em sua totalidade, tem muitos aspectos diferentes. Ela atravessa as fronteiras que separam vários domínios. É ao mesmo tempo física, fisiológica e psicológica. Pertence tanto ao indivíduo quanto à sociedade. Nenhuma classificação dos fenômenos humanos lhe oferece um lugar sequer, pois a linguagem em si não tem uma unidade discernível.
>
> Uma linguagem como sistema estruturado, pelo contrário, é tanto uma totalidade autocontida quanto um princípio de classificação. Tão logo atribuímos à estrutura linguística um papel proeminente entre os fatos da linguagem, introduzimos uma ordem natural num agregado que não se presta a nenhuma outra classificação.[6]

Será que a cultura, percebida dessa maneira, objetivamente existe? Ela existe no mesmo sentido em que existe a linguagem ou qualquer outro constructo teórico que conecte inputs e outputs com um domínio de fatos, idênticos aos inputs e outputs de uma caixa-preta que são acessíveis aos sentidos. Embora não seja oferecida diretamente pela experiência, ela atinge um nível mais profundo que a experiência sensorial, penetra na "essência" do evento, permite-nos perceber intelectualmente aquilo que os olhos não veem — uma estrutura dinâmica que explica o movimento de eventos observados na experiência. De modo semelhante, o domínio da consciência que Freud acrescentou aos ingredientes da individualidade esclareceu comportamentos aparentemente sem sentido e inexplicáveis, e o modelo marxista da dialética entre energias criativas e relações de produção tornou compreensível o jogo dos grandes interesses e antagonismos.

Todo antropólogo provavelmente busca construir modelos de cultura percebidos dessa maneira, embora o façam de formas diferentes e, com frequência, mutuamente conflitantes. Também porque um conjunto de axiomas não determina em si e por si todas as propriedades do modelo construído. A descrição do modelo não pode ser processada excluindo-se parâmetros empiricamente alcançáveis, definindo seus limites — se pudesse, estaríamos lidando com uma generalização empírica e não com um modelo teórico. Dentro dos limites determinados pelos parâmetros estabelecidos por experimentos (conjuntos de inputs e outputs), podem-se construir vários modelos, e referir-se a fatos empíricos não é um critério suficiente (embora seja necessário) para se escolher entre eles. Deve haver, portanto, critérios adicionais, cuidadosamente escolhidos a partir de deliberações sobre o sujeito — mas também, após se esgotarem as opções, talvez mais de um modelo seja abandonado no campo de batalha.

No estudo a seguir eu gostaria de propor não tanto modelos que devessem resultar do estudo teórico quanto caminhos que acabem levando à construção final desses modelos. As propostas aqui contidas surgem do conceito de teoria acima examinado — sua relação com os dados da experiência e seu papel na pesquisa. Também surgem das possibilidades que se abrem como consequência de se olhar a cultura de um ponto de vista semiótico (ver o artigo "Signo, estrutura, cultura").[7] Em minha visão, assumir essa perspectiva (não necessariamente como a única possível, mas como uma das possíveis) também indica um plano de pesquisa ao apontar problemas aos quais os antropólogos, até recentemente, não davam muita atenção. É desse tipo de problemas que estou falando. É por isso que omito, na análise que se segue, a atual pesquisa que encontrou sua expressão mais plena no trabalho de Lévi-Strauss e, nos círculos acadêmicos poloneses, foi apresentada com mais profundidade e erudição pelo professor Stefan Żółkiewski.[8] Essa corrente de pesquisa, se é que entendo corretamente seu potencial, é mais poderosamente aplicada à construção de modelos gerados pelos persistentes relatos documentando o processo do pensamento a partir de "textos"; é, assim, mais atraente para intelectuais da área da literatura, teóricos da arte, todos os que trabalham com os produtos ou correlatos da cultura espiritual. Essa corrente, ao que parece, não se desenvolveu na direção assinalada nas primeiras obras de Lévi--Strauss, originalmente em sua incrível análise das estruturas elementares de parentesco, com o tempo dando mais atenção à aplicação do método estruturalista tradicional a problemas sugeridos por Wilhelm Dilthey. Nas reflexões que se seguem, estou mais interessado nos novos — ou quase novos — problemas que surgem quando buscamos construir modelos teóricos com base em atos fundamentais de cooperação aceitos como a "caixa--preta" do antropólogo. Mas, mesmo limitando nossos estudos dessa forma, não podemos garantir que os caminhos indicados irão esgotar todas as abordagens possíveis. Delineá-los é antes uma ilustração do potencial generativo dessas premissas do que um inventário de seu verdadeiro potencial.

Sobre a possibilidade de uma teoria geral do comportamento simbólico

É surpreendente constatar como são raros os esforços realizados na área das humanidades para elaborar uma teoria do comportamento simbólico (ou da cooperação mediada por símbolos) e, assim, uma teoria que abranja numa totalidade os "subcódigos" verbais e não linguísticos de uma cultura semioticamente considerada. Já em 1908, Walter B. Pillsbury escrevia:

> Chegamos à conclusão de que o "significado" abrange praticamente tudo. Vemos significado quando olhamos; pensamos no significado quando pensamos; quando agimos, expressamos nosso progresso em termos de significado; ao que parece, não reconhecemos coisa alguma, exceto o significado.[9]

Cinquenta anos depois, Kenneth Lee Pike afirmou que (além da sua própria) "não conheço outra tentativa importante de mostrar como a cultura verbal e não verbal poderia ser integrada a uma simples teoria".[10] Mas a asserção de que a linguagem é só um dos subcódigos — ainda que o mais comunicativamente especializado e, portanto, o mais semioticamente aperfeiçoado, porém, não obstante, apenas um dos subcódigos que os seres humanos usam para expressar uns aos outros os significados culturalmente reconhecidos — não é negada por nenhum antropólogo. Ao mesmo tempo, contudo, no curso das últimas décadas, vários passos importantes foram dados na direção de uma teoria da linguagem quando na pesquisa sobre outros subcódigos não linguísticos continuamos a nos encontrar essencialmente no plano da descrição do que é básico na experiência empírica.

Surge então a suspeita de que por trás do crescente fosso entre os desenvolvimentos das teorias de um subcódigo linguístico e a diminuição do número de estudos teóricos sobre outros subcódigos haja entre os pesquisadores causas mais profundas do que uma aversão ou falta de consciência em relação a subsistemas não linguísticos da cultura simbólica. Talvez devêssemos buscar as causas na inaplicabilidade fundamental dos métodos teóricos desenvolvidos na linguística a outros subcódigos da cultura? Talvez essa inaplicabilidade fundamental de métodos teóricos tenha origem nas particularidades da natureza física da linguagem acústica? Esta seria uma causa incrivelmente crucial, de vez que os abomináveis métodos da linguística estrutural, pelo menos até o momento em que Noam Chomsky formulou sua "gramática generativa", desenvolveram-se, e continuam a se desenvolver, sob os auspícios da análise dessa própria estrutura do código linguístico. À primeira vista, parece que os comportamentos não verbais são muito menos regulares do que a fala; e que encontrar uma estrutura regular comparável àquelas alcançadas na fonologia por Roman Jakobson é, nesse caso, muito difícil, se não fundamentalmente impossível. Apenas transferir insights metodológicos da linguística estrutural para outras variedades de comportamentos simbólicos, buscando corolários para "morfemas", "fonemas" e "diferendos" no mundo dos gestos ou cerimônias, não parece atraente para muitos pesquisadores. Talvez mais ainda hoje do que vinte e poucos anos atrás. Se, entre os membros do Círculo de Praga, o problema linguístico da relação entre a linguagem e a esfera não linguística da realidade social era praticamente central, para os estruturalistas — e sua sensibilidade ao contexto cultural geral dos fenômenos que examinavam era realmente grande —, então, no nível da glossemática de Louis Hjelmslev, encontramos a premissa do absoluto isolamento da "realidade linguística" de todas as outras esferas da realidade social, levando ao beco sem saída do postulado de Saussure sobre o "estudo da linguagem no seu próprio campo". Saímos com a impressão de que, quanto mais refinados se tornam os métodos estruturais em termos de compreender as propriedades da linguagem — entendida como um sistema fechado, singular —, menos aplicáveis se tornam eles para a construção de modelos de outros subcódigos culturais. Por mais tentador que seja encontrar analogias em linguística, deve-se resistir a elas caso não se deseje sucumbir a manipulações divertidas, mas infrutíferas, tão suscetíveis à decepção quanto aquelas tentadas por antigos entusiastas, nas humanidades, das imitações fisicalistas. Essas esperanças, muito populares hoje, de integrar as humanidades a métodos estruturais desenvolvidos pelo linguista só parecem adequadas à aplicação num sentido muito limitado: o de que aspectos muito gerais desse tipo de pensamento próprio da linguística estrutural serão aceitos, mas essas são características mais pertinentes à "estrutura" do que à "linguística". As características extremamente gerais estão contidas, por exemplo, na seguinte afirmativa de Émile Benveniste:

> O princípio básico [do estruturalismo] é a afirmação de que a linguagem cria um sistema cujas partes são conectadas por relações de coerência e dependência. Esse sistema organiza elementos que são signos articulados, mutuamente diferentes e divididos entre si. A teoria estruturalista assevera que o sistema é anterior a esses elementos e que ela chega à estrutura do sistema através da relação entre os elementos tanto em padrões discursivos quanto em paradigmas formais.[11]

A sentença contém postulados suficientes para expressar uma direção comum dos empreendimentos teóricos na área dos diversos subcódigos da cultura simbólica, estimulando desse modo a esperança de integração, mas também há aqui um número suficientemente pequeno desses postulados para evitar prejudicar esforços com vista a métodos particulares que sejam especialmente adequados às propriedades de subcódigos específicos.

Assim, o "princípio fundamental" do estruturalismo leva aos seguintes postulados: a) devemos tentar elaborar uma teoria para a construção de um sistema de dependências consistente; b) o significado de cada elemento do sistema é indicado pela posição que nele ocupa; c) o fato fundamental com o qual devemos começar é o papel empírico que esses elementos podem desempenhar em eventos reais (atos cooperativos); mas esses papéis também são indicados pelas posições que os elementos ocupam em amostras "lineares" e "transversais" dos eventos. Praticamente, se desejarmos relacionar esses postulados a formas não linguísticas de transmissão de informações, a primeira dificuldade a ser superada é resolver dois problemas longe de estar esclarecidos: 1) o que deve ser considerado um "elemento" do subcódigo não linguístico? Ou 2) qual é a natureza das relações que abrangem a estrutura desse subcódigo? Essas duas questões constituem um programa para a fase inicial da pesquisa, que poderia acabar levando a uma teoria geral da cooperação simbólica.

Uma possível resposta para as duas questões pode ser encontrada na obra do já mencionado Kenneth Lee Pike. Em sua pesquisa, o apelo a analogias linguísticas foi muito forte. O autor, reconhecidamente, vai tão longe na busca por análogos a fonemas ou diferendos no comportamento humano que se poderia dizer que ele não ultrapassa o nível dos "morfemas" — permanece mais no plano da semântica estrutural do que no da fonologia. Ele mesmo afirma que deseja ultrapassar, pelo menos nas primeiras fases de desenvolvimento de sua teoria, o problema que apresenta a maior dificuldade: decidir sobre "as menores partículas elementares" de um subcódigo informacional não linguístico.

Pike toma como ponto de partida de sua teoria uma observação de grande importância: a de que existem contradições entre o fato de "um comportamento ser frequentemente um continuum físico sem intervalos em que o movimento seja interrompido" e o fato de "os seres humanos reagirem a seu próprio comportamento e ao de outros indivíduos como se fossem segmentados em fatias distintas".[12] Da perspectiva física, os comportamentos humanos têm uma natureza "ondulatória", mas, de uma perspectiva semiótica, eles têm uma natureza corpuscular. Dessa perspectiva, atos não linguísticos não são fundamentalmente diferentes de atos linguísticos. Toda pessoa sabe bem, a partir de sua própria experiência, que, quando deseja aprender alguma coisa dita numa língua que não conhece, a maior dificuldade que encontra é separar um fluxo discursivo incompreensível em palavras individuais. Pike presume que esses significados culturalmente determinados de fragmentos de comportamento específicos, fisicamente inseparáveis, permitem ao receptor distinguir entre eles, tal como compreender uma língua é precondição para diferenciar palavras particulares num fluxo discursivo. Se a linguagem, com sua dupla natureza de onda e partícula, não apresenta um obstáculo quando seus elementos individuais têm de ser extraídos, isso também não deveria intimidar o pesquisador cultural que tenta imitar os métodos dos linguistas.

Tendo chegado a essa conclusão, Pike desenvolve outras analogias linguísticas. Como sabemos, para os linguistas, qualquer elemento que possa ser substituído por outro no espaço que ele ocupa numa declaração, sentença ou palavra linear, sem alterar a estrutura como um todo, pode ser tratado como elemento individual daquele nível. Esse elemento, junto com outros que possam substituí-lo em seu papel, cria uma classe definida por sua função linguística idêntica. Pike então leva esse pressuposto metodológico para estudos de atividades não linguísticas. Similarmente à forma como os movimentos fluidos de um tenista são indistinguíveis para um leigo, mas podem ser facilmente percebidos por um especialista como saques, devoluções, *winners*, voleios, e com igual facilidade divididos em classes em que são alternativas mutuamente substituíveis, do mesmo modo, em todas as outras formas de comportamento reprisáveis, institucionalizadas, o pesquisador da cultura pode finalmente distinguir "posições", ou outros lugares em que vários elementos alternativos podem ser inseridos, e "classes", ou conjuntos desses elementos alternativos que podem ser agregados nesses espaços. Essas "classes-posições", como Pike as chama, seriam os elementos tomados como componentes individuais dentro da moldura da análise dos comportamentos simbólicos, e a partir dele se poderiam construir sistemas. A estrutura desses sistemas criaria, como podemos e devemos deduzir, relações semelhantes àquelas estudadas pela linguística — e, portanto, esquemas sintáticos, relações lineares (sintagmáticas) e transversas ou de classe (paradigmáticas).

Apresentei a ampla teoria de Pike numa versão impiedosa e injustamente abreviada. É difícil contestar a natureza generativa dessa pesquisa. Na verdade, ela abre um programa extremamente amplo para o estudo de comportamentos humanos significativos que poderia ser, técnica e materialmente, muito atraente. Isso traz à mente a possibilidade do uso generalizado de uma técnica, desenvolvida em sua própria época — reconhecidamente para outras necessidades de pesquisa — pelos entusiastas da versão de James Taylor dos "princípios da administração científica". É difícil determinar antecipadamente quais desses estudos iriam enriquecer nosso conhecimento da humanidade.

É necessário, porém, determinar com clareza, para evitar mal-entendidos, que aquilo que Pike essencialmente propõe não é tanto uma teoria da cultura que corresponda a uma teoria estruturalista da linguagem e seja de fato aceita como forma de apresentar um comportamento não linguístico semelhante ao modo como os estruturalistas contemporâneos percebem a linguagem: uma proposição que visa codificar a "linguagem" com base em comportamentos não linguísticos. Mas a "linguagem" não é entendida aqui em termos de sua função como ferramenta de informação, mas exclusivamente como uma estrutura construída de determinada maneira. Essa maneira é exatamente o que deixa Pike fascinado. Tem-se a impressão de que todos os seus esforços são empreendidos com o objetivo de demonstrar ser possível aplicar os mesmos métodos a outros subcódigos. Ele não admite o pensamento de que as mesmas funções de informação possam ser realizadas por diferentes subcódigos e de várias maneiras; que o princípio de construção da estrutura da linguagem possa ser apenas uma entre muitas formas de resolver o problema da tarefa de estruturar a realidade social e a informação; que o que conecta os vários subcódigos da cultura simbólica possa ser um amálgama comum de informações que eles sirvam para transmitir, e não um princípio comum de construção. Mas tudo isso são dúvidas que não podem ser resolvidas a priori. Talvez os estudos propostos pelas ideias contidas nas teorias de Pike acabem nos mostrando que o caminho por elas estabelecido não é um beco sem saída.

Outra proposta — mais original, de vez que menos vinculada a analogias linguísticas — pode ser encontrada numa obra muito interessante de Siegfried F. Nadel.[13] Este descreve seu trabalho como uma teoria da estrutura social. Entretanto, também diz que "pessoas pertencem a uma sociedade em virtude de regras sob as quais se posicionam e que lhes impõem formas regulares, determinadas, de agir em relação e com respeito uma à outra", e, se ele também diz que A r B — ou a frase "A mantém uma relação particular com B — é equivalente à frase A (a, b. c... n): B, em que s, b, c... n são "modos de comportamento",[14] então, de acordo com as distinções que apresentei em *Cultura e sociedade*, creio que o verdadeiro objeto dessas investigações é a estrutura da cultura como um sistema, e não a estrutura social (com esse conceito, não me refiro a modelos de comportamento, mas às condições de realizar esses modelos, condições definidas pelo sistema de dependências que resulta da produção, distribuição e consumo de bens).

Não posso descrever toda a extensa teoria de Nadel. Quero apenas chamar a atenção para os princípios básicos de sua construção, a direção de suas investigações, que oferece uma alternativa genuína à direção proposta por Pike. Para Nadel, o elemento fundamental da estrutura do sistema cultural não é de ação, mas um elemento físico (embora seja diferenciado não por um princípio físico, mas semântico), um papel. Um papel é um conjunto de características de determinado indivíduo, herdadas ou impostas pelo destino ou adquiridas em resultado dos esforços do próprio indivíduo; o que é mais importante nas características desse conjunto é a propriedade de ser conectado a uma forma reconhecida, culturalmente prescrita, de comportamento em relação a outras pessoas em seus contatos com aquela que desempenha esse papel. Nadel busca, no nível da experiência, certas formas imutáveis de comportamento que poderíamos chamar de modelos; da variedade de modelos ele tira conclusões sobre a variedade de papéis aceitos no contexto de determinado sistema cultural. No plano da construção, porém, ele busca relações dinâmicas, mutuamente determinantes, entre papéis. Um aspecto muito simpático da teoria de Nadel é essa dinâmica de papéis que surge de sua natureza processual. Escreve ele:

A opção feita por um ator no curso do desempenho de seu papel, que determinou o desenvolvimento subsequente desse papel, é provavelmente determinada pelas reações anteriores que ele encontrou da parte de seus colegas de cena. Assim, devemos aceitar algo na natureza do *processo de orientação mútua* pelo qual o desempenho de um papel orienta ou condiciona o desempenho de outro [...]; os papéis ligados no processo de orientação *concebem* ou *implicam* um ao outro, pois se $P_1 \supset (a...1/s)$ deve haver um P_2 tal que $P_2 \supset (1/a...s)$; $P_1 \supset P_2$ e vice-versa.[15]

Nadel, assim, extrapola, a partir da premissa de que a função de informação contida no comportamento humano é baseada na estruturação da situação de cooperação, para afirmar que essa estruturação ocorre no processo de cooperação de dois ou mais parceiros. Com tal esquema, podemos presumir que o sistema cultural, o tão buscado modelo teórico, é precisamente esse tipo de sistema de papéis mutuamente relativizados numa cooperação prática que estabelece o "significado" de cada papel e, simultaneamente, sanciona determinada sequência de suas atividades. O comportamento do indivíduo A se torna um sinal que indica a identidade cultural de A e foi concebido para provocar o comportamento adequado, em resposta, do indivíduo B — o comportamento que o sistema cultural comum a A e B tornou mais provável. No contexto de determinada cultura comum, uma seleção finita de papéis aceita por essa cultura é escolhida a partir de um universo aparentemente infinito de possibilidades abstratas e de uma seleção igualmente finita de situações praticamente possíveis. Atos de cooperação verdadeiros reduzem ainda mais esse catálogo de situações possíveis, eliminando finalmente a indeterminação de uma situação.

Nadel não aborda superficialmente o problema das formas pelas quais esses papéis são construídos. A partir da perspectiva de uma característica individualmente assumida, os seres humanos pertencem a determinada classe (no sentido lógico) de indivíduos conectados simplesmente pelo fato de possuírem essas características. Um papel é algo mais complicado — um desses pontos, já citados, de interpenetração de classes designados como importantes por um sistema cultural e ao qual esse sistema cultural atribui significados particulares e um modelo de comportamento específico. Um problema recorrente na pesquisa é decidir quais pontos de interpenetração das classes abstratamente possíveis são "percebidos" por determinada cultura, ganhando uma função especial, e quais são rejeitados, não sendo escolhidos por nenhuma instituição cultural em particular. Também é um interessante problema de pesquisa recriar a dinâmica filo e ontogenética dessas escolhas feitas pela cultura. Mas dentro da cultura também pode haver combinações que sejam ainda mais complicadas que os papéis: um acúmulo ou "uniões pessoais" de papéis. Nesse campo a cultura também faz uma escolha, sancionando uma conexão de papéis, mas rejeitando outras. Contudo, não são esses aspectos da "construção interna" dos elementos de um sistema cultural que parecem ser os mais importantes entre aqueles inspirados pela teoria de Nadel. É sobretudo a visão informacional-controladora que faz dessa teoria a mais moderna e em acordo com a tradição do desenvolvimento da pesquisa em oposição às propostas, aparentemente mais refinadas, de Pike referentes a um método que seus adeptos franceses tiveram sucesso em transformar em moda nos salões intelectuais.[16]

O problema de uma análise sincrônica do "campo cultural"

Um dos possíveis modelos de sistema de cultura é a estrutura construída como um sistema de oposições e papéis mutuamente complementares. Esse modelo se estabeleceria em relação com o modelo de estrutura social, entendido como sistema de dependências entre membros da população que, por seu relativo isolamento e autonomia, poderia ser visto como uma totalidade social. Mas essa não é a única forma de organizar papéis num modelo estrutural. Outra maneira igualmente importante de pesquisar é vê-lo como uma organização "espacial". Isso exige que se introduza o conceito de "campo cultural".

Todo espaço é organizado por relações de distância. O espaço cultural é organizado por relações de diferença cultural ou informacional. No cerne de toda sociedade, a intensidade, a saturação informacional do contato entre cada indivíduo e os outros que pertencem ao mesmo coletivo é desigual. Alguns indivíduos se ligam a cada "ego" por laços vitais, abrangentes e multifuncionais, enquanto o "ego" só interage com alguns outros em função de objetivos claramente definidos, temporários — ainda que importantes; com os outros não há expectativas de satisfazer qualquer necessidade especial — o "ego" percebe, de maneira geral, que eles existem, mas aí termina o contato informacional. Essa diferenciação tipológica do contato cultural e de informação constitui em torno de cada indivíduo seu próprio "campo cultural", que poderia ser representado graficamente como uma série de círculos concêntricos em torno dele (não é necessário acrescentar que o tamanho desses círculos não expressaria a distância física nem o que é chamado de distância "social", ou seja, a distância entre suas posições na hierarquia social). Esses círculos também seriam diferentes um do outro em termos do grau de "conteúdo informacional" — em outras palavras, o quanto se estendem os modelos culturalmente determinados para a redução da indeterminação de uma situação que surge do encontro entre o "ego" e qualquer um que faça parte desses círculos. Mensurando essa redução (ou o conteúdo da informação abarcada nesses modelos), seria possível — em princípio — definir com muita precisão as fronteiras desses círculos.

O número de círculos em que vamos dividir o campo cultural é, evidentemente, uma função de nossa decisão quanto à tipologia dos modelos. Por motivos que precisamos esclarecer, parece que o propósito é a diferenciação de três círculos elementares: um círculo central de padrões individuais (K_o), um círculo de padrões de comportamentos (K_r) e um círculo externo de padrões categóricos (K_k).

O padrão individual possui, relativamente falando, a maior capacidade de informação; em casos limítrofes, essa capacidade atinge seu limite essencialmente teórico, eliminando, sem deixar vestígios, certos comportamentos abstratamente possíveis em favor de outros, reais, e garantindo plena previsibilidade a uma sequência de comportamentos. Os padrões individuais regulam a cooperação num ambiente pequeno, composto de conexões íntimas, contatos internos, em situações maximamente diversas, apresentando uma oportunidade para vários comportamentos com diferentes objetivos. Esse conjunto de circunstâncias exige do padrão ao qual deve servir um ambiente extremamente multilateral, esgotando todas as eventualidades, e ao mesmo tempo construído de forma transparente, indicando uma estreita e não conflituosa hierarquia de objetivos, meios e normas de comportamento. Se os membros desse pequeno coletivo aderem no mesmo grau a um padrão individual idêntico, sua cooperação é maximamente organizada — certas variantes de comportamento tornam-se maximamente improváveis; por essa razão, as pessoas percebem as situações contidas em K_0 como as de máximo conforto; pressentindo — o que é, afinal, confirmado — que seu comportamento Z_1 vai evocar o esperado comportamento Z_2 em seu parceiro, elas percebem a situação como algo totalmente sujeito a sua vontade e a seu controle. Elas a dominam, podem modificá-la à sua vontade, sabem o que se espera que façam a fim de produzir a transição para o estado a que aspiram. Essa característica de K_0 explica mais plenamente o fato, repetidamente confirmado na pesquisa, de que quanto mais íntimo for o grupo, mais emocionalmente seguras se sentirão as pessoas que fazem parte dele, mais importante será o papel que ele desempenha na vida como antídoto a um mundo misterioso, altamente contingente e imprevisível, resistente à vontade humana.

A capacidade informacional dos padrões de papéis é muito menor. Se esse padrão elimina a indeterminação, é apenas num conjunto de situações estritamente definido, em geral dirigido a um objetivo específico, abrangendo atividades não conectadas com esse objetivo ou indiferente às necessidades acima mencionadas. Uma situação regulada por esse padrão só é inequívoca em significado para os parceiros na medida em que ambos não realizem atividades desconectadas com o objetivo ou indiferentes às necessidades alegadas. Em K_r há muito menos liberdade de manobra do que em K_o. Os parceiros devem se cuidar para não "abandonar o personagem" — se o fizerem, vão se encontrar diante de uma situação culturalmente não regulada, logo imprevisível, em que a forma de comportamento Z_2 provocada pelo comportamento Z_1 é desconhecida. De modo similar, quando se trata do comportamento do parceiro, somente num fragmento muito específico do repertório de seu comportamento, o único contido no papel, tem valor semiótico para nosso "ego" — é um código cultural compreensível, um convite transparente a atividades claramente delineadas. Se o parceiro se aventura além desse repertório, estamos indefesos e perdidos. A ordem "Cuide de seus negócios e vá embora", grafada nas paredes de empresas, não se destina a preservar o tempo do administrador.

O círculo K_r tem outra característica importante que se torna visível quando é confrontada com K_k. O padrão dos papéis, que define informalmente esse círculo, está em relação com o "ego". Isso significa que identificar qualquer indivíduo a partir do K_r como desempenhando o papel de r provoca automaticamente a entrada do "ego" no papel de 1/r — e vice-versa. Isso pode ser formulado de outra maneira: o indivíduo assume o papel de r caso o "ego" se adapte ao padrão atribuído ao papel de 1/r. As relações que ligam "ego" a indivíduos pertencentes a K_r são um conjunto de papéis complementares do tipo "passageiro-condutor", "cliente-vendedor", "requerente-funcionário", "diretor-subordinado". Sem levar em conta tudo o que sabemos sobre mecanismos extraculturais que atribuem papéis desse tipo, em cada situação concreta ambos os parceiros têm algum grau de liberdade para manipulá-la. É esse fato que dá a suas atividades uma forma de acordo com o padrão atribuído ao papel r, colocando em movimento uma cadeia de comportamentos e provo-

Alguns problemas de pesquisa na teoria semiótica da cultura

cando o posicionamento do parceiro no papel de 1/r. O diretor só pode ocasionalmente esperar que o parceiro assuma o papel de subordinado se seu próprio comportamento estiver de acordo com o papel de diretor. Obviamente, a tese inversa é menos óbvia. Aqui intervêm visões extraculturais localizadas no círculo da distribuição de bens e do acesso a estes, delineando a verdadeira influência dos parceiros. Poderíamos ser tentados a classificar diferentes papéis segundo o grau de liberdade de manipulação da situação de que desfrutam as pessoas envolvidas. Mas todo participante, qualquer que seja o seu papel, tem algum grau de liberdade, e em todo papel o "ego" percebe K_r como um círculo parcialmente manipulável, sujeito a seus esforços de estruturação, embora num grau menor do que K_o.

Os padrões categóricos têm a menor capacidade de informação, relativamente falando. Nem mesmo tenho certeza se faz sentido usar o termo "padrão" nesse contexto, pois ele é associado a formas prescritas de comportamento. Um padrão categórico não oferece quaisquer indicadores quanto ao comportamento desejado do "ego" e também não tem muito a dizer sobre quais comportamentos do parceiro são mais prováveis. Ele apenas permite que este ou aquele indivíduo seja colocado no mapa cognitivo do mundo humano, incluído numa categoria particular do tipo "milionário", "capitalista", "trabalhador", "judeu". Por vezes ele vincula uma categoria a um estereótipo obscuro, projetando sobre o indivíduo algumas posições assumidas pelo "ego" em relação a pessoas dessa categoria, mas levando ao surgimento de padrões permanentes de comportamento apenas em casos nos quais o "ego" entra em contatos mais animados e regulares com essa pessoa, o que geralmente a leva a passar da esfera K para a K_r ou mesmo a K_o. Em geral, porém, as pessoas pertencem a K_k na medida em que existem às margens da consciência do "ego", não se insinuando em sua vida íntima nem em atividades associadas à satisfação de necessidades particulares. Uma característica extremamente importante das categorias é que elas não são fundamentalmente relacionadas ao "ego". Elas aparecem ao nosso "ego" como se tivessem uma existência objetiva cuja definição qualitativa não depende de sua vontade ou de seu comportamento. A distinção qualitativa delas não deriva de sua própria natureza, como a singularidade da pedra ou da madeira, e pode ser submetida, quando muito, à classificação de um pesquisador, mas não à estruturação criativa. A informação contida nos padrões categóricos tem, assim, um caráter extremamente passivo, derivativo; ela permite ao sujeito ser identificado e serializado — mas nada, ou quase nada, diz sobre como lhe dar ativamente a forma que procura.

Resumindo essas reflexões, podemos afirmar que, no processo de passar de K_o através de K_r para K_k, observamos uma progressiva redução do elemento ativo, estruturante, da informação contida nos padrões, e a ampliação de um elemento passivo, derivativo. Essa não é, porém, a única variável que muda seu valor de forma linear ao passar do círculo interno para o externo do campo cultural.

Assinalemos aqui, por exemplo, que, proporcionalmente ao crescimento da "passividade" do modelo, sua "rigidez" se amplia: quanto mais fina for a fatia da situação extraída pelo padrão das misteriosas profundezas da indeterminação, mais estreita será a faixa de terreno por ele controlada, na qual o "ego" pode basear--se ao procurar seu próprio modo de ser; quanto mais estritas e absolutas forem as demandas do padrão, mais delgada será a escala das oscilações aceitáveis e mais modestos os recursos da variação aceita sobre o sujeito pelo "fonema" modelo de comportamento. O "ego" é capaz de reconhecer o mesmo padrão individual em formas de comportamento altamente variáveis, extremamente individualizadas; é capaz de impor esse padrão a parceiros usando repertórios imensamente diversos de seus próprios comportamentos alternativos. O volume de liberdade se contrai enormemente no caso dos papéis a fim de se apresentar o mínimo possível e não deixar espaço algum para a individualização. É esse o motivo pelo qual, quando o esforço de evitar o erro na escolha de um padrão é, por algum motivo, particularmente importante (por exemplo, no exército), a razão manda que ele não dependa de habilidades individuais para eliminar o ruído produzido pelas particularidades ou características do indivíduo, e que use signos claros de identificação que não deixem qualquer dúvida quanto à natureza da categoria ou do papel. Quanto mais longe do centro do campo cultural, menor a tolerância dos padrões ao ruído proveniente das individualizações particulares.

Também a esse motivo devemos atribuir outro aspecto que surge em relação ao grau de movimento em direção às bordas do campo cultural: o aumento da formalidade que os padrões exigem do "ego". Quanto mais longe do centro, maior a etiqueta — mais modesto o repertório de comportamentos culturalmente regulados, mas cada qual minuciosamente definido, e com grandes detalhes.

Distinguir três círculos concêntricos no núcleo do campo cultural parece útil do ponto de vista heurístico precisamente porque isso ilumina as verdades aqui presentes. São elas o próprio aspecto que constitui a distinção entre as esferas, variáveis usadas para construir o modelo do campo (desde que não esqueçamos que esse modelo, como todos os outros, é uma abstração, uma aproximação, uma montagem de características selecionadas da "realidade"; as bordas entre os círculos são essencialmente fluidas e os indivíduos se movem constantemente através delas, vindos de ambos os lados, por vezes — por diferentes aspectos dos laços que os conectam ao "ego" — podendo existir dos dois lados ao mesmo tempo). Mas, uma vez construído o modelo, podemos ser tentados à afirmação empírica de uma correlação entre círculos particulares e a distribuição de várias outras características essenciais do sistema cultural. Essa correlação realça, por exemplo, a relação entre os círculos aqui particularizados e a disseminação de posições que são admissíveis, referentes ao mercado e neutras — talvez as expectativas que ligam o "ego" a K_0 se sustentem num princípio de reciprocidade generalizado; e o mesmo quanto ao que se espera de K_0 — apenas com um senso de reciprocidade muito menor. Seria interessante estudar a interferência de diferentes mecanismos de distribuição do respeito em círculos particulares dentro do campo. Finalmente, um assunto que parece o mais essencial para futuras pesquisas é a relação entre a regulação social e cultural da cooperação em círculos particulares. Parece que em K_o a regulação de comportamentos práticos (não apenas posições e estímulos) tem um caráter inteiramente cultural-informacional; mas quanto mais distante você estiver do centro do círculo, maior será o papel desempenhado na moldagem dos comportamentos verdadeiros pelas relações que ultrapassam a consciência e as energias de um indivíduo. Junto com isso, aumenta a possibilidade de vivenciar contradições entre "o que deveria ser" e "o que é", um padrão e a possibilidade prática de sua realização. Não obstante, essa tese requer mais detalhamento e discussão.

Problemas de pesquisa nos modelos filogenéticos

Até agora nosso interesse tem sido um corte transversal sincrônico do campo cultural. Daí o caráter estático da imagem em discussão. Mas a estruturação do campo cultural não é nem de perto tão inerte quanto possa parecer. Ela é internamente dinâmica por sua própria natureza: os círculos se influenciam, a forma como a cultura habita um círculo não é independente do modo como os padrões culturais se distinguem entre si e da maneira como oposições significativas ali se estabelecem. A garantia de que diferentes círculos culturais vão agir uns sobre os outros é o fato de o ego ser o vínculo entre eles, de todos levarem ao ego e serem, de alguma forma, por ele constituídos.

Vamos precisar aqui nos preocupar agora com esse tipo de equilíbrio dinâmico de um sistema sincronicamente transversalizado. Estaremos interessados na diacronia do campo cultural no primeiro de seus dois aspectos: o filogenético. Estaremos particularmente interessados na questão de se e como, com base numa visão sincrônica do campo cultural, podemos reconstruir a história da "espécie" (ou seja, a história do esquema do campo que determinado sistema impõe a todos os seus participantes, deixando-lhes apenas a liberdade de posicionar outras pessoas em esferas particulares). E como podemos, se os vários dados coexistem ou são conhecidos a partir de diversos esquemas históricos do campo cultural, apresentá-los como estágios de uma determinada sequência de desenvolvimento?

O postulado de Marx que liga métodos históricos e lógicos é bem conhecido — a criação dessas cadeias de desenvolvimento, que realizariam tanto o preceito histórico da cronologia correta quanto o preceito lógico da emergência de fases sucessivas a partir de fases anteriores. Esse postulado expressa o genuíno ideal de todos os esforços que não são neutros no que se refere à dimensão do tempo. Todo pesquisador, contudo, que tenha tentado construir algum tipo de sequência evolutiva sabe muito bem como é difícil concretizar esse ideal. A dificuldade vem tanto do fato da difusão — os contatos sociais entre sociedades que nunca são verdadeiramente isoladas — quanto daquele das "correntes genéticas", o que significa que, desde que essas sociedades sejam de fato relativamente isoladas, acumulando incessantemente suas próprias mutações culturais e socioestruturais, elas nunca repetem as mutações que ocorreram em outras épocas e em outras sociedades em todos os seus detalhes essenciais. Sob essas condições, "prioridade histórica" não tem de ser o mesmo que "prioridade lógica" — e vice-versa. Geralmente sabemos, porém, como essas dificuldades práticas podem ser resolvidas. Seria possível recuperar simultaneamente o valor histórico e lógico para e da mesma sequência se ele fosse construído com um conhecimento dos mecanismos que converteram a forma F_1 na forma F_2. E se isso fosse conhecido numa extensão suficiente para que se pudesse afirmar com segurança que, embora não esteja definido que a existência da forma F_1 signifique que a forma F_2, mais cedo ou mais tarde, deva aparecer, sabe-se que, se a forma F_2 existe, então deve ser verdade que, em alguma fase anterior, a forma F_1 também existiu. Se, além disso, o conhecimento desse mecanismo nos permite apresentar as formas F_2, F_3 ... F_n como alternativas igualmente possíveis que são — embora mutuamente excludentes no momento que aparecem — mutações evolutivas de um F_1 original, então podemos resolver a questão anterior a esta conectada sobre a natureza de coestágio dos sistemas que contêm as formas F_2, F_3 ... F_n.

Os meios práticos de realizar esses postulados teóricos podem ser, uma vez mais, encontrados nos recursos oferecidos pela linguística estrutural, ou melhor, na retroalimentação específica entre as realizações da teoria sincrônica da linguagem e as formas como a linguística histórica aborda essa tarefa.

Desde os tempos de Baudouin de Courtenay, tem-se afirmado na linguística histórica, com base no material comparativo coligido, haver línguas em que aparece o conjunto de sons Z_1 e Z_2, e outras em que existem apenas sons do Z_1, mas não há línguas em que haja os sons do conjunto Z_2 e não do Z_1. Com base nessa assertiva, tem-se presumido que os sons do conjunto Z_2 surgiram no processo de evolução dos sons do conjunto Z_1. Descobrir o mecanismo desse aparecimento forneceria um argumento lógico para a primazia histórica das línguas dotadas apenas do conjunto Z_1.

Roman Jakobson[17] recentemente analisou essa ideia. Ele indicou que nada sabemos sobre a existência de línguas que possuam consoantes aspiradas, mas não consoantes não aspiradas. Aparentemente, não há línguas com consoantes aspiradas, mas sem consoantes não aspiradas; não existem línguas com consoantes suaves sem consoantes duras, e assim por diante. Isso valida a hipótese de que as formas /b/, /d/ e /g/ são posteriores às formas /p/, /t/, /k/; que as formas /ph/, /th/ e /kh/ são posteriores às /p/, /t/, /k/; que as formas /b'/, /d'/, /g'/ são posteriores às /b/, /d/, /g/. Além disso, podemos também formular a hipótese de que todas essas formas posteriores surgiram a partir de suas correspondentes anteriores. A existência das formas anteriores não implica necessariamente que, no curso do tempo, as formas posteriores irão também aparecer, mas a existência destas últimas é base suficiente para concluir que, em algum estágio, as formas anteriores estiveram presentes, ainda que depois tenham desaparecido.

Para confirmar as hipóteses, precisamos descobrir o mecanismo das mencionadas transformações, com base na fatia materialmente acessível da história da linguagem. Caso isso seja factível, será possível recuperar efeitos que não deveriam ser superestimados na forma de um conjunto de dois critérios frequentemente situados em oposição na tipologia das linguagens: o histórico e o lógico. A distância entre as duas perspectivas é evidenciada pela hipótese de Tadeusz Milewski de que é possível discernir um conjunto de fonemas (/p/, /t/, /k/, /i/, /u/, /a/, /m/, /n/, /s/, /r/, /l/)[18] que, aparecendo em todas as línguas do mundo, servem como ponto de partida fundamental para todas elas, começando pelo aspecto — podemos dizer — de que diferentes línguas de grupos humanos relativamente isolados, usando os mesmos mecanismos de transformação, selecionaram diferentes subconjuntos de um repertório de mutações alternativas teoricamente possíveis.

Encontramos uma proposta muito interessante que descreve esse mecanismo procurado na obra de W. W. Martinov.[19] Ele apresenta formas alternativas das quais certas formas vizinhas "deslizam" para formas derivadas. Por exemplo, *dio*, depois de um uso prolongado, pode produzir, como ocorreu em russo, um *d* suave (como na palavra *d'orn*), ou, como ocorreu no alemão, um *o* suave (como na palavra *dörren*). Martinov descreve detalhadamente sua hipótese, não com base na tradução de fonemas (ele só usa fonemas para exemplificar sua teoria já desenvolvida), mas com base em signos. Vamos apresentar um esboço extremamente resumido de sua teoria, recomendando aos leitores interessados nos detalhes que recorram ao original.

Toda sentença semiótica pode ser simbolicamente apresentada por meio do padrão SAO (em que S é o sujeito da ação, A é a ação e O, o objeto da ação). S e O ocupam uma posição marginal na sentença, e A, a posição central. Tomemos como exemplo a seguinte sentença: "O trem (S) trouxe (A) cartas (O)". Podemos agora reduzir o significado espaço-temporal da sentença acima complementando a posição central com um indicador, o qual, com base em sua função, poderíamos chamar de "característica temporal" ou "atualizador". Podemos, por exemplo, construir a sentença: "O trem (S) trouxe de Varsóvia (A) cartas (O)". "Trouxe de Varsóvia" refere-se, evidentemente, a uma classe de ações que é muito mais circunscrita do que as representadas, em geral, por "trazer". Mas esse atualizador também pode ser transferido para uma posição marginal; então se tornará uma "característica estável" ou um modificador que aparece na posição do signo, como se pode ver facilmente se formularmos a sentença: "O trem de Varsóvia (S) trouxe (A) cartas (O)" ou "O trem (S) trouxe (A) cartas de Varsóvia (O)". As expressões "o trem de Varsóvia" ou "cartas de Varsóvia" são novos signos, propriamente falando, que em certas condições "deslizam" de tal maneira que sua forma original ficará difícil de discernir — como, por exemplo, no caso do "receptor de televisão" (em oposição ao receptor de rádio): "televisão". A partir disso, parece que os processos de aparecimento de novas sentenças e da criação de novos signos são estritamente conectados entre si e se condicionam mutuamente. Martinov resume isso na seguinte afirmação:

> O processo de transformação de atualizador em modificador como resultado de sua transferência da posição central para a marginal é simultaneamente um processo de criação de um novo signo, no qual [...] a conexão entre um signo e seu modificador é sempre, potencialmente, um novo signo, tal como, por outro lado, a conexão entre um signo e seu atualizador sempre é, potencialmente, uma nova sentença [...]. Novas sentenças nascem num processo de criação constante de sentenças semióticas. O necessário para a criação de um novo signo no berço de uma sentença semiótica é que um dos atualizadores se repita quantas vezes for preciso.[20]

O leitor deve estar intrigado com a clara convergência entre os estudos de Martinov e as questões filogenéticas sobre o campo cultural apresentadas no início do capítulo ou com a generalização do esquema que caracteriza o sistema de cultura.

Podemos situar elementos particulares do esquema de sentenças SAO da seguinte maneira: indicadores de posição (que, para círculos particulares do campo cultural, são pessoas, papéis e categorias) em condições marginais e a cooperação interpessoal na posição central. Então, o esquema SAO se apresenta para nós como um padrão geral para a cooperação entre dois indivíduos — um elemento empiricamente acessível. Ora, usando as teorias de Martinov sobre a dinâmica de nosso esquema e seu mecanismo com as substituições terminológicas adequadas, chegamos a um contexto teórico para estudar a filogênese do sistema cultural. Para descobrir o mecanismo que leva ao surgimento de novas posições (papéis, categorias) a partir das antigas, precisamos rastrear o "aparecimento" de um padrão inicial unívoco, ligado à crescente complexidade e à resultante fusão dos derivativos, modificados de diferentes maneiras por vários contextos cooperativos. Podemos esperar que, então, em vez de uma situação de SAO cheguemos à criação de duas situações diferenciadas dentro da cultura: $SA_1O \rightarrow SA_1O_1$ e $SA_2O \rightarrow SA_2O_2$. O "atualizador" nesse padrão contém uma forma embrionária da posição de "modificador" ou, potencialmente, novas posições. Esse processo pode avançar assim ou na direção oposta: a duplicação das posições marginais ou o "desmembramento" de posições derivadas de uma delas leva invariavelmente ao aparecimento, na cultura, de um novo padrão de comportamento catalogado. Dessa maneira, chegamos às categorias conceituais e aos elementos básicos de uma estratégia de pesquisa para a compreensão sistemática de fenômenos amplamente observados — funções simples e gerais desintegrando-se em formas crescentemente complexas especializadas ou um processo corolário do refinamento semelhante de papéis e categorias.

Estávamos procurando principalmente um modo de recriar a filogênese num processo redutor, deduzindo as fases de desenvolvimento do esquema do campo cultural com base na consciência de um verdadeiro corte transversal sincrônico.

É nessa própria tarefa que as propostas elaboradas na linguística podem ser mais benéficas. Os métodos de análise estrutural em semântica desenvolvidos por Louis Hjelmslev[21] e Algirdas J. Greimas[22] mostram como, no significado de um signo, pesquisando todas as oposições em que ele desempenha um papel diferenciador — ou seja, de produção de significados —, podemos chegar a um catálogo de todos os "semas" ou elementos fundamentais do significado, que incluem o do signo determinado. Devemos lembrar que só podemos examinar a oposição de dois significados de maneira sensata se eles se referirem, de nosso ponto de vista, a um certo nível comum de significação. Podemos então presumir que esses "semas" representam as formas originais de nosso signo, ou seus modificadores. Com a ajuda desses "semas", podemos recriar o processo de sua formação ampliando a complexidade do verdadeiro esquema do campo cultural.

Talvez um objetivo futuro de vários estudos comparativos venha a ser a distinção (com base no que Milewski fez com fonemas) de um certo conjunto elementar de "semas" culturais, que são ao mesmo tempo os mais inequívocos, pois não podem mais ser divididos, e os mais fundamentais. Seriam um ponto de partida para todos os esquemas do campo cultural, desenvolvendo-se em diversas direções, criados sob as influências tanto da complexidade endogamicamente crescente das funções sociais quanto pelos intricados processos de difusão de contatos culturais e sociais. Talvez esse conjunto fundamental viesse a produzir três campos semânticos igualmente irredutíveis: 1) mais velho--mais novo, 2) mesmo sexo-sexo oposto, 3) amigo-inimigo. Pode parecer que essa sociedade muito simples, construída a partir de uma combinação dos arranjos mais modestos possíveis dos eixos semânticos, fosse apresentada como um conjunto de papéis "homogêneos", mas não simples: a acumulação de elementos de leis e responsabilidades que abrangem futuros papéis *in statu nascendi*. Poderia resultar que essa ampliação do conjunto humano que é conectado mediante o processo de criação e circulação de bens — de grupos de algumas dezenas de pessoas encontrados entre os povos Shoshone ou Semang ou entre sociedades ainda mais distantes — fosse um dos movimentos catalisadores mais essenciais para separar papéis previamente acumulados, adicionando dessa forma novos eixos semânticos à construção de sistemas culturais: quanto maior for o conjunto de pessoas que o "ego" deve encontrar no processo de desempenho de suas funções vitais, maior será o número de "semas" necessários para se orientar numa situação, para eliminar significativamente a indeterminação de todas as situações em que ele possa se envolver (crises de significado e destruição de sistemas culturais sempre foram historicamente relacionadas a momentos de uma súbita expansão de horizontes sociais, um encontro violento de duas ou mais culturas que, cada qual à sua maneira, fossem semanticamente autossuficientes). Talvez isso levasse à formulação de alguma espécie de lei que nos permitisse prever quando ocorreria a separação entre a posição e o modelo originais e as posições e os modelos que vigorariam posteriormente, e também demonstrar que variáveis determinam essa necessidade. Provavelmente a capacidade de qualquer papel é finita (só assim pode um papel ser essencialmente significativo do ponto de vista cultural ou conter uma carga essencial de informação) e, depois que certo limite é ultrapassado, deve haver uma divisão de papéis em partes componentes. Acho que a lista de questões e possibilidades ligadas ao problema aqui estudado não está minimamente esgotada.

Eu quero chamar a atenção para um dos usos propostos do esquema sugerido pela pesquisa. Penso nos processos de desenvolvimento de certos subsistemas sociais, nos quais hipóteses históricas podem ser mais facilmente verificadas do que nas sociedades globais. Penso, particularmente, nas organizações. Na maioria dos casos, estas são organismos comparativamente jovens que com frequência se desenvolvem no curso de vida de uma geração, caracterizados por um ciclo evolutivo relativamente curto. São, assim, um excelente objeto da pesquisa de mecanismos de pluralização de posições e padrões; também servem bem como exemplos para observar "em ação" o fenômeno importantíssimo de "empurrar" certas posições para fora do círculo de papéis em direção ao círculo de categorias baseadas em quando elas ultrapassam certos (quais?) limites do subsistema. Talvez usar o contexto teórico aqui proposto para o exame do conhecido fenômeno que é a tendência crônica dos organismos de se espalharem e florescerem pudesse lançar novas luzes sobre o atual processo muito importante que, infelizmente, é muitas vezes analisado no contexto das teorias da burocracia e à luz de filosofias um tanto detetivescas da história.

Problemas de pesquisa na ontogênese do "campo cultural"

As dificuldades associadas ao estudo filogenético do campo cultural se desvanecem em comparação com o problema enfrentado pela abordagem ontogenética, e isso em função da falta — até agora — de interesse pelos processos de reconhecimento de uma "facilidade cultural" geral no curso do desenvolvimento individual. Claro, a psicologia do desenvolvimento possui enormes recursos, mas está interessada, como sabemos, no desenrolar geral de funções psíquicas nas crianças ou nos mecanismos do processo formal de aprendizagem, sem levar em conta o que é o objeto concreto de estudo. Em ambos os casos, os estudos realizados por psicólogos não revelam conscientemente o processo de desenvolvimento do campo cultural de um indivíduo em conjunto com predisposições inatas do organismo (a *faculté de culture*) e o esquema transmitido no processo de criação. Antropólogos são muito interessados nesse problema — mas em geral de uma perspectiva de métodos de ensino, instituições educacionais e processo de aprendizagem. Tanto em função da enorme quantidade de material reunido em observações por psicólogos quanto da não menos impressionante riqueza de informações vindas de antropólogos, podemos decerto extrair muitas explicações sobre o nosso tema com muito pouco trabalho para reformular o material contido na bibliografia. Mas queremos construir um novo corpo de elementos que esteja centrado nas questões que orientam nossa pesquisa, em relação aos quais o material coletado por motivos um pouco diferentes poderia exercer um papel complementar.

A questão é, em suma, compreender as fases de desenvolvimento que moldam o campo cultural de um desenvolvimento individual. O problema é, até certo ponto, análogo às questões relacionadas a uma criança que adquire facilidade no uso da língua. E mais uma vez em linguística, assim como no contexto dos problemas ontogenéticos, têm-se realizado estudos muito promissores que ligam os métodos "lógico" e histórico de entender o problema. A mais característica dessas tendências é a proposta de Noam Chomsky de uma "gramática generativa". Embora em parcial oposição às principais tendências da linguística estrutural contemporânea, Chomsky propôs reconsiderar as formas de organização da gramática sintática hoje aceitas de tal maneira que uma nova teoria da gramática venha a enfatizar seu caráter dinâmico, criativo — demonstrando como sentenças são "geradas" por uma mistura de material léxico "arbitrário" em contextos igualmente "arbitrários" da gramática estrutural. Pôr em prática esse método lógico deveria, segundo as intenções de Chomsky, conectar-se ao processo real de "gerar" sentenças tal como ocorre no desenvolvimento de uma criança.

> Uma teoria geral da estrutura linguística do tipo que acabamos de delinear iria, dessa maneira, oferecer a explicação de um hipotético dispositivo de aprendizagem da língua e, assim, ser encarada como um modelo teórico das habilidades intelectuais que a criança traz para esse processo [...]. Parece-me que a subitaneidade, a uniformidade e a universalidade relativas da aprendizagem da língua, a desconcertante complexidade das habilidades resultantes e a sutileza e elegância com que são exercidas apontam para a

conclusão de que um fator básico e essencial é a contribuição de um organismo com uma estrutura inicial altamente hermética e específica.[23]

E, uma vez mais, poderíamos relacionar essas palavras, com as adequadas alterações terminológicas, ao problema da "aprendizagem" da cultura em geral, e particularmente do campo cultural.

Os estudos sobre os processos de aquisição da linguagem pelas crianças estão muito avançados. Na bibliografia polonesa sobre esse tema, vale ressaltar o trabalho de Piotr Smoczyński.[24] Pesquisadores soviéticos têm dedicado muita atenção a esse assunto, e seus resultados foram recentemente resumidos com muita eficácia por Alexei A. Leontiev.[25] Se um não especialista pode expressar uma opinião sobre o tema, seus resultados indicam que os esforços de Chomsky serão bem-sucedidos. Resulta que, entre outras coisas, no processo de aprendizagem da língua pelas crianças, há evidentes estágios de "fonética sintagmática" e "gramática sintagmática" — em outras palavras, estágios em que as crianças apreendem a estrutura de palavras ou sentenças, embora ainda não tenham dominado a acústica ou o material léxico adequados e preencham as estruturas que já dominaram com elementos aleatórios. Seria esse um processo específico ao de aquisição da linguagem ou um mecanismo "embutido" de que o organismo dispõe para compreender o mundo em geral? Pessoalmente, não sei quais respostas a essa pergunta são comumente aceitas, mas me inclino à visão de que justapor estudos sobre a aquisição da linguagem com os resultados dos esforços para apreender uma estruturalização geral do mundo humano tal como oferecida pelo sistema da cultura nos permitiria chegar a uma resposta mais precisa.

Sem dúvida o surgimento do campo cultural, estruturando a parte da consciência acessível do mundo que é abarcada por padrões codificados de comportamento oferecidos pela cultura, é elemento de um processo mais amplo — a emergência de um campo psíquico em geral e, assim, de uma estruturação cognitiva do mundo como um todo tal como ele existe para o "ego" ou a consciência a ele acessível. Esse processo mais amplo é a realização da função da inteligência que, como diz Piaget, é inata aos seres humanos — não limitada em suas possibilidades de estruturar o mundo e o self a "atividades dedutivas e à organização da mente".[26] Durante o desenvolvimento do indivíduo essa habilidade inata encontra ofertas imediatas da cultura. Que acontece em seguida? Será que o processo de socialização leva essencialmente à adaptação passiva do organismo humano à parcela do conhecimento e dos hábitos que são treinados para a memória? Não seria esse um exemplo de capacidades humanas num processo ativo de criação, de acordo com a natureza? Piaget baseia seus comentários numa observação sistemática e detalhada de como a acomodação do organismo ao mundo está inextricavelmente ligada a sua assimilação desse mundo, que esses processos têm seus aspectos psíquicos e sensório-motores, que a força motriz de todo o processo é espontânea, "presumida", por assim dizer, na estrutura do organismo — que uma criança, desde seus primeiros momentos, é um sujeito gerador de inteligência, e não um objeto a ela moldado a partir de fora.

> Em oposição aos seres inorgânicos, que também permanecem num estado de equilíbrio com o mundo, mas não assimilam seu ambiente, podemos dizer que um organismo vivo assimila o mundo inteiro, simultaneamente se ajustando a ele, porque todos os movimentos que caracterizam suas ações e reações são organizados num ciclo definido tanto por sua própria organização quanto pela natureza de objetos externos. Podemos, assim, considerar a assimilação no sentido mais amplo como a incorporação de uma certa realidade a este ou àquele ciclo ou organização. Em outras palavras, tudo que responde às necessidades do organismo é material a ser assimilado, uma necessidade é a expressão de uma assimilação ativa como tal.

No caso dos seres humanos, essa função é realizada, e levada à sua culminância, pelo intelecto de que carecem outras espécies; mas é "simultaneamente uma organização formal de conceitos, que ela usa, e a adaptação desses conceitos à realidade, levando em conta o fato de esses processos serem mutuamente inextricáveis". Concluindo, "a assimilação abrange, de um ponto de vista funcional, um fato elementar a partir do qual podemos iniciar a análise, independentemente da verdadeira interdependência dos mecanismos".[27] Essa assimilação baseia-se na incorporação mental de um sujeito em outro, na consumação do isomorfismo na estrutura do mundo externo e na organização da mente do "ego". Se a assimilação biológica e a assimilação direta são, como diz Piaget, egocêntricas — levam a uma inclusão normal de elementos da realidade ao organismo do sujeito —, essa assimilação mental é "objetificada": não anula o sujeito, mas o objetifica, exteriorizando nesse processo sua própria estrutura mental e alcançando, dessa forma, a coordenação de processos de acomodação e assimilação. Esse processo mental — assimilação intelectual do mundo durante (ou melhor, mediante) a simultânea organização (acomodação) do sujeito, visando o isomorfismo das duas estruturas — é o conteúdo do processo ontogenético do campo cultural. No segundo caso, incrivelmente importantes são as circunstâncias, que Piaget não podia levar em consideração porque, no fragmento do texto mencionado, ele estava examinando o surgimento da inteligência na fase "pré-simbólica" ou durante o período em que a criança ainda não usa a linguagem, esse transmissor fundamental da cultura: crucial é a existência de um ambiente social e, no interior dele, a presença de uma oferta de cultura, a qual, nesse estágio decisivo da socialização, faz a mediação entre processos de assimilação do mundo e a auto-organização do objeto.

O funcionamento coordenado dos eixos assimilação-acomodação, localizados na mente em desenvolvimento do indivíduo humano, com o esquema do campo cultura, oferecido pelo ambiente de amadurecimento, é o desejado contexto teórico para a análise da diferenciação gradual do comportamento da criança de acordo com o destinatário da ação e o caráter situacional de sua própria posição tal como determinada pelo contexto — diferenciação vinculada simultaneamente à formação de conexões entre comportamentos particulares e seus correlatos sociais de uma forma permanente. Penetrando nesse material acessível à experimentação e lançando mão da rede de ideias aqui proposta, podemos chegar a um modelo teórico que apresente o papel do sistema cultural encontrado nos processos de assimilação-acomodação orgânica do desenvolvimento individual.

Problemas de pesquisa sobre o desenvolvimento da cultura

Já mencionamos a dualidade da relação entre signos culturais e estrutura social. Essa relação tem o caráter de criação-reprodução: simultaneamente realiza a "estrutura" da situação de cooperação e torna presente para a mente sua estrutura oculta, já determinada. Signos particulares diferem na intensidade desta ou daquela função. Arranjos sociais particulares diferem na quantidade de signos de uma ou outra função. Essas duas circunstâncias dão significado à construção de dois tipos funcionais de signos culturais ideais: signos que criam as posições (Z_{pt}) e signos que derivam de posições (Z_{pp}).

Nesse contexto, a "posição" vai referir-se ao espaço ocupado pelo indivíduo no sistema de energias sociais ou na disposição de relações interpessoais referida como a estrutura social; esse espaço decide o acesso individual a vários bens cuja criação e distribuição constituem o conteúdo dos processos sociais. Se entre alguma posição social P, ocupada por um indivíduo no momento t, e um conjunto de signos $Z_1, Z_2 \ldots Z_n$ existe uma relação

$$P^t \to (Z_1, Z_2 \ldots Z_n)^{t+}, \tag{1}$$

então o conjunto de signos descrito será definido como "posição--derivativo". Se, contudo, a relação assumir a forma

$$(Z_1, Z_2 \ldots Z_n)^{t-} \to P^t, \tag{2}$$

então o conjunto de signos descrito será definido como "posição-criativo". Em outras palavras, as ideias discutidas podem ser apresentadas com a ajuda da seguinte definição:

$$Z_{Pt}{}^{t-} \to P^t \to Z_{PP}{}^{t+}. \tag{3}$$

No caso (1), apenas ocupando a posição P é possível o uso de signos a ela vinculados semanticamente. A função desses signos depende basicamente de informar outros indivíduos humanos com os quais se esteja lidando numa situação dada e lhes proporcionar a escolha de comportamentos adequados a esse fato. Com a ajuda dos signos Z_{PP}, o indivíduo organiza o campo dos estímulos que operam nesse ambiente (sob a condição, claro, de que o ambiente seja composto de pessoas que entendam o código pelo qual os Z_{PP} se expressam). No caso (2), estamos lidando com a situação oposta: é precisamente adquirindo de alguma forma os signos Z_{PP}, equipando-se com eles, que o indivíduo vem a ocupar a posição P. Nesse processo, o indivíduo presume que adquirir os signos mencionados e usá-los também é acessível a indivíduos que atualmente não ocupam a posição P.

A distinção aqui apresentada é, de certa forma, o correspondente semiótico da distinção conhecida da sociologia entre posições "atribuídas" e "alcançadas". A existência de posições atribuídas sempre presumiu a existência de um certo conjunto de signos Z_{PP} que só pode ser usado por pessoas que ocupem determinada posição P_P. No conjunto de dependências que se formam na posição P_P também entra, entre outras coisas, a dependência (que pode ser descrita como "propriedade privada do signo") que não permite o uso de signos Z_{pp} por indivíduos que não ocupem a posição P_p. Numa sociedade em que predominam as posições atribuídas, há uma tendência a incluir todos os signos culturais num monopólio de categorias. Numa sociedade baseada na classe ou na casta, assim como numa sociedade escravista ou feudal, havia uma tendência bastante conhecida de organizar todos os signos — vestuário, moradia, símbolos em armaduras, etiqueta, meios de transporte — segundo posições atribuídas de classe ou casta. A modificação de signos que têm um caráter posição-criativo é aceita apenas dentro dos limites indicados pelos "tipos" posição-derivativos — e assim sob a condição de não cruzarem as fronteiras estabelecidas da função posição-derivativa do signo (vale a pena lembrar aqui a inegável conexão que liga as particularidades da função semiótica da cultura em sociedades de classe-casta à compreensão medieval do desenvolvimento como "aperfeiçoamento de tipo"). O abandono dessas regras a partir do desenvolvimento das relações de mercado ou da "troca de signos" foi recebido com preocupação e raiva, que ficaram claramente expressas nesta resposta de Sebastian Petrycy de Pilzno:

> Se alguém vai construir uma moradia, deve fazê-lo com beleza e criatividade [...]. Ela deve ser construída de acordo com sua posição, sem ultrapassá-la. O homem nobre, se for rico, deve comprar uma casa maior que a do burguês, do senhor da guerra, até maior que a de um simples nobre. Um rei deve ter castelo admirável, poderoso: poderoso para sua defesa, admirável por seu tamanho, sua altura, a riqueza dos materiais, a rocha, o mármore, o alabastro, a fim de mostrar a todos o seu poderio, que inspiraria respeito e medo [...]. Um excesso de apetite é encontrado nas ordens inferiores, nas pessoas grosseiras, como o burguês em relação ao nobre ou do aldeão em relação ao nobre, o artesão, o mercador, o curtidor — em relação a pessoas das cidades, que são mais honestas. Uma pessoa miserável não pode avaliar a riqueza deles: adquirindo pequenas somas, ela constrói um palácio, imagina um pavilhão, constrói um pátio, coloca tapetes e pendura pinturas

caras — como se fosse o maioral da cidade. Não podemos aplaudir isso porque não está de acordo com sua condição, mas vem do coração, feito por despeito, que é uma qualidade repulsiva.

A correspondência entre nossa diferenciação e a dicotomia "posição atribuída-posição alcançada" não é total, pois frequentemente posições tidas como alcançadas são equipadas com signos posição-derivativos. Falando de maneira geral, um signo Z é um signo posição-derivativo da posição P, caso exista uma correspondência um a um entre Z e P. Só nessa situação é que a detecção de Z nos permite aceitar com uma possibilidade igual a L que o indivíduo dotado desse signo vá ocupar a posição P. Uma relação singular de correspondência é geralmente alcançada pela exclusão forçada de indivíduos que não ocupem a posição P do conjunto daqueles que podem fazer uso do signo Z. Os exemplos são todos de uniformes e insígnias. No entanto, a visão do uniforme de um oficial permite-nos presumir que a pessoa que o está usando seja um oficial. Signos posição-derivativos são assim excluídos da livre circulação; entre as condições exigidas para adquiri-los está a de ocupar um espaço social específico. E essa é a verdadeira marca da classe dos signos posição-derivativos.

Se um atributo indispensável dos signos posição-derivativos como tipo ideal é sua inacessibilidade a pessoas que não ocupem posição particular na estrutura social, isso provém do fato de que, desde que a estrutura social se mantenha inalterada, signos posição-derivativos particulares podem exercer sua função diferenciadora e, portanto, a de informação-orientação, por uma extensão temporal infinita. Desde que haja uma correspondência um a um com posições particulares, eles não vão envelhecer, não vão "exaurir" sua função de signo. Em sua situação semiótica, não se presume que venha a surgir uma necessidade de alterá-los ou substituí-los por novos signos; em outras palavras, há uma falta de estímulos semióticos para o desenvolvimento da cultura. Pelo contrário — a função semiótica impõe freios ao desenvolvimento cultural, estabelecendo uma rígida fronteira de inovações aceitáveis. E vice-versa: incluir a condição "ocupando a posição P" entre as que são necessárias para adquirir o signo Z, ao mesmo tempo mantendo a relação semiótica entre o signo Z e a posição P, levará necessariamente a que a quantidade de indivíduos que adquiriram o signo Z cresça rapidamente, ultrapassando a capacidade da posição estrutural P. E assim o signo Z_{pt} será desvalorizado em sua função de signo, perdendo, mais cedo ou mais tarde, seu poder posição-criativo; ele o perde quando deixa de ser uma distinção, quando se torna muito tênue, quando os indicadores particulares do signo se tornam uma norma. Na situação semiótico-social dos signos Z_{pt} há mensagens sobre sua variabilidade, a interminável alteração de sua forma. A persistente diferenciação de posições sociais é a fonte de uma contínua necessidade de diferenciar signos; e a generalizada acessibilidade desses signos (generalizada no sentido de ser indicada por conjuntos mutáveis, dentre os quais não há uma variável para "ocupar as próprias posições que os signos descritos indicam") significa que nenhum deles pode cumprir uma função singular por muito tempo. Em outras palavras, signos posição-criativos são o combustível para o desenvolvimento da cultura.

A generalizada divisão das culturas históricas em estagnadas e em evolução pode ser apresentada, à luz das reflexões acima, como uma divisão entre:

a) culturas em que o direito a um signo surge do direito de ocupar uma posição social; ou
b) culturas em que o direito a um signo antecede o direito a uma posição social.

Apresentamos a hipótese de que o grau de desenvolvimento de determinado sistema cultural é uma função da relação entre esse sistema e a estrutura social a que ele serve — se, dentro da cultura, dominam os signos posição-criativos ou os posição-derivativos. Barreiras artificiais ao movimento de elementos culturais, impondo um monopólio de posições sobre bens culturais, sempre levam à estagnação cultural. E, pelo contrário, a "democratização" de bens culturais e possivelmente o acesso irrestrito aos signos são em si mesmos um estímulo constante ao desenvolvimento cultural (apesar daqueles que buscam, em tendências à uniformidade que sempre existem na cultura de massa, signos de estagnação cultural).

Em condições de democratização da cultura — e só nessas condições — ocorrem dois processos incessantemente conflitivos:

a) a absorção de bens-signos culturais sempre novos pelas "normas" da cultura de massa;
b) a criação de bens-signos sempre novos tomando de signos "absorvidos" a função de diferenciadores.

O resultado desse processo é um constante "aumento do nível" da cultura de massa, a "norma cultural", e o enriquecimento do repertório de signos culturais acessíveis. A tendência inata da cultura democrática é sua "abertura", o que a distingue de culturas na posição dominante, em que predomina a tendência a um sistema fechado.

A manifestação dessa tendência é ainda outro fenômeno que podemos descrever como a proliferação de códigos. A plenitude de signos culturais excede as possibilidades sistêmicas de um só código, gerando numerosos códigos especializados a partir desse ramo principal e servindo para o intercâmbio de informações entre grupos altamente limitados de pessoas numa determinada esfera de suas atividades sociais. Como, contudo, os usuários de todo código especializado, por meio de suas atividades sociais, entram em contato com grupos que usam outros códigos especializados, existe em geral a necessidade de um código universal — algo semelhante ao latim medieval, embora democratizado — no qual a informação expressa em códigos especializados possa ser traduzida, dotando-os assim de um significado comparável. Talvez a impressão de "não sistematicidade", de "amorfia" da cultura contemporânea, tão frequentemente expressa em aná-

Alguns problemas de pesquisa na teoria semiótica da cultura

lises do presente, resulte do fato de esse código universal ainda essencialmente inexistir. Há esforços, empreendidos em muitas sociedades, no sentido de que o sistema monetário e seus correlatos materiais desempenhem o papel de um código universal. Até agora esses esforços não obtiveram um sucesso total, o que, entre outras coisas, deve ser atribuído à falta de isomorfismo entre o sistema monetário e a maioria dos códigos especializados, que se caracterizam — diferentemente dele — pela sinergia. Tem havido, contudo, a difusão espontânea de um código universal muito imperfeito na forma de uma "cultura quiz" composta de remanescentes de signos que, embora não singulares, são tratados como unidimensionais e idênticos simplesmente porque são removidos do contexto dos códigos que lhes são adequados e, assim, temporariamente privados de significado. Apesar de suas imperfeições, a participação no código "quiz" é — dada a falta de outros códigos universais — o destino inevitável de todos no presente, independentemente de aspirarem a algum código especializado e, caso positivo, a qual deles. O diletantismo do quiz é um atributo obrigatório da proliferação de signos especializados e — acrescentemos — do avanço da informação para o papel de principal signo da cultura.

O caráter posição-criativo dos signos, levando a uma "falta de disponibilidade" da condição social que o indivíduo encontra, tira dele a responsabilidade de descrever sua própria posição social. Daí o afã da individualização como necessidade motivacional generalizada (e que, por ser tão generalizada, produz efeitos igualitários de massa). O afã da individualização nesta ou em outras formas é conhecido em todos os sistemas socioculturais. Em sistemas baseados fundamentalmente em signos posição-derivativos e indicando restrições à livre movimentação de signos posição-criativos, ele tende a ser fechado, como já indicamos, no contexto dos "tipos". O perfeccionismo forçado substitui a inovação, e a criatividade dos inovadores se esgota no causalismo da crítica. Nas condições de uma cultura democrática, uma porção significativa da já mencionada limitação (em todo caso, nos campos em que é garantida a primazia dos signos posição-criativos) é retirada, e a tolerância à inovação se amplia significativamente.

Por muitos anos, psicólogos (entre os quais Daniel E. Berlyne, Kay C. Montgomery, Murray Glanzer) têm demonstrado por meio de experimentos que, para os organismos vivos, a novidade — o caráter atípico, inesperado — de um estímulo tem uma grande força motivacional. Quando a novidade não se afasta consideravelmente do que é conhecido, ela evoca motivações positivas, manifestando-se em "comportamento de descoberta", "de pesquisa". Quando, porém, se afasta muito da estrutura habitual, previsível, de estímulos, ela evoca motivações negativas — medo e fuga. O fenômeno é entendido com relativa facilidade à luz do que sabemos sobre o papel organizador, estruturante, da informação em relações entre organismos vivos e o ambiente, assim como na coexistência dialética de processos de assimilação e acomodação. No campo da psicologia, impulsos ainda são explicados pelo uso de constructos teóricos específicos chamados de "tendência interna à proximidade" (Edwin Holt), "apego" ("audiência", Daniel E. Berlyne) ou "discrepância crônica entre o nível de atividade e aquele provocado por estímulo súbito" (S. S. Fox).

O fato de o poder motivacional de um novo estímulo ser claramente conectado ao nível de "novidade" ou "atipicalidade" permite-nos apresentar as seguintes hipóteses:

a) um "novo" estímulo vai evocar em organismos vivos uma posição ambivalente, positiva-negativa; esta pode ser apresentada como uma combinação de duas posições, positiva e negativa, assumidas em reação à ação simultânea de dois estímulos, positivo e negativo;

b) uma relação mútua entre dois componentes contraditórios da posição ambivalente pode ser apresentada de maneira semelhante, como fizeram Neal Miller e John Dollard na moldagem de reações a reações simultâneas de "recompensar" e "punir". É o que mostram as Figuras 1 e 2.

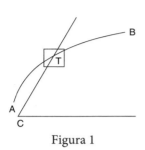 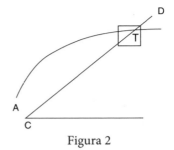

Figura 1   Figura 2

Nas Figuras 1 e 2, o eixo horizontal indica o nível crescente de "atipicalidade" dos estímulos, a linha AB, a intensificação da motivação positiva a que chamamos "impulso", e a linha CD, a amplificação da motivação negativa a que denominamos "repulsa". O retângulo rotulado com a letra T mostra-nos as regiões em que "a intensidade do impulso e da repulsa se torna igual", ou uma ambivalência vivenciada de forma particularmente aguda. A curva que mostra o crescimento do impulso como uma função do grau de "atipicalidade" do estímulo é igual nas duas figuras. Presumimos que sua forma seja modificada apenas num grau muito reduzido pelas mudanças socioestruturais. Quando sofre alterações, elas são causadas por fatores idiossincráticos: os tipos das diferenças individuais, uma condição temporária do organismo etc., que só depende muito indiretamente de aspectos de natureza "estrutural". A disposição da linha que expressa a mudança de intensidade da repulsa como função da novidade do estímulo é completamente diferente. A forma dessa relação, tenuemente conectada à intensidade da punição por fugir à norma, depende claramente do caráter do contexto sociocultural em que se situa o indivíduo. A diferença entre as Figuras 1 e 2 ilustra a relação entre culturas estagnantes (dominadas pela posição) e culturas em desenvolvimento (dominadas por signos).

As afirmações acima nos obrigam a considerar mais de perto o papel dos espaços rotulados como T. São espaços do tabu cultural, geralmente construídos sobre o fenômeno psicológico das posições ambivalentes. A superposição de descrições antropológicas e psicológicas da ambivalência é de fato impressionante. A atitude em relação ao tabu é um misto de curiosidade e medo, endeusamento e repugnância, desejo e repulsa. A contenção de objetos que evocam atitudes semelhantes mediante interdições culturais aplicadas e garantidas pelo controle social, empurrando-os para as margens do campo cultural permissível, serve — funcionalmente falando — para demarcar as fronteiras da inovação aceitável. O tabu forma as linhas de fronteira do espaço em que os impulsos inatos do organismo não são reprimidos. Semioticamente considerado, ele traça a fronteira do domínio da variabilidade cultural aceitável.

A diferença entre as Figuras 1 e 2 leva essencialmente à decisão sobre onde estará situada a região do tabu na escala de novidades. Essa é a medida da tolerância de uma cultura à inovação. Podemos, em geral, aceitar que quanto mais se move adiante essa posição na escala de novidades, maior é a região cedida à variabilidade cultural e mais hospitaleiras as condições para o desenvolvimento da cultura.

Os resultados desses movimentos não são de natureza cultural e sim socioestrutural. O problema do caráter posição-criativo ou posição-derivativo dos signos culturais, a partir dos quais iniciamos nossa análise dos significados da capacidade de desenvolvimento de uma cultura, vai além do contexto de fenômenos puramente culturais; situa-se na esfera da relação entre a cultura como um sistema de signos e a estrutura social como um arranjo de dependências que esses signos significam. Uma análise das condições de desenvolvimento ou estagnação de uma cultura sempre se refere a um problema da estrutura social. Não nos aprofundamos nessas reflexões, cujo objetivo era apenas sinalizar algumas hipóteses sobre os mecanismos culturais e psicológicos que fazem a mediação entre estrutura social e inovação ou estagnação culturais.

· PARTE II ·

Cultura e estrutura social

· 6 ·

Organização cultural e extracultural da sociedade

A cibernética, muito em voga e bastante respeitada hoje, tem reforçado a eterna tendência do pensamento humano de dicotomizar sua visão do mundo. O dicotomismo é uma característica dos arranjos imanentes, cujas transformações são examinadas pela cibernética. Os pontos de entrada e de saída do sistema, assim como os elementos que os incluem, são homólogos: junto com um ponto de entrada ou saída de energia há uma entrada ou saída de informações — e dessa forma todo arranjo tem uma dupla estrutura, ou melhor, duas estruturas. Os elementos são conectados por meio de uma rede de feedback de energia, mas também por uma rede de feedback de informação. Qualquer transformação de um elemento ou de um arranjo é resultado de uma interação entre o transmissor de energia e o transmissor de informação.

As raízes da pesquisa teórica sobre esse dualismo metodológico certamente estão fincadas em tradições muito antigas da reflexão filosófica sobre o mundo humano; essa reflexão é reafirmada diariamente por todas as pessoas em sua experiência do mundo, que é dicotômica em sua estrutura geral. Toda pessoa experimenta numa base cotidiana o fato de que sua própria vontade, seus desejos e suas aspirações sejam vivenciados como recalcitrantes, resistentes ao confronto com a "realidade". Os sinais do primeiro ingrediente da experiência vêm de "dentro", e os do segundo, de "fora". Refletindo sobre a experiência, a pessoa projeta sua imagem em duas telas — uma interna e outra externa. O produto dessa projeção é a percepção de toda ação como um encontro de duas estruturas mutuamente dependentes, não inteiramente traduzíveis, cada qual com uma existência independente "substancial" (no sentido platônico, não confundir com o materialista) à sua própria maneira. Assim, na experiência básica da discrepância entre o que é e o que deveria ser, entre a significação e ser significado, a vontade e sua personificação externa habitam eternamente o manancial vivo da visão de mundo gnoseológica dicotomizada. Como as duas telas são um dado, o elemento nelas projetado pode ser estruturado de diversas maneiras, a depender das escolhas da diretriz organizadora. Se estamos interessados na estrutura do comportamento humano, vamos falar sobre a dicotomia do motivo e da situação, que vai do ato do indivíduo até uma estrutura hipotética chamada de posição (em uma direção) ou determinação circunstancial da situação (na outra). Se temos maiores aspirações em relação a nossa pesquisa e queremos entender a construção do mundo social, vamos organizar os conteúdos de nossas telas em estruturas de consciência e existência social. No nível seguinte, ontológico, de generalidade, nossa dicotomia assume a forma de uma relação entre pensamento e matéria. Mas outras variantes da estruturalização também são possíveis. Se realizarmos uma reprojeção mental da tela "interna" "do lado de fora", a dicotomia vai se apresentar para nós como a relação entre a base e a superestrutura. Uma reprojeção a partir de dentro irá iluminar a dicotomia de essência e existência. Há muitas variantes, se considerarmos que a autonomia e a dependência mútua das duas telas foram temas básicos da reflexão filosófica, ao menos nos círculos influenciados pela cultura grega.

A visão cibernética nos aparece à luz dessas reflexões como uma nova variante da universalização intelectual da experiência básica. Ela é um produto da reorganização dos conteúdos dessa experiência pela perspectiva dos sistemas complexos. A correspondência de entrada e saída, a expressão dessa correspondência mediante uma função singular com uma quantidade finita de variáveis, é, no estudo de conjuntos complexos, analisada pela perspectiva da correspondência de sistemas de informação e circulação de energias. O funcionamento singular desse arranjo exige uma correlação total das duas fontes de energia. Se usarmos a antiga linguagem da filosofia, isso requer um acordo total entre o que é e o que deveria ser, as normas e a possibilidade de realizá-las.

Vamos postular que esse agregado complexo seja precisamente a sociedade humana, ou um conjunto isolado e autossuficiente de pessoas com impulsos complementares. Deveríamos buscar dois conjuntos de energias convergentes. Encontramos uma clara analogia entre o gasto de energia e a produção e distribuição de diversos bens que condicionam a existência e a capacidade de ação individual dos seres humanos e seus diversos grupos. Analogia igualmente clara aparece entre o gasto de energia e a criação e disseminação de vários signos e modelos que orientam a intenção individual ou coletiva de agir. Aceitando as duas analogias, podemos tratar tanto a sociedade quanto as pessoas como um agregado complexo de natureza dual ou como um arranjo com duas estruturas.

Um dos arranjos aparece como um conjunto de situações que define o acesso a bens. O sistema "sociedade" permanece numa relação de inclusão no sistema do "indivíduo"; o campo dos processos de assimilação do indivíduo é o mesmo domínio que, da perspectiva do sistema "sociedade", é um campo de processos de acomodação. As situações mencionadas em que se inscrevem os processos da vida individual estão localizadas nesse campo. A cultura é uma tentativa de unificar o campo, organizá-lo e estruturá-lo mediante a introdução e a interpretação da informação. O modelo teórico puramente abstrato de cultura, exercendo essa função de maneira excepcional, presumiria a completa identidade da diretiva individual-assimilacionista (padrões de comportamento) com a diretiva socioacomodatícia (exigências institucionais ou, como diz Parsons, estrutural-funcionais). Grande parte da sociologia americana contemporânea aceita esse modelo teórico e o indicador de uma norma social, tratando todos os afastamentos empíricos como "desvios" (transgressões). Aceita-se tacitamente que a informação — ou o domínio da questão da socialização e da interiorização — é um campo em que se realiza a organização do coletivo humano; se essa organização deixa de funcionar de alguma forma, é necessário buscar as causas da ruptura dos processos de socialização e acomodação. Nesses casos, estamos lidando com um modelo puramente cultural de sociedade. Ele exclui fatores independentes dos sistemas econômico ou político como emblemas de uma situação à qual se aplica a informação culturalmente preparada para fins de exploração-controle.

Enquanto isso, em todas as sociedades conhecidas — mais nas heterogêneas do que nas homogêneas —, o campo e o poder de regulação cultural dos processos são limitados. A limitação da regulação cultural aparece quando a estrutura de conhecimento e expectativas, ou o padrão de informação, deixa de ser isomórfica em relação à estrutura externa da situação ou ao arranjo de oportunidade, definindo a acessibilidade de bens que são o objeto da ação. Essa situação ocorre sempre que — como em nosso tipo de sociedade — as expectativas culturais são mais homogeneizadas do que a oportunidade de concretizá-las. O resultado é uma disjunção entre o postulado informacional e as possibilidades energéticas e, portanto, entre o modelo cultural e o motivo da ação — situação descrita por Lévi-Strauss como o excesso de significados sem objetos definidos e o excesso de eventos sem significados.

Essa disjunção se apresenta às pessoas de uma forma binária: a) como uma discrepância entre o que é conhecido e o que é desejado; e (ou) b) como uma falha da cultura em cumprir seu papel de informação-controle, ou uma "imprecisão" da situação de ação, uma fome de conhecimento, de objetivos e valores. Ambas as formas têm como fonte o conflito nas relações de correspondência (isomorfismo, adaptação) entre processos de acomodação e assimilação. Processos de acomodação individual organizados pela cultura (processos de socialização-interiorização) não levam à criação de estruturas de pensamento e comportamento que possibilitem a assimilação ao ambiente: essa evasão do mundo do controle humano se chama alienação. Ambos os processos de disjunção constituem, por um lado, a motivação para os esforços de pesquisa (a intensificação dos processos de acomodação individual) e, por outro, uma organização ativa do mundo (intensificação dos processos de assimilação individual que, em seus resultados, se revelam como processos de acomodação social). Os produtos dessas motivações são, por um lado, os "mundos projetados" da arte e da ideologia; por outro, a manipulação técnica do mundo natural e a manipulação político-jurídica do mundo humano.

Genericamente falando, o papel da cultura na regulação dos processos de vida (como um princípio da regulação) se reduz de acordo com a fragilização da informação entre o ator e outros participantes da situação de ação. Ele é o maior nos círculos mais íntimos, pessoais, que podem ser atendidos por um único código de signos e significados com capacidade suficiente para que a informação reduza praticamente à irrelevância a indeterminação de todas as situações de interação possíveis. É o menor nos casos em que o acesso aos bens, que é o objetivo da ação, depende de pessoas participantes de conjuntos cujo sistema cultural não apresenta pontos de interseção com o código cultural do ator. Por isso, a já referida disjunção não pode ser completamente sentida por pessoas que se movem num círculo particular de uma cultura singular que seja relativamente autossuficiente em energia durante suas vidas. Ela é sentida de forma particularmente intensa em ambientes urbanos e exponencialmente multiplicada numa época de grande mobilidade geográfica e comunicação extrassocial. A descoberta do sistema de classes só se tornou possível quando a intensificação da transmissão de informações interclasses levou à unificação cultural de modelos de comportamento culturalmente construídos que serviam para manter a diferença entre o conjunto de oportunidades correlacionado com situações envolvendo um acesso a bens marcado pela posição de classe. Nada há de estranho no fato de ser nessa época que encontramos a maior pressão para inovar, gerando o máximo dinamismo tanto do sistema cultural (antecipando sistematicamente o processo de aparecimento de outras oposições estruturais mediante a criação de novos signos ou a rapidez com que produtos culturais se tornam "defasados" em seu papel de signos posicionais) quanto da estrutura social.

A função informacional-controladora, como já foi visto, serve à função da cultura. Mas isso nem sempre se realiza — fato negligenciado pela versão unilateral da cultura na sociologia. O fato de essa função não ser cumprida é o maior estímulo à produção cultural. O medo subconsciente, filogeneticamente construído, que as pessoas têm do escuro, de uma floresta densa ou de um nevoeiro demonstra cabalmente o impulso que elas sentem em relação a demarcações claras, à previsibilidade e, assim, à "saturação informacional" do cenário da ação. A cultura é um esforço constante para diferenciar o que é uniforme — impondo uma estrutura a um mundo que não a possui ou cuja estrutura é desconhecida. Esse esforço é realizado em duas frentes: pela construção de uma cultura de signos e pela estruturalização prática do sistema de elementos significados. No pensamento primitivo, as duas frentes se chocam e se fundem, e essa é provavelmente a particularidade mais característica de *la pensée sauvage*. O indivíduo torna-se membro de uma tribo não porque nasceu nela, mas porque participou dos ritos de iniciação. Alguém parte para o mundo dos mortos não porque os processos fisiológicos de seu corpo pararam de funcionar, mas porque a cerimônia fúnebre aconteceu; uma pessoa biologicamente viva em relação à qual se tenha realizado essa cerimônia também vai morrer biologicamente. Em nossa sociedade, pessoas se tornam oficialmente um casal não por dormirem juntas e terem filhos, mas porque passaram pelo "ritual de transição" adequado. No pensamento moderno, a consequência de vivenciar a inadequação da informação cultural sobre a diferença entre o que é "objetivo" e o que é "subjetivo" é que as duas frentes se separaram, tal como se separaram a cognição e a produção, junto com os motivos da ação e o Estado de direito.

É por isso que, na sociedade atual, mais que em qualquer outra, ao descrevermos o comportamento humano, não nos é permitido explicá-lo por referência a variáveis da motivação individual (ou características interiorizadas do sistema cultural). Ao descrevermos, por exemplo, os comportamentos durante a temporada eleitoral, não obtemos um conhecimento direto da "cultura política" de determinada sociedade; o comportamento descrito é um resultado acidental de pressões situacionais que não expõem uma estrutura isomórfica de padrões interiorizados (que são, portanto, sentidos como essenciais) e normas internalizadas, que uma vez mais não correspondem às oportunidades contidas na estrutura externa (e são, portanto, vivenciadas como anseios não satisfeitos, como uma injustiça, dando vez à frustração ou agressão, seja ela sádica ou masoquista). O conflito subjetivamente vivenciado entre o que é e o que deveria ser, nesses casos, resulta da projeção do conflito objetivo entre a organização cultural e extracultural da sociedade sobre a tela individual. Essa organização extracultural — e aqui está a raiz do conflito — é regulada pelos interesses particulares de certos segmentos da sociedade (a classe hegemônica) e baseia-se não tanto na diferença de valores e motivações quanto na diferença de oportunidades ligadas a posições sociais particulares. É disso que redunda o fato de que, para muitas pessoas, vários padrões carecem de possibilidade de realização. Quando padrões — em virtude de sua inadequação a uma situação — perdem seu poder de controle, o que se coloca em seu lugar é a força da necessidade sob a forma de limitações político-jurídicas. O arranjo político--jurídico, funcionando em conjunto com o econômico, serve à mesma função, genericamente falando, que o sistema cultural: sua tarefa é a limitação do conjunto de possibilidades abstratas maximizando a possibilidade de algumas delas e eliminando outras. Mas ele realiza essa função de uma forma diferente que o sistema cultural: ele não transforma (ou pelo menos não tem de transformar) o que é necessário no que é desejado; como regra, é geralmente o oposto: uma tensão permanente entre desejo é necessidade. Surge então um estado de "disfunção" da estrutura social — estado descrito por Marx como de alienação. Na fonte desse estado está a violência de determinado conjunto de interesses sobre outros, chamada dominação de classe. A consequência desse estado é a intensificação da transformação tanto do sistema cultural quanto da estrutura social — uma busca incessante da adequação de ambos que é inatingível na medida em que a variabilidade de cada um está sujeita a fatores independentes.

A unidade de análise: o sistema sociocultural

Por muito tempo os pesquisadores das chamadas sociedades primordiais ou primitivas descreveram a estrutura e a função dessas sociedades em categorias puramente culturais: com base em relatos de seus informantes, tentaram recriar e explicar o mundo de significados e padrões dos nativos e apresentar o sistema cultural como uma imagem verdadeira da sociedade. Esse procedimento não é mais visto de forma positiva. Revelou-se, nos resultados de análises pormenorizadas, que as sociedades primitivas, tal como a nossa, vivenciam uma discrepância entre o que é e o que deveria ser, que a imagem das relações interpessoais construída na mente das pessoas nelas envolvidas é uma coisa e o verdadeiro arranjo dessas relações é outra. Tal como a decadência de sistemas sob a influência desagregadora das relações de mercado de energia e modelos de competição chegou tão longe em toda parte que hoje não há um grupo de pessoas em qualquer lugar da terra cuja descrição de sua cultura viesse a esgotar tudo que se pudesse dizer sobre sua estrutura, e onde a metodologia tradicional da antropologia não conduzisse a uma imagem falsa da realidade. Mas não ficamos obcecados pelo fato de que os antropólogos talvez tenham utilizado, em relação a certas categorias de grupos humanos, uma perspectiva altamente inadequada para a análise de nosso tipo de civilização. Da mesma forma, as próprias sociedades primitivas apresentam propriedades que tornariam menos óbvio e pernicioso o equívoco dessa perspectiva. Nelas, a discrepância entre os sistemas da informação e da energia não é tão aguda quanto em nossa versão da civilização.

Essa hipótese ainda está de acordo com tudo o que sabemos sobre a gênese e a emancipação dos seres humanos do mundo animal. A existência coletiva, social, dos indivíduos humanos não é nada de novo se considerada em conjunto com as espécies de animais; o que é decididamente novo, contudo, é o surgimento de um sistema independente de informação ou a especialização de certas diretivas em seu papel informacional. Devemos aceitar — de acordo com a lógica — que, em algum estágio da pré-história da comunicação humana, a informação apareceu exclusivamente, ou quase — como acontece nas sociedades de insetos —, como um aspecto das transmissões de energia específico à espécie e intraduzível; e que, no estágio seguinte, surgiu um agregado diferente de "materiais" para a informação (a fala); mas incluída nesse evento estava a possibilidade de uma autonomização fundamental da cultura que ainda se realizava num grau tão reduzido a ponto de ser possível falar de total simetria entre ambos os aspectos da estrutura social.

Esse tipo de situação hipotética de total simetria de "uma compatibilidade absoluta entre cultura e sociedade" ocorre, de uma perspectiva teórica, quando: a) em qualquer situação, ambos os parceiros envolvidos podem fazer aquilo que a informação de que dispõem lhes indica; e b) nada nem ninguém os influencia a fazer algo diferente. Em outras palavras, a condição dessa simetria é a unidirecionalidade dos vetores que expõem as pressões exercidas sobre o comportamento de todo indivíduo pela "situação externa" e pelos "padrões interiorizados". O psiquiatra americano Kurt Goldstein criou um mundo hipotético desse tipo para uso dos soldados feridos e mentalmente incapacitados: a conformidade entre a situação e as expectativas ou princípios vinculados às suas demandas não dava espaço à disjunção interna, a experiências e escolhas conflitantes. No mundo criado por Goldstein, não havia — para usar a terminologia de Lévi-Strauss — "coisas sem significado ou objetos não designados".

Por motivos que apresentarei posteriormente, parece que o mundo artificial de Goldstein é muito mais próximo de nosso modelo hipotético do que qualquer sociedade histórica ou pré-histórica. Mas também é provável que as sociedades ditas primitivas estejam mais próximas do modelo supramencionado do que a nossa, e que possamos apresentar o curso da história humana como uma separação progressiva entre cultura e sociedade. Nosso modelo hipotético não se afasta muito do conhecimento de que dispomos, graças aos antropólogos, sobre sociedades pequenas, mutuamente isoladas e autossuficientes, livres do contato cultural e de encontros com grupos de outras culturas. Não parece acidental que essas sociedades se distingam por uma notável estabilidade: atender a expectativas culturais reforça a fé em modelos internalizados, e usar esses modelos reforça, por sua vez, o ciclo retroalimentador de energias ao qual eles são funcionalmente aplicados.

No contexto dessa totalidade, é difícil resolver questões relativas ao "primado" da cultura ou da sociedade. As duas linhas de pensamento são igualmente justificáveis. Pode-se, por exemplo, afirmar com razoabilidade que a energia circula pelos canais indicados por modelos culturais, embora se saiba, por outro lado, que o condicionamento mental dos padrões culturais deve sua força a uma dependência em relação às energias sociais.

Em termos mais gerais, podemos dizer que o sistema sociocultural é mais estável quanto mais estejam atingidas as seguintes condições: a) todos os elementos energeticamente conectados à moldura do sistema também estão ligados pela informação; b) os conteúdos das transmissões de informação estão de acordo com os das transmissões de energia, significando que os elementos do sistema podem se comportar da maneira deles exigida pelas diretivas informacionais (padrões e conhecimento), e que desejam comportar-se da forma determinada pelas dependências energéticas (posição na estrutura social). Na fonte dessas mudanças encontramos uma inadequação da informação e da energia. Na linguagem sociológica cotidiana, podemos falar de inadequação do padrão e do motivo, assim como da possibilidade de sua realização numa situação ou de pressões externas e papéis internalizados. Essa inadequação é tão mais provável e frequente quanto mais claramente ocorram os seguintes fenômenos (cada qual individualmente ou todos em conjunto): a) o sistema de energias sociais se aproxime do modelo de um mercado sem participantes, regulado pelas leis de oferta e procura ou pelo princípio do valor e da força econômica, e não pelos princípios da utilidade e da reciprocidade tradicional; b) a energia social (a circulação de bens) vá além do conjunto de elementos que são informacionalmente conectados; c) as energias informacionais (a comunicação de valores e modelos) ultrapassem as fronteiras do agregado de elementos mutuamente dependentes do ponto de vista energético. O mercado, em oposição a uma circulação de bens sem mercado ou a contatos socioculturais, cria uma situação que contribui para a inadequação do conjunto tradicional de modelos e variáveis da situação (ou o oposto, novos modelos e situações tradicionais atendidos por modelos antigos), o que por sua vez dá um significado adaptativo à mudança no sistema cultural ou na estrutura social — ou em ambos.

Aqui, então, e não nas propriedades de quaisquer estados de um agregado humano, se encontram as fontes da variabilidade sociocultural e da existência de pessoas numa forma que inclui a dimensão do tempo histórico. É curioso que a mesma conclusão, em essência, tenha sido a de grandes pesquisadores na linha de Margaret Mead ou Ruth Benedict, dado o confronto dos recursos da descoberta antropológica e também de filósofos — a análise fenomenológica da existência humana. A existência não é terrível nem insuportável. Somos nós que, ao negá-la, a tornamos terrível e insuportável. Uma coisa é vivenciar o sofrimento, outra, fazê-lo conscientemente — e outra, ainda, encarar a experiência do sofrimento de um ponto de vista externo, como um objeto sujeito a manipulação, e imaginar a condição que iria eliminar tal sofrimento. Como escreveu Sartre, à medida que uma pessoa está imersa em sua situação histórica, ela é incapaz de ver os buracos e as falhas de determinado sistema político ou econômico, e não, como se diz estupidamente, por estar acostumada a ele, mas porque o sistema abrange toda a sua experiência, e ela não consegue imaginar que as coisas possam ser de outra maneira [...]. Só quando um diferente estado de coisas se torna imaginável é que cai uma luz sobre nossos sofrimentos e dificuldades, só então chegamos à conclusão de que eles são insuportáveis.[1]

Esse "diferente estado de coisas" só pode ser imaginado quando contatos socioculturais o tornam acessível, seja como experiência ou como ideia. Em total concordância com Marx e Lênin (*O que fazer?*), Merleau-Ponty escreveu:

Minha posição objetiva no processo de produção não é suficiente para despertar em mim a consciência de classe. O explorado existia antes de aparecerem os revolucionários [...]. A resistência, assim, não é o produto de condições objetivas; pelo contrário: a decisão dos trabalhadores de que desejam uma revolução é que os transforma em proletariado.[2]

A soma das atrocidades e dos sofrimentos humanos, apesar das queixas dos pessimistas, decresce com o passar dos séculos e com o desenvolvimento da civilização. E o volume de protestos, rebeliões, revoluções, afinal, está aumentando.

A incrível variedade e a liquidez do mundo contemporâneo podem ser atribuídas ao fato de esses três pré-requisitos antes relacionados terem sido todos preenchidos de uma vez, e num grau até então sem precedentes. E foram preenchidos não apenas no contexto de "sociedades" individuais particulares (como hoje usamos coloquialmente o termo para nos referirmos a grupos de pessoas organizadas em Estados), mas também da "Grande Sociedade", expressão empregada meio século atrás por Graham Wallas para descrever o fenômeno de pessoas ligadas, pela primeira vez na história humana, a uma gigantesca rede de conexões energéticas e informacionais. Os bens criados por seres humanos são agora computados numa escala global, e o acesso a eles é determinado por relações que vão muito além das fronteiras de uma nação, por maior que ela possa ser; e os novos corretores culturais (termo usado para definir indivíduos especializados na transmissão de informações) são transformados num agregado global, atendendo às múltiplas direções do fluxo de informações para além das fronteiras de uma região e de um ambiente. O mundo moderno é, assim, a arena de contatos culturais crônicos e multilaterais, um infindável rearranjo das fronteiras de energia e dos sistemas de informação, e uma evidente discrepância entre as esferas da informação e da energia. Não é por acidente que o problema da disjunção entre o que é e o que deveria ser e o relativismo de todos os sistemas normativos sejam hoje os temas mais exaustivos e criem os maiores contratempos para os pensadores contemporâneos. Eles são um marcador do movimento do mundo na direção de um segundo polo heterogêneo, no qual a outra extremidade do eixo era a hipotética estrutura sociocultural previamente descrita.

Eis a seguir algumas dimensões selecionadas desse processo: a especialização e a autonomização das necessidades humanas. Institucionalização de si mesmo num mecanismo de satisfação dessas necessidades em várias estruturas organizadas. A relativa autonomização dessas estruturas. Sua "unilateralidade", seu aspecto singular — no sentido de não equilibrarem a totalidade de bens e informações necessários e de não serem, para cada um dos indivíduos nelas contidos, a única estrutura em que isso possa acontecer. E, assim, uma crescente interdependência dessas estruturas. Porém, uma interdependência mútua realizada por contatos com a natureza, montada num "programa" dessas estruturas, mais no princípio de um modelo de faculdades do que num "instinto" obrigatório. O número crescente de pontos de interseção entre estruturas autônomas — pontos que devem entrar em contato mútuo, influenciando-se espontaneamente ou de forma planejada. O crescimento constante — provocado pela especialização — do isolamento informacional dessas estruturas: um isolamento que as torna informacionalmente semelhantes a "populações endógenas", e, assim, a populações em que mutações progressivas resultam numa corrente genética" distinta de outras. Mas, simultaneamente, o crescimento constante de laços energéticos entre essas mesmas estruturas — consequência de colisões sucessivas e distintas, e de sistemas de informação específicos.

Inclino-me a resumir essas tendências particularizadas ao descrevê-las como manifestações da "lei do desenvolvimento irregular de estruturas" — desenvolvimento irregular que transforma o arranjo heterogêneo num infindável processo de readaptação interna, transformando em regra os "desajustes" internos e uma falta de equilíbrio. Também me inclinaria a ver nas decorrelações de processos de desenvolvimento autônomo e nas estruturas mutuamente interdependentes as fontes profundas de uma intrigante mutabilidade do mundo e dos arranjos socioculturais nele contidos. Arranjos compostos, cada um deles, de muitas estruturas que não formam um sistema no interior da esfera de energia ou na esfera cultural; a dessistematização da cultura faz com que ela seja tratada como uma coletânea de informações, e não como um arranjo, levando assim ao que é frequentemente chamado de "cultura de massa", distinta de sistemas culturais que podem ser atribuídos a sistemas sociais globais funcionalmente definidos.

Entre essas estruturas autonomizantes há um conjunto particular ao qual eu gostaria de dedicar um pouco mais de atenção. Penso naquele que é composto das disciplinas sociológicas humanistas. A direção do desenvolvimento de agregados humanos é estabelecida não — ou nem tanto — por suas próprias necessidades ou pelas características particulares de sua função, mas pelas propriedades do arranjo sociocultural que a direção assume. O intercâmbio de bens no mercado transforma em mercadorias até as particularidades mais íntimas da personalidade humana. A atual autonomização de estruturas funcionalmente distintas também constituiu em estruturas semelhantes os descendentes de antigos humanistas. Novas situações sociais proporcionaram a estes uma notável heterogeneidade de ideias e uma caleidoscópica multiplicidade de escolas que rapidamente floresceu em várias estruturas chamadas disciplinas, cada qual com suas tendências e "correntes genéticas" particulares. Essas novas estruturas, uma vez separadas, pagaram pelo direito de definir de maneira autônoma suas próprias inovações estreitando os canais de comunicação com outros ramos provenientes do mesmo tronco. Para as humanidades, esse preço foi ao mesmo tempo excessivo e desastroso. Para os naturalistas, uma linguagem comum não é tema tão crucial. É suficiente que possam se comunicar com especialistas e praticantes envolvidos na criação e disseminação de bens, usando o conhecimento de intelectuais para espremer da natureza novas porções de energia. Com a "pessoa mediana" — não especialista —, o naturalista se comunicava fornecendo--lhe instrumentos em que a informação adquirida pelos estudiosos é montada sob a forma de mecanismos. Para usar esses instrumentos, a "pessoa mediana" não precisa inserir neles novas informações — não precisa conhecer as leis que regem o fluxo de correntes elétricas para usar um aspirador de pó. O naturalista só percebe uma necessidade de comunicação com uma "pessoa mediana" quando aparece no papel de divulgador, para satisfazer uma necessidade extraenergética da curiosidade humana que é, em última instância, marginal em relação a seus interesses profissionais.

Os humanistas veem-se numa situação completamente diferente. Nem todos os que se incluem entre eles estão nessa posição em virtude de divisões e tradições formais: há simultaneamente dois princípios que definem as humanidades: o tradicional, baseado no sujeito (o humanista é quem cultiva o conhecimento sobre os seres humanos); e um potencialmente mais confiável, de caráter funcional-metodológico (o humanista é aquele que, ao cultivar o conhecimento, trata seus objetos como aqueles da ação humana consciente, e está interessado em seu conteúdo informacional, construído por seres humanos, para quem um ser humano pode ser visto como objeto e não como sujeito). Quanto aos que são incluídos entre os humanistas apenas com base no primeiro critério, o problema da comunicação com a "pessoa mediana" manifesta-se de forma semelhante ao que ocorre com o naturalista. Não é por acidente que, de um ponto de vista funcional-metodológico, eles sejam naturalistas. Examinam seres humanos, mas percebidos como coisas, como objetos, e não como sujeitos da ação, como sistemas reagindo a estímulos que lhes são externos. Sua função é determinar as condições de "entrada" que com toda certeza produzem as necessárias condições de "saída". Seu público natural é constituído menos por "pessoas medianas" que por praticantes decidindo quais são as condições de saída desejadas e manejando as condições de entrada. É importante alcançar e manter uma linguagem comum com a dos praticantes, e o humanista trabalha duro nesse sentido.

A situação é verdadeiramente diferente apenas no caso dos humanistas identificados pelo segundo critério. Sua função social é reforçar aquilo que elimina a singularidade da conexão entre pontos de entrada e saída dos mecanismos que atendem os humanos — o que torna inúteis as funções probabilísticas destinadas a descrever essas correlações. Essas funções são cumpridas com o reforço de fatores de desejo e liberdade de escolha alcançado pelo enriquecimento dos recursos informacionais dos "arranjos" humanos. E assim, o humanista, diferentemente de outros estudiosos, só pode cumprir sua função social quando tem contato com um "não especialista" por meio dos laços informacionais. A facilidade de comunicação e as mensagens, sendo compreensíveis de ambos os lados, são condições necessárias para justificar sua existência. A progressiva divisão das humanidades em numerosas estruturas autônomas é, portanto, perigosa, pois coloca em questão essa comunicação.

Antes de surgir essa divisão, as humanidades como um todo pertenciam a um ambiente caracterizado por animado intercâmbio interno de informação. Além disso, esse ambiente não criava uma "população informalmente endógena", só criava uma totalidade junto com os círculos mais amplos do público ao qual se dirigiam as produções dos humanistas. Lembremo-nos dos salões do Rococó, em que operavam Diderot, Holbach ou Helvétius; as salas das ruas Taibout ou Taranvi, onde os saint--simonistas se reuniam; o ambiente animado dos revolucionários que se encontravam no apartamento de Marx em Londres. Vamos compará-los a qualquer departamento de um moderno instituto de pesquisa em que os empregados só se encontram com o "público" por meio de sondagens e de determinados pesquisadores nelas envolvidos, do contrário movendo-se apenas dentro de seus próprios círculos, mensurando seu valor somente pelas opiniões de seus colegas de campo, escrevendo somente para especialistas como eles e se preocupando com a facilidade de comunicação unicamente entre profissionais da mesma área. No contexto das dimensões constantemente ampliadas das humanidades contemporâneas, o campo de referência de qualquer humanista autêntico está encolhendo a uma taxa assustadora. O contato desarmônico com "não especialistas" torna-se cada vez mais difícil de recompor numa situação em que novos canais de informação entre os próprios profissionais da área de humanidades estão continuamente secando. Hoje, não é apenas o "humanista" que percebe uma brecha nas comunicações com "não especialistas" — "humanista total" é agora um conceito praticamente vazio, enquanto "humanistas parciais" têm uma dificuldade cada vez maior de se entender entre si. Em resultado, nenhum deles utiliza o conhecimento que um "não especialista" ingênuo espera das "humanidades totais". É difícil prever todas as consequências desse fato. Estou inclinado a vê-lo como a ameaça de uma crescente predominância de vínculos energéticos, "dependências externas", sobre as energias informacionais e a escolha cultural consciente, na determinação da direção do desenvolvimento de sistemas heterogêneos e dos comportamentos humanos neles contidos.

A unidade de análise: O indivíduo humano

A dicotomia informação-energética também pode ser examinada no sistema de referências do conjunto "indivíduo humano e seu ambiente social". Esse é — do meu ponto de vista — o espaço das aulas teóricas sobre uma visão dicotômica do mundo. Precisamente no ser humano individual, se ele "objetifica" mentalmente suas experiências e faz delas tema de reflexões "a partir de dentro", diferenciando-as em dois ingredientes qualitativamente diversos que também, em função de sua irredutibilidade recíproca, são projetados em duas telas localizadas em diferentes espaços. Uma delas, situada dentro do indivíduo, mostra sua "vontade", sua "consciência", seu "impulso"; a outra, localizada fora dele, embora não necessariamente fora de seu corpo (podemos dizer: fora da camada informacional do próprio "eu" de uma pessoa), dá nome a sua "necessidade", sua "situação", sua "pressão interna". A imagem dicotômica do mundo é, do ponto de vista gnoseológico, uma exploração da forma humana de vivenciar a própria existência. Como a visão dicotômica do mundo é algo já dado, podemos buscar o agregado "indivíduo no ambiente" como um possível arranjo de referências para organizá-la.

O ponto de partida para uma abordagem marxista da análise desse agregado é a premissa de que o modo de ser de um humano no mundo é a ação: "Nós partimos de homens reais, ativos".[3] É em ação, e somente em ação, que o homem se apropria do mundo, tornando-o energética e informacionalmente acessível e transformando-o num "mundo dele mesmo", no mundo humano. A ação é sempre um consumo de informação e energia. Graças a isso, ela dispõe de uma informação emancipada das verdadeiras condições de energia, substanciais à sua própria maneira, existindo independentemente das quantidades de energia presentes na situação — na ação, o homem não aparece apenas como o objeto de eventos, como um elemento passivo sobre o qual operadores externos imprimem a si mesmos. Ao vínculo de energia e informação em que consiste a ação o homem acrescenta algo "de si mesmo" — que não estava na situação em si. O homem não é apenas o objeto da operação, mas é também o operador. Não é somente uma criação do mundo, mas também um criador. Não há nada de especificamente humano no fato de ele ser uma criação. Os seres humanos só se constituem como humanos quando, e na medida em que, agem como criadores, operadores, sujeitos. A individualidade humana manifesta-se nisto: o homem é portador de informação e por esse motivo pode tratar tudo que não seja o "eu" como um receptáculo de energia à espera de ser moldado.

Essa visão humanista é diretamente oposta à perspectiva positivista que hoje predomina nas humanidades, em particular na psicologia social e na sociologia comportamental. (As observações a seguir não se referem aos resultados da pesquisa dessas escolas de pensamento, que são muito ricas e generosas, mas à filosofia particular que alguns pensadores tentam "desenvolver na" ou "acrescentar a" essa pesquisa.) Segundo a acurada descrição de Gordon W. Allport:

> Talvez a maneira mais simples de caracterizar a visão positivista do homem seja dizer que ele é visto como um ser *reativo*. O que ele faz é determinado por forças externas ou impulsos internos. Tal como as ciências naturais tradicionais, a psicologia positivista vê o movimento como algo provocado e determinado por pressões. O homem é como os objetos inanimados (incluindo as máquinas) e os organismos elementares.[4]

Em outras palavras, a psicologia (e a sociologia) positivista postula perceber o ser humano como uma espécie de sistema em que as condições de entrada e saída são conectadas por uma função detectável, singular. Talvez essa função contenha muitas variáveis — e se ainda não somos capazes de descrevê-las é porque não nos familiarizamos com grande parte delas; a dificuldade é apenas uma questão de mensuração ou metodologia, e pode ser resolvida com o apoio de procedimentos puramente técnicos. As humanidades positivistas tratam a si mesmas como uma disciplina que segue o modelo das ciências naturais, e por isso considero esse postulado extremamente importante. Frank T. Severin revela as raízes dessa visão:

> Os atos humanos devem ser o produto de leis inexoráveis da natureza semelhantes àquelas que regem o comportamento dos átomos; se não fosse assim, não poderia haver uma ciência do homem rigorosa. Se o homem fosse capaz de exercer a mínima influência sobre os eventos de sua vida, a previsão rigorosa do comportamento seria impossível até mesmo na teoria. A psicologia como ciência deve ter como tema um homem que seja tão "convencional" quanto os objetos inanimados.[5]

Acrescentemos: o tema da psicologia como disciplina que serve aos propósitos da manipulação. Nessa função, a *raison d'être* essencial da psicologia (e da sociologia) é avaliada pelo grau de precisão na previsão de comportamentos de massa dos seres humanos sob a influência de determinantes particulares e manipulados.

Pode-se discordar dessa representação das tendências filosóficas da psicologia positivista dizendo que ela não busca prever os comportamentos concretos de X ou de Y, mas determinar a probabilidade estatística de que um X ou Y concreto reaja ao estímulo A da maneira B. Para evitar qualquer confusão, vamos esclarecer plenamente a diferença entre as sentenças, ontologizando nosso problema. A modéstia probabilística dos positivistas é de natureza metodológica: estamos falando de probabilidade, não de necessidade, pois construímos nosso modelo estatístico a partir de variáveis selecionadas; se desenvolvêssemos um modelo que abrangesse todas as variáveis possíveis (e o número de variáveis é finito, o que torna essa tarefa teoricamente possível), poderíamos falar de necessidade. A percepção probabilística decorre do estado da pesquisa, e não do objeto de estudo. Um comportamento humano é, em si mesmo, singularmente determinado: só nosso conhecimento dele é que tem um caráter probabilístico. Nossa perspectiva é diferente: presumimos que as surpresas que confundem qualquer conjunto de previsões, mesmo as mais conscientemente calculadas — e que mais aparecem quanto mais ativa for a massa de pessoas —, não têm como origem erros de cálculo ou lapsos temporários no estado da pesquisa, mas a não calculabilidade fundamental, a irredutibilidade do comportamento humano a um conjunto de determinantes especificados de forma positivista, compostos de forças internas e pressões externas. As ações humanas não são apenas reações, mas também procriações. Se, em razão do procedimento analítico, excluímos das ações humanas tudo aquilo que possa ser singularmente atribuído a determinantes específicos direcionados à personalidade externa (entrada), alguma coisa ainda vai sobrar. Algo novo, que não "entrou" no sistema a partir de fora, que permaneceu dentro, que é a criação da pessoa. Isso faz com que o comportamento de uma pessoa seja apenas parcialmente previsível, como os comportamentos de qualquer "sistema auto-organizativo" — que não é apenas um objeto, mas também um sujeito — em relação ao seu ambiente.

Em outras palavras, a característica particular dos seres humanos, adquirida como resultado da evolução, é a capacidade não apenas de receber e transformar a informação — que os animais também possuem — mas também de criar novas informações que não existiam em qualquer forma anterior e que não são apenas um produto do processo de cortar e recombinar informações obtidas a partir de fora. Para funcionar dessa maneira, um ser humano deve possuir (e de fato possui) não apenas a capacidade de pensar, mas também de "pensar sobre o pensamento", ou reflexividade, cujo objeto não é somente o conteúdo informacional (não só o que a informação descreve), mas a própria informação, o fato de possuí-la — vivenciá-la, tornar-se consciente dela. Um entendimento particular desse "sistema de sinais de segundo grau", "sinais sobre sinais", foi genericamente descrito por Pavlov quando desejou soltar um alerta sobre a extrapolação simplista de suas experiências com cachorros, novamente reduzindo a psique humana a um conjunto de reflexos. Eu me pergunto se poderíamos dizer que a mente humana — ou melhor, os reflexos humanos — abrange seu próprio "sistema de ordem superior" para o qual as ordens, que numa ordem inferior aparecem como informação, têm caráter energético. Esses hipotéticos sistemas de ordem superior são dotados da singular capacidade de autorregulação, invenção, negação, imaginação — tudo que, quando observado de fora, permitiu que Lewis Mumford usasse o termo "jovialidade". Sua existência significa que a responsabilidade dos seres humanos por suas ações provém da liberdade de escolha (eles não são responsáveis pelo peristaltismo, sobre o qual, claramente, não têm influência), não sendo apenas uma ilusão sustentada para justificar normas jurídicas; um ser humano pode, mas não é obrigado a.

A imagem espontânea ou conscientemente positivista do mundo presumia a passividade, vendo a explicação como evidência de determinismo e sua função como algo que foi cumprido. Apanhada na armadilha de sua própria visão, ela vacilou entre um paralelismo psicofísico e um monismo primitivo, em ambos os casos resignando-se a deixar de compreender suas próprias imagens. Numa extremidade do espectro, a admiração aguardada, sempre acompanhando os "relógios sincronizados" de Arnold Geulincx; na outra, "apenas" um reconhecimento depressivo, embora introspectivo, do fato de que a descarga de adrenalina no sangue é, afinal, algo diferente da experiência da raiva. Para conforto psíquico, o positivismo encaminhava as pessoas desejosas de "compreender" suas afirmações para a filosofia ou a teologia — em todo caso, para fora de seus próprios domínios.

Dessa perspectiva, o pensamento cibernético oferece uma proposta de horizontes verdadeiramente novos. Ela contém a visão de um mundo ativo, um mundo em ação, um mundo em que a oposição entre sujeito e objeto, tão dolorosamente sentida pelas pessoas numa época de divisão entre os dois, transcende a dialética. O dicotomismo cibernético nada tem em comum com o paralelismo psicofísico. Ele não fala de nenhum "paralelo" entre mente e matéria. Compreendendo a unidade dos dois componentes da dicotomia, está mais perto, em vez disso, do aristotelismo clássico, vendo forma e matéria como aspectos inseparáveis do ser, duas faces da mesma coisa. Talvez por esse motivo a cibernética tenha surgido como uma filosofia do mundo tal como visto a partir dos púlpitos e das cadeiras dos diretores — sua imagem do mundo é um drama de ação, criação, mudança: como na filosofia de Marx, também nos áridos modelos cibernéticos da antinomia entre sujeito e objeto, criação e ser criado, vida e "estar vivo" são implementados na ação e na transformação. Toda transformação é uma junção de informação e energia, essas novas versões de pensamento e energia. É uma transformação humana, conhecida pelo indivíduo a partir de dentro, da autorreflexão, agora extrapolada para o mundo e, nesse ato de extrapolação, tornando o mundo humano, sem nenhum resíduo, antropomorfizado, embora de uma forma fundamentalmente diferente daquilo que antes fora feito pela religião.

Tratar a dicotomia "cultura-sociedade" como um análogo humano da dicotomia "informação-energia" permite-nos perceber nosso conhecimento do mundo social segundo as categorias da antinomia sujeito-objeto e da infindável superação dessa antinomia na ação humana. Em suas intenções mais profundas, isso está surpreendentemente de acordo com a filosofia ativista de Marx. Está ao mesmo tempo numa contradição significativa em relação à filosofia do positivismo e suas aplicações sociológicas e psicológicas, nas quais havia uma falta de visão do ser humano como sujeito. No programa de pesquisa incluído em nossas propostas, a ênfase passa do problema de "ser determinado" para o de "determinar". Determinar é, além disso, entendido como uma ação, um processo, um consumo criativo de informação e energia. A presença de um ato criativo em todo evento humano significa que ele foge à perspectiva positivista — que só pode ser parcialmente incluído num esquema com um número finito de variáveis mensuráveis. O que permanece fora dos limites do esquema positivista é um ser humano lutador e ativo, permanentemente envolvido em escolher, avaliar, organizar o mundo. Que não é apenas um ponto limítrofe de vetores de energia, mas também um ponto de partida.

· 7 ·

Economia, cultura e tipologias de sociedades

O presenteísmo, surgido dos determinantes culturais do horizonte de pesquisa, é uma predisposição inata à mente humana e demarca a maneira pela qual uma pessoa percebe o mundo física e intelectualmente acessível, tanto no passado quanto no presente. A imagem desse mundo é sempre moldada por categorias conceituais oferecidas pela cultura. Por ser esta a norma, é difícil falar de um engano ou de um erro cognitivo. É por esse motivo que não é fácil culpar as ciências sociais contemporâneas por tentarem teimosamente relacionar o problema da "economia e cultura" às sociedades humanas enquanto tais, sem perceber a historicidade da questão. É difícil atualmente, em meio a uma dominação espacial e temporal do mercado, imaginar uma sociedade em que a economia não pudesse ser dividida "a partir de dentro" do restante da vida social; se essa divisão fosse feita, em última instância, pela introdução de categorias conceituais de fora, o resultado seria que a economia está tão mesclada com a totalidade da vida social que qualquer esforço para criar uma fronteira visível entre elas estaria fadado a fracassar ou a produzir uma visível deformação do verdadeiro estado das coisas. Ao mesmo tempo, antes que a economia e a sociologia pudessem descobrir e confirmar sua mútua autonomia, a economia precisou distinguir-se do restante da vida social e apresentar-se como um fator dinâmico independente e poderoso. Isso aconteceu quando o até então inseparável processo de vida em que a produção, a distribuição e o consumo de bens eram apenas aspectos de um modo de ser geral indistinguíveis "a partir de dentro" fragmentou-se em papéis desempenhados em diferentes lugares, entre várias pessoas, de acordo com diversos códigos de modelos comportamentais e sob o controle de diferentes esferas de influência. Esse processo criou oposições estruturando a diversidade de situações humanas que podiam e precisavam ser assinaladas por oposições isomórficas no mundo dos signos, na dimensão da função semiótica das ideias culturais e de padrões de comportamento culturalmente reconhecidos. O processo de amplificação gradual da particularização desenvolvendo-se através da história, e a simultânea pluralização das posições sociais e dos padrões de comportamento a elas vinculados, se tornou necessário e a única condição que dava significado ao problema de "X e Y" e "X ou Y", em que os símbolos X e Y expressam componentes de todo o processo de satisfação de necessidades.

Um dos problemas desse tipo, o da "estrutura econômica e social", tornou-se um "fenômeno de significado cultural" quando os papéis de vendedor e comprador foram libertos das constrições institucionais de outras funções sociais viáveis e passaram a se localizar na esfera impessoal, anônima, do mercado, em que os indivíduos humanos só ingressam no papel de vendedores ou compradores. O primeiro passo em direção a essa situação é a comodificação de certos bens necessários para a satisfação de necessidades humanas básicas. A situação não se manifesta plenamente até que se complete o passo seguinte: até que a capacidade humana de criar mercadorias se torne, ela própria, uma mercadoria. Só então é que os papéis de vendedor e comprador se tornam o fado de todo indivíduo, e deixa de haver uma parte separada do sistema social que não se sujeita a sua influência — ou seja, à influência da estrutura da vida econômica.

Se aceitarmos essas ideias, sustentadas por uma abundância de evidências etnográficas, devemos igualmente aceitar que o problema das relações e da dependência recíprocas entre a economia e os padrões de comportamento humano só pode ser razoavelmente apresentado no caso de um número significativo de bens gastar uma porção considerável de tempo no caminho que leva do produtor ao consumidor em situação de mercado; e quanto maiores forem esse número de bens e essa porção de tempo, mais "razoável" se tornará o problema. Embora a questão aqui analisada possa parecer geral e abrangente a partir da perspectiva culturalmente determinada de nossa pesquisa, ela só faz sentido em referência a parcelas de sociedades conhecidas — as que só toleram um papel marginal do mercado e relegam os mercadores profissionais aos "poros sociais" (segundo o termo adotado por Marx; observemos, tangencialmente, que a situação semanticamente ambígua do mercador, "estendendo-se pela fronteira entre o de dentro e o de fora", foi a premissa do tabu cultural, frequentemente encontrado, conectado a sua ocupação, e também uma causa do fato de que, por muito tempo, se manteve a ambivalência entre as condições "de fora" e o fraco desenvolvimento dos mercados; o papel de mercadores foi tipicamente confiado a pessoas que eram suficientemente diferentes deles, por seu próprio caráter, para assumirem o papel de signos evidentes da diferença. A história fornece um número quase excessivo de exemplos; lembremo-nos de fenícios, sírios, armênios, judeus, lombardos, parses, gregos, que geralmente desempenharam esse papel de signo tabu em ambientes exteriores, para além do domínio de suas sociedades nativas). É nessas sociedades que a produção, a distribuição e o consumo de bens mesclam-se no caos indiferenciado da vida social em geral. Elas são um "modo de vida", e não elementos da ação social que podem ser razoavelmente discernidos e organizados numa estrutura analítica distinta.

O processo de passar de uma "totalidade indivisível" da vida social para a autonomia de estruturas institucionais da vida econômica é prolongado e gradual (se excluirmos a mudança violenta e catastrófica que ocorre em sociedades pré-mercado em consequência, por exemplo, das manipulações mercadológicas de colonizadores economicamente avançados), e nele é difícil distinguir saltos súbitos ou passos nítidos. Em vez de usar divisões dicotômicas atraentes, faz mais sentido falar da "dependência relativa" da economia numa fase, e de sua "relativa independência" em outra.

Premissas metodológicas

Tem se tornado cada vez mais elegante nos últimos anos buscar e usar uma variável uniforme, também potencialmente quantificável, permitindo que todos os conhecimentos da sociedade sejam compreendidos a partir da perspectiva da economia, numa linha suave e contínua. Com maior frequência se utilizam com facilidade variáveis puramente econômicas, estatisticamente descritas e mensuráveis, tais como "produção per capita", "renda per capita" etc. São empregadas com tanta frequência que simplesmente repeti-las é tido como prova de seu inquestionável mérito cognitivo. A classificação de sociedades conhecidas — se resolvermos usar essas variáveis como critérios — torna-se simplesmente uma questão de determinar, não sem algum nível de arbitrariedade, certo número de classes estatísticas. Essas variáveis puramente quantitativas e absolutamente "não sociológicas" excluem de forma decisiva critérios institucionais e estruturais que eram prevalentes e incontroversos nos tempos de Friedrich List, Bruno Hildebrandt ou Karl Bücher (para não mencionar, evidentemente, Marx, que era decididamente favorável à tipologia estrutural, e foi a pessoa cuja influência impôs a legitimação dessa tipologia na área da pesquisa). O uso de critérios institucionais-estruturais baseava-se num pressuposto simples e óbvio: de que, em todas as sociedades, bens devem ser produzidos, distribuídos e consumidos — e que a forma como ocorrem esses processos (logo, a questão qualitativa) determina uma das diferenças fundamentais entre sociedades consideradas como sistemas socioeconômicos. Dessa maneira, surgiram esquemas que eram evolucionistas no mesmo grau em que o eram as classes estatísticas para aqueles que preferiam (muitas vezes inconscientemente) as mensurações econômico-estatísticas. Contudo, eles tentam responder não apenas à questão de "O que muda?", mas também "Como isso muda?", e até "Por quê?" — em outras palavras, às perguntas: quem são os atores do processo histórico e por que se comportam dessa maneira que coloca a sociedade em movimento? É verdade que List e Bücher perceberam todos os sistemas econômicos anteriores como degraus de uma única escada conduzindo inequivocamente a formas contemporâneas — "superior", "mais desenvolvida", "mais progressista". Mas eles pelo menos reconheceram as diferenças qualitativas entre tais sistemas anteriores. Estes foram rebaixados por uma distorção de perspectiva totalmente presentista, adequada a todos os esquemas evolutivos singulares, mas no mínimo eram livres da culpa de embaçar as fronteiras temporais entre modos de vida significativamente diferentes ou de fechar os olhos para o papel revolucionário do mercado e da propriedade privada. Isso não se pode dizer, infelizmente, sobre os adeptos de mensurações puramente estatísticas.

De maneira manifesta ou subconsciente, seus conceitos se baseiam numa visão filosófica do mundo que é simultaneamente: a) mais evolucionista, no sentido linear, do que as teorias vigorosamente criticadas dos "filósofos de sofá" do século XIX; b) e paradoxal — e também a-histórica: a sociedade humana se desenvolve, em vez de se aperfeiçoar, de acordo com o conceito de são Tomás de Aquino, de um "tipo internamente imutável"; a história da humanidade nada mais é que a proximidade cada vez maior do modelo, completamente incorporado no sistema contemporâneo, de um mercado gigantesco e de megacorporações; a humanidade é sempre impulsionada ao longo de sua jornada histórica/a-histórica pelos mesmos instintos humanos do lucro, do ganho, do benefício pessoal. Se esses motivos permanentes em algum momento não se manifestam no comportamento, isso se torna um "problema" a ser examinado e explicado; a própria presença dos motivos mencionados não exige explicação — é a trans-histórica natureza humana; c) adaptada a uma ideologia controladora, gerenciadora, manipuladora: problemas relativos a mudanças e desenvolvimento sociais são reduzidos a um conjunto de questões básicas, como acessibilidade do capital, seu investimento, o cálculo dos ganhos, adaptação da força de trabalho, promoção de relações de input para output etc.; tradição, hábito, costumes etc. são considerados apenas "obstáculos" e "entraves" no caminho que leva à única figura racional da racionalidade; d) subordina o que é social ao que é econômico — se não no sentido historiográfico, pelo menos no sentido analítico, lógico; "o que é social" torna-se apenas um agregado de variáveis dependentes organizado segundo os indicadores econômicos adequados e dotado de significado só para essas associações estatísticas. Mesmo que se reconheça o "papel ativo" do elemento sociológico, isso geralmente se dá apenas no contexto de "suspender" ou "favorecer" o crescimento econômico.

Não sou economista e posso pressupor com plena consciência e com todo o respeito por um campo de estudo que me é desconhecido que as premissas aqui apresentadas, embora possam deixar chocado o sociólogo, revelam abstrações aceitáveis para uma disciplina que busca basicamente resolver problemas contemporâneos e não se preocupa em entender a existência humana. Também aceito que, do ponto de vista dos objetivos da pesquisa que se propõem os adeptos de mensurações estatísticas não sociológicas, as premissas aqui descritas são úteis de uma perspectiva heurística e mesmo singularmente inovadoras. Elas o são se o ponto de vista aqui descrito penetra num tipo de círculo de retroalimentação nas ciências sociais, que têm uma estrutura diferente em termos de objetivos e tarefas. Já examinei o que acontece quando esse ponto de vista é aceito por etnólogos como Firth ou Herskovits.[1] Aquilo que, no caso dos economistas, é uma premissa criativa de pesquisa, no dos etnólogos é um erro imperdoável para o pesquisador que estabeleceu para si mesmo o objetivo de compreender a ação humana. Esse erro nos faz desviar o olhar da situação em que o sistema parentesco, ao qual se subordina o intercâmbio de bens numa sociedade pré-mercado, não é tanto um obstáculo ao desenvolvimento da atividade econômica quanto uma poderosa força motriz-criativa. Exceto pelo fato de que não são exatamente os motivos que os economistas contemporâneos pudessem presumir a priori — os motivos do ganho e do aumento da riqueza pessoal —, mas são motivos da ajuda mútua e da solidariedade, ligados à homogeneidade cultural da situação de vida, garantidos pela pequena e autossuficiente sociedade de pessoas.

Em suma: forçados pela natureza de sua disciplina a estudar uma esfera decisivamente mais ampla de questões sociais e culturais, os sociólogos devem levar em consideração em sua perspectiva de pesquisa o fato de que em várias sociedades não só a renda per capita é diferente, mas também o é a forma como as atividades econômicas são particularizadas na totalidade da vida social. Essa já referida diferenciação também está ligada à diversidade das motivações que regulam os comportamentos econômicos. Por esses dois motivos, os sistemas econômico-sociais diferem entre si de modo qualitativo e não apenas quantitativo. Toda tentativa sociológica de classificar tipos qualitativamente diferentes deve incluir uma análise não apenas de aspectos "puramente econômicos" (se é que existem), mas também de causas sociais e culturais aparentemente irrelevantes, consideradas não só como obstáculos, mas também como desempenhando um papel criativo e ativo. Se o papel, frequentemente discutido, de determinar fatores econômicos é realmente um fato, então ele depende, entre outras coisas, da realidade de que certos modos econômicos criam as condições de subordinação da economia a fatores socioculturais, ao mesmo tempo que outras formas submetem esses fatores a uma ditadura absoluta e intrusiva de instituições e valores econômicos.

Escrevi tudo isso, porém, não para polemizar com a "economização" superficial da sociologia. Ao contrário da escola etnológica que Firth chama de "antropologia econômica", a sociologia contemporânea não corre o perigo de descartar os fatores socioculturais das questões que estuda. O perigo, se é que existe, é o oposto: em alguns — pelo menos — contextos, os fatores puramente culturais são excessivamente reificados, e sua conexão com a estrutura social — ou a esfera da produção, distribuição e circulação de bens necessários para satisfazer as necessidades humanas, como quer que preferirmos chamá-la — é esquecida. O perigo baseia-se em perceber padrões e valores culturais unicamente nas categorias "atratividade", "imitação" e "motivos psicológicos", sem levar em conta as condições subjacentes, mais profundas, localizadas na estrutura social. Atento a esse perigo, fiz com que essa reflexão antecedesse minhas observações — explicando como entendia o papel de fatores econômico-sociais — a fim de que servisse de advertência contra avançar muito na outra direção, o que é sempre um perigo para qualquer polemista.

Quero, porém, concentrar-me em assuntos mais próximos do ofício sociológico — por conseguinte, nem tanto numa polêmica com o absolutismo da autonomia da vida econômica quanto numa discussão com o absolutismo da autonomia da cultura. A perspectiva que eu gostaria de propor é a seguinte: todos os modelos culturais, além de sua função técnica (ou seja, referir-se diretamente à satisfação das necessidades de indivíduos e grupos humanos), também desempenham uma função semiótica cujo significado depende da transmissão de informações sobre a estrutura da situação da ação humana, de tornar a situação "inequívoca", reduzindo sua "indeterminação". Essa redução da ambiguidade é alcançada pela seleção de uma possibilidade abstrata que esteja potencialmente contida numa situação e pela rejeição de outras. Independentemente da frequência com que descobrimos diferentes modelos de comportamento em reação à conduta de uma pessoa em ação ou ao destinatário de seu comportamento, podemos esperar que essa diferenciação desempenhe uma função semiótica e seja informacionalmente significativa — isso reflete a expressão semiótica de alguma oposição essencial diferenciando uma situação de ação humana sobre a qual se esteja falando; que, em outras palavras, a *raison d'être* da diferenciação cultural observada é a correspondente diferenciação de posições — e, com ela, as verdadeiras oportunidades — contida na estrutura social e caracterizando a situação de pessoas que agem em relação a esses vários modelos. Também podemos aceitar que, se a diferenciação de padrões intensamente observada desaparece num determinado momento, isso também é um sinal de que as oposições na estrutura social que antes serviam como sua *raison d'être* estão, elas próprias, desaparecendo ou rareando. Nesse sentido, podemos dizer que a estrutura dos modelos culturais permanece numa relação de significação com a estrutura social; que a estrutura social é, em relação ao sistema cultural, uma "base", uma "infraestrutura"; que, reconhecidamente, é possível explicar as causas das mudanças no conjunto de modelos culturais continuando apenas no círculo fechado dos fenômenos da cultura; mas compreendê-las ou apreender seu significado, sua função semiótica, só é possível se analisarmos as relações entre elas e sua infraestrutura — o sistema de relações sociais —, demarcando o acesso de determinados indivíduos aos bens e, assim, moldando as dimensões materiais de sua situação e a estrutura da probabilidade de oportunidades para sua situação típica. Se alguma diferença cultural que inicialmente parecia flagrante não mais o é, então as situações das pessoas cuja diferença entre si foi previamente definida por essa distinção se tornaram semelhantes; se, contudo, em alguma categoria cultural previamente homogênea, começam a aparecer diferenças, podemos procurar oposições importantes para a análise da estrutura alterada da circulação de bens em características objetivas que distinguem essas subcategorias culturais. Estas são, genericamente falando, as premissas metodológicas cuja utilidade eu gostaria de defender.

Uma boa ilustração desses métodos poderia ser o problema das mudanças culturais, que é amplamente examinado e discutido entre nós, e que ocorreu em nosso país depois da guerra sob a influência das transformações na área industrial e do socialismo.

Este é um bom exemplo — já que o problema é bem conhecido por todos os sociólogos —, e é também por isso que as diferenças entre dimensões conflitantes da interpretação teórica podem ser vistas com maior clareza graças a eles.

Vamos agora proceder à análise do que sabemos e pensamos sobre o tema dos fenômenos que são geralmente entendidos como "urbanização da aldeia".

Infraestrutura de mudanças culturais

Até agora descrevemos tipicamente o processo de "urbanização" como um fenômeno macrossocial; um país ou uma de suas áreas poderia ser urbanizado; menciona-se que isso vem acontecendo enquanto a proporção de moradores vivendo em condições urbanas aumenta e a região fica saturada de cidades. Assim, quando agora falamos de "aldeia × urbanização" ou dizemos que "o investimento Y influencia os processos de urbanização das aldeias vizinhas", devemos estar pensando em outra coisa. Mas qual? A intuição semântica propõe aceitarmos que, sempre que falamos de "urbanização da aldeia", estamos pensando numa relação ao longo de um eixo, numa extremidade do qual está a cidade e, na outra, a sociedade da periferia; e que, nessa relação, o lado ativo é a cidade, e a circunvizinhança é um objeto sobre o qual ela atua. Mas se ficássemos nessa compreensão frágil, muito liberal, de um termo que nos interessa — ajustando-se essencialmente a influências econômicas, políticas, artísticas e tradicionais sobre a "cidade-aldeia" —, ligar a urbanização da aldeia aos processos de transformação do ambiente periférico que observamos na Polônia nos últimos vinte anos seria impraticável. Isso porque a aldeia, desde o momento em que se tornou uma aldeia — muitos séculos antes do socialismo, do capitalismo e até do feudalismo —, foi moldada pela influência contínua das cidades e por ela alterada. Desde o momento em que as fronteiras das comunidades ancestrais se expandiram e a "sociedade" (ou o agregado humano sob cujos auspícios se abrigaram todas as necessidades humanas e os objetivos de todos os esforços sociais, nas palavras de Oskar Lange, "um agrupamento sem elementos marginais") se tornou um agregado mais amplo do que os laços comuns de parentesco de uma tribo, a aldeia esteve em segundo lugar ao lado da cidade, igual e energeticamente ligada à totalidade da forma humana de coexistência.

A existência da cidade, como Robert Redfield vigorosamente enfatizou,[2] está implicada na definição de aldeia e de campesinato. A aldeia não pode ser vista da mesma forma que uma tribo primitiva, que é autossuficiente no sentido de não depender da existência de qualquer outro agrupamento humano; a sociedade "isolada", "fechada", de uma aldeia talvez seja heuristicamente útil, mas é uma construção abstrata e relativamente divorciada da realidade. Nas antigas tribos, mantendo a situação cultural diante da revolução urbano-agrícola, a totalidade das atividades funde-se num "modo de ser" integral, e nenhuma das práticas essenciais à satisfação das necessidades vitais da sociedade e de seus membros é autônoma em relação às outras de modo a se tornar independente da cultura tribal. A aldeia tradicional tem muitos resquícios desse integralismo tribal, porém mesmo as mais tradicionais ultrapassam suas fronteiras em pelo menos uma parte de suas atividades. O mercado, por meio do qual uma parcela dos produtos dos camponeses fica fora do uso da sociedade e uma parcela das necessidades deles é satisfeita com bens que não são nela produzidos, e uma elite política e cultural, que apresentou à sociedade camponesa ideias e valores culturais nascidos fora de seus limites, são as duas (decerto não as únicas) pontes que ligam a sociedade camponesa ao "mundo mais amplo", conectando-a de forma permanente e sendo assim um elemento imanente de sua "essência", tanto quanto aqueles que a tornaram semelhante a uma sociedade tribal, pré-urbana. Tanto na dimensão sincrônica quanto na diacrônica, a aldeia é "incompleta" sem a cidade. Na dimensão sincrônica, ela não pode satisfazer totalmente suas necessidades com seus próprios esforços; na diacrônica, ela não tem sua própria história, mas é o produto de um processo em que as correntes urbana e rural constantemente se mesclaram e atuaram de maneira recíproca. Assim, todas as aldeias — as europeias, indianas, mexicanas, bolivianas — são chamadas por Redfield de "meia sociedade", e seus modos de ser, de "meia cultura". Se apenas atentarmos para o fato de que a aldeia está conectada à cidade e que esta age sobre a aldeia, então nada de fundamentalmente novo ocorreu na Polônia nos últimos vinte anos.

Mas, considerando-se o que ouvimos sobre a "urbanização da aldeia" em relação a transformações recentes, isso deve significar algo mais forte do que uma compreensão da relação entre cidade e aldeia. O significado dessa compreensão pode ser captado examinando-se uma lista de temas que aparecem em pesquisas voltadas para a "urbanização das aldeias". A urbanização é analisada em relação ao desaparecimento de certas formas polonesas de vida comunitária que eram típicas das aldeias mais antigas e sua substituição por outras, mais novas — quando, por exemplo, os processos de produção de bens passam a ser separados da economia doméstica, as atividades do agricultor assumem características de uma profissão, os móveis adquiridos em lojas de departamentos aparecem nas casas dos camponeses e as roupas de grife nas ruas das aldeias, antenas de TV brotam em seus telhados e se formam equipes esportivas. Por vezes isso é mencionado indiretamente, por vezes de forma implícita, quando o autor presume que esses fenômenos resultam de "a aldeia adotar modelos culturais criados na cidade" ou mesmo de "transmissões culturais" cujo remetente é a cidade, e a aldeia, o destinatário. Em suma, trata-se de a aldeia se tornar cada vez mais semelhante à cidade (ou melhor, ao modelo de "cidade ideal") — e isso já presume uma certa teoria da difusão cultural como processo baseado fundamentalmente na "imitação" de modelos "mais atraentes".

O que está realmente acontecendo na Polônia e é examinado sob a rubrica da "urbanização das aldeias" pode ser descrito de modo mais sensato recorrendo-se a categorias empregadas por alguns sociólogos soviéticos: como "a eliminação de distinções entre a cidade e a aldeia", ou em termos da emergência da cultura de massa, ou ainda — como propõe Antonina Kłosowska, na esteira de Dwight Macdonald — da "homogeneização da cultura". A questão é que esses processos não estão ocorrendo entre modelos abstratos da "cidade ideal" e da "aldeia tradicional ideal", mas em cidades e aldeias polonesas específicas, e, assim, tanto na cidade quanto na aldeia. E, como vamos tentar mostrar, eles ocorrem como um efeito de processos que não são exclusivamente urbanos nem rurais e que atingem ambos os tipos de coletividades humanas — embora, evidentemente, tenham acontecido nas cidades muito antes de transformar as aldeias. Mas, para nos convencermos disso, devemos abandonar por um momento a esfera de costumes, normas culturais e formas de coabitação ou sistemas de laços psíquicos.

É evidente a capacidade que os elementos culturais têm de se espalhar por um território; vários volumes têm sido escritos sobre as viagens de ferramentas, rituais, ideias. A difusão é um dos fatores fundamentais da história, da cultura e dos instrumentos culturais na evolução da espécie humana como um todo. Certos elementos da cultura, como ferramentas e ideias tecnológicas, espalham-se com maior facilidade, encontrando menos obstáculos e sendo mais facilmente assimilados em diferentes totalidades culturais; outros, mais diretamente vinculados à satisfação de necessidades vitais, chocam-se com obstáculos insuperáveis na forma de interesses particulares. A difusão de elementos culturais, quaisquer que sejam, não é mecânica e depende unicamente do encontro de duas culturas, ou de o contato ter sido suficientemente íntimo, ou ainda de a cultura A ter tido conhecimento da descoberta da cultura B e assim por diante. A imitação automática que é típica da psicose contagiosa de uma multidão não é boa justificativa para o mecanismo da difusão. Mas também não o é para um modelo de pensamento racional que avalie sobriamente as virtudes e falhas de elementos culturais a fim de, em última instância, selecionar o mais "eficiente", e não um que lhe seja inferior. Se a imitação do princípio da eficiência fosse uma explicação suficiente do mecanismo da difusão, só nos restaria imaginar por que, com os atuais meios de comunicação de massa, ainda não estamos vivenciando os benefícios de uma cultura humana geral, e por que os agricultores malaios que produzem arroz são diferentes dos agricultores de Ohio. Além disso, temos de imaginar por que, na Polônia do pré-guerra, em que existiam, afinal, numerosos centros urbanos e um número maior de centros industriais, e, muito perto deles — em termos de meios de transporte disponíveis —, uma quantidade ainda maior de aldeias, por algum motivo ninguém mencionasse a "urbanização" destas últimas. Genericamente falando, nem toda cidade "urbaniza uma aldeia"; as cidades feudais, por exemplo, não apenas não "urbanizavam" aldeias, pelo contrário, elas fortaleciam seus elementos tradicionais.

Enquanto isso, a chave para a explicação da difusão cultural já existe há muito tempo — foi talhada pelas mãos de Karl Marx antes que o termo "difusão" fosse usado pela primeira vez para descrever fenômenos culturais. Se a tradição pré-marxista de uma teoria urbana da sociedade separava as atividades econômicas de todos os laços e significados culturais que estavam para além dos meros motivos do ganho, Marx ligou novamente a esfera econômica ao restante da vida social; ele lançou luz sobre as ricas conexões com a política, os costumes, a moral, as crenças, a arte, tornando-se dessa forma — apesar da relutância de certos intérpretes — o verdadeiro autor do conceito contemporâneo de "totalidade social", o método de análise multidimensional baseado numa visão de múltiplos aspectos da realidade social. A antropologia contemporânea — tendo descoberto novamente as limitações de um modelo de atividade econômica "pura", de "aspecto singular", num "mercado ideal", assim como a multiplicidade factual de sistemas de referência para a análise de todo comportamento social — desenvolve-se, em essência, no pensamento de Marx anteriormente formulado.

Mas a qualidade holística do pensamento marxiano, que sugere o exame da sociedade como uma totalidade de energias sociais com propriedades que não equivalem à soma das propriedades de seus membros (e, portanto, em oposição direta, por exemplo, à seguinte visão de Ralph Linton: "As culturas são, em última análise, nada mais que respostas organizadas e repetitivas dos membros de uma sociedade";[3] ou à de Ruth Benedict: "Nenhuma civilização tem em si qualquer elemento que, em última análise, não seja a contribuição de um indivíduo"[4]), e da cultura como um sistema de padrões de comportamento energizados, não produz a afirmação banal de que, em pesquisa, é necessário "levar em consideração vários fatores". O holismo de Marx estrutura internamente a totalidade social e o sistema de cultura a ela relacionado, permitindo-nos distinguir infra e ultraestruturas; sem jamais negar a múltipla direcionalidade das energias sociais, ele nos permite diferenciar no processo social os sistemas condicionantes e condicionados, os eventos e suas premissas.

Na visão de Marx, o arranjo de sistemas sociais na esfera da satisfação de necessidades humanas básicas — ou seja, necessidades que devem ser alcançadas a fim de que se sobreviva — é esse tipo de infraestrutura no processo total de evolução cultural. Mais precisamente, é o conjunto de relações (dependências) entre os seres humanos que determina a forma como os bens são adquiridos para satisfazer as necessidades. Se agora esse sistema de relações tem o nome de "sistema econômico", podemos, seguindo Leslie A. White, diferenciar dois de seus tipos logicamente possíveis e historicamente distinguíveis: a) um sistema cujos determinantes são energias sociais entre pessoas como seres humanos; b) um sistema em que o determinante é a relação entre bens como objetos.[5] O que distingue os dois sistemas é, em primeiro lugar, a existência ou inexistência do mercado. Não do intercâmbio de mercadorias, mas do mercado com sua típica despersonalização dos contatos inter-humanos e a maneira como ele reduz o papel de pessoas ao de agentes servindo à circulação de bens — e leva as pessoas a assumirem esse papel.

A sociedade tribal não conhecia inteiramente o mercado nem cruzava com ele, nem mesmo esporadicamente; o feudalismo conhecia o mercado, mas apenas uma parte da população era lançada à sua órbita — para a parcela restante, só uma porção marginal de suas necessidades era satisfeita pela participação na circulação de mercado. É por isso que, no feudalismo, a atividade econômica — ao menos para o campesinato — ainda era, em grande medida, um aspecto dos laços sociais incluído no interior das fronteiras de uma sociedade que era tão fechada a ponto de possibilitar que esses laços constituíssem uma totalidade. Sua persistência nessa forma foi o resultado de uma deficiência, ou falta de desenvolvimento, do mercado mais amplo — ou, em outras palavras, a atividade econômica deixa de ser um aspecto dos laços entre pessoas e se torna um produto das relações entre bens em proporção ao desenvolvimento do mercado e, sob a influência deste, da transformação dos bens em mercadorias. Esse processo não atingiu culminância na Polônia em função do capitalismo. Sua rápida conclusão no curso dos últimos vinte anos é a infraestrutura de fenômenos que foram denominados, de modo não inteiramente adequado, de "urbanização da aldeia". O processo em discussão — o processo de transição do primeiro para o segundo tipo de sistema econômico, o de "mercadorização", ou seja, satisfazer as necessidades humanas, orientar o caminho dos bens da produção ao consumo por meio do mercado — está ocorrendo na Polônia não só na aldeia, mas também na cidade, e não é tanto de origem urbana, mas "industrial"; ele resulta do rápido desenvolvimento da indústria e dos fenômenos que o acompanham — entre outros, um deles foi por nós observado: o aumento da necessidade de mão de obra assalariada. Separação dos processos de produção das economias domésticas, redução da função econômica da família, profissionalização e progressiva divisão do trabalho, com a desunião das personalidades em combinações de papéis especializados, crescimento do significado de vínculos parciais ou impessoais: vemos isso, tanto na aldeia quanto na cidade, não apenas como um sintoma de "tornar-se

Economia, cultura e tipologias de sociedades 277

semelhante à cidade", mas como resultado da transformação, na maioria das cidades e aldeias, da organização da sociedade pré--industrial em industrial, embora nas cidades esse processo seja anterior ao das aldeias.

"Mercadorização" do processo de satisfação das necessidades

A natureza "fechada" da aldeia feudal não era tanto uma função de seu caráter de "aldeia" quanto do fato de uma parte importante de suas atividades, voltadas para a satisfação de necessidades, estar excluída da mediação do mercado. Podemos dizer que a aldeia era "fechada" — ela criava uma sociedade relativamente isolada — na medida em que o processo de atender às suas necessidades tinha lugar sem a mediação do mercado; quanto mais o fosse, menor seria a quantidade de bens necessários adquiridos no mercado. A aldeia conseguia avançar sem o mercado não porque o camponês preferisse isso; nem porque ele fizesse avaliações erradas, irracionais, e, assim, produzisse bens a um custo próprio e mais elevado, em vez de comprar manufaturados por um preço menor; nem tampouco porque motivos de prestígio e pressões das normas comunitárias exigissem que ele desse as costas ao mercado — mas simplesmente porque este não existia ou era pequeno demais para conseguir absorver o que o camponês tinha a oferecer. Para comprar era preciso primeiro vender; com a ausência do mercado, os produtos do camponês não eram mercadorias, portanto, não tinham preço nem podiam ser vendidos. Mas o que faltava não era apenas um mercado para os bens produzidos: havia uma pequena força de trabalho no mercado, logo, a força de trabalho dos camponeses não era uma mercadoria; assim, um objeto produzido independentemente por eles "não custava mais", embora exigisse maior gasto de energia, do que se fosse produzido por um artesão profissional usando recursos mais eficientes — isso era calculado do ponto de vista da satisfação de necessidades "de maneira mais barata"; esse comportamento só poderia ser considerado economicamente irracional no caso em que a força de trabalho gasta na produção dos referidos bens pudesse ser facilmente vendida no mercado e, em troca da soma adquirida, o camponês conseguisse obter o que desejava e até guardar o troco. Mas, com a ausência de necessidade de força de trabalho da parte do mercado, não era o que acontecia, e essa potencial mercadoria fundamental, de que é dotada uma porção significativa de camponeses indigentes (da mesma forma que a massa de artesãos e negociantes pobres), não era uma mercadoria, e a possibilidade de entrar no mercado no papel de consumidor não estava disponível. Podemos ser convencidos de que não é tanto a formação socioeconômica que está ligada a isso quanto a capacidade de absorção do mercado pela experiência da dona de casa contemporânea, que nem sempre lava as suas roupas em vez de entregá-las a uma lavanderia, ou prepara seu próprio bolo em vez de comprá-lo na padaria por amor às tarefas domésticas; suas atividades são menos eficientes que as das lavanderias e padarias, mas, da perspectiva do orçamento familiar, seu comportamento é totalmente racional do ponto de vista econômico, pois sua força de trabalho, usada para lavar e cozinhar, não poderia ser "vendida" — ela não tem preço e "não custa nada"; lavar a roupa em casa torna-se, do ponto de vista econômico", uma "poupança pura".

O papel do mercado como fator na historicização da análise de atividades econômicas foi assinalado por Witold Kula.[6] É difícil enfatizar exageradamente a importância dessa pesquisa para a historicização do conceito de racionalidade econômica. Ela indica que o mercado feudal é "não apenas limitado, mas também, no grau mais elevado, para usar a terminologia keynesiana, imperfeito"; consequentemente,

> tomar decisões econômicas com base em cálculos de tipo capitalista — por exemplo, estabelecer preços de bens e serviços que nem

são adquiridos nem trocados de acordo com os preços atribuídos num determinado mercado — não é, no exame de períodos pré-capitalistas, apenas um comportamento anacrônico por interpretar ações humanas segundo princípios adotados numa época diferente, mas também apresenta certos riscos internos.

Isso porque

particularizar elementos monetários que entraram em processos de produção sem passar pelo mercado ou se afastaram da produção não direcionada a ele, de acordo com seus preços de mercado, baseia-se em diversas premissas flagrantemente irrealistas: 1) isso presume a existência de preços de mercado relativamente unificados para cada um desses elementos, tendo à frente a força de trabalho; 2) presume que todos os artigos e todos os tipos de força de trabalho tenham um valor econômico e um preço que permita que esse valor seja mensurado; 3) presume que o empresário, o organizador das atividades econômicas e o proprietário dos meios de produção tenham sempre uma possibilidade de escolha; que determinado artigo possa ser vendido no mercado por seu preço de mercado ou usado no processo de produção. Essa última decisão só é tomada em casos nos quais haja razões para esperar um ganho maior com essa produção.

Os fenômenos apresentados como sintomas da "urbanização das aldeias" podem ser tratados como uma função desse tipo de processo em que o mercado "se aperfeiçoa". O resultado disso são as decisões cada vez mais frequentes sobre a venda de artigos antes usados em processos de produção doméstica, e também sobre a aquisição no mercado de artigos para consumo antes manufaturados em casa. A crescente frequência desses tipos de decisão é precisamente o resultado do "aperfeiçoamento" do mercado em função da transformação de volumes cada vez maiores de artigos em mercadorias com um verdadeiro preço de venda — esse processo é, por sua vez, um efeito do desenvolvimento da indústria. É assim em dois sentidos: o crescimento da indústria impede que um número cada vez maior de pessoas crie, com suas próprias mãos, produtos para seu próprio consumo direto (basicamente alimentos) — ele aumenta a necessidade de produtos agrícolas e da pecuária; e, em segundo lugar, ele transforma em mercadoria o maior recurso de que dispõe a população da aldeia — sua força de trabalho —, realizando assim uma mudança significativa no conteúdo do conceito de "racionalidade" em referência às estimativas da economia camponesa. Todas as coisas geralmente vistas como características de uma sociedade aldeã "não urbanizada" ou "tradicional" — a introdução da produção na economia doméstica, a proximidade particular dos laços familiares e a falta de uma divisão do trabalho desenvolvida etc. — podem ser tratadas como um conjunto de instituições adaptadas à satisfação das necessidades humanas em condições marcadas pela ausência do mercado, tanto no ambiente da aldeia quanto no da cidade. E a persistência dessas características, que vai muito além do período feudal, pode ser vista como um resultado da duradoura estabilidade de seus alicerces na Polônia.

Durante o período feudal, os contatos do camponês eram insignificantes, o mercado tinha âmbito nacional e o mais internacional existia apenas para os grandes detentores de propriedades; as possibilidades de mercado do camponês eram limitadas pelas capacidades do mercado local, cujas dimensões eram determinadas pela distância que a carroça de um camponês conseguia atravessar duas vezes num único dia. E mesmo a esse mercado ele só ia quando desejava comprar um item muito específico, adquirir bens que ele mesmo não pudesse produzir — sal, artefatos de ferro (quando possível, usavam-se os de madeira) — e a fim de pagar os dízimos feudais. Vem daí o fenômeno paradoxal de que, em períodos em que era alto o preço do trigo, os camponeses vendiam menos dele do que quando os preços eram baixos.[7] Num certo sentido, a "venda" da força de trabalho também estava fora do mercado nos casos envolvendo meeiros. Como afirmou Jan Rutkowski, a compensação aos trabalhadores agrícolas no serviço feudal "era composta de três aspectos fundamentais: moradia, sustento e vestuário, e a recompensa monetária era reservada acima de tudo para a compra de vestimentas". Da análise dos componentes dos recursos de um vassalo, ou de alguém forçosamente arrastado para a circulação monetária, constata-se que apenas 17% desses recursos representavam itens que se pode suspeitar serem provenientes do mercado.[8] Documentos do século XIX revelam situação semelhante. Um dos registros de uma auditoria realizada em 1841 numa propriedade do governo no condado de Będzin afirma que os camponeses "vendem seu produto pelo mais alto preço do mercado na cidade de Siewierz e, com o dinheiro assim obtido, satisfazem suas necessidades; eles não estão envolvidos em quaisquer outras especulações que não a agricultura".[9] Julian Chmura menciona exemplos de autores da primeira metade do século XIX para os quais

> uma característica das [...] economias feudais é a falta de circulação monetária [...]. Para usar a terra o camponês paga com a servidão; o lavrador e a criada são pagos com cereais; pela ajuda na colheita o dono das terras dá alguns sacos de batatas; tudo é pago e compensado à sua própria maneira. Muito pouco se paga com dinheiro, ninguém sabe usá-lo, queimam suas economias sob uma árvore ou as escondem no sótão para serem esquecidas e perdidas. [...]
>
> Nossos camponeses [...] são capazes de trabalhar duro e fazer qualquer coisa de que precisem em suas casas, e além de comprarem sal, ferro e roupas [...], podem produzir qualquer coisa de que necessitem.[10]

Lembremo-nos de que as escassas dimensões do mercado de trabalho eram confirmadas pelo número minúsculo de trabalhadores fabris, que, na segunda metade do século XIX, não ultrapassava muito os 50 mil.[11]

O desenvolvimento da indústria no Reino na segunda metade do século XIX transformou a aldeia: liberta da dívida para com o proprietário, mas também da proteção e do cuidado que ele e o castelo lhe proporcionavam, ela se tornou "uma fonte de mão de obra não qualificada e barata (muito barata!)".[12] O suprimento dessa fonte excedia enormemente a demanda, daí seu baixo preço no mercado e o conjunto extremamente amplo de situações em que o camponês — apesar da existência da indústria — "calculava" utilizar sua força de trabalho de maneira muito menos produtiva do que teria usado em suas próprias terras.

Como sabemos, porém, esse desenvolvimento da indústria não durou muito tempo. A Polônia do período entreguerras continuava com algo em torno do nível de produção industrial de 1913, o que revela certa estagnação na indústria e também no mercado de mão de obra. Segundo os cálculos de Mieszczankowski, no período entre 1921 e 1938, apenas 1 080 000 pessoas saíram das aldeias para as cidades, enquanto a população que permaneceu nas aldeias chegava a quase 5 milhões; isso significa que o mercado de trabalho assalariado não foi capaz de absorver o crescimento do número de pessoas nas aldeias (além disso, como observa Mieszczankowski, mesmo essa modesta onda em direção à cidade "teve em seu tamanho um caráter de lumpemproletariado").[13] Usando a definição mais "liberal" — porque subjetiva — de "redundância" como "um estado de sentimento subjetivo da necessidade de buscar trabalho fora do sítio", um grupo de pesquisadores do IGS (Instytut Gospodarstwa Społecznego) calculou em 2,5 milhões o número de trabalhadores supérfluos nas aldeias polonesas entre os anos de 1934 e 1935; mas, evidentemente, o número de pessoas "supérfluas", caso viesse a surgir subitamente um mercado de mão de obra que fosse perfeitamente abrangente, seria muito maior. Como o grupo do ISS (Instytut Studiów Społecznych) corretamente observou em seu estudo intitulado *Młodzież sięga po pracę* [Os jovens procuram trabalho]:

> A superfluidade, surgindo gradualmente, não é percebida como desemprego: dependendo dos recursos laborais disponíveis, a fazenda ajusta — também gradualmente — seus métodos e sua organização

de trabalho, de modo a que nunca se perceba um excesso de tempo livre; trabalha-se de maneira menos eficiente, assumem-se tarefas que poderiam ser poupadas caso se tomasse cuidado ou houvesse melhores ferramentas disponíveis — mas o tempo é "esgotado".[14]

Mesmo o proprietário de uma pequena porção de terra não tinha escolha: trabalhar em sua propriedade de forma improdutiva ou vender sua força de trabalho. A decisão era tomada por ele pela falta de um mercado de trabalho.

Os resultados da estagnação — ou melhor, do declínio da indústria polonesa — foram investigados por Jerzy Michałowski numa aldeia da região de Rzeszów; ele chegou à conclusão de que

> podemos observar cada vez mais claramente o fenômeno da aldeia se fechando ao contato com o mundo exterior. A naturalização da agricultura, a contração da circulação de crédito, a ampliada produtividade do cultivo e muitos outros fatores levaram a uma situação em que a aldeia era cada vez mais independente de fatores externos, transformando-se num sistema praticamente fechado, com um ponto de interseção cada vez mais estreito com o mundo à sua volta.

Um crescimento natural significativo "devorou" sem deixar vestígios as consequências da partida de uma porção da população rural para as cidades nos velhos tempos de maior prosperidade econômica — e a aldeia logo voltou às condições típicas do período feudal que são essencialmente naturais para a propriedade agrícola.

> Se antes, na Polônia dos tempos feudais, a terra não era mensurada em acres, mas em aldeias, pois o que era decisivo não era o território, mas a força de trabalho nele contida, hoje estamos numa posição semelhante — devemos contar as aldeias, pois mesmo o território, a fertilidade do solo e a soma dos efeitos econômicos de uma certa área determinam em que grau o principal objetivo

econômico — satisfazer necessidades — será alcançado. O decisivo não é a força de trabalho que o território possui, uma força que está extinta nas atuais condições, mas a densidade dos consumidores [...]. Com que frequência encontramos nos campos um contratado que passa o dia inteiro cuidando de uma só vaca ou perseguindo dois, três gansos? Talvez a existência de um número de trabalhadores maior que o normal tenha aumentado o cuidado que se tem em cada tarefa, mas também deteriorou inegavelmente o trabalho, do ponto de vista qualitativo, até condições extremamente desmoralizantes. Este é, ao que parece, um momento psicológico que afetará mais tarde a organização e a produtividade do trabalho que acontece mesmo em melhores condições.[15]

O excesso de consumidores sobrecarregando cada hectare de terra significava que o proprietário baseava suas decisões não no máximo ganho financeiro, mas na máxima satisfação de necessidades fundamentais (o que, nas condições gerais de dificuldade na aldeia, continuaria sendo um ideal inatingível). A aldeia deu as costas ao intercâmbio de mercadorias — o mercado transformou em bens uma minúscula porção de seus recursos — e atendeu somente as menores demandas do comércio. Segundo as observações de Michałowski, das dezoito pessoas que visitaram a loja da vila durante o horário de maior movimento, só três pagaram em dinheiro vivo (uma soma total de 1 zlóti e 5 groszy); o restante pagou em espécie. Nas duas aldeias com um total de 5 mil habitantes, o total de compras em julho de 1934 foi de uma foice, cinco botões, uma caneca de alumínio e dez gramas de agulhas; e o total de ganhos das empresas da União Central da Indústria Polonesa nessas duas aldeias foi de 5,35 zlótis.[16] Obviamente, não acontecia a mesma coisa em todas as aldeias polonesas; as das regiões da Posnânia, Pomerânia ou Silésia eram muito mais avançadas na rota da produção para o mercado.

Eu mencionei exemplos conhecidos de fatos conhecidos; eu os apresentei porque são frequentemente omitidos no contexto da análise das mudanças culturais do período do pós-guerra chamadas de "urbanização das aldeias". Ao mesmo tempo, é esse conjunto de fatos que caracteriza a infraestrutura dessas mesmas mudanças culturais, caso se esteja interessado não apenas nos sintomas, mas também nas causas.

As diferenças culturais entre a cidade industrializada e a aldeia que investiu totalmente na agricultura natural baseavam-se fundamentalmente no fato de que os habitantes da cidade funcionavam num sistema de mercado, e os da aldeia, num mundo em que nada no percurso do trabalho ao consumo ultrapassava as fronteiras do sistema total de vínculos. Por esse motivo, o modelo de pensamento econômico, o modelo da racionalidade e as motivações comportamentais de um habitante das cidades industriais estão muito mais próximos do ideal do *Homo oeconomicus*, embora mesmo este, obviamente, não seja totalmente idêntico a ele, pois o *Homo oeconomicus* é uma parte do "mercado ideal" que nunca foi plenamente alcançada. O camponês continuou a ser um camponês, o morador da cidade, um morador da cidade: para o camponês, o mundo se polarizava na oposição "aldeia-cidade". Sua cultura era a informação unicamente sobre a sua diferença em relação ao povo da cidade.

"Mercadorização" e mudanças culturais

"Na corveia", observa Marx, "a labuta do trabalhador para si mesmo e a labuta compulsória para o senhor de terras diferem no espaço e no tempo da maneira mais clara possível."[17] Na cabeça do servo, a corveia feudal,

> qualquer que seja a forma que assuma, é sempre o que ele entrega ao senhor, o que deve repartir com este. É por isso que as lutas dos servos feudais eram geralmente travadas com o intuito de eliminar totalmente o indesejável participante na partilha dos bens produzidos ou reduzir significativamente sua "parcela". Ao se rebelarem ou apelarem contra as *folwarks* ["fazendas de aldeia"] ba-

seadas no feudalismo, os servos não reivindicavam uma *folwark* baseada no trabalho assalariado. A *folwark* sem servidão, antes do desenvolvimento do mercado de trabalho, não levava absolutamente ao desenvolvimento de uma *folwark* baseada no trabalho assalariado. Pelo contrário, era uma ideia revolucionária para acabar de uma vez com a *folwark* [...]. A *folwark* sem servidão era um projeto potencial dos servos para acabarem de vez com a *folwark*.[18]

Com respeito às corveias feudais, os servos não lutavam em nome do trabalho assalariado capitalista, mas de fechar novamente o ciclo de produção-consumo, de integrar plenamente a reprodução natural — em nome de preservar os produtos e a força de trabalho da propriedade familiar. O pensamento dos servos nessas condições era organizado em torno da satisfação de necessidades, e não do aumento dos ganhos; os membros da família eram, em primeiro lugar, consumidores e não produtores; o "produtor" era a terra, e ela decidia quantos bens de consumo caberiam a cada consumidor.

Na falta de um mercado de trabalho assalariado, a deliberação sobre como aumentar os ganhos produzidos por um "empregado" não fazia sentido. No máximo se poderia pensar em aumentar a produção de um hectare de terra. Os limites superiores desse aumento eram definidos muito enfaticamente pelas condições objetivas da economia autárquica camponesa, não regida pelo mercado. Para analisar a produção em termos do número de bens exigido de cada produtor — em outras palavras, para que a expressão "eficiência do trabalho" (ou uma análise que é a base do "cálculo racional" no pensamento contemporâneo) fizesse algum sentido —, deveria existir primeiro uma situação em que haveria uma escolha possível entre usos mais ou menos eficientes da força de trabalho. Enquanto essa escolha não existia, a base de cálculo não era a busca das formas mais eficientes (logo, lucrativas) de atividade econômica, mas a necessidade de maximizar a satisfação das necessidades alimentares de cada membro da família — primeiramente consumidores e só depois produtores. Desse ponto de vista, as maiores reservas estavam na supressão de subsídios em favor de atividades não agrícolas que pesavam no orçamento familiar: para o proprietário de terras, a corte, a Igreja, a nação. O camponês só entra em contato com o mercado quando é forçado a isso a fim de adquirir as ferramentas ou bens de consumo que não sabe ou não pode produzir. Em condições de crescimento populacional contínuo (causado pela falta de migração) na aldeia, o suprimento de bens de consumo é geralmente menor do que o mínimo necessário para sua sobrevivência; assim, a "boa demanda" por produtos agrícolas não é usada para ampliar a atividade comercial do camponês, mas para melhorar o consumo de sua família — enquanto há uma redução simultânea dos bens entregues ao mercado. Durante um período de baixo desenvolvimento das relações de mercado, observamos o mesmo fenômeno na cidade: "Nas lojas de cidades pequenas em que famílias inteiras trabalham, elas o fazem apenas em tempo parcial [...]; o resultado das dificuldades excessivas na distribuição é, evidentemente, a produtividade marginal, muito baixa, quase zero, do trabalho".[19]

No segundo polo encontramos os produtores dotados de uma possibilidade ilimitada de escolhas: a escolha entre formas mais ou menos eficientes (logo, lucrativas) de usar sua força de trabalho. Um mercado capaz de absorver produtos agrícolas contradiz o princípio de que o "melhor" uso da terra é extrair dela todos os bens necessários para satisfazer todas as necessidades dos membros da família; a partir disso, a representação da produção agrícola apenas como uma cultura, ainda que lucrativa, se torna significativa, junto com a aquisição dos bens de consumo remanescentes com dinheiro obtido pela venda de produtos.

Mas os resultados da ampliação do mercado para a força de trabalho passam a ser ainda mais significativos; só depois de isso ter acontecido é que se torna racional pensar sobre a produção segundo as categorias "rendimento por trabalhador" ou por hora, e não por hectare. O funcionamento do mercado — particularmente quando ele cresce de súbito em consequência de rápidas mudanças sociais — não é, evidentemente, imediato: numa aldeia tradicional, a atividade econômica não se distinguia de outra função social — era carregada de muitos significados além dos econômicos (por exemplo, religioso, social, relacionado ao status), e privá-la desses significados leva tempo; pesquisadores têm atraído repetidamente a atenção para o fato de que, para um agricultor, criar uma vaca pode ter um significado associado a prestígio ou posição, mesmo que ela tenha perdido sua utilidade econômica. Não obstante, o surgimento de um mercado de trabalho é o verdadeiro momento de transição. Toda a revolução cultural da "urbanização" da aldeia é a atrasada e ralentada — mas isso é, apesar de tudo, uma consequência.

Tomemos como ponto de partida um fenômeno amplamente percebido sob o título de "urbanização das aldeias" — a separação entre os processos de produção e a propriedade familiar, o lar. Com a falta de alternativas de mercado, o lar era um conjunto de consumidores e produtores ao mesmo tempo; um membro da família era, de modo automático, ou irrefletidamente, um produtor na manufatura familiar apenas por ser também um consumidor na economia de seu lar. Mesmo esse cálculo é essencialmente a-histórico; na consciência das pessoas envolvidas, os papéis de consumidor e produtor não eram distintos, mas se dissolviam um no outro na situação social, totalmente determinada pelo tamanho da família e de suas terras. E a base para a separação entre o local de trabalho e a propriedade familiar só pode ter lugar com a separação dos papéis de produtor e consumidor. O mercado é que se tornou o precursor dessa divisão: ele criou uma situação em que o fato de alguém se alimentar usando a panela comum da família não significava que essa pessoa contribuísse para encher essa panela trabalhando em suas terras. A ausência de um mercado, suas falhas ou a falta de atratividade das alternativas por ele oferecidas condicionavam, se não a criação, pelo menos a persistência desse elo entre a economia familiar e o local da produção que Bogusław Gałęski, num fantástico estudo sobre as propriedades gerais das mudanças sociais nas aldeias, descreve como uma situação em que

Economia, cultura e tipologias de sociedades   289

a destinação de parte significativa dos bens produzidos é serem usados por seus produtores e suas famílias, e no caminho que vai da produção ao consumo não precisam passar, de alguma forma, pelo mecanismo da aceitação social; o trabalho de criação mais uma vez acontece, num grau significativo, na economia doméstica.[20]

E o oposto: a existência de um mercado como esse amplia gradualmente os resultados do fato de a economia camponesa produzir gêneros alimentícios; podemos imaginar um mercado tão perfeito e caracterizado por uma estrutura de preços atraente o bastante para que praticamente toda a produção econômica saia da esfera do consumo familiar e quase toda a panela da família seja preenchida com produtos adquiridos no mercado, e não criados pelas mãos daqueles que estão ingerindo o conteúdo da panela — em outras palavras, que se chegue à típica situação da família urbana lançada de há muito à esfera da circulação de bens, em que os consumidores estão na família e os produtores fora dela.

O segundo sintoma da chamada "urbanização das aldeias" é a fragilização dos laços familiares, tão típicos e óbvios nas antigas sociedades rurais. A natureza basicamente patriarcal da família rural tradicional se desintegra — a dura disciplina que os pais impõem aos filhos, o grau de autoridade sobre os destinos de seus descendentes, se contrai. Fenômenos semelhantes ocorrem — algumas vezes paralelamente, outras um pouco mais cedo — na família "urbana". E nas famílias urbanas isso variou; o processo ocorreu mais cedo nas famílias de trabalhadores que viviam exclusivamente da venda de sua força de trabalho e um pouco mais devagar naquelas cuja subsistência se baseava em suas propriedades. Nas famílias deste último tipo, semelhantes às de camponeses, uma proximidade maior dos laços não provinha do fato de a família ter uma propriedade que fosse objeto do desejo de todos os seus membros (e, portanto, fazia com que inscrevessem seus planos existenciais no contexto da família e de seus esforços, lutando entre si pelos direitos de herança e para caírem nas graças do patriarca a fim de garantirem um testamento que os beneficiasse), mas de que, além da fortuna familiar, não havia possibilidades de ganho ou, em geral, de alcançar uma posição social que fosse culturalmente proveitosa e desejável. A mudança a esse respeito nas famílias burguesas foi ampliada, mas só até certo ponto, pela criação de uma escala educacional como instrumento de uma carreira individual independente e de grandes organizações burocráticas como canais dessa carreira, levando a posições semelhantes às daqueles que tinham a garantia de uma grande fortuna pessoal.

Para famílias camponesas, o que decidiu a mudança foi, em geral, a criação de um amplo mercado de trabalho assalariado. A terra, embora mantendo sua atratividade à luz dos valores culturais tradicionais, deixa de ser a única possibilidade, tornando-se uma entre muitas, os resultados da insubordinação familiar deixam de ser tão ameaçadores quanto eram antes e as lutas por sucessão se tornam mais amargas do que nunca. Não é tanto que a união do local de produção com a economia familiar se situe em posições que sejam especialmente favoráveis à tradição familiar, mas por não haver alternativa, não haver escolha, quando se trata de opções para uma pessoa trilhar seu caminho no mundo.

O terceiro sintoma da chamada "urbanização das aldeias" — o "profissionalismo", a profissionalização do trabalho do agricultor — também é produto de um mercado de trabalho. Como Gałęski judiciosamente observa,

> a base da definição de certas tarefas, distinguindo-as de outras, como profissão conecta a atividade do indivíduo ao restante da sociedade; ou, de forma mais estrita, o intercâmbio do trabalho do indivíduo para a sociedade é realizado na forma do valor (produtos, serviços) que ele ganha como resultado. Essa relação constitui a base da existência de uma profissão.[21]

As atividades do camponês participam da divisão social do trabalho na medida em que são um elemento da estrutura de profissões da sociedade, na qual elas se inserem, em troca, no mercado. Enquanto o camponês só participa do intercâmbio por meio dos produtos de sua própria economia — e assim seus bens não são sua força de trabalho, mas apenas resultados de seu uso produtivo —, sua situação como proprietário ou seu lugar na estrutura de classes predomina, na definição de sua situação social geral, sobre sua posição como produtor, ou sua posição na estrutura de profissões — e o "campesinato" não é tanto uma profissão, mas um tipo de posse. O camponês proprietário torna--se o agricultor profissional à medida que sua força de trabalho se transforma em potencial produto: ela pode ser usada no sentido prático para colocar em movimento outras ferramentas a fim de trabalhar com matérias-primas sem conexão com a propriedade — ela pode ser vendida. Se, nessas condições, o habitante da aldeia continua trabalhando a terra, sua atividade pode ser razoavelmente encarada em termos da divisão do trabalho — ele "escolheu essa profissão e não outra"; embora não esteja realmente vendendo sua força de trabalho no mercado, essa é uma decisão econômica no mesmo sentido (presumindo--se um modelo com uma situação pura, isso significa considerar as decisões econômicas sem referência a seus significados não econômicos) que aquela de assumir a função de serralheiro numa fábrica. A existência de um mercado de trabalho mina gradualmente a forma tradicional de pensar sobre o trabalho na terra como uma função da propriedade; induz gradualmente a que se considere até o fato de possuir terras como uma função da profissão do agricultor; e promove essas mudanças nas atividades desse agricultor como características de profissões laborativas — como alcançar qualificações adequadas e reconhecimento educacional como forma de ingresso na profissão.

O quarto sintoma das mudanças culturais chamadas de "urbanização das aldeias" é o desaparecimento das funções de proteção e defesa do grupo — ou melhor, de seus membros prósperos — em relação aos demais habitantes. A função da proteção mútua inclui-se entre as necessidades fundamentais que devem ser garantidas em toda sociedade humana, e toda comunidade possui instituições mais ou menos organizadas para atingir esse objetivo. Nos estágios da evolução cultural em que a sociedade se organiza em comunidades tribais ou existe uma federação de sociedades locais, essas funções são cumpridas num nível "comunitário", e não social. Por toda parte na Europa feudal e mesmo pós-feudal (por exemplo, na Inglaterra da década de 1830), as funções de proteção eram desempenhadas pela corte, pela comunidade aldeã, pelo magistrado municipal, pela paróquia. A relação feudal era de obrigação mútua, e os ideólogos burgueses que defendiam a liberdade tinham em mente libertar os servos não apenas do serviço que prestavam aos senhores, mas também da proteção que deles recebiam; mais de uma vez os servos sentiram falta do sistema feudal que lhes proporcionava sentimentos de segurança, ajuda em casos de catástrofes, proteção para não morrerem de fome e em relação à indigência absoluta. Já em 1855, os camponeses de Chlewisk queixavam-se de que,

sob nosso antigo senhorio, todos os prédios eram reformados e reconstruídos com dinheiro vindo do feudo. Materiais para a construção de paredes, carroças, arados, trenós, utensílios domésticos nos eram dados sem custo. Agora nos recusam tudo. Recebíamos animais saudáveis em troca de animais exaustos. Agora isso não acontece. [...]

É verdade que nos velhos tempos podíamos ficar em dívida, mas isso não era sentido como um peso, pois recebíamos do feudo toda a madeira necessária para produzir ferramentas e construir cercas, pastagens para o gado, combustível, cortar gramíneas nas florestas, trocar de graça animais exaustos por saudáveis, construir e reformar prédios à custa do feudo, sem ter de pagar por nada disso.[22]

Quanto menor o grau em que os camponeses, por meio das relações de mercado, estavam ligados à sociedade com S maiúsculo — ou seja, enquanto olhavam para a sociedade, confinados aos limites do grupo comunitário, na esperança de obterem proteção e garantias contra o destino —, mais seus herdeiros ou vizinhos prósperos desempenhavam a função que o antigo individualismo capitalista atribuiu à laboriosidade do indivíduo-átomo e que só agora, depois de longas dificuldades e batalhas, instituições criadas num nível de organização macrossocial, no nível do Estado, começam a cumprir. Assim, o processo de passagem das instituições de proteção organizadas no nível da sociedade local para tais instituições distribuídas entre organizações sociais (dividido por um período de doloroso conflito entre funções sociais de proteção) é — talvez não simultaneamente — encargo dos habitantes tanto da cidade quanto da aldeia. E esse é o resultado um tanto atrasado da ampliação das relações de troca e das redes de dependência econômica, da sociedade local para a sociedade geral — do fato de a sociedade organizada num país, em vez da região local, ter se tornado o nível em que os bens produzidos são contrabalançados com a necessidade deles criada pelo consumo. Quando a população da aldeia é arrastada para a divisão social geral do trabalho, ela vivencia esse apartamento das pessoas em papéis, tão típica da "macronização" das redes de relações sociais e dos processos de particularização a ela vinculados, especializando-se em funções sociais e nos serviços de organizações particulares por elas demandados. Com a mediação de cada um de seus papéis, então, a população da aldeia é empurrada para a troca de bens e serviços que ultrapassa os limites da sociedade nativa. A relativa independência dos indivíduos em relação ao grupo é moldada sobre essa base; observadas as fronteiras do grupo, atravessando a maioria de seus laços sociais, a população da aldeia começa então a parecer um conjunto de indivíduos independentes e, assim, se torna semelhante à imagem criada na mente dos pesquisadores que observam o ambiente urbano — em que, talvez em função de seu tamanho, seja difícil perceber "a outra ponta" dos fios das relações sociais que "surgem" de indivíduos particulares.

Finalmente, o quinto sintoma: "a penetração na aldeia de bens criados nas cidades". Provavelmente não precisamos de uma longa demonstração para apoiar a tese de que esse fenômeno é a consequência óbvia dos processos já descritos de "mercadorização". Os camponeses não compravam produtos feitos nas cidades não porque não gostassem deles, mas porque, em primeiro lugar, não participavam da circulação de bens, de modo que não tinham coisa alguma para adquiri-los; e, em segundo lugar, se não podiam vender sua força de trabalho por um preço razoável, dedicar suas energias à produção de uma versão mais primitiva dos bens produzidos nas cidades (e fazê-lo com uma escala de custos muito mais ampla quando se calcula o "preço" fictício da força de trabalho que essencialmente não está presente no preço) era não apenas "economicamente mais racional", mas a única escolha possível a partir da perspectiva das necessidades que esses bens deveriam satisfazer. Quando, porém, a força de trabalho realmente se tornou um produto e adquiriu um custo que podia ser pago, a situação mudou: sentimentos tradicionais talvez ainda possam explicar, em alguns casos, a preferência por roupas feitas em casa em relação às que são vendidas em lojas de departamentos, mas, de uma perspectiva econômica, priorizar dessa forma a tradição se tornou um desperdício, pois, pela energia e o tempo gastos para produzi-las em casa, seria possível ganhar no mercado uma soma que permitisse adquirir produtos de utilidade semelhante, além de outros. Quando se começa a pensar nos produtos de nossas próprias mãos como mercadorias, esse pensamento ganha o controle de toda uma esfera vinculada à satisfação de necessidades. Ao procurar os bens que atendam a essas necessidades, o habitante da aldeia olha o mercado e pensa nem tanto sobre quanto tempo vai gastar para adquirir determinado artigo necessário, mas sobre quantos e quais artigos podem ser adquiridos se o tempo for gasto de uma forma maximamente benéfica (logo, proveitosa). Nesse estado de coisas, o habitante da aldeia, de modo semelhante ao da cidade, preparado pela "comodificação" das relações interpessoais, é condenado a satisfazer suas necessidades pela mediação do mercado. Com respeito a esse fato fundamental, parece secundário que os bens que se

Economia, cultura e tipologias de sociedades 295

adquiram sejam "da cidade". Trata-se simplesmente do fato de as fábricas que os produzem em geral se situarem em áreas urbanas. Assim, como os habitantes da aldeia poderiam adquirir essas coisas se não viessem "da cidade"? O importante é que eles os obtêm pelo mercado.

Os processos aqui descritos são uma base sobre a qual pode ocorrer um fenômeno geralmente apresentado como penetração de valores típicos da cidade na vida de uma aldeia. Estou pensando na distinção de instituições de tempo livre, na preferência por certos tipos de entretenimento, na hierarquia dos ideais de vida bem-sucedida etc. Os valores que estamos examinando são, antes, estritamente relacionados às condições de vida numa sociedade plural, baseada no mercado, ligada por sistemas cruzados de laços organizacionais e pela rede social de relações ou interdependências econômicas. Depois de uma investigação mais profunda, a maioria desses valores se mostra algo novo não apenas para os moradores da aldeia, mas também para a maior parte dos habitantes das cidades; sua difusão pode ser mais racionalmente explicada considerando-se o processo social geral de industrialização, a expansão radical do mercado de trabalho e as mudanças simultâneas nos sistemas de relacionamentos e nos vínculos sociais. Esses valores seguem o caminho percorrido na sociedade pela trilha do trator industrial. O trator segue seu caminho tanto pelos ambientes urbanos quanto pelos rurais. Por isso, observamos (não sem a influência consciente dos esforços das comunicações de massa, agora situados numa esfera puramente psíquica, que continuam chegando à aldeia não como um presente vindo de cima, mas como resultado de um intercâmbio de bens vendidos pelo agricultor em troca de um produto oferecido pelo mercado) o apagamento das diferenças entre a cidade e a aldeia na esfera dos valores produzindo uma sociedade industrial única e homogênea, caracterizada pela cultura de massa.

Outras lições a respeito de semelhanças e diferenças

Se sairmos agora das considerações gerais — mantidas, apesar de exemplos locais, em termos dos princípios gerais da evolução cultural — e passarmos para assuntos especificamente poloneses, devemos concluir que os processos mencionados, que ocorrem em nosso país nas condições de um sistema político-econômico socialista, estão vinculados (nas condições gerais em que têm sido apresentados até agora) nem tanto a uma transição do capitalismo para o socialismo quanto às fases finais de industrialização da sociedade. Em certo sentido, o socialismo gera as mudanças aqui descritas "em vez do" capitalismo; porém, falando de modo mais estrito, essas mudanças que ocorrem no Ocidente no contexto e sob a influência das relações capitalistas só têm acontecido na Polônia depois da revolução socialista. Talvez daí resulte, de uma perspectiva histórica, que a maioria dos lugares do mundo passe por essa transformação sob as condições do socialismo, e não do capitalismo; isso não muda o fato de que a modernização tanto dos ambientes urbanos quanto dos rurais, provocada por processos de comodificação das relações interpessoais e pela particularização geral da vida social, venha sempre a ocorrer, ao que parece, quando uma sociedade pré-industrial se transforma em industrial — independentemente do tipo de sistema social que dê origem a essa metamorfose.

A revolução industrial mecanizada pode levar o crédito pela "mercadorização" total do processo de satisfação das necessidades humanas ou, mais estritamente, por determinar o percurso do esforço criativo de um indivíduo para a satisfação dessas necessidades através da ampliação da circulação social e da redistribuição de bens. O resultado desse redirecionamento (esse termo parece aqui melhor que "mercadorização" porque abre a possibilidade teórica de uma redistribuição sem dinheiro) é também a generalizada homogeneização dos bens que servem para satisfazer as necessidades humanas: todos os ambientes extraem esses bens do mesmo mercado, servido pelo mesmo arranjo industrial de massa, e o processo pelo qual a indústria assume a manufatura de bens também leva à criação de uma necessidade de produtos que não podem ser, "em vez disso", feitos em casa, e que se é obrigado a adquirir no mercado geral sem considerar a verdadeira racionalidade econômica. Outro resultado desse redirecionamento é a particularização da vida social e a especialização das funções sociais ligadas à reestruturação da sociedade com base na interseção de arranjos de laços parciais — e na transformação de pessoas em postulantes de diferentes organizações especializadas (constituídas "privada" ou "nacionalmente") a fim de satisfazer diversas necessidades pessoais. Finalmente, o resultado do redirecionamento é também a expansão, consequente da industrialização, da homogeneização da cultura com base na similaridade ampliada das condições em que ocorre a satisfação de necessidades pessoais, independentemente da profissão da pessoa e de seu ambiente ecológico. Todas essas são, podemos dizer, verdades gerais que a industrialização significativa sempre irá criar, caso penetre com profundidade suficiente nos processos de vida fundamentais da sociedade.

Por outro lado, a introdução do planejamento numa ampla escala social, ou de elementos do planejamento nos processos de redistribuição de bens (eliminando de forma significativa o papel da competição e os motivos de ganho como reguladores da produção e circulação de bens num nível geral de organização social), que é uma característica do sistema socialista, não pode deixar de influenciar os processos aqui descritos. Em nossas reflexões anteriores, usamos termos como "mercado ideal" e "aperfeiçoamento do mercado". Sabemos que o planejamento nacional introduz modificações importantes no funcionamento do mercado e atua contra o que os economistas chamam de "mercado ideal". Que tipo de influência isso tem nos processos de modernização em aldeias e na eliminação de diferenças entre elas e as cidades?

Witold Kula escreve:

No socialismo — sabemos disso muito bem a partir de nossa própria experiência —, as leis do mercado manifestam-se de forma totalmente diferente do que ocorre no capitalismo. Os déficits de bens de consumo se revelam, por exemplo, não num aumento geral de preços, mas nas filas em frente das lojas e na diferença entre o preço determinado pelo Estado e aquele cobrado no mercado negro. Elementos de arbitrariedade na determinação do preço, especialmente de produtos primários, levam a mudanças significativas no cálculo de instalações de produção, na perda de certos produtos primários (como madeira) e a uma lucratividade ou falta de lucratividade fictícias. Sob as condições de ausência de jogo livre do capital no mercado, é muito difícil encontrar um "denominador comum" entre o elemento temporal e a determinação de uma porcentagem.[23]

É óbvio que esse estado de coisas deve reduzir a pureza do modelo teórico da porcentagem de comercialização na economia da aldeia. Eis a seguir algumas modificações preliminares.

A ausência, no mercado, de certos bens essenciais, sua inacessibilidade ou os preços elevados no mercado clandestino podem levar a uma situação em que, mesmo com uma "forma de pensamento ligada ao mercado", talvez pareça "economicamente racional" produzir esses bens (ou seus substitutos correspondentes) em casa, e não apenas a uma consideração acerca de sua importância para satisfazer necessidades. Em muitos casos, isso pode neutralizar a especialização profissional da instalação de produção, ligando a agricultura familiar à produção doméstica e mantendo no lar elementos do naturalismo. Outro exemplo: mesmo em condições em que na sociedade mais ampla haja um equilíbrio em termos de mercado capaz de absorver a força de trabalho, flagrantes problemas de moradia podem levar à limitação da mobilidade dos trabalhadores, o que irá criar centros locais onde o suprimento de mão de obra ultrapassa a demanda, o que também significa, considerando-se pelo outro lado, que o efeito do investimento industrial sobre a "mercadorização" da força de trabalho da aldeia, e portanto sobre todas as mudanças culturais que a acompanham, é limitado a fronteiras espaciais bastante restritas. Assim, os processos de modernização ocorrem de modo muito desigual e com diferentes proporções em diferentes locais.

O sistema também serve, de outra forma, para modificar os processos de eliminação da diversidade entre a cidade e a aldeia. O alto grau de organização de todos os aspectos da vida que é particularmente comum aos países socialistas nem sempre é o mesmo nas cidades e aldeias da Polônia. A maioria dos habitantes das grandes cidades, independentemente da profissão ou do nível educacional, está hoje numa situação similar por se tratar de empregados de grandes organizações (esse fato descreve sua fonte básica de renda e posição social) que, ao satisfazerem a maioria de suas necessidades, devem aparecer como postulantes de grandes organizações semelhantes. Esses dois fatos incluem quase todas as suas atividades existenciais no sistema de relações parciais (impessoais).

As coisas parecem diferentes nas aldeias, mesmo hoje. A posse da terra significa que a maioria dos moradores da aldeia está em posição de relativa independência em relação ao mundo das grandes organizações: isso lhes fornece meios de sustento relativamente autônomos e lhes permite satisfazer algumas de suas necessidades — o que, em certas situações, teoricamente falando, pode até se tornar uma quantidade significativa — sem entrarem em contato com essas organizações. Entre outras coisas, os moradores da aldeia, quando não são diretamente empregados de uma organização (ou seja, não são trabalhadores ou administradores agrícolas), não estão vinculados ao sistema macrossocial de proteção e seguridade. Isso estimula os esforços regenerativos ou a galvanização de funções de proteção do grupo e funciona contra a perda de numerosas características de uma sociedade local fechada. Por outro lado, o mecanismo, amplamente retratado por Gałęski, de encaminhar os agricultores para o sistema macrossocial da economia socialista — embora mantendo seus direitos de propriedade — nada mais é do que criar, com base em crédito, contratos, aquisições, transações afins etc., pontos de interseção e dependência ligando o camponês a organizações mais amplas — e, assim, num certo sentido, tornar a condição social do agricultor semelhante (embora não idêntica) à do morador da cidade.

Em suma, acima de tudo, parece que as condições em que se forma a cultura de massa urbana baseiam-se na infraestrutura de grandes organizações impessoais e na "funcionalização" de indivíduos com respeito a essas organizações; manter a propriedade é mais um fator que funciona contra o desaparecimento de diferenças entre cidades e aldeias, e em todo caso demarca limites particulares que tornam impossível completar esse processo. As diferenças só podem desaparecer na medida em que isso seja condicionado pelo redirecionamento, por meio do mercado, de processos individuais de produção-consumo; e elas são mantidas apenas na medida em que isso seja condicionado pela heterogeneização da situação social do indivíduo em relação à dependência ou à relativa autonomia das organizações impessoais.

Eu mal tangenciei os problemas mais amplos considerados pelos sociólogos sob a rubrica da "urbanização das aldeias". Não tinha a intenção de tentar sistematizá-los ou — além disso — de apresentar uma teoria sobre eles, competindo com outras teorias que circulam atualmente. Só queria chamar a atenção para a infraestrutura, frequentemente negligenciada ou amplamente desconsiderada, das mudanças culturais descritas — para a estrita interdependência que condiciona quais dessas mudanças ocorrem na infraestrutura. Enfatizar essas dependências não reduz de forma alguma a importância de problemáticas como as mudanças de crenças ou opiniões das pessoas das aldeias, as diferenças geracionais, o papel de postos avançados da intelligentsia nas aldeias, dos trabalhadores camponeses ou ativistas rurais na transmissão de costumes e valores urbanos. Mas uma análise da infraestrutura de mudanças culturais é necessária para que possamos entender que uma jovem serva, voltando com seu

Economia, cultura e tipologias de sociedades · 301

patrimônio recém-adquirido, não está "urbanizando" a aldeia, e não apenas por ter um número irrisório de parceiros.

Em suma, tentei apresentar aqui as seguintes reflexões:

1 As mudanças culturais que ocorrem nas aldeias aqui examinadas são menos um sintoma da "introdução de modelos culturais urbanos na aldeia" do que da eliminação de diferenças entre a cidade e a aldeia, assim como da formação de uma nova e hegemônica cultura de massa que constitui uma novidade, até certo ponto, em relação não apenas à aldeia, mas também a muitas cidades polonesas antes da guerra. No complexo do mercado urbano-industrial que é atualmente a cidade, o lado ativo dessas mudanças é fundamentalmente o elemento da "mercadilidade"; a ação do elemento da "urbanidade" é, efetivamente, apenas uma função das ações do elemento anterior.

2. O papel da infraestrutura gerada por essa nova cultura de massa, e em relação à qual ela funciona, é em primeiro lugar o de introduzir a mediação do mercado no percurso do indivíduo, desde as funções de produção até a satisfação de necessidades.

3. Mudanças culturais como a separação entre o processo de produção e o lar, a fragilização dos laços familiares patriarcais, a profissionalização das atividades produtivas, a perda das funções de proteção-segurança pela sociedade local e assim por diante são — embora por vezes retardadas pelo tradicionalismo das instituições e dos processos educacionais — sempre o resultado óbvio das já mencionadas mudanças na infraestrutura.

4. A "novidade" da cultura, tanto na aldeia quanto na cidade, e sua homogeneização são, entre outras coisas, condicionadas pela modernidade de seus elementos materiais, incluindo, em ampla medida, a contingência da autarquia da família na satisfação de suas necessidades.

5. O ritmo e as consequências do processo de eliminação de diferenças entre a cidade e a aldeia (se presumirmos a adequação e o funcionamento apropriado de instituições instrumentais) são maiores, em nossas condições, se houver:

a. um maior — ou seja, mais móvel e permeável internamente — mercado nacional para a força de trabalho; e

b. um maior preço de mercado para a força de trabalho (ele determina o terreno em que elementos da economia natural se tornam economicamente irracionais).

Reduzir a capacidade do mercado de trabalho ou baixar o preço da mão de obra pode então, por outro lado, exercer um efeito amortecedor sobre os processos de urbanização das aldeias.

6. Processos importantes que tiveram pleno curso no caminho do indivíduo de "usar a energia laboral para o consumo" por meio do mercado podem abranger uma infraestrutura que condicione a realização do primeiro passo no processo de eliminação de diferenças culturais entre a cidade e a aldeia. Dar o passo seguinte depende de outras mudanças na infraestrutura — ou seja, da homogeneização da condição social dos habitantes da aldeia e da cidade com respeito a grandes organizações especializadas na execução de funções sociais particulares.

Há, evidentemente, mais um significado para a expressão "urbanização das aldeias": a aldeia atingir "condições de vida urbanas", no sentido de um cenário urbano e de um tipo urbano de organização do espaço — casas de alvenaria, estradas pavimentadas, gás, água corrente, esgotos, saneamento etc. Mas os processos de "urbanização das aldeias" entendidos dessa forma não alcançaram resultados significativos (em alguns casos, podemos até falar de uma "ruralização" de centros urbanos, se por "condições de vida de aldeia" entendermos a falta dos elementos mencionados). Esse processo de "urbanização" também exige as mudanças antes descritas na infraestrutura, assim como avanços significativos no nível de vida e a acumulação de ganhos destinados a fins comunitários e ao "consumo coletivo".

· 8 ·

Determinantes culturais do processo de pesquisa

As reflexões aqui apresentadas baseiam-se na ideia de que a essência do processo sociocultural chamado "pesquisa" é tornar compreensível para as pessoas o valor da experiência socialmente adquirida. Entendendo a coisa em termos um pouco mais estritos: podemos dizer que a pesquisa é a contrapartida cultural — ou seja, informacional — da atividade de produção que dá a fragmentos da realidade um significado "adaptável a energias", ou seja, ela lhes atribui significado no sentido de fornecer energia à sociedade. A pesquisa cumpre essa função no processo de sistematização conceitual de um material caoticamente obtido a partir das experiências humanas, assim como a produção cumpre um papel de organizar num sistema de necessidades humanas o conjunto caótico da energia humana recolhido fora do organismo humano. Percebidos num sistema conceitual, estímulos aparentemente insignificantes transformam-se em informação.

A relativa autonomia da cultura

Uma das características mais importantes da espécie humana é a relativa separação entre redes de informação e redes de energia.

Levando em consideração, contudo, o fato de que toda transmissão de informações é conectada à transferência de alguma quantidade — ainda que mínima — de energia, podemos reformular a afirmação acima da seguinte maneira: para a sociedade humana, é característico que certos produtos sejam adaptados para serem portadores especializados de informação, enquanto outros produtos e ações têm mantido um papel que é fundamentalmente energético. A "especialização informacional" baseia-se no fato de que a criação ou ação relevante tem um significado informacional, e a correspondente transmissão de energia é insignificante ou não existe para o parceiro do significado. As raízes da especialização devem ser procuradas na particularidade da forma humana de vida que, por sua vez, é o resultado da evolução biossocial dos seres humanos.

De acordo com as modernas visões da evolução humana, a espécie humana é uma forma infantil em comparação com seus ancestrais animais diretos. Essa infantilização é baseada acima de tudo na importante redução de recursos biológicos herdados — sobretudo na ausência absoluta de um repertório de comportamentos instintivos adaptado a um repositório das situações mais prováveis segundo o modo de vida de determinada espécie e a forma característica de satisfação de suas necessidades. Ashley Montagu descreve isso em seu livro *Anthropology and Human Nature* [*Antropologia e natureza humana*]:[1] "Em consequência de processos de seleção natural, os ancestrais diretos dos seres humanos libertaram-se cada vez mais de seus comportamentos instintivos — de modo que, quando surgiram os seres humanos, esses comportamentos essencialmente desapareceram". Assim, no curso da evolução que levou aos seres humanos, o processo de seleção natural privilegiou a "indeterminação" biológica das espécies, ampliando a esfera de liberdade em resposta à escolha da ação, ao ambiente natural e às formas de explorá-lo. "No curso da evolução humana, a seleção natural provavelmente privilegiou a capacidade de aprender, a flexibilidade, a habilidade de adaptar o comportamento a circunstâncias mutáveis" — não foi o desenvolvimento de algumas habilidades especializadas que são úteis num limitado conjunto de condições. De maneira paradoxal, podemos dizer que a mais importante das características herdadas pelos seres humanos de seus ancestrais animais e humanoides foi libertar-se das limitações de sua herança biológica. Evidentemente, estamos exagerando um pouco aqui a fim de alcançar um efeito paradoxal: na realidade, o ser humano não é totalmente livre da determinação biológica. Mas essa determinação é bastante enfraquecida ou apenas ampliou um pouco o conjunto de atividades que são possíveis aos seres humanos com base puramente em sua constituição biológica. Quando o comportamento deixa de ser uma resposta singular, específica à espécie — quando, portanto, essa mudança deixa de ser produzida unicamente por mutação genética —, os modelos de comportamento começam a desempenhar um papel importante. A regulação teleológica de comportamentos por sua subordinação ao padrão adequado difere de forma significativa da determinação automática e instintiva do comportamento. Um indivíduo cujo comportamento é determinado pelo instinto deve comportar-se de certa maneira em certas situações. Mas um indivíduo cujo comportamento é regulado por objetivos e padrões comportamentais pode proceder de determinada maneira, mas não é obrigado a isso. É por esse motivo que seu comportamento é significativamente menos estereotipado, ajustando-se com mais presteza à resposta do ambiente.

Todos os padrões de comportamento são um tipo de informação que o indivíduo deve adquirir para organizar adequadamente certos gêneros de conduta em resposta a determinados estímulos. Por isso podemos dizer que a capacidade de aprender e de ser educado — percebida como uma facilidade de adquirir e armazenar informações — é essa característica particular da espécie humana que abrange a condição fundamental de uma organização cultural da sociedade.

A capacidade de aprender não é uma particularidade exclusivamente humana (mais importante, em termos de estabelecer uma distinção entre seres humanos e animais, é a capacidade de ensinar). Indivíduos de algumas espécies de animais, no curso de suas vidas, são capazes de ampliar ou modificar seu repertório inato de comportamentos. Seres pertencentes às categorias que se distinguem por essas habilidades tendem a ser diletos animais de estimação ou apresentar-se em circos (os comportamentos necessários para o desempenho desses papéis lhes são ensinados, nesse caso, por seres humanos, e não por outros indivíduos da mesma espécie). Eles adquirem novas habilidades pelo adestramento — criando outros comportamentos automáticos.

Evidentemente, usando termos bastante gerais, podemos descrever a aprendizagem de seres humanos e de animais de forma semelhante; mas são fenômenos que diferem entre si de muitas maneiras significativas. Ensinar aos animais comportamentos que não são determinados por seus instintos, ou herdados, se dá basicamente agindo-se em relação a eles com estímulos caracterizados pelo fato de o lado da "energia" desempenhar um papel importante, embora não exclusivo. A transmissão de informações acompanha a transferência de energia, mas é um "efeito colateral" em relação a ela. Estímulos puramente informacionais (ou aqueles cujo lado energético é insignificante para determinado animal) podem estimular ou forçar o animal a se ajustar a uma nova forma de comportamento com muito menos frequência. A capacidade humana de aprender é significativamente diferente, a esse respeito, da capacidade de um animal de criar novas respostas que sejam condicionadas pelo adestramento; uma pessoa desenvolve novas formas de comportamento principalmente sob a influência de estímulos cujos aspectos energéticos não têm significados particulares e que de nenhuma outra forma são importantes para sua vida em termos de energia.

Significados separados das coisas a que se referem, permitindo que sejam facilmente registrados e transmitidos, armazenados fora da mente humana, e até fora do corpo humano (por exemplo, na escrita), constituem a matéria básica, a "substância" da cultura. A autonomização de significados deu início a um infindável processo de acumulação cultural de realizações científicas humanas; sem essa autonomização, o processo é inimaginável. O valor utilitário dos bens materiais que cada geração transmite à seguinte é comicamente desprezível e desimportante em comparação com o poder criativo contido na informação transmitida. É essa distinção entre os significados e os objetos a que eles se referem, assim como o condicionamento resultante da relativa independência do sistema cultural em referência ao conjunto de coisas, que torna os seres humanos "temporalmente vinculantes"[2] — capazes de adquirir, multiplicar e criar experiências a partir de elementos de um passado distante ou de transformar as experiências do indivíduo em realizações da espécie. A pessoa contemporânea difere de seus ancestrais de mil anos atrás não tanto pela posse de casas de alvenaria e caixas sobre rodas quanto por um conjunto incomparavelmente maior de informações armazenadas e de habilidades a ele conectadas. A informação autonomizada — no sentido antes indicado — que circula na sociedade começou a ganhar uma vida própria de modo muito semelhante à forma como o processo de coletá-la, elaborá-la e transmiti-la se tornou relativamente independente daquele de adquirir, elaborar e circular bens materiais. Significados desassociados das coisas a que se referem podem ser submetidos a transformações condicionadas pelo que ocorre na mesma esfera de informação, e, além disso, os processos de informação se tornaram potencialmente mais importantes do que o que acontece na sociedade na esfera da energia.

A estrutura do ato da pesquisa

Os seres humanos usam um sistema de referência bipolar para a sistematização de toda informação adquirida: alguns estímulos são organizados num sistema chamado "pensamento", "eu interior", "essência", "consciência" etc.; a parte remanescente, num sistema denominado "material", "realidade externa", "existência" etc. Toda informação é percebida como adquirida a partir "de fora" — ou seja, não controlada pelo intelecto do sujeito, "passiva", "resistente" e irredutível ao significado que o intelecto lhe pode dar — ou fluindo "a partir de fora", o que quer dizer que é vivenciada como algo que se submete diretamente ao controle intelectual do sujeito. Essa bipolaridade fundamental da imagem humana do mundo tem sua própria história — portanto, parece razoável e justificável pelo material histórico tratá-la como uma determinada aquisição histórica. Além disso, podemos presumir que essa seja uma aquisição relativamente nova. Pessoalmente, acredito que a conhecida e permanente dicotomia da imagem humana do mundo pode ser tratada como uma forma de reflexão intelectual sobre a verdadeira bipolaridade da situação em que os seres humanos se encontraram quando a antiga unidade de informação e energia característica das ancestrais sociedades homogêneas foi fragmentada: a cultura, de um lado, e a estrutura social, de outro — "o que devia ser" e "o que é" —, foram separadas e começaram a se desenvolver de modo relativamente autônomo. Essa dicotomia pôde surgir quando as pessoas começaram a ter experiências que não possuíam significado para elas ou tinham significados soltos, sem laços inseparáveis com quaisquer portadores físicos particulares. Não posso realizar aqui uma análise mais profunda das condições e do curso desse processo histórico. Quero, contudo, abordar a questão de como esse dualismo fundamental da imagem humana do mundo influencia os processos de pesquisa.

Os dois lados dessa dicotomia têm as mesmas raízes. O que se chama de "eu" nada mais é que um conjunto de informações pertencente a uma cultura, escolhido a partir dos recursos armazenados por gerações anteriores e interiorizado pelo indivíduo no processo de aprendizagem e socialização. O que o indivíduo percebe como realidade externa também abrange uma parte do mundo — uma parte que as atividades dos ancestrais do indivíduo diferenciaram e moldaram numa certa totalidade de acordo com as necessidades humanas de adaptação.

Nosso dualismo é uma criação temporária e passageira, mas também duradoura — sempre renovada e constantemente superada —, assim como uma premissa integrada ao comportamento humano.

O que dissemos antes sobre a ação humana deve ser aplicado a todos os atos de pesquisa, pois estão sendo considerados de um ponto de vista sociológico. Todo ato de pesquisa é baseado em conciliar-se com duas pressões não coordenadas, encontrando um equilíbrio entre elas: a "de dentro" e a "de fora". Como Lévi-Strauss a descreve (em suas reflexões sobre a magia), a situação de pesquisa é consequência de os seres humanos descobrirem a si mesmos em condições nas quais "o universo nunca é carregado de um significado suficiente, e a mente sempre tem mais significados disponíveis do que objetos aos quais possa relacioná-los"; "Dividido entre esses dois sistemas de referência — o significante e o significado —, o homem recorre ao pensamento mágico para que lhe forneça um novo sistema de referência ao qual os elementos até então contraditórios possam se integrar".[3] Esse terceiro sistema de referência é a ciência ou a magia, e portanto o conhecimento, se usarmos este último termo num sentido mais geral, incluindo-o nas duas formas anteriores de entender intelectualmente o mundo — tipos que são opostos entre si, segundo o pensamento popular contemporâneo, mas que decerto não devem ser considerados em oposição do ponto de vista de sua função sociológica. Funcionalmente, podemos definir o conhecimento como um sistema de informação sobre: a) como dividir as experiências mentais desorganizadas e caoticamente vivenciadas em totalidades às quais possamos atribuir significados previamente elaborados; e b) a quais totalidades, denominadas coisas, fenômenos ou eventos, criadas dessa forma se deve atribuir um tipo específico de significado. Como podemos ver, ambas as funções do conhecimento levam ao esboço de um determinado "mapa" do *universum* que abrange uma condição necessária de toda atividade pretendida. As funções do conhecimento dependem de transformar o caos em ordem, a fluidez em estabilidade, o ocasional em regular, o inesperado em previsível.

O ato de pesquisa depende de ligar a informação previamente coletada, transmitida e adquirida a novos tipos de dados mentais que antes não eram encontrados. Dessa maneira, a aprendizagem humana é um processo infindável de, alternativamente, unir e destruir a unidade de dois grupos de experiências mentais: a experiência particular de determinado indivíduo e a experiência desindividualizada (coletiva). Ambos os recursos participam de todo ato de pesquisa e são igualmente importantes e necessários. Ambos condicionam o resultado final — por exemplo, adquirir novos elementos de conhecimento. A análise que não reconheça, ou mesmo ignore, o papel de características mentais culturalmente determinadas e sua influência sobre o resultado final do ato cognitivo é incapaz de dar conta da complicada estrutura do processo de aprendizagem — limita-se a observar a relação unilateral entre o "sujeito" e o "objeto" (tratando o "objeto" como um cartão no qual o lápis da experiência mental desenha a imagem do "sujeito"). Há numerosos relatos de pessoas que só podem ser totalmente explicados por referência aos "fatos que abrangem a situação de determinado indivíduo": em praticamente todo testemunho de uma pessoa existe um papel desempenhado por sua herança cultural, interiorizada pelo indivíduo e transformada em estereótipos cognitivos "internos" que organizam o mundo, além de avaliações e escolhas. A cultura ajuda a decidir como uma pessoa pensa, como percebe o mundo. As pessoas entendem a realidade organizando os significados tornados acessíveis a elas pela cultura. A realidade existe para as pessoas na medida em que os significados disponibilizados pela cultura a tornam acessível. Dorothy Lee chega a definir a cultura como "um sistema simbólico que transforma a realidade física, o que está lá, em realidade vivenciada".[4] Ernst Cassirer expressou a mesma coisa da seguinte maneira:

> Não habitando mais um universo meramente físico, o homem vive num universo simbólico. Linguagem, mito, arte e religião

são partes desse universo [...]. Não é mais possível que o homem confronte a realidade em termos imediatos; ele não pode vê-la, por assim dizer, face a face [...]. Ele se envolveu tanto em formas linguísticas, imagens artísticas, símbolos míticos ou ritos religiosos que não pode ver nem saber coisa alguma, exceto pela interposição desse agente artificial.[5]

Esse sistema de símbolos culturalmente organizado, mediando todo contato entre a mente humana e a "realidade externa" e participando da moldagem de sua imagem intelectual, recebe vários nomes. Às vezes é chamado de "elemento apriorístico do conhecimento", outras, de "viés cultural" ou mesmo "preconceito", e em outros casos de "fator avaliativo". Os nomes variam, mas em geral a seleção dos termos expressa uma atitude negativa em relação ao que não seja puramente "intelectual", impessoal, ao que é condicionado pelo caráter humano do objeto, ao que não se ajusta adequadamente aos sonhos utópicos dos empiristas. A esse "algo" se atribui o papel de elemento deformador, falsificador do conhecimento — e isso encontra sua expressão consciente ou inconsciente no uso de termos como "posição presumível", "preconceito", "viés". Em todo caso, a atenção dos pesquisadores que estudam essas questões geralmente se volta para saber se a determinação cultural do conhecimento condiciona o aparecimento de imprecisões, erros, unilateralidade, obstáculos no caminho da busca da verdade. Caracterizando esse tipo de visão que reduz o papel da cultura no processo de pesquisa a "vieses" e "limitações", vem à mente a expressão "aberração positivista". É difícil negar que influências culturais tenham um papel em limitar a compreensão, mas é essa própria limitação que faz da imagem humana do mundo a medida de uma pessoa historicamente concreta. E é uma medida notavelmente fiel. Acima de tudo, fechar os olhos ao papel-chave, decisivo, criativo que elementos culturais desempenham na moldagem de cada fragmento dos recursos de informação coletados pelas pessoas é ainda mais perigoso e ilusório. Não podemos esquecer, nem por um momento, que mente alguma poderia realizar qualquer espécie de ato de pesquisa sem estar adequadamente equipada com modelos de organização do material intelectual — e todos esses modelos têm como fonte a cultura. Eles são moldados por efeito de numerosos atos de seleção cultural. A similaridade das imagens intelectuais do mundo sempre é, até certo ponto, uma função da similaridade de modelos cognitivos utilizados, e a similaridade desses modelos é sempre uma função da similaridade de legados culturais históricos adaptados pelo intelecto usando os modelos, consciente ou inconscientemente.

Determinação e diferenciação culturais

A última frase da seção anterior permite-nos apresentar uma importante distinção entre "determinação cultural" e "diferenciação cultural" — dois conceitos que são, infelizmente, muitas vezes confundidos, tanto por admiradores quanto por opositores da perspectiva dos processos de pesquisa moldados pela herança cultural. É verdade que o "caminho labiríntico", como o chama Anthony Wallace, de todo indivíduo se deve à cultura: "a totalidade organizada de significados aprendidos mantida por um organismo individual num determinado momento", "o mapa cognitivo do mundo privado do indivíduo regularmente evocado por estímulos percebidos ou lembrados".[6] Não é verdade, porém, que os percursos estabelecidos no caminho labiríntico devam ser completamente diferentes para indivíduos criados em diferentes sociedades ou em partes distintas de uma mesma sociedade. Quando falo de "determinação cultural" penso na cultura compreendida como um atributo de toda a humanidade: no próprio sistema automático de informação já descrito — aquele que define as propriedades características da vida humana, independentemente de formas culturais particulares. Só então, quando passamos da "cultura" para "culturas particulares" — consideradas pela perspectiva de suas várias particularidades, e não do que é próprio da cultura como tal —, é que o problema da determinação cultural se transforma num problema de diferenciação cultural tanto dos processos de pesquisa quanto das imagens do mundo. Mas essa mudança nos conceitos utilizados significa que os sistemas de diferenciação da informação passam a ser aceitos como um fato cultural. É por isso que a questão-chave para nós é determinar até que ponto faz sentido usar o termo "cultura" no singular — se estamos certos ao considerarmos padrões conhecidos de informação como se estivéssemos lidando com conjuntos que são relativamente automáticos, relativamente isolados, relativamente fechados, sendo tão diferentes entre si que faz sentido tratá-los como totalidades distintas. É apenas esse problema que exige uma discussão mais aprofundada. Mas essa é uma questão do tipo que não pode ser resolvido sem a ajuda de recursos empíricos. De modo que só vou sugerir aqui algumas hipóteses que encontram forte sustentação nos elementos da experiência histórica fornecidos por várias épocas e lugares, de tal modo que haja esperança de demonstrarmos serem elas prováveis, quando não provadas, por futuros estudos.

As fronteiras do sistema cultural dependem — com a mediação de atos direcionados de seleção cultural — de duas variáveis: a) dos limites da experiência prática direta ou indiretamente adaptada como resultado da disseminação de informações e graças aos contatos culturais acessíveis ou impostos; ou b) de interesses sociais que surgem da configuração das situações de grupo — esses interesses tornam alguma informação valiosa para a adaptação de um grupo ou outro, e outros a tornam inútil ou mesmo perigosa do ponto de vista adaptativo. Metaforicamente falando, o primeiro fator fornece recursos materiais a partir dos quais elementos podem entrar no arranjo de determinado sistema cultural; o segundo torna possível a estruturalização de recursos de informação desorganizados e amorfos numa totalidade cultural. O primeiro fator delineia as fronteiras das alternativas acessíveis que dão forma a determinado sistema cultural; o segundo limita essa região à moldura factual de determinada realidade cultural, estruturalizando os recursos de informação num conjunto de alternativas dentre as quais se deve fazer uma escolha. A influência conjunta das duas variáveis explica por que a acessibilidade desses recursos de informação não é condição suficiente para que culturas de lugares diferentes sejam semelhantes ou mesmo idênticas. O mesmo fator explica outro fenômeno muito conhecido na história cultural da humanidade: que sociedades com o mesmo tipo de relações sociais criem, por vezes, sistemas culturais amplamente diferentes entre si de diversas formas essenciais. O funcionamento conjunto dessas variáveis também explica por que esforços voltados para eliminar diferenças culturais exclusivamente difundindo informações (por exemplo, pela unificação da educação) são tão flagrantemente ineficazes, seja quando se trata de diferenças que surgem dentro de uma sociedade, seja entre duas sociedades. Alcançar uma verdadeira unidade no domínio de um sistema mais amplo — o que significa a eliminação de fronteiras entre subsistemas culturais e sua conexão numa totalidade única e indivisível — exige algo mais do que a liberdade de utilizar uma herança cultural comum: exige motivos idênticos na direção dos atos de seleção cultural.

A interação mútua de uma multiplicidade de fatores discutidos manifesta-se em todos os aspectos da cultura. O grau de condicionamento pela ausência de diferenciação cultural que o pesquisador deve levar em conta também depende de quais sejam os elementos da cultura submetidos à análise, pois tanto a variabilidade das experiências práticas das pessoas, facilmente complementada por informações adquiridas a partir de fora, quanto a do grau da importância relativa atribuída a esta ou aquela informação acessível, dependendo da configuração dos interesses sociais, são diferentes em relação a vários elementos da cultura. Ainda mais importante, contudo, e raramente levado em consideração, é que as fronteiras entre grupos "com variados interesses sociais" deveriam ser — pelo menos em nossa sociedade heterogênea — definidas de várias maneiras, dependendo do tipo de informação que nos interessa: o grupo cujos membros manifestam a mesma posição no que se refere à informação pertencente à categoria A pode se tornar rapidamente um grupo dividido por conflitos intensos e inconciliáveis quando se trata de informação pertencente à categoria B. Toda sociedade moderna não é exatamente uma totalidade, mas um conjunto de peças de muitas totalidades, pertencentes a múltiplas estruturas interseccionais; suas peças, seus fragmentos, permanecem num equilíbrio dinâmico graças a certos fatores inequívocos como linguagem, religião, autoridade política, leis — e, principalmente, vínculos econômicos. Cada fragmento da sociedade produz, de sua forma particular, uma diferenciação entre o que é "aceito" e o que é "rejeitado".

Em toda sociedade conhecida existe uma categoria de pessoas fazendo o papel de "corretores culturais". Este é um papel importante. Aqueles que o desempenham são "canais vivos" de informação dos quais depende sua difusão harmoniosa e suficientemente ampla — ao mesmo tempo, eles são os "principais portadores" de bens culturais. A essa categoria também pertencem professores, monges, trovadores, escritores, capelães e pessoas letradas. Eles sempre formam uma certa parte da sociedade, distinta de um modo ou de outro — um certo ambiente que difere, em termos de perspectiva cultural, do restante da sociedade e que constitui parte integrante de um mundo da "cultura humana" que transcende os limites de determinadas sociedades: um *oikouméne* amplamente humano ou pelo menos uma "esfera cultural" mais ampla.

Os "corretores culturais", sendo membros de determinadas sociedades, mas também de um mundo de intelectuais que atravessa as fronteiras, constituem o canal fundamental para a transmissão de informações culturalmente valiosas que fluem entre sociedades. Na medida em que são membros da mesma sociedade, porém moldados para além das sociedades particulares, eles têm laços de interesses mútuos e mantêm seu status em suas sociedades "nativas". O elevado status de "intelectuais que transcendem qualquer sociedade particular", adquirido por uma conformidade bem documentada a normas com que concordam, é em si e por si mesmo um fator importante quando se trata de garantir-lhes tal condição em sua sociedade "nativa". Essa comunalidade do sistema social de referências, objetivos e motivações refere-se sobretudo aos intelectuais que estudam ciências naturais, pois as normas referentes a suas atividades são vigorosamente independentes daquilo que é particular aos sistemas culturais de suas sociedades, ao mesmo tempo que eles estão, ao desempenharem seus papéis, muito menos envolvidos nos conflitos de interesses internos dessas sociedades. É por isso que, nesse campo, a diferenciação cultural desempenha um papel menor — pelo menos no contexto de uma parte significativa de nosso planeta. Isso não significa, contudo, que ela não exista nesse ambiente. George F. Kneller estava essencialmente correto quando afirmou: "O termômetro e o relógio atestam a convicção de que a natureza pode e deve ser mensurada, que todas essas unidades de mensuração são igualmente válidas, que a vida é governada por leis cognoscíveis e invariáveis, e que aquilo que pode ser observado e repetido é importante".[7] Todas essas convicções são elementos culturais criados e difundidos por apenas um desses sistemas culturais conhecidos. Entretanto, quando certas convicções são amplamente disseminadas e os que acreditam nelas também têm consciência do fato de que outras sociedades representam, a esse respeito, opções culturais, então essas convicções adquirem um tom "absoluto" e são tratadas como atributos da própria realidade, e não de uma determinada perspectiva de pesquisa.

É fácil concluir que tudo o que foi dito aqui sobre o tema das ciências naturais também se refere às ciências sociais, que tratam os objetos de seus estudos como "coisas", da mesma forma que aqueles que estudam a natureza tratam seus objetos quando examinam células e minerais. Há, contudo, outra maneira humanista de fazer ciências sociais, baseada em tratar as pessoas como sujeitos da ação — não tanto numa sistematização do que se conhece sobre a questão de determinar seus destinos por meio de "leis externas", mas analisando os sistemas de suas motivações, integrando sua realidade externa como uma projeção humana. Por ser esta a maneira como são percebidas as ciências sociais, a construção matemática de uma função expressa entre duas variáveis — por exemplo, entre o nível de renda e uma atitude positiva em relação a um partido político conservador — não representa o resultado final do processo de pesquisa. Pelo contrário, é o começo. Nesse estágio, apresenta-se a questão de "por quê?" — e o que acontece depois é menos o resultado da realização de algum cálculo do que a compreensão de determinado fenômeno. Quando a ação humana se torna compreensível — quando temos o direito de afirmar que a compreendemos? Quando tivermos entendido as motivações das pessoas envolvidas, explicado como percebem a situação, confirmado a concordância ou as contradições entre os objetivos das pessoas em ação e a pressão da "realidade externa". É por isso que, a fim de avançar de uma contagem regular para uma compreensão humanista dos processos socioculturais, é necessária certa dose de *Einfühlung*, de "empatia", ou do que Stanisław Ossowski denominou "sentir-se dentro", ou "experiência interna".

É por esse motivo que, na pesquisa humanisticamente conduzida sobre ciências sociais, um papel muito maior é desempenhado por elementos que são "apriorismos culturais" e que distinguem as perspectivas de pesquisa de pessoas criadas em diferentes ambientes culturais. Esse "peso" cultural pode, evidentemente, ser descartado, mas o preço da entrada do pesquisador no paraíso deve ser a rejeição da perspectiva humanista. Se quisermos dar continuidade às tradições humanistas em ciências sociais (e essa é a única forma de fazê-lo que garante a "compreensão", pela qual, essencialmente, as pessoas da área de ciências sociais em geral se interessam), temos de parar no "apriorismo cultural" e no papel diferenciador da experiência individual. Como se pode ver, não me sinto persuadido pelos argumentos daqueles que buscam o ideal das ciências sociais no conhecimento liberto de valores. Uma pessoa é, pela própria natureza, um ser que dá sentido, formula objetivos, decide sobre valores. Não há motivo para que o conhecimento resultante dos esforços de pesquisa voltados para ela mesma e seus próprios comportamentos tenha de se envergonhar disso e busque se libertar das características que são as mais humanas em nossa vida.

Tanto etnógrafos quanto historiadores estudam sociedades e culturas que são diferentes das suas — distantes no tempo ou no espaço, ou tanto no tempo quanto no espaço. Eles se esforçam, nesse processo, não apenas para determinar como certos eventos aconteceram e acontecem, mas também para responder à questão acerca do motivo de uma coisa acontecer ou não desta ou de outra forma. Em outras palavras, tentam tornar uma cultura estranha compreensível para os participantes de sua própria cultura e, desse modo, integrar um capital de informação exótico a sua experiência nativa de cultura. Se os sociólogos podem constantemente agarrar-se à convicção ilusória de conduzirem seus estudos como apresentadores da espécie humana, livres das limitações vinculadas ao pertencimento a uma estrutura sociocultural particular, isso acontece porque: a) sentem-se membros de um ambiente transcultural de acadêmicos que estudam sociedades; e b) encontram-se "dentro" da cultura que estudam, e por isso não são capazes de perceber seu próprio apriorismo cultural, assim como os terraplanistas descritos em obras populares sobre a teoria da relatividade não podem imaginar com o que se parece o mundo tridimensional. É por isso que os sociólogos, mais que os historiadores e etnógrafos, tendem a classificar os fenômenos que descrevem não em referência a vários fenômenos socioculturais e sistemas de valores, mas usando termos como "avanço" e "regressão", "refinamento" e "atraso".

Cultura e conhecimento: pontos de interseção

Em vez de resumir o que eu disse acima, vamos recapitular os "pontos de interseção" entre o ambiente cultural e os processos de pesquisa, enumerar esses estágios dos processos de pesquisa em que a influência da cultura é particularmente essencial.

Determinantes culturais do processo de pesquisa   319

1. A cultura define certas posições gerais com respeito à realidade e sua exploração. Ela atribui um valor alto ou baixo ao aprendizado de novos fatos e leis; coloca ênfase na compreensão de fatos ou no entendimento mais profundo de verdades eternas: valoriza novas formulações e descobertas ou — pelo contrário — o apego aos legados do passado.

2. A cultura demarca o lugar ocupado na sociedade pelos "apresentadores do conhecimento". Isso depende de serem eles, por exemplo, sacerdotes ou "pensadores e artistas independentes", intelectuais enclausurados ou funcionários de instituições burocráticas. Também depende dessa cultura serem vistos como apóstolos epífanos, profetas, maníacos inofensivos, reformadores sociais cuidadosos ou ainda especialistas impassivos, ocasionalmente inseguros. E disso depende o que se espera desses apresentadores: o cuidado com uma tradição mais antiga, oral ou escrita, e sua interpretação; a transformação da perspectiva sobre o mundo e a explicação dos vínculos secretos que ligam as biografias de determinados indivíduos a processos históricos; ou, em suma, o fornecimento às massas de pessoas comuns sinais de trânsito que lhes permitam encontrar seu caminho entre os labirintos e armadilhas da vida — ou proporcionar às pessoas que estão no poder ferramentas eficazes para governar.

3. A cultura decide o que é visto como o objetivo e a forma decisivos do processo de pesquisa: formular sistemas de probabilidade ou leis de causalidade; reconstruir sequências de fatos ou esquemas evolutivos do desenvolvimento humano. É o que decide se um entendimento adequado e satisfatório é considerado uma descrição tipológica e qualitativa ou uma apresentação que encontre sua expressão em afirmações universais que sejam relativas e quantitativas. Disso também dependem as inibições a que o projeto de pesquisa será submetido.

4. A cultura define a importância relativa atribuída a vários fenômenos e aspectos da experiência mental, e assim condiciona formas de distinguir "totalidades", "fatos" e "figuras" entre o

material amorfo das impressões intelectuais. Ela molda a matéria bruta do processo de pesquisa, a maneira de ver a realidade — formas iniciais, "puramente intelectuais", "pré-intelectuais" de perceber o mundo.

5. A cultura influencia as formas de compreender e organizar intelectualmente "fatos fundamentais". Todo estudioso que deseja que suas ideias sejam vistas como precisas e tenham aceitação deve, de algum modo, ajustar-se a tradições metodológicas herdadas ou às fontes agregadas de afirmações e perspectivas, ou ainda aos dois cânones simultaneamente. O estudioso sempre começa nesse ponto e, se os cânones forem considerados "verificados", só irá se referir a eles como premissas inquestionáveis. Essa é a condição sine qua non para ser considerado um verdadeiro membro do grupo de "corretores culturais". Os postulados da continuidade e da acumulação de bens exigem a maior obediência e são mais restritivos quanto mais avançados forem a especialização dos ambientes acadêmicos e o subsequente isolamento de suas subdivisões (que subordina certos intelectuais a uma influência inquestionável ou a um ambiente culturalmente unificado e lhes dá muito pouco espaço para invenção, ideias incomuns, inovações realmente criativas) e, de forma recíproca, esses postulados contribuem para a especialização e suas consequências sociais.

· 9 ·

Três observações sobre problemas da educação contemporânea

O autor das três observações não é um pedagogo por formação nem estuda sociologia da educação. Essas limitações deixam sua marca no conteúdo do texto e no caráter dos comentários subsequentes. Eles não se referem a alguma teoria particular da educação nem se baseiam numa análise cuidadosa do curso e dos efeitos dos procedimentos de educação e criação usados por alguma instituição especializada nesses temas. Estudando as características de determinadas estruturas e culturas da sociedade industrial — que, num sentido cada vez mais amplo e num ritmo cada vez maior, estão se tornando as características da sociedade polonesa contemporânea —, o autor chegou a várias conclusões que talvez expliquem as origens de certas dificuldades que são repetidamente citadas na prática atual da educação e nos textos a ela referentes. Essas são as conclusões que o estimularam a formular as observações que se seguem.

A desaparecida função social da juventude

A complexidade da periodização da vida de um indivíduo em comparação com a periodização semelhante dos animais tem como causa, como sabemos, a sobreposição de dois critérios não necessariamente sincronizados: o biológico (amadurecimento fisiológico do organismo) e o social (adaptar-se a um funcionamento independente em situações sociais específicas pela transmissão, como parte da educação cultural — e portanto de um processo de aprendizagem —, de tendências, normas de comportamento e diretrizes de valor necessárias). Com o avanço da acumulação de recursos culturais e a heterogeneização da sociedade, o período de adaptação social que precede a "maturidade social" também tende a se ampliar; como o desenvolvimento da cultura em geral se liga à melhora da dieta e à racionalização da pediatria, esse período de adaptação biológica que antecede o alcance da "maturidade fisiológica" apresenta uma tendência oposta. Por conseguinte, surge e se amplia um período que divide o momento em que se atinge a maturidade sexual daquele em que o indivíduo humano é reconhecido como "adulto" ou maduro no sentido social do termo. Esse período é geralmente considerado o da "juventude". Na sociedade industrial moderna, a fase do "ser jovem" tem sido significativamente ampliada; essa ampliação ocorreu — junto com a aceleração do ritmo lento das mudanças estruturais e adaptações culturais típico do passado — com uma rapidez incrível, com tamanha velocidade que nossa civilização não teve tempo de criar instituições culturais especializadas em lidar com essa nova situação. Sherwood Washburn assinalou isso:

> A medicina e a dieta modernas têm adiantado a puberdade cerca de três anos em relação ao que ela era no início do século XIX. Por outro lado, a tendência do desenvolvimento social tem sido a de aumentar a idade em que as pessoas assumem posições de responsabilidade. Por exemplo, se a puberdade é aos quinze anos e a menina se casa aos dezessete, há uma defasagem mínima entre a biologia e a sociedade. Entretanto, se a puberdade é aos doze anos e o casamento aos vinte, a situação é radicalmente diferente [...] nada em nosso sistema leva em consideração esses fatos.[1]

Culturas não europeias que são relativamente estáveis do ponto de vista tecnológico e cultural, e tiveram muitos séculos de adaptação, atingiram no passado uma coincidência máxima entre a periodização social e a biológica. O rico material coletado por antropólogos e etnólogos indica uma característica comum dos processos de educação em sociedades relativamente estáveis: o processo de educação ou treinamento de jovens para o funcionamento independente na sociedade se completa por volta do mesmo tempo em que eles atingem a maturidade física e sexual completa, tornando possível que assumam essas funções inatas. A ausência de um período em que pessoas jovens, em resultado de uma "dislexia social" parcial, devam ser submetidas ao controle minucioso e à autoridade intrusiva de adultos, embora já sejam biologicamente maduras — em que imposições sociais básicas devem restringir o desejo natural de satisfazer numerosas necessidades —, significa que essa sociedade relativamente estável ignora o fenômeno geralmente típico de nossa sociedade que é o período "tempestuoso" e turbulento da juventude, cheio de tensões e crises psíquicas. Os dados antropológicos permitem-nos confirmar, para além de qualquer dúvida, que uma atitude tormentosa e rebelde não é uma característica inata dos jovens, mas o produto de uma contradição interna de sistemas culturais, em conjunto com a decomposição mútua das determinações culturais e das exigências funcionais da estrutura social — ou dos fenômenos que são abundantes nas sociedades líquidas, que se desenvolvem rapidamente.

Ampliar o período de "ser jovem" dá origem não apenas a conflitos localizados na esfera das relações sociais — a biologia. Uma segunda questão, não menos essencial — se não ainda mais importante —, pode ser descrita como "o desaparecimento da função social da juventude".

Outros fatores intervêm na criação do problema, além da causa apontada de uma ampliação geral do período da juventude, aos quais devemos atribuir, afinal, a subsequente contração do conteúdo desse estágio cada vez mais extenso. A redução da porcentagem de tempo necessário para o trabalho que é indiretamente produtivo no equilíbrio geral do tempo característico das sociedades industriais leva a uma ampliação da quantidade de tempo que, nesse sentido, é "livre", do qual, num grau significativo, a juventude tira vantagem; o momento em que os jovens começam a assumir um papel socialmente necessário na divisão social do trabalho é ainda mais retardado. Assim, amplia-se o período em que os jovens participam da redistribuição de produtos sociais sem integrar a sua produção. A participação deles na redistribuição de bens é vinculada a uma ênfase no elemento da lei no papel social descrito, em que sua presença é associada a uma ênfase no elemento da obrigação. Podemos dizer que a imensurável ampliação da vida social é submetida a um período em que as pessoas desfrutam plenamente de seus direitos sociais por serem biologicamente maduras; elas têm a capacidade de alcançá-los sem arcar com as responsabilidades a eles associadas. Essa é uma fase particular na qual o que se ignora — num período reconhecido como determinante para o caráter do indivíduo — é uma norma transcultural, geral — como mostram muitos estudos —, da reciprocidade ou da igualdade de serviços intercambiados.[2] Isso é ainda mais doloroso quando não há preparação para a violenta transição até uma situação de responsabilidade total que também não se segue ao período que a precedeu; essa revolução prática, ligada a um salto na direção de um mundo "adulto" qualitativamente diferente, produz uma crise na adaptação ao papel de adulto que é peculiar às sociedades industriais.

O fenômeno que acabei de descrever é, uma vez mais, bastante específico de nossa civilização. As sociedades primitivas formulavam claramente, em suas normas culturais, as expectativas em relação a pessoas pertencentes a cada categoria etária e levavam em conta essas expectativas na avaliação geral de sua produção econômica. Sociedades agrícolas primitivas que conseguiram avançar permitindo-lhes retardar o momento de integrar os jovens diretamente ao trabalho produtivo algumas vezes estabeleceram, a partir das categorias de jovens, divisões do exército situadas em áreas especiais e sob uma disciplina estrita, subordinadas a um conjunto definido de responsabilidades. Assim, na sociedade medieval europeia, havia funções especiais definidas para os jovens que correspondiam a sua posição social: um jovem nobre chegava à corte do príncipe na condição de escudeiro ou pajem, preparando-se para o processo de se tornar soldado; um jovem burguês era encaminhado a um mestre como estudante ou aprendiz, seguindo um caminho claramente demarcado para chegar à posição de mestre. Não muito tempo atrás, na tradicional sociedade rural polonesa, ainda havia o costume de nomear categorias de jovens de acordo com a função que, com a passagem do tempo, lhes seria atribuída na divisão social do trabalho:

> Quando se trata de camponeses, identificam-se os seguintes grupos etários: *chłopocek* [menino] — uma criança de mais ou menos cinco-seis anos; *pastuch* [pastor], de seis a dez anos; *pastuch* de gado e cavalos ou *pastuch* de cavalos, de dez a dezesseis; *podparobcok* ou *podparobek* [subagricultor] — um garoto entre dezesseis e vinte. Um jovem solteiro, desde os vinte anos até se casar, era chamado de *parobek* [agricultor] ou *podparobcak*.[3]

Todas essas sociedades — além da industrial contemporânea — dedicaram enorme atenção à minuciosa diferenciação de funções segundo a idade e prepararam cuidadosamente os jovens, passo a passo, para assumir suas novas responsabilidades. Com base nessa preocupação surgiu o conjunto de rituais — na maioria universais, de uma perspectiva funcional, embora muito diversificados em sua forma — que abrange o que o antropólogo Arnold van Gennep chamou de "ritos de passagem". Em sociedades contemporâneas, só vemos as relíquias não funcionais desses rituais em certas esferas da vida (por exemplo, o ritual que confere diplomas de doutorado) e — o que é mais importante — não percebemos suas premissas estruturais. Deixar a fase da infância no sentido adequado do termo é — para colocá-lo ao lado de momentos semelhantes neste ou em outros tipos de civilização — essencialmente uma "passagem para lugar nenhum", da mesma forma que ingressar no mundo adulto pode ser visto como "chegar de lugar nenhum". Um dos maiores pesquisadores da juventude americana, August Hollingshead, realizou amplos estudos e chegou à conclusão de que

> uma mal definida terra de ninguém, [...] situa-se entre a dependência protegida da infância, em que o pai ou a mãe é a figura dominante, e o mundo independente do adulto, em que a pessoa está relativamente livre dos controles paternos. Essa terra de ninguém é um lugar em que a pessoa que está amadurecendo realiza as tarefas extremamente importantes para o desenvolvimento de se libertar de sua família, fazer ajustes heterossexuais, escolher uma vocação, obter uma educação e [...] estabelecer um lar próprio [...]. A posição ambígua do adolescente na sociedade pode ser um produto da perda de função para essa faixa etária em nossa cultura.[4]

Como a nossa sociedade busca preencher esse espaço vazio? Quando desaparece a função social particular, exclusivamente "juvenil", preencher o espaço entre o período da infância e o da "maturidade" só pode se dar de duas maneiras: alterando as fronteiras de um dos dois períodos vizinhos. A informação que temos sobre todos os países industriais indica que essas duas medidas paliativas teoricamente possíveis são percebidas numa tendência a empurrar o papel social que tradicionalmente associamos à juventude para limites superiores cada vez mais elevados. Isso significa que, em termos de grupos etários de idade maior, não pressupomos as mesmas responsabilidades que exigimos dos adultos; que, para idades cada vez mais avançadas, nós garantimos o direito social a uma dependência total dos cuidados paternos e maternos, incluindo direitos e serviços materiais; que o momento a partir do qual começamos a atribuir aos jovens a responsabilidade por suas ações e paramos de imputá-la a seus pais passa para limites cada vez mais elevados.

Isso significa, em suma, que os jovens são "crianças", no sentido sociocultural do termo, por um tempo mais longo. Ao que parece, existe uma clara tendência a fazer com que as fronteiras da infância coincidam com o início da fase adulta — em outras palavras, a incluir totalmente a fase de iniciação e adaptação à idade adulta no papel da criança ou eliminar de todo a instituição da "aprendizagem juvenil".

Nessa tendência, inclino-me a discernir um dos problemas objetivos que se encontram na raiz das dificuldades vivenciadas no processo atual de educação. A má adaptação dos jovens à vida adulta, frequentemente observada, a crise e o desamparo de famílias jovens, a instabilidade na carreira de trabalho de pessoas jovens etc. devem ser parcialmente atribuídos à inadequação do conteúdo pedagógico. Em parte, também, só a manipulação desse conteúdo pode equalizar o efeito da decomposição de funções culturais. O recuo da sociedade no que se refere à regulação do período de transição, restringindo o estágio de passagem da infância para a vida adulta aos exames de admissão à faculdade ou confiando essa regulação a grupos amorfos ou anônimos em alojamentos acadêmicos, é uma expressão da inadequação institucional da pedagogia contemporânea, e não uma crise dos modelos de educação.

Determinantes extraculturais do comportamento

Outras dificuldades da educação contemporânea situam-se para além do alcance de suas influências — pelo menos daquelas estritamente percebidas. A condição fundamental para superá-las é a expansão significativa do conceito de pedagogia levando em conta aspectos pedagógicos das atividades sociais frequentemente desconsiderados desse ponto de vista.

Todos provavelmente concordariam que o objetivo de uma educação ambiciosa é nortear os comportamentos futuros das pessoas e não apenas transmitir ideias sobre o comportamento adequado; um professor ambicioso vai avaliar a eficácia de suas ações não pela fluidez com que os alunos recitam lições normativas internalizadas a partir da memorização rotineira, mas em termos de seu comportamento real em situações que não sejam artificiais, acadêmicas, mas naturais, que façam parte da vida. Os critérios de avaliação da atividade pedagógica situam-se num campo para além disso — são um fator instrumental em relação à vida social.

Se o pedagogo apreensivo observa agora a discrepância entre o comportamento real dos professores e seu ideal pedagógico, as causas dessa discrepância, teoricamente consideradas, podem ser duas: a) jovens aprendem normas impróprias de comportamento, em desacordo com o ideal e (possivelmente ou) são doutrinados com a ajuda de procedimentos equivocados e ineficazes; b) há uma influência no comportamento real dos jovens não apenas das normas ensinadas pelos professores, mas também de outros determinantes que não são submetidos aos esforços manipulativos dos pedagogos.

Não estou interessado aqui na intensidade com que a primeira causa se manifesta, embora esteja inclinado à opinião compartilhada pela maioria dos pesquisadores das instituições pedagógicas contemporâneas: de que as tormentosas mudanças da civilização têm chocado os pedagogos, pegando-os de surpresa — e que o resultado é uma falta de modelos comportamentais e métodos didáticos que se modernizem da mesma forma que as condições de vida a que devem atender. Basta lembrar os problemas generalizados que até um professor talentoso e instruído encontra na concorrente autoridade da informação acadêmica disseminada pelos veículos da cultura de massa. Essas questões permanecem — e deveriam permanecer —, contudo, no domínio da pedagogia tal como tradicionalmente compreendida; o mais importante é que elas podem ser consideradas por teóricos e estudiosos da pedagogia, ainda que nesse caso estes não possam atuar sem buscar a ajuda de sociólogos — no mínimo recorrer ao texto admirável que é fundamental para os professores, o estudo de J. Komorowska sobre o papel da televisão no processo de criação.[5]

É pior no que se refere à segunda causa. No enfrentamento de seus efeitos, as energias dos pedagogos profissionais são insuficientes. Quanto maior seu papel, mais necessárias são revisões radicais de nossa imaginação sobre o que permanece ou não no domínio das atividades dos educadores — ou com o que deveria se preocupar a pedagogia.

O comportamento de uma pessoa em determinada situação é estabelecido, genericamente falando, por dois tipos de causas: a) a riqueza da informação, das normas de comportamento e das diretrizes de avaliação transmitidas às pessoas no processo de criação, cujo conteúdo é a "socialização" da personalidade de um indivíduo — a "interiorização" das habilidades de se movimentar no mundo social de uma forma que estaria de acordo com a expectativa e os postulados de seus pares; fatores desse tipo podem ser descritos como determinantes culturais, pois sua forma concreta e a direção de suas atividades são definidas pelo ambiente cultural da educação; b) fatores não apenas genéticos, mas também concretos — no momento da ação —, externos à pessoa em ação: as acessibilidades práticas a meios essenciais de realização de uma das opções alternativas, o conjunto de punições e recompensas atribuídas a determinadas alternativas e a amplitude das liberdades determinadas pelo sistema de influências sociais; fatores desse tipo podem ser chamados, para variar, de determinantes estruturais, pois é precisamente a estrutura social que define sua forma concreta e o sentido em que exercem pressão sobre o indivíduo em ação.

A civilização tecnológica contemporânea — cujas características definidoras são a heterogeneidade da sociedade (a sociedade como um sistema de centros de decisão entrecruzados e autônomos) e as múltiplas dependências internas das pessoas (ligadas à crescente autonomia dessas atividades produtivas de uma pessoa, que permanecem sob seu controle direto) — é caracterizada por aquilo que é mais importante para nossas reflexões, a ampliação do papel dos determinantes culturais na descrição do comportamento de indivíduos humanos. O papel dos recursos interiorizados dos modelos de comportamento se reduz em face da crescente pressão das necessidades externas; no caso de conflitos entre eles, ou de necessidade interna, a influência de modelos interiorizados é eliminada ou ocorre um fenômeno que Pavlov chamou de "desintegração do estereótipo dinâmico" e que psicólogos da atualidade descrevem como neuroses frustrantes, levando a um aumento da agressividade ou à apatia e a tendências escapistas. Evitar esses conflitos (nem tanto evitá-los, mas se esforçar para isso; o dinamismo e a heterogeneidade da sociedade levam-nos a presumir que algum resíduo dos conflitos, proporcional à variabilidade da sociedade, seja inevitável) só pode ocorrer de duas formas: moldando os modelos inculcados segundo os formatos reais da necessidade externa, ou, ao contrário, buscando manipular essas necessidades de modo que a direção das pressões esteja de acordo com a orientação dos determinantes culturais. A escolha de uma dessas possibilidades como a premissa da estratégia pedagógica depende, evidentemente, do ideal pedagógico aceito, e não apenas de sua eficácia pragmaticamente entendida.

> A direção planejada dos processos sociais é um fator constitutivo do socialismo — apenas desse fato vem a necessidade de selecionar a segunda das duas soluções teóricas possíveis. Construir o socialismo, este é o principal esforço empreendido para moldar um novo tipo de pessoa, que consideramos superior, mais receptivo ao destino humano do que os tipos de personalidade que foram formados por sistemas anteriores. Mas as sociedades socialistas, como todas as sociedades modernas, baseiam-se numa civilização técnica e também são dotadas de todos os atributos que as caracterizam. A elas se refere igualmente, então, a tese sobre o crescente papel de determinantes culturais na moldagem do comportamento humano. Uma das conclusões mais preocupantes, para mim, do estudo de modelos de sucesso para a juventude de Varsóvia realizado alguns anos atrás — uma conclusão que

está de acordo com os resultados de muitos outros estudos — é a significativa discrepância entre os ideais da juventude que está na escola e aqueles expressos por jovens que já saíram dela. Usando termos simplificados, os ideais dos estudantes eram em grande medida militantes, socialmente orientados, caracterizados pelo otimismo e pelo pressuposto do grande potencial da vontade e dos esforços humanos. Os ideais das crianças que haviam completado seus estudos e começado a trabalhar, e que, portanto, permaneciam sob a influência de ambientes não escolares, tinham uma estrutura diferente: eram muito mais minimalistas, egocêntricos, defensivos; parece que esses jovens almejavam, acima de tudo, criar um mundo de coisas pequeno, privado, e de temas claros e controlados a partir de um incerto e incompreensível e — o que é mais importante — descontrolado "mundo mais amplo". À luz dessas determinações, a psicologia contemporânea pode, com grande probabilidade, presumir que essas atitudes em relação à vida sejam uma reação à violência anterior criada por determinantes estruturais a modelos interiorizados que chamávamos de determinantes culturais.

Pode-se quase provar por dedução que esforços pedagógicos têm um efeito mais duradouro sobre as visões das pessoas a que se dirigem quanto mais os modelos inculcados sejam percebidos em situações típicas que os indivíduos encontram em suas próprias vidas. A influência predominante do sistema de educação do Eton College ou do Rugby College sobre os alunos dessas escolas de elite, sobre sua maneira de pensar e comportar-se ao longo de suas vidas, deve ser atribuída menos à criatividade de seus métodos do que a sua total concordância com as condições de vida derivadas da posição social e das ocupações da aristocracia inglesa. Uma pessoa formada no Eton se mesclava socialmente fora da escola com outras diplomadas em instituições semelhantes, e, na administração colonial da Índia ou da África ou nos corredores do Parlamento, se via cercada por renovadas confirmações de que o estilo de vida por ela interiorizado era comme il faut. Os autores de textos antigos enfatizavam a eficácia da pedagogia utilizada com a juventude aristocrática, criada para a liderança política, para as exigências da oratória. Como escreveu Tácito:

> O jovem que aprendia a forma da oratória [...] era confiado pelo pai ou por um parente a um grande orador da sua época. Ele aprendia acompanhando-o, ficando ao lado dele, estava presente em apresentações públicas e reuniões de pessoas, escutava suas discussões com oponentes [...], aprendia a lutar com a própria luta [...]. Assim, não sentia falta de um professor [...] nem de opositores ou competidores, lutando com armas de verdade, e não espadas de madeira, ou num auditório sempre cheio e invariavelmente novo, composto tanto de amigos quanto de adversários, de modo que não havia onde se esconder, o que era uma sorte, ou não.[6]

De acordo com isso, antropólogos apontam a rigidez e a resistência a mudanças dessas posições inculcadas nos membros da sociedade tribal por uma pedagogia que é, afinal de contas, ainda mais primitiva; a notável estabilidade dos efeitos pedagógicos devia ser atribuída não à perfeição dos métodos de educação, e sim, uma vez mais, à máxima concordância entre os conteúdos da educação e as exigências das situações realmente enfrentadas por uma pessoa na vida tribal; os determinantes culturais e estruturais abrangem dois vetores paralelos que também são cumulativos; a educação e a vida se confirmam mutuamente, ampliando a aceitação dos modelos que impõem. Uma rigidez e uma permanência similares de modelos interiorizados puderam ser recentemente observadas na aldeia tradicional, onde — em resultado da falta de opções — a vida dos habitantes transcorria na mesma sociedade em que eles tinham sido criados.

Como essa combinação de determinantes culturais e estruturais está começando a ser percebida entre nós como uma condição da continuidade dos efeitos educacionais? A situação descrita por Jan Szczepański lança uma luz sobre isso:

Desejando apresentar um mecanismo social de contratação que atualmente funciona no mercado de trabalho, poderíamos simplificar muito comparando-o a uma máquina que produz várias bolas de tamanhos específicos que surgem dela (a escola), caem num sistema de buracos de vários tamanhos e rolam por ali até encontrarem um de tamanho adequado e caírem nele [...]. Em consequência, a contratação ocorre espontaneamente quando os objetivos adequados do formado se encaixam nos objetivos adequados da empresa, em suma, quando a bola encontra um buraco do tamanho certo.[7]

Esse é, evidentemente, apenas um modelo proposto — ainda mais sintomático pelo fato de basear-se em princípios do mercado e no papel regulador da "adequação" educacional às exigências da vida impostas pelo ambiente e pelas oportunidades; em nosso país em desenvolvimento, planejado, o destino das pessoas — mesmo em sua intenção — permanece sob o controle do mercado. Mas um verdadeiro curso dos processos de adaptação mútua dos atributos individuais de um jovem às exigências da vida tem mais elementos do ambiente que o modelo teórico.

Isso não se resume à contratação de pessoas com formação escolar. Estamos falando deles como um ingrediente de um problema maior que é o confronto do equipamento cultural oferecido pelas escolas com determinantes culturais que aguardam por elas fora dos portões. Educado em escolas no espírito da inovação e da coragem, o jovem formado encontra imediatamente, em seu primeiro local de trabalho, os freios burocráticos à inovação, sobre os quais a escola (preocupada com o otimismo do jovem) não se preocupou em informá-lo, e com essas experiências aprende que a coragem não é suficiente. Com uma educação baseada em heróis românticos tradicionais, o jovem acorda subitamente em situações demasiado prosaicas nas quais o romantismo se mostra um modelo de pouca utilidade. Decidido a observar rigidamente os princípios da igualdade e da justiça, o jovem recua, impotente, diante de manifestações de indiferença à iniquidade humana e da diligente obediência a várias leis e responsabilidades. Se a escola conseguiu instilar nele uma atitude aberta e generosa em relação às pessoas, a indiferença e o cinismo de seus superiores logo o fazem perceber suas convicções anteriores como ilusórias. Em contraposição ao antigo adágio sobre as experiências do jovem formarem uma "concha" para o adulto, as primeiras experiências individuais nessa condição revertem rapidamente tudo aquilo que os professores conseguiram inculcar em seu aluno.

Se a conformidade com os determinantes culturais e estruturais não é um dado imediato sobre a força da homogeneidade da sociedade ou a atribuição singular de um tipo de educação ao tipo de situação existencial conferido à posição social da pessoa, ela deveria ser — em todo caso, nas condições da construção do socialismo — alcançada pela moldagem consciente, em resposta a premissas culturais, também nas situações que são as fontes das pressões estruturais sobre uma pessoa quando ela sai da tutoria direta de instituições educacionais especializadas.

O conceito de pedagogia, ou a teoria da atividade consciente voltada para educar uma pessoa, deve ser estendido a uma esfera maximamente ampla de situações, não pertencendo institucionalmente ao âmbito da pedagogia escolar. E assim a pedagogia deve ser reconhecida como uma região dotada de seus próprios interesses, estudos e responsabilidades no que se refere à localização do primeiro emprego de seus alunos, aos grupos vizinhos de que estes se tornam membros depois de deixarem o lar materno e até às incontáveis organizações que intervêm no processo de satisfação das muitas necessidades de um jovem. Tomando-o sob sua proteção, a pedagogia deve cuidar para que as necessidades e oportunidades de escolha que lhe apresenta confirmem e estabilizem, em vez de negarem, as afirmações sobre a correção ou a utilidade prática dos modelos de comportamento e das diretrizes de avaliação ensinados na escola. Em nosso país planejado, não só o pedagogo deve planejar, mas o indivíduo para o qual os planos são feitos também deve ser um pedagogo.

O problema da segurança emocional

As raízes das duas dificuldades acima examinadas, falando de modo adequado, estão fora do âmbito da educação, e resolvê-las não está dentro dos limites da possibilidade de instituições especializadas nessa área tomadas individualmente. A dificuldade para a qual desejo chamar a atenção é, talvez, num grau mais elevado, "interna" à educação — a influência das inadequações da própria pedagogia como uma aula de educação contemporânea. A dificuldade sobre a qual estamos falando atualmente é — de modo semelhante ao que foi antes analisado — estritamente conectada à diferenciação interna, à heterogeneidade da sociedade moderna. Com uma enorme mobilidade social e a facilidade de comunicação em condições de crescente especialização e isolamento profissional dos ambientes, o membro da sociedade moderna exerce pressão, no curso de sua vida, num grau significativo e simultaneamente, sobre dezenas de grupos de pessoas que são diferentes quando considerados do ponto de vista de questões sociais, conjuntos de experiências, interesses, gostos, princípios de ação, ideologias ambientais. Logo as pessoas chegam à conclusão de que não há um princípio que lhes permita prever o comportamento de vários indivíduos e as relações que estabelecem em uma situação ou outra; além disso, ficam convencidas de que o comportamento de diferentes pessoas em situações semelhantes pode variar, o que é sem dúvida um sinal de que aceitam diferentes modelos de comportamento e a igual condição desses modelos, mesmo que sejam mutuamente excludentes. Pesquisando-se as opiniões de diferentes pessoas, fica-se obrigado a construir uma imagem de si mesmo a partir de elementos em confronto, e em geral se percebe a impossibilidade de incluir todos eles num sistema unificado e internamente coerente. Isso leva, com muita frequência, à relativização de normas e modelos, o que comprova sua relatividade, sua falta de absolutismo e seu caráter condicional.

Segundo a psicologia atual, mesmo a personalidade sumamente "integrada" de um indivíduo contemporâneo nada mais é senão um "pacote de papéis"; uma pessoa com uma personalidade não patológica é, por esse motivo, capaz de se mover confortavelmente pelo mundo contemporâneo porque sabe quais dos papéis que lhe foram ensinados deve desempenhar em determinada situação e que monólogos tirados de um roteiro não vão se imiscuir inesperadamente numa cena que se passe num palco totalmente diferente; no local de trabalho, ela se comporta de forma diversa do que ocorre no círculo familiar, assim como na interação com amigos, com o presidente da instituição acadêmica e assim por diante. Como as regras para cada um desses papéis são estabelecidas por um sistema automático de sanções, aqueles que cada indivíduo desempenha não precisam estar de acordo entre si — e, com efeito, de regra não estão. Então se fala em "papéis conflitantes"; devemos lembrar que esse conflito também é interiorizado — a personalidade do indivíduo contemporâneo é internamente contraditória. A situação fica ainda mais complicada pelo fato de haver poucas condições em que a cada pessoa se atribua o mesmo papel. O comportamento exigido por um grupo em determinada situação muitas vezes é condenado por outro e difere de maneira significativa das exigências de um terceiro código. Assim, o indivíduo contemporâneo se vê não apenas diante de uma multiplicidade de situações mutuamente independentes que não se incluem em sistema algum, mas também de uma riqueza de perspectivas sobre o tipo de comportamento adequado a cada situação tomada individualmente. Isso é ampliado pelo sentimento de relatividade — a incerteza sobre todas as orientações e proibições.

Esse estado crônico de desintegração pessoal, estrutural e cultural da sociedade moderna está na origem tanto da intensidade do interesse que os filósofos hoje dedicam ao problema da "discrepância entre o que é e o que deveria ser" quanto — o que é frequentemente indicado na pesquisa e em textos — na questão da "instabilidade emocional" do indivíduo contemporâneo, sen-

Três observações sobre problemas da educação contemporânea   337

timentos característicos de incerteza e perigo. Na psicologia atual, também se aceita a visão (até agora não revertida pelo estudo de pesquisadores de fora da Europa) de que a segurança emocional — o estado de equilíbrio psíquico que nasce de um senso de justiça e correção das ações de uma pessoa — é a condição da individualidade humana "saudável" em qualquer cultura e tipo de sociedade. Essa ausência do sentimento de retidão, um medo que é difícil de definir racionalmente, nascido do desconhecimento dos princípios de comportamento, assim como da impossibilidade de prever as ações de outras pessoas que a ele se vinculam e da falta de clareza de uma situação — da ausência de possibilidades para tal justificativa das ações de uma pessoa que teriam como base as instituições que produziriam, mediante sua autoridade, uma convicção sobre segurança ou liberdade em relação à responsabilidade —, é geralmente vivenciada como algo doloroso pela maioria das pessoas. Essa dor é provavelmente um dos estímulos essenciais que levam pessoas de vários períodos históricos a construir uma autoridade moral ou a depender de autoridades já construídas. Nessa experiência emocional, e não nas justificativas intelectuais, se escondiam, e ainda se escondem, o segredo da atratividade e a persistência, de outra forma inexplicável, das crenças religiosas, cuja função só podia ser substituída por um fenômeno de intensidade semelhante.

Os problemas enfrentados pela pessoa moderna numa sociedade heterogênea que busca novas premissas de segurança emocional têm maior significado para a educação do que geralmente se reconhece. As escolas buscam hoje garantir que seus alunos tenham esse sentimento essencial de segurança emocional com a ajuda de recursos que me parecem tradicionais e profundamente inadequados às demandas da sociedade atual. Seu caráter tradicional se expressa nos insistentes esforços para convencer os alunos da existência da retidão objetiva — e, portanto, invulnerável a quaisquer métodos de crítica reconhecidos na cultura contemporânea —, absoluta e inabalável de um único modelo de comportamento; ele permanece apenas para que uma pessoa possa familiarizar-se intelectualmente com esse modelo e adaptar-se com entusiasmo a ele a fim de ter o sentimento de força total apoiando suas ações, de se proteger da sensação esmagadora de responsabilidade pessoal por seus comportamentos — de se considerar não um sujeito, mas um objeto, uma ferramenta nas mãos de uma sabedoria coletiva. Dessa maneira, o educador primeiramente instila em seus alunos um desejo de resolver o problema da segurança psíquica com a ajuda de recursos tradicionais que não são mais eficazes; e, em segundo lugar, obriga seus alunos a descobrirem por si mesmos a relatividade de todos os comportamentos; e se retira no momento mais dramático e determinante para a moldagem da personalidade — naquele em que o aluno passa por um profundo choque psíquico evocado pela descoberta de que o céu ou a história foram "consumidos pelo fogo".

O efeito do primeiro erro pedagógico é a identificação, por parte das pessoas sujeitas a esses procedimentos, da segurança emocional com a impessoalidade de suas próprias ações, fugindo à responsabilidade por suas decisões — o aprofundamento da convicção de que suas próprias concepções e sua boa-fé não oferecem justificativas suficientes para seus pontos de vista. O efeito do segundo erro é desenvolver a descoberta da relatividade dos modelos, numa rebelião dirigida basicamente contra os princípios inculcados por uma pedagogia "absolutista"; a pessoa que chega à conclusão de que foi sobretudo enganada no lugar em que estava mais apaixonadamente convencida acerca de uma verdade absoluta. Deixada por sua própria conta no momento da mais dolorosa experiência, a pessoa que descobriu "por si mesma" a relatividade dos princípios de comportamento fica mais inclinada que as outras a reagir às suas desilusões com cinismo e niilismo em relação a todas as normas e princípios — uma negação não apenas de verdades absolutas, mas também do valor de qualquer critério que diferencie as melhores soluções das piores, as mais nobres das menos insignes. A pedagogia, desejando curar profilaticamente o relativismo por meio do absolutismo, atinge, na minha opinião, o efeito oposto: ela intensifica o inevitável relativismo, reduzindo-o, contra seus próprios desígnios, às dimensões do cinismo e do niilismo moral.

Enquanto isso, contra o bom senso e as determinações incontroversas do conhecimento sobre o mundo contemporâneo, a tese da relatividade dos códigos de comportamento — que os atribui a determinados ambientes e seus interesses —, a responsabilidade de cada pessoa por suas escolhas e, assim, a localização da justificativa do comportamento humano nessas escolhas são vistas, entre os pedagogos, ao que parece, como algo vergonhoso. A tese da relatividade dos códigos — uma alegação descritiva — é equiparada ao cinismo — uma posição normativa —, e, quando se atribui todos os pecados e atrocidades à postura cínica, isso empobrece a comparação ao excluí-la do círculo das verdades reconhecidas como adequadas pela pedagogia. Nessa deplorável batalha entre uma forma insuficientemente dinâmica de educação e um mundo excessivamente dinâmico, o maior dano é aquele sofrido pelo jovem, o objeto dos procedimentos pedagógicos, relegado nos momentos mais dramáticos de sua vida a seus próprios esforços, desequipado para os verdadeiros problemas das contradições presentes em situações reais, não imaginadas na utopia pedagógica.

Em cada período histórico, os pedagogos mais esclarecidos têm protestado contra a criação de meninos e meninas como estufas de flores, a construção de estratégias pedagógicas que preparam os jovens para condições artificiais, ilusórias, profundamente diferentes das condições reais. A intensidade da propagação e utilização do lema "perto da vida" pode ser reconhecida como um critério para um pensamento pedagógico progressista. É uma coisa muito diferente se o sentido dessa "vida", da qual as pessoas buscam aproximar o modelo educacional, se baseia no conhecimento confiável sobre as condições e exigências da vida social ou se contém uma utopia construída sobre crenças ultrapassadas, não mais aplicáveis ao arranjo real das relações sociais. Na sociedade atual, a compreensão da "vida" deve conter, entre outras coisas, um ingrediente como a confirmação da multiplicidade, variedade e relatividade dos códigos de comportamento. "Mais perto da vida" será um comportamento que, brava e abertamente, torne os alunos conscientes dessa característica do mundo no qual estarão se movimentando. Se não for assim, essa consciência será despertada de alguma forma, mas isso vai ocorrer a despeito das intenções deles e contra suas verdades.

Substituir a visão de um modelo absoluto de comportamento e todas as suas variações pela de muitos modelos simultâneos em competição apresenta novas e mais complicadas tarefas para o trabalho da educação, mas também lhe abre novas perspectivas, e, o que é mais importante, cria uma oportunidade totalmente nova para a utilidade e a permanência da influência educacional. As novas tarefas consistem, basicamente, numa necessidade de enfatizar, na educação, não a maestria intelectual, a memorização de instruções específicas e finitas sobre normas de comportamento, mas "metanormas" particulares — normas de seleção entre preceitos concorrentes, critérios de escolha de alternativas, diretrizes para avaliar situações com significado ambíguo. A principal pressão, a mais forte, deve recair sobre a responsabilidade do indivíduo por sua própria escolha. Um jovem deve ser preparado por uma educação esclarecida, e não pelas ruas, pelo fato de que sua vida será composta de um conjunto de decisões e escolhas individuais, e de que nada nem ninguém, seja um plano divino ou uma necessidade histórica, vai retirar-lhe o peso da responsabilidade pelas suas próprias ações. Essa é a nova tarefa. E a nova oportunidade que vem da realização dessas tarefas? A nova oportunidade é uma personalidade criativa, inovadora, uma força da consciência que é autossuficiente e muito mais bem equipada para confrontar a desilusão e o cinismo, garantida em relação a uma fuga frustrada para um pequeno mundo privado. Essa oportunidade é atraente o bastante para justificar a aceitação dessas novas tarefas, embora elas exijam um enorme esforço.

· 10 ·

Massas, classes, elites:
A semiótica e a reimaginação da
função sociológica da cultura

Nota nº 1: A questão da infraestrutura

Provavelmente as circunstâncias históricas do surgimento da expressão "cultura de massa" impuseram a perspectiva de pesquisa particular em que a problemática associada a essa expressão na sociologia americana — e não somente americana — é mais tipicamente situada. Primeiro veio a "descoberta", pelos sociólogos, dos chamados meios de comunicação de massa e de seu papel diabólico na mudança revolucionária dos mecanismos de percepção do mundo, assim como do grau de manipulabilidade desses mecanismos; a expressão "cultura de massa" se originou de "comunicação de massa" —criada para indicar tudo que surge a partir da massificação das comunicações. Dessa maneira, com a força da estrutura genética do pensamento, o conceito de cultura de massa tornou-se associado ao de comunicação de massa. Mais ainda, eles se conectaram numa relação de causa e efeito. Os novos meios tecnológicos de comunicação de massa são a causa, e a cultura de massa, o efeito. Por vezes essa dependência é abertamente declarada, porém, mais frequentemente, é assumida como premissa, em geral de forma irreflexiva. A expressão "cultura de massa" liberta na mente associações com a televisão, o rádio, o jornalismo de massa. E assim é. O círculo do raciocínio é fantasticamente fechado: meios de comunicação de massa, é isso que cria a cultura de massa. Cultura de massa é a consequência desses meios. Mesmo o primeiro teórico marxista da cultura de massa, Stefan Żółkiewski, embora realizasse avanços nesse campo, não foi totalmente bem-sucedido em se libertar dele. Em seu excelente estudo *O Kulturze Polski Ludowej* [Sobre a cultura do povo polonês], o "estilo" da cultura de massa é associado a características da estrutura social, e o caráter de massa (tipo) da cultura é atribuído à variedade da transmissão de meios culturais de comunicação e a seus ouvintes.

A nota que se segue apresenta dúvidas sobre a proficiência da pesquisa que fecha esse ciclo e o pressuposto de que os meios de comunicação de massa não são tanto um efeito causal da cultura de massa, mas uma ferramenta que lhe dá forma — fazem o papel de canais pelos quais trafegam conteúdos culturais, preenchendo compartimentos que foram criados antes e independentemente da estrutura desses veículos. As particularidades técnico--sociais dos meios de comunicação de massa explicam por que eles podem desempenhar esse papel. Mas só as peculiaridades da estrutura social conseguem explicar por que o fazem com eficácia. Para que uma cultura se torne "de massa", não basta criar uma estação de TV. Algo tem de aparecer antes na estrutura social. A cultura de massa é como a elaboração de uma coisa que por ora chamaremos de "estrutura social de massa".

Os conflitos sobre a definição dessa cultura têm uma longa história e muitos participantes. Não quero ser o milésimo primeiro deles. Não estou preocupado neste momento com a definição, apenas com o que geralmente se quer dizer quando se fala de cultura de massa. É o seguinte: no arcabouço da cultura social geral (nacional), havia tradicionalmente variantes que se diferenciavam entre si: regionais, ecológicas (aldeia — cidade pequena — cidade grande), de classe. A cultura de uma nação, com todas as suas características universais, era um conjunto de "subculturas". A "massificação" da cultura é a incorporação dessas culturas a uma cultura universal, idêntica para todos os membros da sociedade: cuidadosamente falando, é a fragilização de características "subculturais" e o crescimento simultâneo de qualidades compartilhadas.

Não quero entrar em discussões sobre a definição de cultura. E nesse caso basta observar o delineamento dos problemas geralmente incluídos sob a rubrica de "cultura": normas, instituições e modelos de comportamento individual que constituem a forma da "cultura" — em suma, ao mesmo tempo um produto e uma premissa da adaptação recíproca ativa de uma pessoa e seu ambiente. A cultura é uma criação das experiências acumuladas de processos existenciais de muitas gerações que, simultaneamente, "serve" a esses processos. Desse serviço depende a função social da cultura, e nessa função se encontra o mecanismo básico de seleção dos elementos culturais, embora nem todo elemento da cultura que atue socialmente seja "funcional" — a coletividade humana que se encontra num estado de equilíbrio ecológico normal manifesta uma tendência a absorver elementos funcionais e a resistir a elementos de outros sistemas culturais.

Se concordarmos com o que se disse aqui sobre a questão dos conteúdos da "cultura" em geral, e particularmente da "cultura de massa", podemos chegar à seguinte conclusão: as várias subculturas que existem no arcabouço da cultura "nacional" — distintas no que se refere a diferenças regionais, ecológicas ou de classe — demonstram indubitavelmente o fato de que essas diferenças causam uma forte particularização de situações sociais, e essas situações devem ser atendidas por diferentes diretrizes, instituições e modelos culturais. Distintos no que se refere à diferença de fatores regionais, ecológicos ou sociais e de classe, os coletivos humanos criam algo que, parafraseando uma expressão oriunda da genética, podemos chamar de populações endoculturais — populações em que o intercâmbio cultural e a acumulação de elementos culturais internos são muito mais intensos do que aqueles que envolvem elementos externos. Dessa perspectiva, mesmo levando em consideração os intercâmbios populacionais "equalizadores" que constantemente ocorrem em toda população endocultural, a mutação de elementos culturais e a institucionalização dos produtos dessa mutação, que ocorre de forma relativamente independente e em relativo isolamento recíproco, produzem tendências culturais evolutivas comparativamente autossuficientes. De uma perspectiva social geral, isso leva à consequente diferenciação de subculturas. A natureza essencial dessa diferenciação será maior quanto mais significativa for a diferenciação dessas características do ambiente, as quais, tomadas num sentido abstrato, são, afinal, compartilhadas, escolhidas para o seu "ambiente pessoal" por parte de cada um dos membros da população. Como a situação social do coletivo se expressa primeiramente nos meios de produção, distribuição e aquisição de bens que satisfaçam as suas necessidades, isso serve como critério básico dessa seleção — podemos dizer que, em geral, na diferenciação sociocultural as distinções entre subculturas são maiores quanto maior for a dessemelhança entre as situações sociais dos membros de determinadas populações endoculturais. E o oposto: a cultura social geral será mais "de massa", no sentido antes apresentado, quanto maior for a participação de elementos culturais gerais nessa cultura; e, quanto menor for o papel de elementos específicos da população de grupos anteriormente endoculturais, menos "endoculturais" serão essas populações, ou mais convergentes se tornam seus ambientes socialmente compreendidos — ou seja, mais semelhantes se tornam suas formas de adquirir bens adequados a cada coletivo que entra no grupo geral. Em outras palavras, para que uma cultura se torne de massa (ou talvez fosse melhor dizer "universal"), é necessário que as situações sociais dos membros da sociedade se tornem uniformes — assim como os critérios de avaliação da utilidade funcional de elementos da cultura.

A importância dessa afirmação é algo que eu investigo no sentido não apenas ontológico, mas também metodológico. Não estou interessado agora em recriar a história da massificação da cultura, mas no arranjo fenomenológico de referências em que a problemática da cultura de massa deveria situar-se para ser mais compreensível e para a dependência mútua de duas variáveis, causada pela intervenção de uma terceira que tipicamente permanece nas sombras, que não deve ser confundida com uma relação de causa e efeito.

A televisão, o rádio e o jornalismo de massa são invenções muito recentes; isso não significa, contudo, que épocas anteriores não tenham conhecido meios de comunicação de massa. As características que, corretamente, os definem são: 1) transmitir a mesma informação simultaneamente para um grande número de pessoas e não a alterar de acordo com os diversos endereços; 2) transmitir essa informação numa única e irreversível direção, praticamente excluindo a possibilidade de resposta inteligente, para não mencionar um debate em vários campos — a profunda polarização de um sistema de comunicação entre informantes e informados; 3) a capacidade particular de influência da informação transmitida, com base na elevada autoridade social de suas fontes, nas situações paramonopolistas dessas fontes e na premissa psicologicamente importante de que "todos" estejam ouvindo, e ouvindo de maneira respeitosa, a mesma coisa. É fácil perceber que todas essas características são encontradas, por exemplo, na Igreja católica, esse gigantesco centro de transmissão da Europa medieval, em que os púlpitos das igrejas paroquiais faziam o papel de aparelhos de televisão. À mesma missa iam o proprietário de terras, o camponês e o artesão; as mesmas palavras, as mesmas mensagens eram dirigidas a todos eles. O movimento da informação era decididamente unidirecional e não menos irreversível do que no caso da televisão contemporânea. Quanto à autoridade e ao amplo alcance, os mais criativos especialistas em televisão achariam difícil competir com ela. Mas a Igreja não produzia cultura de massa. Não apenas os estilos e modos de vida, mas também os ideais e as normas morais, e mesmo as crenças, que eram menos dependentes da situação de vida, se apresentavam diferentemente entre o seu público. Não apenas as palavras que saíam do púlpito não eram idênticas às de todos os fiéis, mas, claramente, os ouvidos destes eram recobertos por diferentes tipos de cola, com diferentes níveis de viscosidade, de modo que a cada ouvido aderiam diferentes conteúdos. Foi necessário primeiro unificar os componentes químicos da cola para que as diretrizes, unificadas em sua transmissão, também o fossem na recepção. A cultura começou a se tornar de massa não quando os ramos do sistema passaram a se espalhar em ampla escala, mas quando certas condições da vida e de situação adquiriram essa característica — quando essas condições e situações deixaram de ser diferenciadas, assim como a seletividade da recepção.

Se os meios de comunicação de massa reforçam atualmente os conteúdos de uma cultura cada vez mais de massa (novamente, seria preferível dizer "universal"), então a premissa desse fato deveria ser encontrada na universalização — transcendendo a região, a ecologia ou a classe — dos componentes essenciais dessa situação social. Falando de modo mais estrito, a eficácia dos meios de comunicação de massa na massificação da cultura será maior quanto mais avançado for o processo de universalização desses componentes. Consideremos, então, quais componentes entram nesse quadro.

O primeiro ingrediente é a dependência do mercado. Mesmo 120 anos atrás, a maioria das pessoas satisfazia suas principais necessidades sem a mediação do mercado; com a ajuda da força de trabalho que não estavam vendendo — ou de suas frações que não eram vendidas —, criavam bens que elas próprias usavam. O processo de satisfação das necessidades dessa maioria era, portanto, excluído da circulação macrossocial de bens e relativamente independente do intercâmbio inter-regional, interambiental ou interclasse destes bens. Ele formou sua própria infraestrutura particular do indivíduo endocultural e suas cercanias mais próximas — as áreas em que esses domínios eram incluídos no círculo do intercâmbio primitivo. Hoje — nos países dotados de indústrias desenvolvidas e também de um mercado —, uma parte relativamente minúscula da população satisfaz uma parte minúscula de suas necessidades com bens que não participam do intercâmbio macrossocial, produzidos por elas mesmas, que incorporam a identidade tanto do produtor quanto do consumidor. A maioria decisiva vende a maior parte dos bens comuns — força de trabalho — a fim de adquirir artigos de consumo. As pessoas entram no mercado de duas formas: como vendedoras ou consumidoras. Todo mundo, ou quase todo mundo, vende. E, como vendedoras, em seus êxitos e fracassos, esperanças e decepções, elas dependem do mercado. Do mercado de trabalho e do mercado salarial, do preço da mão de obra e do preço do pão. O fascínio de suas próprias necessidades não pode expressar-se, nessas condições, senão pelo fascínio do mercado. A "orientação do mercado" é, nessas condições, uma norma social e uma manifestação de saúde psíquica. Por motivos psicofísicos, uma pessoa numa situação macrossocial de circulação de bens é sensível às influências geradoras de cultura do mercado. Os produtos materiais da cultura são necessários para a satisfação de necessidades culturalmente moldadas; essas criações só podem ser adquiridas pelos meios do mercado. E por ninguém mais: ricos ou pobres, diretores ou empregados, burgueses ou agricultores. Esse é o elemento comum da situação social, um dos universais infraestruturais da cultura.

E o mercado — como sempre faz — uniformiza, em particular o que é baseado na produção em massa e em série. Desde os momentos iniciais da Revolução Industrial, o desenvolvimento da indústria baseou-se — a partir de uma perspectiva do mercado — na serialização e universalização da criação de bens anteriormente acessíveis, por sua raridade, apenas aos privilegiados, logo, dotados de particular prestígio e acompanhados por uma demanda peculiar. Os membros das classes mais elevadas, no papel de consumidores, cumpriam a função de criadores de tendências; a indústria tornou-se para eles um reconhecimento, abrindo caminho para as montanhas de bens produzidos em massa. (Observemos, colateralmente: disso vem, com certeza, o surpreendente aumento do preço das "raridades", vinculado à "irrepetibilidade", que se vê hoje — possuir um dos bens industriais não mais produz um doce sentimento de segurança e da permanência de símbolos materiais de uma condição social elevada; hoje o exclusivo e o "singular" — toda criação da indústria —, se apenas adquire a correspondente carga de prestígio em função de sua exclusividade, vai tornar-se um produto em circulação, perdendo assim, invariavelmente, seu valor como promotor de prestígio. Daí os preços insanos de obras de arte, esculturas, peças antigas, corujas brancas: só nelas existe a garantia de que a raridade não vai transformar-se em lugar-comum. Assim, o que se paga é a não repetibilidade — o preço não se baseia numa relação com o valor de uso estético. Compram-se símbolos da condição social: é cada vez mais difícil encontrá-los no mercado.) Assim, não é apenas que todos satisfaçam suas necessidades por meio do mercado. Proporcionalmente ao progresso da produção em série, eles satisfazem cada vez mais essas necessidades com produtos idênticos. Esse é o próximo universal infraestrutural da cultura.

O segundo ingrediente é a dependência de uma organização. Quando a sociedade era composta de senhores e servos, ou de empresários e contratados, havia a necessidade de duas diferentes culturas atendendo a situações sociais diametralmente opostas: mandar e servir, poder e impotência. Quando a sociedade é composta, em termos significativos, de funcionários de uma organização, uma só cultura basta. O comportamento do diretor tem influência sobre o de um número cada vez maior de pessoas em comparação com o comportamento de burocratas ou trabalhadores a ele subordinados — mas o diretor, o burocrata e o trabalhador são todos funcionários. O senhor feudal estava destinado a essa condição, tal como o servo à servidão; o empresário capitalista, em períodos de turbulência e pressão, a criar seu próprio destino; o diretor, o burocrata e o trabalhador na era das organizações gigantes estão fadados a ter seus destinos individuais definidos nem tanto por pessoas, mas por poderes anônimos sobre os quais não têm nenhum controle ou influência — dos quais nem mesmo conhecem a natureza. O emaranhado matagal de organizações, filiações e interdependências (destrinchado apenas numa sociologia abstrata muito distante da realidade), em conexão com a avançada autonomização do processo decisório por organismos formais especializados, significa que realmente não há eventos sociais que sejam neutros em relação aos destinos dos indivíduos, e que existe um número insignificante de elementos neutros que um deles pode influenciar — ou pelo menos avaliar. Os sociólogos continuam descobrindo, com alarme, que o trabalhador geralmente não sabe o que a fábrica, onde ele faz buracos em cilindros de aço, produz e como. Mas esses mesmos sociólogos raramente percebem que na mesma fábrica não há uma só pessoa com um mapa mental completo de todo o processo de produção, incluindo os detalhes de cada função específica. Diz-se que o contramestre sabe mais que o operário, o chefe de divisão, mais que o contramestre, e o diretor, mais que o chefe de divisão. Mas essa é a visão que se tem a partir da janela do escritório do diretor. O oposto é igualmente verdadeiro: há coisas que o operário conhece, mas o contramestre não; o chefe de divisão sim, mas o diretor não. Ninguém sabe tudo. Na situação de cada um de nós, o número de coisas desconhecidas ultrapassa nossa capacidade de avaliação. É como ocorre na fábrica, no escritório, numa sociedade multiorganizacional — num grau muito maior do que na fábrica abstrata, "individualmente percebida". A organização é não apenas impessoal, mas inumana. De forma absoluta e sem exceção. Esse é outro universal da cultura infraestrutural.

A fim de satisfazer suas necessidades, adquirir os produtos de que precisam para isso, as pessoas devem atingir uma posição dentro de uma organização. Essa posição torna-se, para todos, independentemente da via pela qual isso se realiza, o maior valor instrumental. As organizações diferem entre si, assim como as posições dentro delas, mas a necessidade de um tipo de posição em alguma espécie de organização é comum a todas as pessoas. E as maneiras de alcançar essas posições são, genericamente falando, semelhantes: as pessoas devem possuir o nível adequado de instrução, ter um comportamento apropriado às necessidades da organização, ser premiadas com uma nomeação decidida pelos membros pertinentes. De uma maneira natural a cada sociedade, o fascínio pela necessidade assume a forma de um fascínio pela organização e pela posição dentro dela — e não pode assumir outra forma. A posição na organização é o determinante fundamental de todas as situações sociais e da legitimação da identidade social. À pergunta "O que é isso?", o homem moderno responde sem hesitação: "Esse é o diretor X no escritório Y", e não "Esse é um homem muito simpático" ou "Esse é um nobre sonhador". E é também um universal da cultura infraestrutural.

Numa sociedade pluralista, porém, o poder da organização só atinge uma parcela dos bens socialmente necessários e apenas uma parte do coletivo humano. Nenhum indivíduo pode manter todo o processo de satisfação de suas próprias necessidades no interior de um círculo de bens e indivíduos dentro do domínio de uma única organização. Pelo contrário, no curso desse processo o indivíduo vai encontrar inevitavelmente as esferas de influência de muitas organizações diferentes e mutuamente autônomas, e só em muito poucas delas sua própria influência será decisiva. Toda pessoa é ao mesmo tempo o comandante e o postulante, num momento o sujeito, no seguinte, o objeto da influência. Atos bilaterais particulares de cooperação estabelecem uma polarização entre sujeitos e objetos — mas não a sociedade. Quanto mais uma sociedade se aproxima de um modelo ideal de pluralismo, mais o número de exceções a essa regra se aproxima de zero. Elementos de objetividade e subjetividade misturam-se na situação de diferentes indivíduos em diferentes proporções, mas aparecem em todas elas. As diferenças são quantitativas, não qualitativas. E assim o aspecto de uma situação, tradicionalmente uma das fontes mais importantes de diferenciação cultural, pouco a pouco se torna também uma premissa de universais infraestruturais.

O terceiro ingrediente é a dependência de um modelo. O camponês tecendo linho num tear doméstico só podia depender de si mesmo para satisfazer suas próprias necessidades. O agricultor que compra uma camisa numa loja da aldeia depende da tecnologia. Um homem que faz a barba com a navalha depende menos da tecnologia do que outro que usa o barbeador elétrico. Se uma pedra cair nas turbinas da fábrica a dezenas de quilômetros de distância ele vai ficar barbado. Os equipamentos tecnológicos funcionam bem no que se refere a facilitar nossas atividades, mas também nos tornam impotentes diante dos caprichos do destino. É mais fácil limpar a casa com um aspirador de pó do que com a vassoura, mas não sabemos consertar o aspirador. Uma piada americana macabra diz que as famílias vão dormir com fome se a televisão pifar: se a dona de casa não assistiu aos comerciais mais recentes não vai saber o que comprar para o jantar. A tecnologia ocupa o lugar dos antigos desastres naturais: se o bonde descarrilhar, não poderemos voltar para casa depois do trabalho. Dentro da família, o medo de carros na estrada assumiu a função do medo de lobos e cobras. Mas voltemos à questão que é mais importante para nós: cada vez mais pessoas, num grau cada vez maior, satisfazem suas necessidades com a ajuda da tecnologia: uma tecnologia que elas próprias não produzem, cujo funcionamento não entendem e que não podem pôr em operação sem a ajuda de outras. A tecnologia é uma bênção mas também é a materialização de uma ansiedade constante. Essa ambivalência é óbvia, assim como o dualismo dos sentimentos que ela provoca: um misto de admiração e medo. A pessoa comum aceita a ideia de que uma máquina digital seja capaz de pensar da mesma forma que um indígena Nootka aceita a explicação do xamã de que a pesca não teve êxito porque os peixes estavam com raiva, pois a dança correta não fora realizada antes de a linha ser lançada na água: porque a máquina digital mantém alguma relação com a satisfação de suas necessidades. O fascínio pelas necessidades pessoais se expressa no fascínio pela tecnologia. Este também é um universal estrutural da cultura.

Mas no caso do indígena Nootka a relação entre a sensibilidade do peixe e seu próximo jantar era direta e óbvia. Para o nosso contemporâneo comum, a relação entre a tecnologia sobre a qual ele lê no jornal e seu jantar de hoje à noite, ou mesmo de amanhã, está longe dessa obviedade fisicamente prazerosa. A relação entre uma nova ferramenta e a situação particular do artesão ou agricultor era clara, tal como eram simples os critérios de avaliação: existe progresso se meu trabalho é mais fácil, se eu consigo mais dele ou as duas coisas. Lendo informações sobre tratores e compactadores de lixo, a pessoa não tem certeza da existência de uma conexão entre eles e sua situação individual, e, se houver, qual é o caráter dela. Para conectar essas duas variáveis o que se necessita agora é de um pensamento abstrato, de uma teoria, de uma síntese macrossocial. Nem todo mundo é capaz disso — ainda mais quando a verificabilidade está além da capacidade do indivíduo. Novos implementos tecnológicos decerto são multiplicadores da força humana. Mas serão também da força do indivíduo? Estamos longe do otimismo individualista de Adam Smith ou do coletivista de Charles Wilson, da General Motors. O avanço da humanidade e o da condição de um indivíduo não são hoje a mesma coisa na prática e na consciência individual. A dependência da tecnologia produz desorientação e medo, já que sempre se faz acompanhar da incerteza e do conhecimento incompleto. Todo mundo se sente ameaçado. Ninguém consegue controlar o gênio dessa garrafa. E esse conjunto de circunstâncias pode ser incluído entre os universais estruturais.

A importância desses ingredientes transregionais, transecológicos, transclassistas — universalmente comuns — da condição social das pessoas na civilização industrial nasce do fato de serem esses os componentes mais importantes do processo de vida: o da satisfação das necessidades humanas. Dependendo do mercado, um ser humano cai numa organização e numa tecnologia porque não pode evitá-las no curso da utilização de sua energia criativa a fim de adquirir os bens necessários para renová-la. Na crescente semelhança desses percursos, ele percebe a mensagem importante de um domínio crescente de características que são comuns e universais nas situações de vida das pessoas sobre aquelas que continuam diferentes, e também o crescente predomínio desses elementos de uma cultura social geral que se tornaram macrossociais sobre aqueles que permanecem subjugados pela diferenciação subcultural (regional, ecológica, de classe). A cultura atende às condições de vida das pessoas; a cultura de massa (geral) atende a situações de massa (universais). Isso é, evidentemente, a dependência de um modelo. De um lado, a difusão da cultura deve superar a resistência da tradição, dos costumes e da homeostase de grupo, e desse modo se atrasa em relação à difusão de elementos infraestruturais. Por outro lado, o brilho de um verdadeiro píncaro cultural pode introduzir no sistema cultural desta ou daquela sociedade elementos adaptados ao atendimento da infraestrutura que ainda não apareceram; esses elementos então precedem e aceleram (se considerados no conjunto de uma sociedade nacional específica, e não da humanidade como um todo) as mudanças correspondentes na infraestrutura.

Em minhas considerações até aqui, pude usar o termo "necessidades" em referência a seu significado geral sem me preocupar em defini-lo. Mas para completar a lista de universais infraestruturais é preciso entender o conjunto de elementos que o termo inclui. Mais útil para essa tarefa parece ser a caracterização oferecida por Abraham Maslow: "necessidades da escassez" e "necessidades da existência". À primeira categoria pertencem, por exemplo, as necessidades de satisfazer a fome ou garantir a segurança; à segunda, a necessidade do prazer proporcionado por experiências estéticas ou por uma percepção dos poderes criativos da própria pessoa. A relação entre as duas categorias é caracterizada, genericamente falando, pelos seguintes aspectos: a) quando as necessidades da escassez não são satisfeitas, elas reduzem ou até eliminam as necessidades da existência; b) quando as necessidades da escassez são satisfeitas, as necessidades da existência são as mais perturbadoras e as que mais insistentemente exigem atenção. Podemos acrescentar que, na visão de Maslow, as necessidades da escassez e da existência diferem, entre outras coisas, pelo fato de as primeiras desaparecerem no momento em que são satisfeitas, enquanto o oposto se dá com as outras — quando são satisfeitas, elas crescem; e a alegria que as primeiras podem proporcionar só pode ser causada pela eliminação das tensões provocadas por não as satisfazer (é a "alegria negativa"); com as outras ocorre o contrário, elas criam tensões que são, em si mesmas, uma fonte de prazer. Satisfazer as necessidades da escassez, diz Maslow, é apenas a condição de uma ausência de doenças; para ser saudável, as necessidades da existência são essenciais.

Usando, então, a terminologia de Maslow, podemos dizer que outro ingrediente — não universal, mas universalizante — da condição de vida dos cidadãos da civilização industrial é a compressão das parcelas do tempo e da energia socialmente necessárias para a satisfação das necessidades da escassez e — em resultado — a universalização das necessidades da existência. Nos últimos milhares de anos, em muitas partes do globo e certamente no âmbito de nossa *oikouméne*, as necessidades da existência, que potencialmente atendem a todo indivíduo, surgiram somente entre aqueles que pertenciam a classes ociosas e abastadas. A vida de todas as pessoas ao seu redor era estimulada pelo esforço para satisfazer necessidades que não eram diferentes do ponto de vista apenas quantitativo, mas também qualitativo. Uma minoria procurava maneiras de satisfazer problemas existenciais, mas a maioria enfrentava a escassez. A maioria e a minoria precisavam de culturas muito diferentes. Junto com o aumento da plenitude de bens que satisfaziam as necessidades da escassez, com a simultânea redução da participação direta das pessoas, o esforço de produzi-los e o aumento do limite inferior da participação nos bens, uma nova situação aparece: um número cada vez menor de pessoas é alimentado pelas atividades existenciais em torno da satisfação das necessidades da escassez, e as necessidades da existência se difundem cada vez mais. Assim, gradualmente, se tornam fatores psicológicos que — de modo semelhante aos universais estruturais — se transformam numa premissa da universalização da cultura ou do nascimento e triunfo da cultura de massa.

Aqui podemos concluir a primeira nota. A ideia que eu desejava expressar é relativamente simples. No plano de um modelo, ela pode ser apresentada da seguinte maneira: para que a cultura de uma sociedade X se torne de massa — ou para a ampla aceitação e a mínima diferenciação segundo critérios regionais, ecológicos ou de classe —, é preciso que as condições sociais dos indivíduos e a estrutura de suas necessidades sejam unificadas até o nível em que devam, e possam, ser atendidas por um único sistema cultural. O modelo dessa dependência baseia-se, entre outras coisas, na premissa tacitamente aceita — mas nunca realizada na prática — do isolamento cultural da sociedade X e, portanto, da inexistência de uma difusão cultural a partir de fora. Como o pressuposto acima jamais se concretiza na prática, a relação entre a cultura, de um lado, e a estrutura e infraestrutura de necessidades, de outro, pode ser, nesta ou naquela sociedade, mais intrincada do que poderia parecer a partir do modelo. Assim, fico muito mais inclinado a insistir no valor da pesquisa para a diretriz metodológica afirmando que o sistema de referência para a análise da gênese e dos conteúdos da cultura de massa devem ser os processos que têm lugar na infraestrutura social e na estrutura da personalidade.

Nota n⁰ 2: Sobre a questão da cultura "superior" e "inferior"

Quanto a essa questão, as opiniões se dividem. Alguns dizem que a visão de certos valores culturais como "superiores" a outros valores pode ser confirmada de maneira objetiva; outros dizem que não pode. Mas ninguém consegue realmente avançar sem ambos os termos ou suas variantes.

Eu também gostaria de examinar o significado e a razoabilidade do conceito de cultura "superior" e "inferior". Para fazê-lo, contudo, precisamos distinguir três esferas em que tais reflexões tendem a ser usadas.

1. Os dois conceitos são utilizados quando comparamos dois ou mais sistemas culturais que aparecem em duas ou mais sociedades diferentes, temporal e geograficamente isoladas e tra-

tadas como totalidades distintas. Analisei o uso dos conceitos de "superior" e "inferior" em "Bieguny analizy kulturowej" ["Polos da análise cultural"].[1] O emprego desses conceitos não goza da melhor reputação entre os antropólogos contemporâneos, mesmo entre aqueles que, de modo semelhante a Julian Steward ou Leslie A. White, são dedicados defensores de ideias neoevolucionistas. Ambos os conceitos causam aversão entre os antropólogos graças à mesma característica valorizada pelos fãs das concepções de cultura "superior" e "inferior": o sentido — na melhor das hipóteses, subconsciente — da avaliação. Superior é sempre, em certa acepção, "melhor", "mais ideal", "mais digno de apreciação". No caso das comparações entre sistemas, esse significado oculto da concepção de "superior" deve, na prática, associar-se ao ethos cultural a partir do qual todos os pesquisadores são, em essência, recrutados — em termos mais gerais, a civilização industrial; isso significa não apenas uma predisposição nesse sentido, mas o reconhecimento de que ele é o "melhor" — relativamente falando — estágio a que outros "estágios" conduzem, ou seja, todas as outras culturas. Se aceitarmos, porém, que a cultura A é superior à cultura B se, e apenas se, ela dissemina ou leva a um produto mais significativo, ou complica os elementos culturais Z_1, Z_2 ... Z_n mais do que o faz a cultura B, isso pode demonstrar que a cultura A é superior com base na mesma definição apenas de uma forma em que os elementos Z possam ser considerados típicos unicamente dela. A mente então será atormentada pela suspeita de que considerações sobre a alta cultura não façam sentido a não ser como esforço para encontrar uma expressão mais digna da convicção do mérito da própria cultura de uma pessoa. Se isso vai um passo além do âmbito do ethos dessa cultura, a questão torna-se imediatamente mais complexa. Os esquimós, por exemplo, têm uma tecnologia fantástica e uma sociologia modesta, enquanto o oposto se dá entre os Arunta australianos. Seria possível — embora com dificuldade — ajustar-se ao contorno de observações objetivas enquanto se estivesse determinando a "precocidade" ou o "atraso" de sistemas culturais específicos;

quando se introduzem na reflexão os termos "superior" e "inferior", a objetividade das teorias imanentes torna-se imediatamente questionável. Se existe nisso algum tipo de objetividade, sua natureza é apenas sociológica; a afirmação de que nosso sistema cultural — a civilização industrial — é superior significa apenas e tão somente que somos mais fortes econômica e militarmente, que cortamos outros sistemas culturais pela raiz ou que os reformulamos de uma ou de outra forma — ou tentamos fazê-lo — segundo nosso próprio modelo. Também poderíamos formular isso da seguinte maneira: a superioridade das culturas industriais — no único sentido objetivo do termo — não indica a superioridade numa necessária cadeia diacrônica de eventos evolutivos, mas numa hierarquia sincrônica, real, de sociedades num desenvolvimento humano geral. Observemos como muitas pessoas começaram a duvidar da superioridade cultural do Ocidente quando vários povos "primitivos" enviaram à ONU representantes que não eram tão exóticos quanto obstinados.

2. Podemos usar os conceitos aqui discutidos para comparar diferentes sistemas culturais capazes atender à mesma sociedade. Na prática, esse é o uso que os críticos de sua própria civilização dão aos conceitos de "superior" e "inferior", quando estabelecem realidades culturais contra um postulado ideal reconhecido como "superior", ou melhor, descrito como tal para reforçar sua atratividade e sua força de motivação social. O exemplo clássico é o conceito de Edward Sapir de culturas "genuínas" e "espúrias", formulado em 1924 nas páginas do *American Journal of Sociology*. Essa foi simplesmente uma crítica da civilização americana pela perspectiva de valores culturais que eram negligenciados por esta civilização em seus procedimentos concretos, embora altamente enaltecidos em termos ideológicos. Ela foi apresentada pelo autor, contudo, como um conceito geral referente a todas as sociedades: nenhuma delas está fadada a ter uma única cultura e não há uma correlação necessária entre uma sociedade e sua cultura — uma sociedade pode escolher para si uma cultura que seja melhor ou pior, genuína ou espúria.

Uma cultura genuína é perfeitamente concebível em qualquer tipo ou estágio de civilização, no molde de qualquer aptidão nacional [...]. Só é inerentemente harmoniosa, equilibrada, autossatisfatória [...] a cultura em que nada seja espiritualmente insignificante, em que nenhuma parte importante do funcionamento geral traga consigo um sentimento de frustração, de esforço mal direcionado ou insensível [...]; uma cultura genuína recusa-se a considerar o indivíduo como uma simples engrenagem, uma entidade cuja única razão de ser está na subserviência a um propósito coletivo de que ele não tenha consciência ou que só apresente uma remota relevância para seus interesses e aspirações [...]. A grande falácia cultural do industrialismo, tal como se desenvolveu até o presente, é que, ao explorar as máquinas para nosso uso, ele não tem sabido evitar a exploração da maioria da humanidade por suas máquinas. A telefonista que empresta suas capacidades, durante a maior parte de sua jornada de trabalho, à manipulação de uma rotina técnica que pode acabar tendo grande eficiência, mas não atenda suas próprias necessidades espirituais, é um terrível sacrifício à civilização.[2]

Embora Marx não analisasse o capitalismo em termos de cultura, sua crítica da alienação advinda da indústria capitalista, incomparavelmente mais ampla e de maior alcance que a de Sapir, poderia ser — se considerarmos os conteúdos, e não a redação específica — percebida na mesma categoria da reflexão sobre cultura "superior" e "inferior".

É melhor analisar essa categoria nos termos propostos por Gramsci: a adequação e a racionalidade histórica do modelo oferecido no lugar de um sistema que realmente existe. Se não aceitarmos acriticamente os valores que a cultura existente está adaptada para criar e divulgar, ao percebermos as falhas essenciais na disseminação de valores a que determinada cultura adere em sua ideologia, temos o direito de submeter o sistema de cultura dominante a uma análise crítica e de apresentar a contraproposta de outro sistema. Se o sistema proposto tem melhores possibilidades de atender a necessidades já existentes ou de evocar outras que ainda são reprimidas pelo sistema atual, ele é historicamente racional e adequado; a ideia proposta tem a chance de concentrar energias sociais suficientes para se tornar um fator de moldagem da realidade social. Nesse processo, os termos "superior" e "inferior" funcionam no papel de conceitos que mobilizam ideias de visão de mundo.

3. Os conceitos aqui analisados são usados na comparação de campos de valor (ou também do tipo de necessidades atendido) no arcabouço de uma sociedade e de um sistema cultural. Nesse sentido, frequentemente falamos de satisfazer necessidades da "alma" ou "espirituais"; estes são aspectos "superiores" à satisfação de necessidades do "intestino" ou aos valores materiais — a sustentação fisiológica. Houve um período de milhares de anos na história humana em que essa divisão e essa qualificação tinham um significado sociológico estrito, em que eram "sociologicamente objetivas": foi uma época em que as sociedades se dividiam internamente em classes fascinadas pelo sustento espiritual e classes cuja busca do sustento físico não dava tempo para os prazeres da alma, e em que as classes que desfrutavam das satisfações espirituais estavam em posição superior em suas sociedades nesse sentido mais objetivamente sociológico do termo, em que elas dominavam econômica, política e ideologicamente. O fato de um campo da cultura estar em posição superior a outro era, assim, objetivamente justificado pela superioridade infraestrutural da classe que dele participava. O campo tocado pelos pés de um governante havaiano se tornava sagrado; tudo o que era tocado por membros da classe dominante se tornava "superior". Esses eventos explicam o significado dos conceitos de "superior" e "inferior" usados da maneira como são hoje considerados; não ocorrem em condições nas quais todos os aspectos da cultura se tornam acessíveis, em maior ou menor grau, até para pessoas que não pertencem às classes dominantes — em que, em função das mudanças examinadas na nota nº 1, a satisfação dos dois tipos básicos de necessidades se torna possível para um número ainda maior de pessoas, embora em proporções variáveis. Nes-

sas condições, o uso dos conceitos de "superior" ou "inferior" para caracterizar vários campos da cultura pode ser explicado de duas maneiras: a) como lembrança dos velhos tempos em que a aristocracia de classe ou financeira também era uma aristocracia da alma — isso já mudou, mas as ideias associadas permanecem, embora as pessoas raramente reflitam sobre sua gênese; b) o fato de que — como já se discutiu — o bem espiritual e os bens de sustento fisiológico atendem necessidades humanas essencial e qualitativamente diferentes. Aqui, contudo, aparece uma complicação: como afirma o já mencionado Maslow, as necessidades da existência não são "superiores" às da "escassez" em nenhum sentido possível, exceto que, enquanto as necessidades da escassez não forem atendidas, as da existência serão reprimidas e empurradas para o subconsciente. Toda pessoa, porém, tem necessidades dos dois tipos — e a Eupsychia, uma cultura utópica ideal propagada por Maslow, é caracterizada exatamente por isso: todas as pessoas nela situadas realizam necessidades dos dois tipos — ou seja, podem satisfazer suas necessidades da existência porque as da escassez já teriam sido atendidas. Mas por que usar o termo avaliativo "superior" para descrever a relação entre as necessidades da existência e as da escassez? Não seria melhor, por exemplo, falar de necessidades de primeira e de segunda ordem? Ou ainda ficar, como faz Maslow, com dois termos independentes, não decifrando a relação mútua entre os dois tipos de necessidade mediante o ato de escolher um nome, mas apresentando-a em termos empíricos? Só uma solução como essa pode libertar-nos definitivamente do persistente temor de que resíduos da infraestrutura de classe imponham um esquema de organização de assuntos que os remanescentes dessas infraestruturas visam especificamente eliminar.

4. Por fim, a última forma de usar os termos que os participantes das discussões acerca da cultura de massa geralmente têm em mente, mas que primeiro devem ser separados de outros casos em que nossos termos aparecem a fim de evitar extrapolar o que agora será dito sobre cultura "superior" e "inferior".

O caso que agora nos interessa baseia-se no uso do conceito de "superior" e "inferior" para qualificar vários elementos da cultura situados no mesmo campo cultural e mutuamente intercambiáveis na satisfação da mesma necessidade. E, assim, todo mundo come, mas comer lagosta é um ato culturalmente superior a comer chouriço. Todo mundo come peixe, mas comer peixe com dois garfos, em vez de fazê-lo com garfo e faca, é um elemento da alta cultura. Todo mundo tem prazer ouvindo música, mas o prazer de ouvir a "Toccata" de Bach é de uma ordem superior à de ouvir uma música de Karin Stanek.* Todo mundo lê livros, mas ler uma obra de Camus é uma atividade com valor cultural superior à leitura de Kraszewski.**

Penso que o leitor que chegou até aqui vai entender prontamente as opiniões do autor sobre esses empregos dos termos "superior" e "inferior". Essencialmente, essa visão é a seguinte: a precedência de comer com dois garfos sobre fazê-lo com garfo e faca ou de Camus sobre Kraszewski não é imanente. Se as afirmações de superioridade têm um significado objetivo, esse significado não deve ser procurado nas estruturas de classificação dos bens culturais, e nem mesmo na cultura, mas em sua infraestrutura. Declarações de superioridade na versão que atualmente nos interessa só podem ter um significado sociológico: que aqueles que ouvem Bach e comem peixe com dois garfos ocupam uma posição mais elevada na estrutura social do que os que ouvem Karin Stanek e comem peixe com garfo e faca. Quando me perguntam "O bem cultural X é superior ao bem cultural Y?", eu respondo perguntando: "A classe A, para a qual X é um bem, é superior na estrutura social à classe B, para a qual Y é um bem?". Se recebo uma resposta negativa, outras considerações a respeito da superioridade de X sobre Y me parecem sem sentido.

---

* Cantora polonesa de rock, membro da banda Czerwono-Czarn, falecida em 2011. (N. T.)

** Jósef Ignacy Kraszewski, escritor, historiador, jornalista e pintor polonês (1812-87). (N. T.)

Obviamente, muito poucas pessoas vão dizer que X é culturalmente superior a Y porque eu e "nós" valorizamos mais X do que Y, e nós somos membros do grupo A, que é superior na hierarquia social ao grupo B, que dá mais valor a Y do que a X. Em geral, a expressão de um pensamento que significa — se é que quer dizer alguma coisa — precisamente aquilo que eu disse na sentença anterior se dá de uma forma em aparência mais objetiva. Nós conhecemos muitas formas dessa objetivação. Antes havia o determinante genealógico da superioridade sociológica alcançada por argumentos do tipo Kinderstube, "A elegância inata da alma alcançada apenas por uma tradição multigeracional" e, finalmente, "Isso não pode ser aprendido nem comprado — a pessoa tem de nascença". Depois veio um período em que se usava a seguinte fórmula: o que é superior é aquilo que "não é típico, generalizado" — ou o que nem todos podem comprar. Essas formas de objetivação não funcionam mais em nossas conversas. O lugar principal entre os "critérios objetivos" (portanto, não sociológicos?) é agora ocupado pelo seguinte postulado: "O culturalmente superior é aquilo que é difícil e complicado, cuja valorização deve ser aprendida". Estou deixando de lado a falta de sentido empírico e a inutilidade operacional desse critério: nos Estados Unidos, deparei-me com um horror geral quando pedia um segundo garfo para comer o meu peixe (todo mundo lá come de garfo e faca), e eu fazia isso porque subitamente percebi que comer peixe com garfo e faca é muito mais difícil e complicado para mim do que comer com dois garfos; valorizar a música de Karin Staneck pode exigir muito mais esforço e estudo do que gostar de ouvir Bach. Estou interessado aqui em outra coisa: nessa "dificuldade" e nesse "aprendizado" que, dessa maneira convincente, revelam as afiliações sociais da nova forma de objetivar a "superioridade cultural". Evidentemente, estas são nossas afiliações intelectuais como membros da intelligentsia. A sociedade da era das grandes organizações coloca o especialista altamente instruído no topo da hierarquia e transforma a educação na catapulta que lança uma pessoa para os píncaros sociais da mesma forma como as antigas sociedades usavam a catapulta da genealogia ou do dinheiro. É por esse motivo que não é "Você não pode comprá-lo nem o aprender" ou "Nem todos podem comprá-lo", mas "Nem todos podem aprendê-lo". O ser humano é a medida de todas as coisas; o grupo social organiza o mundo social com apoio de sua própria hierarquia de valores. A base de nossa posição social como membros da intelligentsia é a educação — nós gostamos de X, logo X é superior, porque valorizá-lo exige educação. Sei que essa vivissecção do mito que garante a segurança psíquica é um processo doloroso e que geralmente enfurece o paciente. Mas que podemos fazer? Embora "seja difícil de ouvir" — como disse um dos heróis do autor, pertencente a uma cultura inferior —, isso é verdade. E a verdade nos é necessária porque, afinal, nós intelectuais de fato criamos nossa sociedade a partir de uma nova cultura — realmente somos atraídos para ela por nossa posição na estrutura social e não vamos responder a esse apelo se não olharmos a verdade nos olhos.

Assim, devemos reconhecer certas verdades plenamente, sem nos atermos aos limites em que se inicia nosso interesse efetivo. A cultura torna-se mais de massa (generalizada, a mesma para todos) quanto mais avançado for o processo infraestrutural de transformação da sociedade, dividida em regiões, classes e ambientes ecológicos negligenciados e privilegiados — em sociedades de pessoas nas quais as condições sociais se tornam crescentemente semelhantes em termos de seus aspectos mais essenciais. Quanto mais progride esse processo infraestrutural, mais perdem o sentido ideológico as divisões em culturas "superiores" e "inferiores". Esses dois processos correlatos — o cultural e o infraestrutural — produzem duas mudanças na marcha de desenvolvimento que têm um impacto recíproco: o desaparecimento da divisão das pessoas e também dos valores culturais em superiores e inferiores. A segunda divisão, de modo semelhante à primeira, pertence, como disse Marx, à pré-história da espécie humana. É preciso que nos livremos dela, da mesma forma como desejamos nos livrar da primeira, se quisermos começar a criar a história da espécie humana. Ainda mais porque, nas duas formas políticas até agora conhecidas em que vemos a sociedade industrial com grandes organizações — a capitalista e a socialista —, a nossa, a socialista, é mais eficaz no que se refere a instituir o processo igualitário na infraestrutura; ela pode, assim, desenvolver mais uma cultura em que os termos "superior" e "inferior" se tornem insignificantes — em que deixaria de existir uma divisão redfieldiana em tradições culturais "grandes" e "pequenas".

Mas isso é apenas metade da história. Tirando a carga das tendências excessivamente críticas da intelligentsia, vamos tentar determinar se as considerações sobre cultura superior ou inferior não ocultam um problema que não podemos descartar. Esse problema existe, ao que parece, e não é trivial. A questão é que as condições sociológicas do "superior" e do "inferior" têm servido nos últimos milhares de anos como os arcabouços institucionais ou o mecanismo com cujo apoio avançou o desenvolvimento da cultura, introduzindo e disseminando novos valores no sistema cultural. O condicionamento sociológico do superior e inferior lentamente se recolhe ao passado — ele persiste com maior vigor unicamente na consciência humana. Isso talvez não signifique a eliminação das instituições que atendem ao desenvolvimento da cultura? Isso não nos ameaça com a estase, a estagnação cultural, impedindo o nascimento de novos valores?

Parece que, nas instituições tradicionais que servem ao desenvolvimento da cultura, podemos distinguir os elementos permanentes, aqueles que são sine qua non, e os elementos condicionais e efêmeros. Na industrialização capitalista, havia o elemento da propriedade privada, que abrangia essencialmente sua forma histórica, mas que não deve acompanhar a industrialização, e que fazia parte da cooperação complexa sem a qual a industrialização não pode avançar. Avaliação análoga pode ser feita no caso do desenvolvimento cultural. Então as propriedades superiores e inferiores das culturas, sociologicamente sustentadas, podem ser consideradas entre os elementos transitórios, efêmeros, em certas condições, funcionais, mas não necessariamente em todos os exemplos de desenvolvimento cultural. Entretanto o elemento necessário — e, ao que parece, sua necessidade não se limita às demarcações de uma época, ainda que longa — é a existência de agregados ou centros de livre criação e propagação de novos valores culturais ainda não reconhecidos e difundidos.

Em favor do argumento lógico, eu enfatizei, sobretudo na primeira nota, o aspecto "homogêneo", uniforme da cultura de massa. Agora preciso restringir essas observações. E, assim, a cultura de massa é "difundida" ou "uniforme" apenas no sentido de transcender a região, a ecologia, a classe. Em outras palavras, a diferenciação de pessoas segundo os valores culturais que elas prezam e aceitam com particular avidez não é geralmente caracterizada, ou o é apenas em menor grau, por fatores regionais, ecológicos ou de classe, nem por determinações extraculturais infraestruturais de privilégio ou negligência. Mas podemos dizer isso de outra forma: não é exatamente preciso dizer que a cultura de massa é aquela que não tem subculturas. Uma formulação mais rigorosa deveria ser: cultura de massa é aquela em que a disseminação de subculturas particulares não é definida por fronteiras entre regiões, classes e ambientes ecológicos que são desenvolvidos ou negligenciados (por essa formulação mais estrita, estou em dívida para com Krzysztof Zagórski). Seria preferível que ela fosse uma cultura em que a diferenciação interna das pessoas não resultasse do abafamento de certas necessidades de determinadas pessoas, mas o oposto — de permitir que todas as necessidades de todas as pessoas pudessem ser expressas. E não apenas as necessidades, mas também um indicador sociologicamente secundário como o gosto individual. Podemos, claro, imaginar (felizmente, só imaginar) uma cultura num determinado território isolado, livre de todas as diferenciações internas, privada de todas as subculturas. Mas no arcabouço dessa cultura encontraríamos apenas tradições; em vez de progresso, persistência. A história da cultura, seu desenvolvimento, começou com sua diferenciação, primeiro exossocialmente, depois endossocialmente. Por alguns milhares de anos, essa diferenciação ocorreu na forma de privilégio e opressão de classe. Estamos nos livrando lentamente dessa crosta lamentável, mas felizmente transitória — mas estamos nos livrando dela! A diferenciação em si permanece, e deve permanecer, se não desistirmos da valorização de nossa cultura, o que significa seu desenvolvimento e seu progresso constantes.

Assim, a vitória sobre os determinantes regionais, ecológicos e de classe da divisão entre superior e inferior, tal como sua eliminação, não significa que a cultura de massa não possa ser diversificada — deixando em seu lugar muitos valores diferentes, até controversos, e sua competição mútua. A consciência de uma integridade objetiva, necessária, irreversível é a condição essencial de uma vigorosa propagação de sua verdade apenas para pessoas fracas. Pessoas que são fortes, entre outras coisas em sua consciência, podem facilmente fazer esforço em nome dos valores que enaltecem, mesmo quando privadas do mito prazeroso e reconfortante de que esses valores são "naturais", melhores "em si e por si" do que aqueles que enfrentam. Além disso, só quando se libertam do mito é que as pessoas dão curso aos poderes criativos de sua sociedade, encarando com suspeita todas as declarações de superioridade cultural e buscando nelas o renascimento da superioridade sociológica.

Entre várias subculturas que podem e devem aparecer — em seu próprio benefício — no berço da cultura de massa, apenas uma tem papel particularmente exaltado, e provavelmente ainda o terá por muito tempo. É a subcultura dos criadores da cultura, ou melhor — numa crescente (esperamos) democratização da produção cultural —, a subcultura dos ambientes em que pessoas se esforçam profissionalmente para criar valores culturais. Estou falando dos intelectuais. Antes que a espécie humana dominasse o planeta e se tornasse a senhora de toda a criação, foi preciso que ela surgisse como um grupo de mamíferos supostamente — em função de sua "indeterminação" fisiológica — indefeso diante de predadores da floresta fantasticamente bem adaptados do ponto de vista fisiológico. Antes que uma cultura se difunda, ela deve ter nascido em algum lugar, e inicialmente será um valor de elite (ou melhor, pela perspectiva de tempos posteriores, de vanguarda) cujo potencial está longe de ser óbvio. Para que se resolva o conflito sobre a adequação e a racionalidade histórica de determinada cultura, esse valor deve ter a possibilidade de "ser selecionado", e aqueles que decidem sobre ele — ou seja, as massas — devem ter uma real possibilidade de escolha. Com a ausência dessa possibilidade de escolher "em pé de igualdade", o fato de preferirem o valor X e não o Y não comprova a tese de que X atenda melhor a suas necessidades e predileções do que Y. A manteiga satisfaz melhor minhas necessidades e preferências do que a margarina, mas, quando consumo margarina, significa apenas que a manteiga estava em falta na loja mais próxima. Conheço pessoas que consomem margarina o tempo todo — algumas porque, em sua juventude, tiveram poucas oportunidades de desenvolver um gosto pela manteiga e outras em função de suas restrições orçamentárias. Nenhum desses três fatos nos leva a concluir que a margarina seja melhor para satisfazer as necessidades humanas do que a manteiga. Com essa gordurosa analogia pretendo justificar o papel da subcultura intelectual na cultura da sociedade. A cultura de elite ou de vanguarda não é simplesmente a de um grupo isolado; ela é a substância de uma futura cultura social geral. Evidentemente, isso só ocorre — permitam-me acrescentar — se o grupo que abrange a base da cultura de vanguarda não se mostra isolado no sentido infraestrutural. Mas esse é o problema do lugar dos intelectuais na estrutura social da sociedade.[3]

· Posfácio ·

Admito que houve um período "lévi-straussiano" em meu pensamento, minhas pesquisas e minha escrita — e também que características indeléveis de seu raciocínio ainda possam ser facilmente detectadas até em minhas publicações mais recentes.[1] Por uma reviravolta do destino, esse período chegou num momento da minha vida (1965-70) que foi singularmente inóspito ao pensamento sistemático e à formulação de projetos de pesquisa extensos e de amplo alcance.

Para etnógrafos, antropólogos e outros pesquisadores da personalidade cultural, tanto os versados na disciplina quanto os que estão apenas começando e ainda são inseguros no que se refere à forma de lidar com a particularidade, a criatividade e, por vezes, a estranheza de ideias e inciativas culturais, o aparecimento das obras de Claude Lévi-Strauss nas prateleiras das livrarias foi uma revelação. E havia muitos desses iniciantes e adeptos — de vários tipos, em diferentes partes do mundo acadêmico. Para mim, com certeza, essas obras foram uma revelação — fantástica desde o primeiro contato com elas.

Homenageados pelos anfitriões por ocasião do Congresso Mundial de Sociologia, realizado em Evian em 1966, com uma boa quantia em francos destinada à compra de livros, os membros da delegação polonesa correram às livrarias; no meu caso, gastei até o último centavo dessa verba com tudo o que pude encontrar que tivesse na capa o nome de Lévi-Strauss. Fiquei encantado (enfeitiçado) por todas as frases com que me deparei na primeira leitura. E devo acrescentar que, durante essa época, estávamos discutindo em nosso grupo de amigos do Departamento de Sociologia da Universidade de Varsóvia, e também com vários visitantes regulares de programas contíguos, sobre um programa de pesquisa dedicado à antropologia da sociedade polonesa, e esse plano muito ambicioso exigia novas e inventivas ideias e proposições da sociologia estrutural (ou semiótica) cujo pioneiro foi Claude Lévi-Strauss. Do ponto de vista do sucesso do programa preparado, a revolução científica promovida pelo grande antropólogo foi realmente uma dádiva do céu, e tirar conclusões a partir dela era uma tarefa que não podia ser protelada.

Mas o que havia nas obras de Lévi-Strauss (voltando à minha mente naquele momento) que pudesse ser a principal causa de encantamento/feitiço para mim e meus amigos? Provavelmente era que, em quase todas as suas frases, ou pelo menos em cada parágrafo, havia respostas para questões que até aquele momento eu não conseguira exprimir em palavras — e que, conforme percebi, tanto eu quanto muitos outros "culturólogos" vínhamos tentando, improdutivamente, formular: alguns visivelmente, porém muitos outros de maneira mais disfarçada, por assim dizer — bem sobre o limite da consciência, mas sem cruzá-lo. E de quase todos os lados vinham soluções propostas pelo método da antropologia estrutural para problemas que até aquele momento eu apenas sentia; mas eu não sabia que eram problemas e, portanto, questões que persistentemente exigiam atenção, análise e soluções. Ao conectá-las entre si, evidenciou-se com muita clareza que tudo que eu havia aprendido sobre cultura até aquele momento teria de ser revisto e repensado — e, em grande medida, guardado numa prateleira, quando não jogado na lata do lixo. Em suma: era necessário começar tudo outra vez e de um ponto totalmente novo.

O maior choque para mim foi perceber o quanto eu podia confiar em minha memória, descobrindo a cultura como um *processo*, e não como um corpo de material que fosse constante ou configurado para a autoestabilização e a permanência (para usar a linguagem de Talcott Parsons, que era uma autoridade inquestionável e um líder espiritual da sociologia na época, para a solução de conflitos e distúrbios e também para a restauração do "equilíbrio") — um corpo pesado e inerte cercado por fronteiras clara e cuidadosamente guardadas e, assim, efetivamente isolado de influências "externas", autossuficiente e equipado com tapa-buracos homeostáticos e de segurança tendendo à monótona recriação de normas e à eliminação de todo distanciamento em relação a elas, bem como à expulsão de corpos estranhos.

A cultura aparecia nessa imagem como uma ordem passiva, uniforme, estável, imutável, e uma resistência às pressões por mudanças — do tipo "mais do mesmo, e os inovadores que se mudem!". A coesão funcional do sistema tornava a mudança cultural (não era possível ignorar que ela estivesse ocorrendo ou negar sua trivialidade) um enigma que devia ser resolvido com a ajuda de circunstâncias específicas — raras ou mesmo singulares: de certa forma, um notável acidente. A estabilidade, garantida pela monotonia da autorrecriação, era, contudo, o propósito (um objetivo, um *télos*?) da existência social. O "funcionalismo estrutural" de Parsons articulou (como Ralf Dahrendorf pela primeira vez observou)[2] uma *utopia* que controlava as intenções e estratégias da "modernidade sólida", em que a estase (limitar as mudanças) era o objetivo do movimento e também o termo definidor de um estado perfeito: um ideal a que se dirigia o único movimento tolerado pelo sistema. Uma utopia e, portanto, um estado de *coisas* (em oposição a um estado da *alma*) que ainda não havia sido alcançado em parte alguma, que não existia em nenhum lugar da sociedade real e provavelmente jamais seria atingido. Lévi-Strauss virou de cabeça para baixo a visão de Talcott Parsons — da mesma forma que fez Karl Marx com a dialética de Hegel.

E confiando uma vez mais na minha memória, tomo a obra de Lévi-Strauss como — no entendimento e nos estudos da cultura — um caminho que leva da utopia à prática: de modo concreto e mais específico, da "estrutura" à "estruturação". A busca obsessiva, compulsiva, da estruturação (organizar, ordenar, tornar inteligível) das formas humanas de ser e estar no mundo parecia, a partir daí, um modo de ser dos fenômenos culturais — essa qualidade não tornou a cultura homeostática ou uma força para aprofundar o "sistema", pelo contrário: ela era uma ferramenta para dinamizar a condição humana de forma constante, insistente, intrusiva e irrevogável. Perguntar o que faz a cultura quando não está estruturando as coisas pareceu-me a partir daí — e ainda me parece hoje — uma questão paradoxalmente semelhante a "O que faz o vento quando não está soprando?" ou "O que faz o rio quando não está fluindo?". A esses dois exemplos de modos de ser, cuja existência se ajusta inteiramente a movimento e pôr em movimento, eu também acrescentei a pergunta: "O que faz a modernidade quando ela não moderniza?". Afinal, não era um acidente o fato de o conceito de "cultura" não ter sido incorporado à linguagem cotidiana antes do terceiro quartel do século XVIII.

Como aprendi com o uso antropológico por Lévi-Strauss da linguística de Ferdinand de Saussure (e com outros que seguiram sua orientação, especialmente Mary Douglas e Edmund Leach), um tipo particular de desenvolvimento usado pela cultura é integração e separação, conexão e desconexão, emparelhamento e justaposição. Dessas manobras surge um significado — em função de sua origem, precário e instável, mutável e fluido. Umberto Eco, um dos estudiosos mais produtivos e multidimensionais da escola estruturalista, descreveu a profissão que abraçou (e que, num grau significativo, criou) pelo nome de "semiologia", cujo métier caracterizou como "a capacidade de identificar mensagens onde se poderia supor que houvesse apenas gestos, signos de sentido onde seria mais fácil ver nada mais que objetos".[3] Os signos estão em movimento constante: assumem um sentido, divulgam-no e o transmitem por meio das relações que estabelecem com outros signos. E eu acrescentaria que — seguindo Saussure — Lévi-Strauss divide o signo em dois componentes que são mutuamente autônomos: *le signifiant* (o que significa) e *le signifié* (o que é significado), que mantêm entre si uma relação que não é exclusiva nem associada de uma vez por todas, capaz de se movimentar de forma independente sem levar consigo o parceiro. Essa situação acrescenta dinamismo e uma mutabilidade caleidoscópica à cultura — e num grau elevado. A cultura está repleta de relíquias na forma de *signifiants* "zumbis" — ou seja, aqueles em que os antigos significados desapareceram ou ficaram fora de uso —, e também está cheia de termos recentemente cunhados que ainda buscam seus referentes e estão envolvidos na formação de relações com objetos que já se localizavam no campo semântico. As linguagens (com exceção das artificiais, produzidas para serem usadas por disciplinas ativamente interessadas em significados inequívocos para seus termos) são assim (necessariamente, como enfatiza Leach) carregadas, do ponto de vista orgânico, com um excesso de termos — sem os quais, contudo, para desempenharem sua função comunicativa, não podem sobreviver; o significado dos signos é construído num espaço, por assim dizer, "intersignos" — em espaços de significado próximo e oposição mútua.

Apresentei aqui uma pequena seleção de exemplos da inspiração que resulta da transferência realizada por Lévi-Strauss, meio século atrás, do conceito de cultura da esfera da *existência* para a categoria de *processo*. Muitos deles têm raízes na prática de culturólogos suficientemente fortes para que sua relação com a escola dos estruturalistas tenha desaparecido da memória; as emoções que acompanham a revolução intelectual que isso produziu tiveram tempo de esfriar e, dos efeitos inovadores e surpreendentes que as caracterizavam na época em que foi escrito o livro hoje entregue nas mãos dos leitores, permanecem apenas pequenos vestígios. Outros não tiveram êxito em aderir ao cânone do conhecimento cultural — o que não significa, contudo, que tenham perdido o poder de inspiração ou que sua condenação ao exílio, realizada pelo julgamento da história, não possa passar por uma revisão. Pois, como observou Georg Christoph Lichtenberg já em 1772 — ou seja, dois séculos antes de Thomas Kuhn deixar chocado o mundo acadêmico com seu conceito de "mudança paradigmática" —, "resoluções só podem ser ratificadas enquanto ainda estiverem quentes".[4]

Este livro (como imposto por um destino que não pode ser revisto) é, assim, o resultado do tipo estranho de anomalia relativamente raro nos anais do mundo editorial. Sua primeira leitura deve ocorrer cinquenta anos depois de ter sido escrito — uma distância temporal depois da qual as emoções que acompanham sua composição definitivamente esfriaram e os eventos de sua criação foram esquecidos ou saíram totalmente do noticiário; depois de passado algum tempo desde sua primeira publicação, há geralmente uma segunda ou terceira leitura (ou sua ausência, não menos significativa), aprofundando ou revisando, confirmando ou refutando as afirmações anteriores. Essas circunstâncias particulares significam que os leitores que travam contato com o livro pela primeira vez meio século depois de ele ter sido escrito vão encontrar em suas páginas muitas informações que já conheciam — espero, porém, que também descubram outras, reconhecidamente escritas há muito tempo, mas que não possam ser encontradas em leituras atuais.

O fato de um evento raro como este ter acontecido — quase que de forma inacreditável em sua singularidade — deve-se inteiramente à curiosidade e à persistência incomuns de Dariusz Brzeziński, a quem serei eternamente grato. As provas de *Ensaios de uma teoria da cultura* foram finalizadas em 1967, editadas em 1968 e, não muito tempo depois (durante o expurgo de março), dispersas, e todas as cópias disponíveis destruídas pelos "de cima", que — como eu acreditava — também garantiram cuidadosamente (lembro-lhes que tudo isso ocorreu num mundo, desconhecido pela juventude de hoje, sem computadores, na época pré-digital das máquinas de escrever e das cópias em papel-carbono) que sua ordem fosse executada. Talvez ainda haja outra cópia escondida em algum lugar, entre os muitos manuscritos que me foram confiscados, nas pilhas de trabalhos de doutorado que o Instituto Nacional da Memória herdou da censura pós-República Popular da Polônia. Minha própria cópia foi confiscada por funcionários do Ministério da Segurança Pública vestidos em uniformes da alfândega quando eu deixei o país, e todos os esforços subsequentes para recuperá-los das autoridades polonesas revelaram-se inúteis. O último acesso do autor ao texto ocorreu meio século atrás.

O dr. Dariusz Brzeziński encontrou-o em 2016 e recuperou de sua inexistência a única cópia — ao que eu saiba — que sobreviveu ao conflito, intocada por qualquer um, exceto o autor, sem ser corrigida por editores e revisores; e o professor Raciborski, diretor da Wydawnictwo Naukowe Scholar, empenhou-se em publicá-lo. Uma história que mais se parece com um romance gótico ou de mistério do que (felizmente) com o típico processo acadêmico.

ZYGMUNT BAUMAN, 2016

· Notas ·

1. As origens da teoria semiótica da cultura ou A crise da antropologia cultural *(pp. 39-70)*

1. Como a referência foi perdida, a tradução da citação é livre. (N. O.)

2. Karl Marx, *Kapital*, v. i. In: P. Hoffman (Org.). Varsóvia: Ksiażka i Wiedza, 1956. [Ed. bras.: *O capital*, v. i, livro i. Trad. de Rubens Ederle. São Paulo: Boitempo, 2011.]

3. Como a citação foi perdida, a tradução da citação é livre. (N. O.)

4. Essa citação foi originalmente localizada no Livro ii de *Histórias.* [Ed. bras.: *Histórias*, livro ii: *Euterpe.* São Paulo: Edipro, 2016.]

5. Werner Jaeger, *Paideia*, v. i. Oxford: Oxford University Press, 1986, p. 152. [Ed. brasileira: *Paideia: A formação do homem grego.* Trad. de Artur M. Parreiras. São Paulo: Martins Fontes, 1995.]

6. Margaret Mead, *Anthropology: A Human Science. Selected Papers, 1939--1960.* Princeton; Toronto; Londres; Nova York: D. Van Nostrand Company, Inc., 1970, p. 170.

7. Michel de Montaigne, *Próby.* Trad. de T. Boya-Żeleński, v. i. Varsóvia: Państwowy Instytut Wydaniczy, 1957, pp. 306-8. [Ed. bras.: *Os ensaios.* Trad. de Rosa Freire Aguiar. São Paulo: Penguin Companhia, 2010.]

8. Claude Lévi-Strauss, *Tristes tropiques.* Trad. de John e Doreen Weightman. Nova York: Penguin, 1974, pp. 383-4. [Ed. bras.: *Tristes trópicos.* Trad. de Rosa Freire d'Aguiar. São Paulo: Companhia das Letras, 1996.]

9. Cf. Kenneth E. Bock, "Theories of Progress and Evolution". In: Werner J. Cahnman e Alvin Boskoff (Orgs.). *Sociology and History.* Nova York: Free Press of Glencoe, 1964, pp. 24-5.

10. Paul Bohannan, *Justice and Judgment Among the Tiv.* Londres; Nova York: International African Institute; Oxford University Press, 1957, pp. 69, 212.

11. Walter Goldschmidt, *Comparative Functionalism: An Essay in Anthropological Theory [by] Walter Goldschmidt*. Berkeley: University of California Press, 1966, p. 6.

12. Ibid., p. 7.

13. Lévi-Strauss, *Tristes tropiques*, pp. 332-3.

14. Ibid., pp. 387, 391.

15. Bronisław Baczko, *Rousseau: Samotność i wspólnota*. Varsóvia: Państwowego Wydawnictwa Naukowego, 1964, pp. 166-7.

16. Cf. Gaëtan Charbonnier, "Horloges et machines à vapeur". In: _____. *Entretiens avec Claude Lévi-Strauss*. Paris: Les Belles Lettres, 1961. [Ed. bras.: *Arte e linguagem: Entrevistas com Claude Lévi-Strauss*. Campinas, Papirus, 1989.]

2. Para uma teoria semiótica da cultura (*pp. 71-112*)

1. Florian Znaniecki, *Cultural Sciences, Their Origin and Development*. Urbana: University of Illinois Press, 1963, p. 132.

2. Ibid., p. 120.

3. C. Lévi-Strauss, *The Raw and the Cooked*, University of Chicago Press, p. 12. [Ed. bras.: *O cru e o cozido*. Trad. de Beatriz Perrone-Moisés. Rio de Janeiro: Zahar, 2021.]

4. Ibid., p. 341.

5. Id., *Anthropologie structurale*. Paris: Plon, 1958, p. 44. [Ed. bras.: *Antropologia estrutural I*. Trad. de Beatriz Perrone-Moisés. São Paulo: Ubu, 2017.]

6. Tadeusz Milewski, *Językoznawstwo*. Varsóvia: Państwowe Wydawnictwo Naukowe. [S. l.]: [s. n.], 1965, p. 9.

7. Alexander A. Zinoviev, "Ob osnowach abstraktnoj teorii znakow". In: _____. *Problemy Struktury Lingwistyki*. [S. l.]: [s. n.], 1963.

8. Michal W. Popowicz, *O fiłosofskom analizie jazyka nauki*. Kiev: Naukowa dumka, 1966, p. 48.

9. Ibid., pp. 50-1.

10. L. A. Abramian, *Gnoseologiczeskije problemy teorii znaków znaków*. [s. n.]: Ierevan, 1965, pp. 56-7.

11. L. D. Reznikow, *Gnoseołogiczeskije woprosy semiotiki*. Leningrado: Izdatielstwo Leningradskogo Uniwiersitieta, 1964, p. 19.

12. D. P. Górski, "Formalnaja logika i jazyk". In: _____. *Fiłosofsfeije problemy sowriemionnoi formalnoj logiki*. Moscou: Izdatielstwo Akadiemii nauk SSSR, 1962, p. 55.

13. Charles E. Osgood, "On the Nature of Meaning". In: Edwin P. Hollander e Raymond. G. Hunt (Orgs.). Nova York: Oxford University Press, [1952] 1963.

14. Lev Vygotsky, "Razwitie wysszych psichiceskich funkcji". In: _____. *Iz nieopublikowanych trudow*. Moscou: Izdatielstwo Akadiemii piadegogiczeskich nauk, 1960, p. 225.

15. Creio que o termo "isomorfismo" foi introduzido em linguística por Jerzy Kuryłowicz (*Recherches structurales*. Copenhague: Nordsk Sprogog Kulturforlag, 1949, pp. 48-60).

16. Cf. Ferdinand de Saussure, *Kursj ę zykoznawstwa ogólnego*. Trad. de K. Kasprzyk. Varsóvia: Państwowe Wydawnictwo Naukowe, 1961, p. 79. [Ed. bras.: *Curso de linguística geral*. 18ª ed. Trad. de Antonio Chelini, José Paulo Paes e Isidoro Bliksten. São Paulo: Cultrix, 2012.]. Vale observar que Roman Jakobson ("À la Recherche de l'essence du langage". *Diogène*, n. 51, 1965) protestou veementemente contra a ideia aceita entre os linguistas de que foi Saussure quem descobriu a diferença entre "significante" e "significado". Jakobson afirma que já na filosofia estoica havia a afirmação de que o signo (*semeion*) constitui uma relação entre o *semainon* e o *semainomenon* — o primeiro deles é o sensorial, o segundo, o mental (*noeton*). Há ideia semelhante na distinção de Santo Agostinho entre dois elementos do *signum* — o *signans* e o *signatum*. Ocorre que esse tema tem uma longa história. Mas essa distinção entrou na linguística moderna via Saussure.

17. Roman Jakobson, "Dwa aspektyję zyka i dwa typy zakłóceń afazyjnych". In: Roman Jakobsonc e Morris Halle. *Podstawyję zyka*. Wrocław: Zakład Narodowy im. Ossolińskich, 1964, p. 112. [Ed. bras.: "Dois aspectos da linguagem e dois tipos de afasia". In: _____. *Linguística e comunicação*. São Paulo: Cultrix, 1976.] Cf. também André Martinet, *Éléments de linguistique générale*. Paris: Colin, 1960, pp. 205-7. [Ed. bras.: *Elementos de linguística geral*. Trad. de Jorge Morais Barbosa. São Paulo: Martins Fontes, 1978.]

18. Juri D. Apresjan, "O poniatachi mietodach strukturnoj leksikołogii". In: _____. *Problemy struktur lingwistyki*. [S. l.]: [s. n.], 1962.

19. Roman Suszko, *Wykładyz logiki formalnej*. Varsóvia: Państwowe Wydawnictwo Naukowe, 1965, cap. 1, p. 41.

20. André Martinet, *La linguistique synchronique*. Paris: Presses Universitaires de France, 1965, p. 4. [Ed. bras. *A linguística sincrônica*. Rio de Janeiro: Tempo Brasileiro, 1978.]

21. Henri Lefebvre, *Le Langage et la société*. Paris: Gallimard, 1966, pp. 322-3. [Ed. port.: *A linguagem e a sociedade*. Trad. de José António Machado. Lisboa: Ulisseia, 1966.]

22. Bronisław Malinowski, *Szkicez teorii kultury*. Trad. de H. Buczyńska. Varsóvia: Ksiażka I Wiedza, 1958, pp. 31, 38. [Ed. bras.: *Esboços de uma teoria da cultura*. Trad. de José Auto. Rio de Janeiro: Zahar, 1970.]

23. Apud Albert Pierce, "Durkheim and Functionalism". In: Kurt H. Wolff (Org.). *Émile Durkheim*. Columbus: Ohio State University Press, 1960.

24. Alfred R. Radcliffe-Brown, "The Concept of Function in Social Science". *American Anthropologist*, jul.-set. 1935.

25. Cf. B. Salzberg, "What Is Information Theory?". In: W. S. Fields e W. Abbott. *Information Storage and Neutral Control*. Springfield: C. C. Thomas, 1963.

26. Roman Jakobson, "À la Recherche de l'essence du langage".

27. Esses termos foram introduzidos por Kenneth Lee Pike em *Language* (Glendale: Summer Institute of Linguistics, 1954), e aprimorados por A. Capella (*Studies in Sociolinguistics*. Haia: Mouton, 1966).

28. Raymond Firth, *Elements of Social Organization*. Londres, 1951, p. 153. [Ed. bras.: *Elementos de organização social*. Trad. de Dora e Sergio Flaksman. Rio de Janeiro: Zahar, 1974.] O autor revela ideias semelhantes em *Primitive*

Polynesian Economy (Nova York, 1950, cap. 10) e no artigo "Orientations in Economic Life" (in: Edward E. Evans-Pritchard et al. (Orgs.). *The Institutions of Primitive Society*. Glencoe: The Free Press, 1954).

29. Melville J. Herskovits, *Economic Anthropology*. Nova York: Knopf, 1952, p. 488.

30. Marshall D. Sahlins, "Political Power and the Economy in Primitive Society". In: Gertrude E. Dole e Robert L. Carneiro (Orgs.). *Essays in the Science of Culture*. Nova York: Crowell, 1960, p. 391.

31. Herbert I. Hogbin, *Transformation Scene: The Changing Culture of a New Guinea Village*. Londres: Routledge & Paul, 1951, p. 122.

32. Bronisław Malinowski, *Argonauts of the Western Pacific*. Londres: Routledge & Sons, 1950, pp. 97, 175. [Ed. bras. *Os argonautas do Pacífico Ocidental*. Trad. de Anton P. Carr e Ligia Cardieri. São Paulo: Ubu, 2018.]

33. Edmund Leach, *Political Systems of Highland Burma*. Londres: London School of Economics and Political Science, 1954, p. 163. [Ed. bras.: *Sistemas políticos da Alta Birmânia*. Trad. de Geraldo Gerson de Souza, Antonio de Pádua Danesi e Gilson C. de Souza. São Paulo: Edusp, 2014.]

34. Ferdinand de Saussure, *Kursj ę zykoznawstwa ogólnego*, p. 80.

35. Émile Benveniste, "Nature du signe linguistique". *Acta Linguistica*, n. 57, 1939.

36. Charles Bally, "Sur la Motivation du signe linguistique". *Bulletin de la Société de Linguistique de Paris*, n. 22-3, 1940.

37. Wacław Sierpiński, *Teoria mnogości*. Varsóvia: Państwowe Zakłady Wydawnictw Szkolnych, 1964, p. 47.

38. Cf. Leo Apostel, Benoît Mandelbrot e Jean Piaget, *Logique et equilibre*. Paris: Presses Universitaires de France, 1957, p. 122.

39. Cf. Frank Harary et al., *Structural Models: An Introduction to the Theory of Directed Graphs*. Nova York: Wiley, 1963; também O. W. Biełych e E. W. Bielajew, "Wozmoż nosti promienienija tieorii grafow w socjologii". *Człowiek i Obszczestwo*, v. I. Leningrado, 1966.

40. Ferdinand de Saussure, *Kursj ę zykoznawstwa ogólnego*, pp. 121-2.

41. Roman Jakobson, "À la Recherche de l'essence du langage".

42. Cf. Zygmunt Bauman, "Trzy uwagi o problemach współczesnych wychowania". *Kwartalnik Pedagogiczny*, n. 4, 1965.

43. Algirdas J. Greimas, *Semantique structurale*. Paris: Larousse, 1966, p. 19. [Ed. bras.: *Semântica estrutural*. Trad. de Dilson Ferreira da Cruz. São Paulo: Cultrix, 1976.]

44. Lévi-Strauss, *The Raw and the Cooked*, p. 347.

45. Arnold van Gennep, *The Rites of Passage*. Chicago: Chicago University Press, 1961. [Ed. bras.: *Os ritos de passagem* Trad. de Mariano Ferreira. Petrópolis: Vozes, 2011].

46. Heinz von. Foerster e George W. Zopf Jr., "Principles of Self-Organization". International Tracts in Computers Science and Technology and their Application, v. 9, n. XVII. Oxford, 1962.

47. Cf. "Niekotoryje osobiennosti piererabotki informacji czelowiekom". In: A. N. Berga et al. (Orgs.). *Kibernetika, myslenie, żizń*. Moscou: Izd. "Mysl", 1964, pp. 234-5.

Notas 381

48. E. I. Bojko, "Modelirowanie funkcji mozga i wysszaja nejrodin'amiita". In: A. I. Berga et al. (Orgs.). *Kibernetika, myslenie, žizń,* p. 302.

49. Claude Lévi-Strauss, *Anthropologie structurale,* p. 30.

50. Karl Marx e Friedrich Engels, *The German Ideology.* Introd. e notas Christopher J. Arthur. Londres: Lawrence & Wishart, 1974 [1947], pp. 121, 47. [Ed. bras.: *A ideologia alemã.* Trad. de Rubens Ederle, Nélio Schneider e Luciano Martorano. São Paulo: Boitempo, 2007.]

51. Talcott Parsons, *Essays in Sociological Theory.* Nova York: Free Press, 1964, pp. 21-2.

52. Ver, por exemplo, Paul Radin, *The World of Primitive Man.* Nova York: H. Schuman, 1953, p. 249.

53. Samuel Goodenough, "Cultural Anthropology and Linguistics". In: Dell Hymes (Org.). *Language in Culture and Society.* Nova York: Harper & Row, 1964, p. 38.

54. Claude Lévi-Strauss, "Le Triangle culinaire". *L'Arc,* n. 26, 1965, pp. 19-29.

55. Zygmunt Bauman, *Kultura a społecze ństwo,* cap. 1.

56. Leslaw W. Szczerba, "Opyt obszczej tieurii leksykografii". In: _____. *Izbannyje raboty po jazykoznaniju i fonetike,* v. I. Leningrado: Izdatielstwo Leningradskogo uniwiersitieta, 1958.

57. Alexei A. Leontiev, *Słowo w rieczewoj diejatielnosti.* Moscou: Izd. AN SSSR, 1965.

58. Stefan Żółkiewski, *Zagadnienia stylu.* Varsóvia: Państwowy Instytut Wydawniczy, p. 248.

3. Homem e signo *(pp. 113-55)*

1. René Descartes, *Discourse of the Method.* Parte v. [Ed. bras.: *Discurso sobre o método.* 4. ed. Trad. de Maria Ermantina Galvão. São Paulo: Martins Fontes, 2009.]

2. Id., *The Passions of the Soul in Three Books.* Cambridge: Hackett, 1989 [1650], artigos 12 e 16.

3. Julien O. de La Mettrie, *Człowiek: maszyna.* Trad. de S. Rudniański. Varsóvia: Państwowe Wydawnictwo Naukowe, 1953, pp. 68-9.

4. George W. Zopf Jr., "Relation and Context". In: Heinz von Foerster e George W. Zopf Jr. (Orgs.). *Principles of Self-Organization.* Oxford, 1962; *Cyt. Wg rosyjskiego przekładu pod red. A. J. Lernera.* Moscou: Izd. Mir., 1966, p. 411.

5. Cf. Marian Mazur, *Cybernetyczna teoria układów samodzielnych.* Varsóvia: Państwowe Wydawnictwo Naukowe, 1966, pp. 50-7.

6. Walter B. Cannon, *The Wisdom of the Body.* Nova York: W. W. Norton & Co., 1939 [1932].

7. Ibid., p. 238.

8. Jack M. Fletcher, "Homeostasis as the Explanatory Principle in Psychology". *Psychological Review,* v. 49, n. 1, 1942, pp. 81-7.

9. Ver, por exemplo, Jean Piaget, *The Origins of Intelligence in Children.* Trad. de Margaret Cook. Madison, CT: International Universities Press, 1952.

10. Id., "Genèse et structure en psychologie". In: Maurice de Gandillac et al. (Orgs.). *Entretiens sur les notions de genèse et de structure*. Paris: Mouton, 1965, p. 43.

11. Id., *Narodziny inteligencji dziecka*, p. 14.

12. V. S. Tjuchtin, "Suszcznost otra żenija i tieoria informacji". In: A. W. Berga et al. (Orgs.). *Kibernietika, myszlenie, żiźń*. Moscou: Izd. "Misl", 1964, p. 311.

13. Rémy Chauvin, *Życie i obyczaje owadów*. Trad. de A. Straszewicz. Varsóvia: Państwowe Wydawnictwo Naukowe, 1966, p. 100.

14. William McDougall, *Psychology: The Study of Behaviour*. Nova York: Holt, 1912; *An Outline of Psychology*. Nova York: Macmillan, 1923.

15. Étienne Rabaud, *L'Instinct et le comportement animal*. Paris: Colin, 1949.

16. Ver, por exemplo, Konrad Z. Lorenz, *King Solomon's Ring: New Light on Animal Ways*. Nova York: Thomas Y. Crowell Company, 1952.

17. Ver, por exemplo, Nikolaas Tinbergen, *The Study of Instinct*. Oxford, 1951; *Social Behaviour in Animals*. Londres: Wiley, 1953.

18. Rémy Chauvin, *Życie i obyczaje owadów*. [S. l.]: [s. n.], p. 92.

19. Vincent G. Dethier e Eliot Stellar, *Animal Behavior, its Evolutionary and Neurological Basis*. Englewood Cliffs: Prentice-Hall, 1964, p. 71.

20. G. Viaud, *Instynkty*. Trad. de H. Waniczek Varsóvia: Państwowe Wydawnictwo Naukowe, 1965, p. 44.

21. William Ross Ashby apud Heiz von Foerster e George W. Zopf Jr. (Orgs.). *Principles of Self-Organization*, p. 316.

22. Hubert Frings e Mabel Frings, *Animal Communication*. Nova York: Blaisdell, 1964, p. 51.

23. Apud A. N. Montiew e E. P. Kripczyk, "Niekotoryje ossobiennosti procesja piererabotki informacji człowiekom". In: A. I. Berga et al. (Orgs.). *Kibernietika, myszlenie, żiźń*, pp. 238-9.

24. Vincent Dethier e Eliot Stellar, *Animal Behavior*, p. 97.

25. Syunzo Kawamura, "The Process of Sub-Culture Propagation among Japanese Monkeys". In: H. Southwick (Org.). *Primate Social Behaviour*. Princeton: Van Nostrand, 1963, p. 84.

26. Cf. A. Remane, *Życie społeczne zwierząt*. Trad. de W. Serafiński. Varsóvia: Państwowe Wydawnictwo Naukowe, 1965, p. 182.

27. G. A. Pask, "The Model of Evolution". In: Henz von Foerster e George W. Zopf Jr. (Orgs.). *Principles of Self-Organization*, p. 290.

28. Martin Lindauer, *Communication among Social Bees*. Cambridge, MA: Harvard University Press, 1961.

29. Clarence Ray Carpenter, "Societies of Monkeys and Apes". In: Charles Southwick (Org.). *Primate Social Behaviour*. Nova York, David van Nostran Co, 1963, p. 27.

30. Kinji Imanishi, "Social Behaviour in Japanese Monkeys". In: Charles Southwick (Org.). *Primate Social Behaviour*, p. 76.

31. Cf. Sherwood L. Washburn e Irven DeVore, "The Social Life of Baboons". In: Charles Southwick (Org.). *Primate Social Behaviour*, p. 107.

32. Apud Ernest Brehaut, *An Encyclopedist of the Dark Ages: Isidore of Seville*. Nova York: Columbia University Press, 1912, p. 207ss.

Notas

33. Margaret T. Hogden, *Early Anthropology in the Sixteenth and Seventeenth Centuries*. Filadélfia: University of Pennsylvania Press, 1946, p. 30.

34. Sherwood L. Washburn, "Tools and Human Evolution". In: C. Cabel (Org.). *Man Before History*. Englewood Cliffs: Prentice-Hall, 1964, p. 14.

35. Clifford Geertz, "The Transition to Humanity". In: Sol Tax (Org.). *Horizons of Anthropology*. Londres: Allen & Unwin, 1964, p. 46. [Ed. bras.: "A transição para a humanidade". In: Vários autores. *O papel da cultura nas ciências sociais*. Porto Alegre. Villa Martha, 1980, pp. 21-36.]

36. Pierre Teilhard de Chardin, *The Phenomenon of Man*. Trad. de B. T. Walla. Londres, 1959, p. 165. [Ed. port.: *O fenómeno humano*. Porto: Tavares Martins, 1970.]

37. Clarence Ray Carpenter, "Societies of Monkeys and Apes", p. 49.

38. Apud Alexander Spirkin, *Pochodzenieś wiadomości*. Trad. de R. Hekker. Varsóvia, 1966, pp. 66-8.

39. Ernst Cassirer, *An Essay on Man*. New Haven: Yale University Press, 1944, p. 27ss. [Ed. bras.: *Ensaio sobre o homem: Introdução a uma filosofia da cultura humana*. 3. ed. São Paulo: Martins Fontes, 2005.]

40. Para relato semelhante — embora não idêntico —, cf. Michal W. Popowicz, *O filosofskom analizie jazyka nauki*. Kiev: Naukows dumka, 1966, p. 83.

41. Cf. André Martinet, *La Linguistique synchronique: Études et recherches*. Paris: Presses Universitaires de France, 1965, p. 2.

42. Jean Piaget, *Narodziny inteligencji dziecka*, p. 19.

43. Ibid., p. 205.

44. Cf. Eric R. Wolf, "The Study of Evolution", In: Sol Tax (Org.). *Horizons of Anthropology*, p. 112.

45. Gaëtan Charbonnier, *Entretiens avec Claude Lévi-Strauss*, p. 43.

46. Alan M. Turing, "Computing Machinery and Intelligence". *Mind*, v. 59, n. 236, 1950, pp. 433-60.

47. A. Newell, J. C. Shaw e H. Simon, "Elements of a Theory of Human Problem Solving". *Psychological Review*, v. 63, n. 3, 1958, pp. 151-66.

48. Michael Scriven, "The Mechanical Concept of Mind". *Mind*, v. 64, n. 246, 1953, pp. 230-40.

49. Keith Gunderson, "The Imitation Game". *Mind*, v. 73, n. 290, 1964, pp. 234-5.

50. Anatol Rapaport, "An Essay on Mind". In: Jordan M. Scher (Org.). *Theories of the Mind*. Nova York: Free Press of Glencoe, 1962.

51. I. B. Nowik, "K woprosu o jedinstwie priedmieta i metoda kibiernietiki". In: Berga et al. (Orgs.). *Kibernetika, myslenie, żizń*, p. 130.

4. O problema dos universais e a teoria semiótica da cultura *(pp. 156-88)*

1. Jean Piaget, *Narodziny inteligencji dziecka*, p. 12.

2. Edmund Leach. "Anthropological Aspects of Language: Animal Categories and Verbal Abuse". In: Eric H. Lenneberg (Org.). *The New Directions in the Study of Language*. Cambridge, MA: MIT Press, 1964. [Ed. bras.: "Aspectos

antropológicos da linguagem: Categorias animais e insulto verbal". In: _____.
Antropologia. São Paulo: Ática, 1983.]

3. Cf. Brenda Z. Seligman, "The Problem of Incest and Exogamy, a Restatement". *American Anthropologist*, v. 52, n. 3, 1950, pp. 305-16.

4. Jordan M. Scher, "Mind as Participation". In: _____ (Org.). *Theories of Mind*. Nova York: Free Press of Glencoe, 1962, p. 360.

5. Margaret Mead, "Our Educational Emphasis in Primitive Perspective". *American Journal of Sociology*, v. 48, n. 6, 1943, pp. 633-9.

6. Cf. Lorna Marshall, "Sharing, Taking and Giving: Relief of Social Tensions among Kung Bushmen". *Africa*, v. 31, n. 3, 1961, pp. 231-49.

7. Herbert I. Hogbin, *Transformation Scene: The Changing Culture of a New Guinea Village*. Londres: Routledge & Paul, 1951, p. 86.

8. Serguei M. Shirokogoroff, *Social Organization of the Northern Tungus*. Xangai: Commercial Press, 1929.

9. Marie Reay, *The Kuma*, Melbourne University Press, 1959, p. 107.

10. Margaret Mead (Org.), *Cooperation and Competition among Primitive Peoples*. Nova York: McGraw-Hill Book Co., 1937, p. 31.

11. Claude Lévi-Strauss, *La Pensée sauvage*. Paris: Plon, 1962, p. 24. [Ed. bras.: *O pensamento selvagem*. Trad. de Tânia Pellegrini. Campinas: Papirus, 1980.]

12. Michal W. Popowicz, *O filosofskom analizie języka nauki*. Kiev: Naukowa dumka, 1966, p. 84.

13. Jean Piaget, *Narodziny inteligencji dziecka*, p. 205.

14. Edmund Leach, "Anthropological Aspects of Language", pp. 35, 37-8.

15. Cf. Sylvester M. Lambert, *A Yankee Doctor in Paradise*. Boston: Little, Brown and Co., 1941, p. 304.

16. Leonard Berkovitz, "The Judgmental Process in Personality Functioning". *Psychological Review*, v. 67, n. 2, 1957, pp. 130-42.

17. Herbert I. Hogbin, *Social Change*. Londres: Watts, 1959, p. 189.

18. Everett V. Stonequist, *The Marginal Man: A Study in Personality and Culture Conflict*. Nova York: Charles Scribner's Sons, 1961 [1927].

19. Elżbieta Neyman, "Typy marginesowości i ich rola w zamianie społecznej". *Studia Socjologiczne*, v. 4, n. 23, 1966, pp. 35-62.

20. Gertrude M. Williams, *Understanding India*. Coward-McCann, Nova York, 1928, p. 168.

21. Everett Stonequist, *The Marginal Man*, pp. 221, 154-5.

5. Alguns problemas de pesquisa na teoria semiótica da cultura (*pp. 189-234*)

1. Ver, por exemplo, Stepen K. Szaumian, "Preobrazowanie informacji w procesiepoznania i dwuchsatupienczataja teoria strukturnoj lingwistiki". In: _____. *Problemy Struktur noj Ligwistiki*. [S. l.], [s. n.], 1962.

2. Alphonse Chapanis, "Man, Machines, and Models". *American Psychologist*, v. 16, n. 3, 1961, pp. 113-31.

3. Encontramos um diagrama semelhante, embora em contexto diferente, em Charles C. Fries, "Meaning and Linguistic Analysis". *Language*, v. 30, n. 1, 1954, pp. 57-68.

4. Melvin H. Marx, "The Central Nature of Theory Construction". In: _____ (Org.). *Theories in Contemporary Psychology*. Nova York: Macmillan, 1963.

5. Kenneth W. Spence, "Types of Constructs in Psychology". *Psychological Review*, v. 51, n. 1, 1944, pp. 47-68.

6. Ferdinand de Saussure, *Kurs językoznawstwa ogólnego*, p. 25. [Ed. amer.: *Course in General Linguistics*. Sel. e coment. Roy Harris. Londres; Nova Délhi; Nova York; Sydney: Bloomsbury, [s. d.], p. 77].

7. "Znak, struktura, kultura". *Kultura i społecze ństwo*, n. 3, 1967.

8. Cf. Stefan Żółkiewski, "O regułach analizy strukturalnej". *Kultura i społeczeństwo*, v. 10, n. 4, 1966, pp. 73-106.

9. Walter B. Pillsbury, "Meaning and Image". *Psychological Review*, v. 15, n. 3, 1908, p. 156.

10. Kenneth Lee Pike, "Towards a Theory of the Structure of Human Behaviour". In: Dell Hymes (Org.). *Language in Culture and Society*. Nova York: Harper & Row, 1964, p. 57.

11. Émile Benveniste, "Structure en linguistique". In: Roger Bastide (Org.). *Sens et usages du terme structure dans les sciences humaines et sociales*. Gravenhage: Mouton, 1962, pp. 38-9.

12. Kenneth Lee Pike, *Language in Relation to a Unified Theory of the Structure of Human Behavior*. Glendale: Summer Institute of Linguistics, 1954, p. 54.

13. Siegfried F. Nadel, *The Theory of Social Structure*. Londres: Cohen and West, 1957.

14. Ibid., pp. 8, 10.

15. Ibid., pp. 44, 57.

16. Apresentei aqui minha própria interpretação, e não um resumo preciso da teoria de Nadel; tentei "reformulá-la" de modo a que correspondesse o máximo possível às tarefas que estabeleci para mim mesmo no esboço que se segue. Devo recomendar aos leitores interessados em se familiarizar com essa interessante teoria que consultem a obra do autor.

17. Cf. Roman Jakobson, "Typological Studies and their Contribution to Historical Comparative Linguistics". In: *Proceedings of the Eighth International Congress of Linguistics*. Oslo: Oslo University Press, 1958.

18. Tadeusz Milewski, "Zasady językoznawstwa typologicznego". *Biuletyn Polskiego Towarzystwa Językoznawczego*. [S. l.]: [s. n.], 1962.

19. Cf. W. W. Martinov, *Kybernetika, Semiotika, Lingwistyka*. Mińsk: Nauka i technika, 1966. *Semiotika 3*: Aksjomy Porożdzienija.

20. Ibid., pp. 87-8.

21. Cf. Louis Hjelmslev, *Prolegomena to a Theory of Language*. Baltimore: Waverly Press, 1953.

22. Cf. Algidas J. Greimas, *Sémantique structurale*. Paris: Larousse, 1966.

23. Noam Chomsky, "Explanatory Models in Linguistics". In: E. Nagel et al. (Orgs.). *Logic, Methodology and Philosophy of Science*. Stanford University Press, 1962, pp. 535-6.

386   Esboços de uma teoria da cultura

24. Piotr Smoczyński, *Przyswojenie przez dziecko podstaw system językowego.* Łódź: Ossolineum, 1965.
25. Alexei A. Leontiev, *Słowo wrieczewoj diejatielnosti.* Moscou: Izdatielstwo AN SSSR, 1965.
26. Jean Piaget, *Narodziny inteligencji dziecka*, p. 12.
27. Ibid., pp. 426-8.

6. Organização cultural e extracultural da sociedade [pp. 237-60]

1. Apud Leszek Kołakowski e Krzysztof Pomian (Orgs.), *Filozofia egzystencjalna.* Varsóvia: Państwowe Wydawnictwo Naukowe, 1965, p. 348.
2. Ibid., p. 451.
3. Karl Marx e Friedrich Engels, *The German Ideology.*
4. Gordon W. Allport in Frank T. Severin (Org.), *Humanistic Viewpoints in Psychology.* Nova York: McGraw-Hill, 1965, p. 35.
5. Ibid., p. 51.

7. Economia, cultura e tipologias de sociedades (pp. 261-302)

1. Cf. cap. 2, "Para uma teoria semiótica da cultura".
2. Robert Redfield, *Peasant Society and Culture.* Chicago: University of Chicago Press, 1956, pp. 67-9.
3. Ralph Linton, *The Cultural Background of Personality.* Nova York: Appleton-Century-Crofts, 1945, p. 5. [Ed. bras.: *Cultura e personalidade.* São Paulo: Mestre Jou, 1945.]
4. Ruth Benedict, *Patterns of Culture.* Nova York: Houghton Mifflin Co., 1934, p. 253. [Ed. bras.: *Padrões de cultura.* Trad. de Ricardo Rosenbusch. Petrópolis: Vozes, 2012.]
5. Leslie A. White, *The Evolution of Culture.* Nova York: McGraw-Hill, 1959, p. 242.
6. Witold Kula, *Problemy i metody historii gospodarczej.* Varsóvia: Państwowe Wydawnictwo Naukowe, 1963, pp. 251-7.
7. Id., *Teoria ekonomiczna ustroju feudalnego.* Varsóvia: Państwowe Wydawnictwo Naukowe, 1962, pp. 45-6.
8. Jan Rutkowski, *Studia z dziejów wsipolskiej XVI-XVIII wieku.* Varsóvia: Państwowe Wydawnictwo Naukowe, 1956, pp. 301, 333.
9. Halina Chamerska. *Materiały do dziejów uwłaszczenia chłopów w Królestwie Polskim.* Wrocław: Zaklad Narodowy im. Ossolińskich, 1961, p. 9.
10. Apud Julian Chmura, *Problem siły roboczej w rolnictwie Królestwa Polskiego.* Varsóvia: Państwowe Wydawnictwo Naukowe, 1959, p. 243.
11. Koszutski apresenta para 1845 o número de 46 397 trabalhadores, e para 1857-6, 53 364 (*Rozwój przemysłu wielkiego w Królestwie Polskim.* Varsóvia: Redakcya Gazety Handlowej, 1901, p. 167); Kempner fala de 50 mil em 1850 (*Dzieje gospodarcze Polski porozbiorowej w zarysie*, v. I. Varsóvia: Druk. K. Kowalski, 1920, p. 47).

12. Witold Kula, *Historia gospodarcza Polski 1864-1918*. Varsóvia: Spoldzielnia Wydawnicza "Wiedza", 1947, p. 40.

13. Mieczysław Mieszczankowski, *Struktura agrarna Polskimi ę dzywojennej*. Varsóvia: Państwowe Wydawnictwo Naukowe, 1960, p. 312.

14. *Młodzież sięga po pracę*. Varsóvia: Instytut Spraw Spolecznych, 1938, p. 108.

15. Jerzy Michałowski, *Wieś nie ma pracy*. Varsóvia: Fundusz Pracy, 1935, pp. 1-2, 67, 70.

16. Ibid., pp. 24, 48.

17. Karl Marx, *Kapitał*, v. I. in: P. Hoffman (Org.). Varsóvia: Ksiażka i Wiedza, 1956, p. 581.

18. Stanisław Śreniowski, *Uwłaszczenie chłopów w Polsce*. Varsóvia: Państwowe Wydawnictwo Naukowe, 1956, pp. 55-6.

19. Witold Kula, *Problemy i metody historii gospodarczej*, p. 564.

20. Bogusław Gałęski, *Chłopi a zawód rolnika*. Varsóvia: Państwowe Wydawnictwo Naukowe, 1963, pp. 127-8.

21. Ibid., p. 54.

22. *Materiały*, pp. 24, 28.

23. Witold Kula, *Problemy*, pp. 250-1.

8. Determinantes culturais do processo de pesquisa *(pp. 303-20)*

1. Ashley Montagu, *Anthropology and Human Nature*. Nova York: McGraw-Hill, 1963, pp. 16, 105.

2. Cf. Alfred Korzybski, *Manhood of Humanity*. Nova York: E. P. Dutton, 1921.

3. Claude Lévi-Strauss, *Structural Anthropology*. Nova York: Basic Books, 1963, p. 84.

4. Dorothy Lee, *Freedom and Culture*. Englewood Cliffs, NJ, 1959, p. 1.

5. Ernst Cassirer, *An Essay on Man*. New Haven, CT: Yale University Press, 1964, p. 25. [Ed. bras.: *Ensaio sobre o homem: Introdução a uma filosofia da cultura humana*. Trad. de Tomás Rosa Bueno. São Paulo: Martins Fontes, 1994.]

6. Anthony F. Wallace in Bert Kaplan (Org.). *The Psychic Unity of Human Groups: Studying Personality Cross-Culturally*. Evanston, IL: Row, Peterson, 1961, pp. 131-2.

7. George F. Kneller, *Educational Anthropology: An Introduction*. Nova York: Wiley, 1965, p. 81.

9. Três observações sobre problemas da educação contemporânea *(pp. 321-40)*

1. Apud Bernard Berelson e Gary A. Steiner, *Human Behavior: An Inventory of Scientific Findings*. Nova York: Harcourt, Brace and World, 1964, p. 83.

2. Ver. Alvin W. Gouldner, "The Norm of Reciprocity". *American Sociological Review*, abr. 1960, pp. 161-78; Howard Becker, *Man in Reciprocity*. Nova York: F. A. Praeger, 1956; Leonard T. Hobhouse, *Morals in Evolution*. Londres: Chapman and Hall, 1906.

388   Esboços de uma teoria da cultura

3. Dorota Markowska, *Rodzina w środowisku wiejskim*. Wrocław: Zakład Narodowy im. Ossolińskich, 1964, pp. 50-1.

4. August B. Hollingshead, *Elmtown's Youth*. Nova York: J. Wiley, 1945, p. 149.

5. J. Komorowska, *Telewizja w życiu dzieci i młodzieży*. Łódź e Varsóvia: Państwowe Wydawnictwo Naukowe, 1963.

6. Apud G. E. Żurakowskij, *Oczerki po istorii anticznoj pedagogiki*. Moscou: Akademia Piedagogiczeskich Nauk RSFR, 1963, p. 353.

7. Jan Szczepański, *Socjologiczne zagadnienia wyższego wykształcenia*. Varsóvia: Państwowe Wydawnictwo Naukowe, 1963, p. 340.

10. Massas, classes, elites: A semiótica e a reimaginação da função sociológica da cultura (*pp. 341-68*)

1. Zygmunt Bauman, "Bieguny analizy kulturowej". *Studia Socjologiczne*, n. 3, 1964.

2. Edward Sapir, "Culture, genuine and spurious". *American Journal of Sociology*, v. 29, n. 4, jan. 1924, pp. 401-29, 409-11.

3. Jak wynika z datowanego na 20 maja 1967 r. listu Zygmunta Baumana do Wydawnictwa Ossolineum — znajdującego si ę obecnie w Archiwum Zakładu Narodowego im. Ossolińskich we Wrocławiu — niniejszy tekst, a zatem i cała książka, miał si ę kończyć paragrafem pt. *Dialektyka demokratyzacji*. Ustęp ten nie zachował się jednak w ocalonym, niepełnym egzemplarzu korektowym, i nie ma go też w teczce redakcyjnej *Szkicow z teorii kultury*. Rozdział ten — zrekonstruowany na podstawie artykułu opublikowanego w "Kulturze i Społeczeństwie" nr 1 z 1965 r. — uznać należy więc za niedokończony (przyp. red. nauk.).

Texto datado de 20 de maio de 1967, a partir de uma carta de Zygmunt Bauman à editora Ossolineum, atualmente nos arquivos do Instituto Nacional, Biblioteca Ossolińskich we Wrocławiu. Este capítulo e o livro deveriam terminar com um item chamado "Dialética da democratização". O trecho, no entanto, não foi preservado na cópia incompleta que se preservou. Também está ausente no arquivo de *Szkicow z teorii kultury*. Este capítulo — reconstruído com base no artigo publicado em *Kulturze i Społeczeństwie*, n. 1, de 1965, deve, portanto, se considerar incompleto. (N. O.)

Posfácio (*pp. 369-75*)

1. Nesse comentário sobre *Esboços de uma teoria da cultura*, feito por Zygmunt Bauman em setembro de 2016, o autor estabelece conexões entre sua biografia e a elaboração do livro, e apresenta uma avaliação contemporânea de sua teoria da cultura na versão anterior. (N. O.)

2. Ralf Dahrendorf, "Out of Utopia: Toward a Reorientation of Sociological Analysis". *American Journal of Sociology*, v. 64, n. 2, set. 1958.

3. Ver, de sua autoria, "Signs of the times". In: Umberto Eco et al. *Conversations about the End of Time*. Londres: Penguin, 1999, p. 171.

4. Thomas Khun, *Afforisms*, na tradução para o inglês de R. J. Hollingdale. Londres: Penguin, 1990, p. 42.

· Índice remissivo ·

A

abelhas, 66, 124

Academia Polonesa de Ciências, 9, 25n3

ação(ões) humana(s), 107, 110, 159, 257, 309; análise de, 86; antinomia da, 259; base psicológica da, 58; características compartilhadas, 33; compreensão da, 33, 71, 267; compreensível, 317; consciente, objetos de, 251; conteúdo da, 95; desembaraçar-se de papéis semióticos, 88; determinantes da, 69, 71; estímulos mais frequentemente determinados pela, 69; existência da, 40; formas de, 33, 95; função informacional da, 87; interpretadas, 100, 279; modos gerais e difundidos de, 103; significado da, 112; situação da, 268

acomodação-assimilação, processo de, 68, 117, 135, 151, 153, 161, 173, 224, 232, 240

adaptação, 119, 124, 141, 146, 180, 240, 327; biológica, 119, 147, 151, 322; "boa", 103; capacidade comum a todos os organismos vivos, 69; comportamental, 304; crise na, 324; cultural, 322; de conceitos a realidade, 224; ego, 208; evolutiva, 134; ideias vantajosas para a, 161; informação valiosa para a, 313; inteiramente plástica, 160; mútua, 333, 343; necessidades humanas de, 308; orgânica, 137; passiva, 223; pobre, 103; significado decisivo para a, 105; social, 322

África do Sul: Sterkfontein, Swartkrans e Koomdrai, 145

África Ocidental (povo Talensi), 165

a-historicismo metodológico, 52

alienação, 17, 72, 241, 358

Allport, Gordon W., 255

alteridade, 44, 59; cada vez mais selvagem, 60; cultural, 53

ambivalência semântica, 142; medo da, 155

American Journal of Sociology, 357

amorfismo, 8, 103, 106-8, 230, 313, 320, 327

análise estrutural, 66, 218; métodos modernos de, 63

anglo-indianos, 185
animais, 106, 114, 120-3, 150, 245, 257, 292; características de determinadas espécies em sistemas totêmicos, 66; características deles herdadas por seres humanos, 305; domésticos, 49; ensino e aprendizagem, 306; jogo e, 164, 170; periodização de, 321; selvagens, 164-5; signos e, 125-36, 148, 152
antievolucionismo, 57
antinomia, 54, 61
antropologia, 28n, 34, 42, 58, 75, 164, 244, 370; contemporânea, 56, 274; crise da, 53, 56, 59; econômica, 268; social, 55; *ver também* antropologia cultural; antropologia estrutural
antropologia cultural, 8, 15, 70; *ver também* Benedict; Boas; Douglas; Lévi-Strauss; Malinowski; Mead
antropologia estrutural, 74, 370; *ver também* Lévi-Strauss (*Antropologia estrutural*)
antropomorfismo, 113, 116, 259; *ver também* praxiomorfismo
aparelho sensorial, 63, 137, 152; órgãos de animais e humanos, 132, 160
arcos reflexos, 126, 150
aristocracia, 46, 360; inglesa, 331
aristotelismo, 144, 259
armênios, 263
Arquimedes, 116
Arunta, povo australiano, 356
Ashby, William Ross, 103-6, 120, 128, 154
aspectos sensório-motores, 160, 223
Aspresjan, J. D., 82
assimilação, 34, 114, 120, 158-9, 163, 179, 273; ativa, 223; biológica, 224; cultural, 180; *ver também* acomodação-assimilação, processo de; processo de assimilação do indivíduo

autoestimulação, 81
autonomia da cultura, 268; relativa, 303-7
autonomização: da tomada de decisão, 349; das necessidades humanas, 249; de estruturas funcionalmente distintas, 250; de significados, 306; fundamental, 245; informação que circula na sociedade, 307

B

Baczko, Bronisław, 58
Bally, Charles, 94
Bateson, Gregory, 28n39
Baudouin de Courtenay, Jan, 74, 214
Bauman, Janina, 25n2
Benedict, Ruth, 51, 247, 275
Benveniste, Émile, 94, 199
Berlyne, Daniel E., 232
Birmânia, 93
Boas, Franz, 52, 56, 58
Bohannan, Paul J., 55
Boulez, Pierre, 67
Brasil, 59-60
Brus, Włodzimierz, 26n10
Brzeziński, Dariusz, 7-8, 25n3, 374
Bücher, Karl W., 264

C

Cadiuéu, povo, 60, 63
campos culturais, 177, 217, 234, 361; análise sincrônica de, 205-12; fronteira entre, 142; inequivocidade de significado ameaçada de, 179; padrões correspondentes a, 17; problemas de pesquisa em ontogênese, 220-5; questões filogenéticas sobre, 216-7
campos semânticos, 181, 373; irredutíveis, 218
Cannon, Walter B., 118
capitalismo, 91, 169, 209, 270, 276, 278, 286, 348, 364; crítica de Marx da alienação decorrente do, 358;

Índice remissivo

individualismo antigo, 293; leis do mercado, 298; propriedade privada no, 364; sociedades contemporâneas, 99; transição para o socialismo, 296; variedade da atribuição de valores, 13

Carpenter, Clarence Ray, 140

Cartailhac, Émile, 145

casamento, 242, 322, 325; vizinhos como potenciais candidatos ao, 165

Cassirer, Ernst, 149, 310

Centro Nacional de Ciência da Polônia, 9, 25n3

cerimônias, 62, 84, 101, 198

Chauvin, Remy, 125

China, 145

Chlewisk, 292

Chmura, Julian, 281

Chomsky, Noam, 198, 221-2

cibernética, 20, 76, 79, 189, 238, 258; novas perspectivas abertas pela, 102; potencial da, 8; transformações examinadas pela, 237; triunfos técnicos da, 39

Círculo Linguístico de Praga, 74, 198

civilização eurocêntrica, 53

classes, 85, 97, 227, 241, 248, 291, 342, 346, 355, 61-4; altas, 99, 347, 359; hegemônicas, 243; ociosas e prósperas, 354; superiores, 93; trabalhadoras, 99

classificação, 45, 122, 149-50, 174, 178, 184, 210, 264; alternativa à, 157; amplitude e minuciosidade da, 156; linguagem como princípio de, 194; modos de, 183; popular, 55; sempre distanciada da realidade, 187

coeficiente humanístico, 72

Colombo, Cristóvão, 143

complexidade semântica, 133

comportamento simbólico, 196-205

comportamento(s) humano(s), 95, 99, 101, 193, 243; crescente papel de determinantes estruturais na

moldagem do, 330; dependência mútua entre economia e padrões do, 263; determinantes extraculturais do, 327-34; estruturação do, 16, 238; estudo do, 190, 201; exigido/condenado, 336; função da informação contida no, 204; função semiótica do, 98; irredutibilidade do, 257; justificativa do, 339; natureza ondulatória do, 200; observável, 73; premissa integrada ao, 309; significado do, 81-93; significativamente menos estereotipado, 305; significativo, 201; sistemas heterogêneos e, 253

comportamentos territoriais, 130-1

comunicação de massa, 274, 295; meios de, 18, 341-2, 345-6

comunicação intraespécie, 128, 136-48

condado de Będziń (Polônia), 281

congruência, 95, 111

conhecimento, 117, 157, 202, 213, 253, 257, 317; acadêmico, 157; aprimoramento do, 251; compreensão do, 259; confiável, 339; cultura e, 53, 62, 174, 179, 318, 320, 373; de intelectuais, 251; definição, 309; descritivo, 147; desenvolvimento do, 142; determinação cultural do, 311; determinações incontroversas do, 339; direto, 243; elemento apriorístico do, 311; elementos novos do, 310; empírico, 156; esforços para adquirir, 179; estrutura do, 240; etnografia como um campo do, 46; exercitado na memória, 223; falsificando o, 311; fome de, 240; funções do, 309; fundamental, 66; incompleto, 352; insider e outsider, 185; mecanismos gnoseológicos do, 176; normativo, 147; novo, 156; padrões e, 246; recursos sociais do, 68

392 Esboços de uma teoria da cultura

Corneille, Pierre, 62
corretores culturais, 18, 249;
   categoria de pessoas que fazem
   o papel de, 315; membros
   verdadeiros do grupo de, 320
costumes, 40, 63, 89, 165, 266, 273,
   353; caráter inato dos, 44; crenças
   e, 60; maneiras e, 43; melhores
   e piores, 46; nomear, 325;
   primordiais, 48; superioridade dos
   próprios, 166; urbanos, 300
cultura de massa, 8, 21, 250, 328,
   345, 353, 360; berço da, 366;
   conflitos sobre a definição de,
   342; desenvolvimento da, 35;
   ferramenta que molda a, 342;
   homogênea, 301; margens, 26n13;
   marxista, teórico fundamental
   da, 342; nascimento e triunfo
   da, 354; normas da, 230; nova,
   301; surgimento da, 273, 341;
   uniformidade da, 365
cultura greco-romana, 46
cultura superior/inferior, 355-67
culturas estranhas, 46, 89, 318
culturas homogêneas, 269, 295;
   crenças de pessoas de, 44
Cushing, Frank, 54, 61
Cwojdziński, Stefan, 116
Czarnowski, Stefan, 41

D
Dahrendorf, Ralf, 371
Darwin, Charles, 144, 154
Descartes, René, 121; ver também
   visões cartesianas
desenvolvimento da cultura, 145, 322,
   364; problemas de pesquisa em,
   225-34
desenvolvimento evolutivo, 134, 140;
   comunicação no mundo animal,
   131
determinantes, 256-7, 275; de
   classe, 366; ecológicos, 366;
   estruturais, 329-34; externos/
   pessoais psicológicos, 71;

extraculturais, 327-34; função
   semiótica como, 100-6;
   fundamentais, 350; genealógicos,
   362; independentes, 69; regionais,
   366; ver também determinantes
   culturais
determinantes culturais, 17, 26n13,
   35, 303-20, 329-34; presenteísmo
   proveniente de, 261
Deutsch, J. A., 154
dicotomismo, 228, 237, 254, 264, 308;
   cibernético, 259; gnoseológico,
   238; informacional-energético, 254
Diderot, Denis, 61, 253
diferenças, 46-53; de classe, 343,
   353; semelhanças e, 296-302; ver
   também diferenças culturais
diferenças culturais, 27n32, 285;
   atitude romântica em relação a,
   46; eliminação, 302; flagrantes,
   269; sensibilidade a, 42
diferenciação, 68, 80, 87, 92, 98, 140,
   153, 177, 228, 230, 254, 267, 275,
   338, 342, 346; classe, 97, 139, 343,
   353, 355, 365; comportamento,
   141, 147, 152, 225; de papéis,
   138, 203; esfera, 167, 172; função
   segundo a idade, 325; geração,
   97; interna, 335, 365-6; linguagem,
   198; oposição de significante,
   131, 178, 218, 268-9; padrão, 206;
   posição social, 229; sexo, 97, 136,
   138, 164; sociocultural, 344; ver
   também diferenciação cultural
diferenciação cultural, 21, 58,
   164, 206, 217, 242, 344, 365;
   determinação cultural e, 312-
   8; fontes importantes de, 350;
   observada, 269; ver também
   eventos socioculturais
difusão cultural, 272, 274; inexistência
   de, 355
Dilthey, Wilhelm, 71, 196
diversidade cultural, 42-3
divisão do trabalho, 84, 153, 276, 280;
   social, 291, 293, 325

Índice remissivo

divisões semânticas, 144
DNA (ácido desoxirribonucleico), 121
Dollard, John, 232
Douglas, Mary, 372
Durkheim, Émile, 84

E

Eco, Umberto, 372
educação, 69, 220, 291, 299, 301,
  349, 362; base da posição social
  como intelligentsia, 363; criação
  de uma escala de, 290; cultural,
  45, 322; divulgar informação pela
  unificação da, 314; problemas da,
  18, 26n13, 321-40
egípcios, 43
egocentrismo, 44, 224, 331
eixos semânticos, 152, 219; possíveis
  conjuntos de, 218; relativamente
  ricos, 140; superior-inferior, 138
eletricidade, 116, 133, 251
empatia, 62, 168, 317; irreflexiva, 45;
  requentando antigos sonhos
  de, 55
entropia, 62, 107, 153; ver também
  neguentropia
esferas: adequadas, 62; amorfas,
  108; anônimas, 262; assustadoras,
  154; concêntricas, 162, 167, 170,
  173; congruência de, 96; contato
  desregulado com, 170; culturais,
  41, 315; de fronteira, 167, 181;
  distinção entre, 211; econômicas,
  274; especializadas, 63; evidente
  discrepância entre, 249; expansão
  de, 165; externas, 163, 167, 170,
  172; fenomênicas, 63; fronteiras
  entre, 173; funcionalmente
  distintas, 158; globais, 173;
  intermediárias, 168; internas, 167,
  170, 172; interseção de, 181, 186;
  limítrofes, 167; mais amplas, 267,
  315, 334; marginais, 168, 182; não
  linguísticas, 198; psicológicas, 71;
  psíquicas, 295; significantes, 95;
  tecnológicas, 63

espaço euclidiano, 160
espaço social, 228; teoria de Leach
  sobre os domínios do, 164-73
espaço ver organização do espaço;
  espaço social
especialização, 140, 152, 159, 217,
  349; característica semântica, 124;
  códigos, 230; comportamentos
  na função semiótica, 101;
  comunicativa, 197, 335; de
  instituição cultural, 322; do
  ambiente acadêmico, 320;
  educacional, 321, 334; eliminando
  áreas de indeterminação,
  175; esfera tecnológica, 63;
  função social, 293, 297, 302;
  informacional, 245, 249, 304;
  necessidades humanas, 249;
  personalidade, 276; profissional,
  298; signo, 81, 124, 231
esquemas evolutivos, 265
esquimós, 356
estimulação, 74, 81, 180
estímulos, 33, 127, 132, 193, 212, 226;
  ambientais, 120; aparentemente
  insignificantes, 303; associação
  de comportamento específico
  com, 69; atipicalidade dos, 233;
  caracterizados, 306; catalisadores,
  128; conhecidos e facilmente
  identificáveis, 175; conjunto
  acidental de, 126; constantes, 230;
  essenciais, 337; externos, 120, 126,
  128, 150, 252; fugindo à estrutura
  habitual, esperada, 232; função de
  novidade dos, 233; incondicionais,
  135; mais fortes à produção
  cultural, 242; mais frequentemente
  determinados pela ação humana,
  69; organizados num sistema, 307;
  percebidos ou lembrados, 312;
  puramente informacionais, 306;
  reação a, 20, 120, 125-6, 147,
  191, 252, 256; resposta a, 305-6;
  semanticamente inequívocos, 129;
  semióticos, 228; súbitos, 232

estrutura social, 54, 70, 90-1, 98, 141, 205, 228, 242; ações interpretadas como parte adequada da, 96; classe e, 361; comportamento humano e, 73, 100; contradições da, 63; cultura e, 14-5, 34, 74, 159, 245, 308, 329, 342; de massa, 342; disfunção, 244; economia e, 262; exigências funcionais da, 323; homogeneidade no campo da, 27n32; interpretação marxista da, 33; lugar dos intelectuais na, 363, 367; modo mais simples de codificar para uso do indivíduo, 138; mudança na, 247; oposições na, 269; parte fundamental na construção de determinada situação, 89; posição na, 246; problema da, 234; signos/fatores culturais e, 225, 268; teoria da, 202

estrutura sociocultural: chave para decompor, 21; limitações relacionadas ao fato de pertencer à, 318

estruturalismo, 15, 23, 66, 202, 372-3; aplicação a problemas de Wilhelm Dilthey, 196; francês, 16; humanidades preconizadas a assimilar, 74; marxista, 34; potencial do, 8; princípio básico do, 199; problema central do, 198

estruturas isomórficas, 67, 86, 136, 147, 151; adquiridas, 119; comportamentos individuais e coletivo humano, 69; conectando--se com signos intelectualmente acessíveis, 64; existência de, 82; mundo dos humanos e pensamentos humanos, 159; mundo externo e mente humana, 162, 224; mutuamente congruentes, 111; padrões interiorizados, 243; seleção natural e, 104

etnografia, 33, 40, 159, 165, 168-73, 193, 263, 318, 369; diversidade das

formas rituais descritas pela, 101; europeia, 46, 47, 50, 52; pioneiros da, 47; *ver também* Bohannan; Cushing; Lévi-Strauss; Malinowski; Mead; Murdock

Eupsychia, 360

eurasianos, 185

Evans-Pritchard, Edward E., 172

eventos socioculturais, 8, 20, 166, 327; caráter de fatos/contexto analíticos, 73, 233; diferenciação, 344; mudanças nos, 22, 24; transformação, 18

evolução, 52-3, 84, 122, 144, 292, 356-7; conjunto de estímulos incondicionais se reduz com o progresso da, 135; equilíbrio considerado como o propósito da, 118; gramática polonesa, 12; linear, 57; *ver também* evolução cultural; evolução humana

evolução cultural, 9, 14, 19-22, 28n35, 146; infraestrutura no processo total de, 275; novo nível de, 188; princípios gerais da, 296; tendências relativamente autossuficientes da, 344

evolução humana, 257; biossocial, 304; instrumentos culturais da, 273; lacuna entre parentes mais próximos e, 142; visões modernas da, 304

experiência sensorial, 152, 157, 162, 174, 189, 194-5

F

Fabre, Jean-Henri, 125

fatores socioculturais, 268; condições para subordinar a economia a, 267

feedback, 163, 189-90, 214, 266; de energia, 237, 246; de informação, 237

fenícios, 263

ferramentas psicológicas, 81, 85-6

feudalismo, 98, 227, 270, 274-81, 283-7, 292, 348

Índice remissivo

Fichte, Johann G., 42
Firth, Raymond, 90-1, 169, 172, 266, 268
Fletcher, Jack M., 118
folwark, 285-6
fonética, 89; sintagmática, 222
fonologia, 89, 198, 200
Fortes, Meyer, 165
Francastela, Pierre, 160-1
função semiótica, 16, 87, 98, 100-12, 124, 227-8, 262, 269; compreender comportamentos humanos na, 83; realização, 176, 179, 185-6; satisfazer necessidades, 70, 88, 268
funcionalismo: estrutural, 371; individual, 52; puro, 54
funções sociais, 252, 288, 343; complexidade endogamicamente crescente das, 218; cultura e, 70; doloroso conflito entre, 293; especialização de, 293, 297, 302; perdidas, 321-7; viáveis, 262

G

Gabinete de Antropologia do Povo Polonês, 14
Gałęski, Bogusław, 288, 290, 299
General Motors, 352
generalizações, 79, 140, 156-7, 160, 217; empíricas, 33-4, 176, 191-3, 195; estatísticas, 33; teóricas, 34; verdadeiras, 56
Glanzer, Murray, 232
Gluckman, Max, 101
Goldschmidt, Walter, 56
Golovin, N. E., 39
Górski, D. P., 80
gramática: intelectual, 64; leis da, 64; polonesa, 12; sintagmática, 222; sintática, 221; *ver também* gramática generativa
gramática generativa, 198, 221
Gramsci, Antonio, 12, 358
Grande Sociedade, termo, 248
gregos, 42, 44, 238, 263
Greimas, Algirdas J., 99, 218

H

Haeckl, Ernst, 125
Harvey, O. J., 183
Hegel, Georg W. F., 177, 371
Helvétius, C. A., 253
Henry, Jules, 172
Heródoto, 43
Herskovits, Melville J., 90-1, 266
Hesíodo, 44
híbridos culturais, 184
híbridos raciais, 184
Hildebrandt, Bruno, 264
hindus, 185
Hipócrates, 118
Hirszowicz-Bielińska, Maria, 26n10
Hjelmslev, Louis, 198, 218
Hochfeld, Julian, 27n17
Hogbin, Herbert I., 92-3
Hogden, Margaret T., 42
Holbach, Paul-Henry Thiry, barão, 253
Homo oeconomicus, 285
Homo sapiens, 144, 146, 152; características essenciais da espécie, 140; sistema semiótico próprio do, 16; unificado, 57
Hovland, Carl Iver, 183
Hull, Clark, 123
humanidades, 71, 78, 81, 196, 251; antigos entusiasmos pelas imitações fisicalistas, 198; contemporâneas, 23, 66, 74, 253; distinção metodológica entre naturalismo e, 73; dois princípios de definição, 251; marxistas, 73; objetivos de pesquisa em, 72; positivistas, 255-6
humanistas, 20, 72, 251-4; compreensão de processos socioculturais, 317
Husserl, Edmund, 77

I

ideias inatas, 160-1
igualitarismo, 52, 57, 363
Imanishi, Kinji, 140

incesto, 165

indeterminação, 22, 120, 182, 187, 210, 241; eliminação da, 108, 173, 175, 204, 207, 219; essencial, 179; fisiológica, 366; limites da, 68; minimização da, 174; redução da, 87, 98, 110, 159, 175, 178, 206, 268; remoção da, 88, 107; replicada, 179

indianos, 272, 331

indígenas, 59-60; Nootka, 351

individualização, 8, 23, 137, 211; açodamento na, 231; desenvolvimento da, 21; sem espaço para a, 210

indivíduos humanos, 20, 71, 83, 226, 254-60, 262; coletivo, existência social de, 245; estudo sobre a cooperação de, 190; mente em desenvolvimento de, 224; objetivização do, 152

inequivocidade semântica, 129, 142

infraestrutura, 359, 361, 365, 367; de classe, 360; mudanças culturais, 270-7, 285, 300

infraestrutura, 300-2, 341-55

input e output, 189-90, 194, 266

interiorização, 28n35, 69, 240-3, 245, 308, 310, 329-32, 336

intuição semântica, 270

irreflexividade, 40, 43, 45, 50, 341

Isidoro de Sevilha, 143

isomorfismo, 19, 83, 87, 165, 240; ausência de, 231; da cultura, 159; lei do, 134; oposição, 63, 82, 262; procurado, 190

J

Jabłoński, Henryk, 26n10

Jacobsen, Michael H., 26n15

Jaeger, Werner, 44

Jakobson, Roman, 97, 198, 214, 379n16

judeus, 209, 263

juventude, 321-7

K

Kawamura, Syunzo, 135

Keynes, J. M., 278

Klemm, Gustav, 40-1

Kłosowska, Antonina, 273

Kołakowski, Leszek, 26n10

Krajewski, Janusz, 11

Kraśko, Nina, 10

Kripczyk, E. P., 104

Kröeber, A., 144

Kubicki, Roman, 28n45

Kuhn, Thomas, 374

Kula, Witold, 278, 297-8

Kuma, povo, 171

Kung, tribo, 171

Kuroń, Jacek, 13

L

La Mettrie, Julien O. de, 121

Lange, Oskar, 271

Leach, Edmund, 93, 164-77, 181, 372, 373

Leakey, Louis S. B., 145

Leakey, Mary, 145

Lefebvre, Henri, 83

Lênin, Vladímir I., 248

Leontiev, Alexei A., 111, 222, 381n57, 386n25

Leontiev, Alexei N., 104

Lévi-Strauss, Claude, 21, 50, 57, 59-67, 74-5, 99, 111, 164, 174, 196, 240, 245, 309, 369-74; Antropologia estrutural, 15, 62-6, 74; Do mel às cinzas, 63; Mitológicas, 64-5; O cru e o cozido, 63, 74; O pensamento selvagem, 62-3, 242; O totemismo hoje, 63; Tristes trópicos, 59, 61, 63, 65

Lichtenberg, Georg Christoph, 374

Lindauer, Martin, 138

Lineu, Carl, 144

língua inglesa, 131

linguagem, 62, 82, 96, 141, 148-9, 151, 310, 315; acústica, 197; análise geral de um sistema, 65; aprendizagem, 221; aquisição

de, 221-2; artificial, 373; aspectos antropológicos da, 164; aspectos da, 82; caracterizada por uma incrível riqueza de eixos semânticos, 152; comportamental, 93; comum, 251-2; conceitos nomeados na, 175; cotidiana, 246, 372; culinária de determinada sociedade como, 111; entendendo as propriedades da, 198; estranha, 45, 57; estrutura da, 94, 194, 202; estudo da, 83, 198; fonemas semanticamente importantes na, 110; funções da, 75; comunicativa, 83; história da, 215; interações individuais como, 194; leis da gramática na, 64; natureza onda-partícula da, 200; ouvido despreparado para perceber diferenças entre sons, 178; palavras na, 85; período em que a criança ainda não usa, 224; plural e singular na, 97; relação com seus sintomas empíricos, 194; sociedade obrigada a dominar, 52; sociológica, 246; uso simultâneo do tabu e, 175; vogais longas e curtas em oposição significativa na, 131; *ver também* linguística; teoria da linguagem
linguística, 94, 151, 153, 193-4, 311, 372; analogias em, 198, 200-2; estudiosos de humanidades voltando-se para a, 81; histórica, 214; métodos teóricos desenvolvidos em, 197; proposições elaboradas na, 218; *ver também* fonética; fonologia; gramática; linguística estrutural; psicolinguística americana; semântica; significado(s)
linguística estrutural, 65, 67, 75; contemporânea, 221; desenvolvimentos na, 177; métodos abomináveis de, 198; pensamento próprio da, 199; recursos oferecidos pela, 214

Linton, Ralph, 275
liquidez, 8, 22
List, Friedrich, 264
Loeb, Jacques, 125
lombardos, 263
Londres, 253
Lorenz, Konrad Z., 123, 125-6

M

Macdonald, Dwight, 273
Malinowski, Bronisław, 51, 53, 55, 57, 64, 84, 93, 164, 172
Maori, povo, 172
máquinas cibernéticas, 118, 153; rato famoso, 154; rumo do desenvolvimento de, 155
máquinas inteligentes, 154
Martinet, André, 83
Martinov, W. W., 215-6
Martire, Pietro, 143
Marx, Karl, 41, 67, 75, 107, 113, 119, 152, 213, 244, 248, 253, 259, 263-4, 274, 285, 358, 363, 371
Marx, Melvin H., 191
marxismo, 34, 73, 195, 254; ativista, 67, 79; Bauman e o, 10, 12; dialética da práxis, 119; interpretação da estrutura social, 33; materialista, 67; premissas marxistas do, 15; primeiro teórico da cultura de massa, 342
Maslow, Abraham, 353, 360
Mauss, Marcel, 59
McDougall, William, 125
Mead, Margaret, 45, 166, 172, 247
mecanismos cismogênicos, 28n39
mecanismos gnoseológicos, 176, 238, 254
mercadorização: da força de trabalho da aldeia, 299; mudanças culturais e, 285-95; processo de satisfação de necessidades, 277-85, 296
Merleau-Ponty, Maurice, 248
Michałowski, Jerzy, 283-4
Milewski, Tadeusz, 76, 78, 149, 215, 218

Mill, John Stuart, 126, 193
Miller, Neil, 232
mitologia religiosa, 44
modernidade: imperativos criados pela, 24; líquida, 23-4; transformação da, 8
Modzelewski, Karol, 13
monstros, 143-4
Montagu, Ashley, 304
Montaigne, Michel de, 47, 50-1
Montgomery, Kay C., 232
Morawski, Stefan, 26n10
Morris, Charles, 80
mudança paradigmática, 374
mudanças culturais, 17, 22, 299, 301, 371; infraestrutura de, 270-7, 285, 300; mercadorização e, 285-95
multiplicidade de significados, 180, 188; crônica, 184; imanente, 180; semiótica, 188
Murdock, George P., 57, 157

N

Nadel, Siegrified F., 202-5
nativismo, 161
necessidades, 48, 71, 123, 148, 158, 173, 223, 308, 360, 365; animais, 125, 146; atender a, 54, 358, 367; biológicas, 107; coletivas, 63, 84, 137; especialização e autonomização de, 249; espirituais, 358; estéticas, 84; estrutura de, 151, 158, 355; individuais, 63, 84; satisfação de, 69-70, 73, 84, 88, 107, 162, 170, 206, 209, 249, 262, 268, 271-85, 296, 351-5, 367; sufocadas, 365; vitais, 273
negação, 258; negação de, 59-66, 79
neguentropia, 107, 110
Neyman, Elżbieta, 184
normas culturais, 21, 273, 324
Nova Guiné, 92, 171; povo Arapesh, 172
Nowik, I. B., 155
Nuer, povo, 172

O

Oceania (povo Siuai), 171
Ogden, Charles K., 80
oposições semânticas fundamentais, 108; o papel das, 178
organização do espaço, 160, 162, 193; sagrado, 162; tipo urbano de, 302
Osgood, Charles, 80
Ossolineum, editora, 10-1
Ossowski, Stanisław, 41, 57, 317

P

parentesco, 58, 62, 184, 267; coletivo mais amplo do que laços comuns de, 271; estruturas de, 16, 158; elementares, 196; oposições em, 63
parses, 263
Parsons, Talcott, 108, 239, 371
Partido dos Trabalhadores Poloneses Unidos, 10
Pascal, Blaise, 135
Pask, G. A., 137
Pavlov, Ivan, 123, 135, 258, 330
Peirce, Charles, 77, 89, 94, 96
pensamento marxista-leninista, 13
peregrinos, 42
pesquisa: estrutura do ato de, 307-12; objetivos da, 72; problemas na, 220-34
Petrycy de Pilzno, Sebastian, 227
Piaget, Jean, 118, 150-1, 160, 174, 223-5
Pike, Kenneth Lee, 197, 200-3, 205
Pilagá, povo, 172
Pillsbury, Walter B., 197
pinturas da caverna de Altamira, 145
Platão, 94, 238
plebeus, 46
Plínio, o Velho, 143
pluralismo, 22, 350
Plutarco, 45
Polônia, 7, 12; aldeias e cidades, 17, 270-87, 299-302; desenvolvimento da indústria, 281; eventos socioculturais (1968), 8;

problema da força de trabalho na agricultura, 281; revolução socialista, 296

Pomerânia, 284

Popovich, M. W., 79, 174

Posnânia, 284

povo Banto, 171

praxiomorfismo, 39, 116-24

práxis: dialética marxista da, 119; direta, 112; *ver também* práxis humana

práxis humana, 34, 159; dois signos da, 153; internamente distinta, 167; redenção da alma, objetivo fundamental da, 162; sistema organizado de referência para a, 34

premissas metodológicas, 264-70

presenteísmo, 169, 261, 265

privilégio de classe, 98, 366

processo de assimilação do indivíduo, 239-40

processos filogenéticos, 116, 121, 123, 126-8, 133, 205, 242

processos ontogenéticos, 121, 128, 132-6, 205, 220, 224

processos socioculturais, 303; compreensão humanística de, 317; desenvolvimento de, 23

protossociedades, 138-41, 146

psicolinguística americana, 80

psicologia, 46, 58, 70, 123, 175, 191-4, 232-4, 256, 259, 268, 284, 345, 354; animal, 125; avanço da, 80; contemporânea, 330-1, 336-7; do desenvolvimento, 220; positivista, 255; social, 255, 337; *ver também* Berlyne; Chomsky; Glanzer; Golovin; Kripczyk; Leontiev; Montgomery; Pavlov; Piaget; Skinner; Vygotsky

R

Rabaud, Étienne, 125

racionalizações, 322; semióticas e técnicas, 100

Radcliffe-Brown, Alfred R., 54, 84, 164

Rapaport, Anatol, 155

realidade, 53, 67, 76, 107, 108, 110, 211, 303, 305, 320; a cultura define posições gerais com respeito à, 319; adaptação de conceitos à, 224; análise da, 16; arco completo de classificações sempre distanciadas da, 187; caracterizadora, 70; caráter ativo que estrutura a, 140; convicções tratadas como atributos da, 316; criação ativa da, 95; cultural, 314; delineação de posições gerais do indivíduo em relação à, 18; divórcio da, 271; falsa imagem da, 244; formação da, 44; linguística, 198; oportunidades ocultas na, 153; organização, 132, 140; percebida em categorias liminares, 22; realidade fundamental em relação à, 110; resistência ao confronto com, 237; signos com significado num nível diferente, 82; sociologia abstrata muito distante da, 349; vivenciada, 310; *ver também* realidade externa; realidade social

realidade externa, 149, 307, 308, 317; características permanentes da, 133; mente humana e, 311-2; signo e, 94

realidade social, 70, 94, 198; criação, 21; estruturação, 21, 202; função semiótica que estrutura a, 101; moldagem de fatores, 359; visão de múltiplos aspectos da, 274

reciprocidade, 64, 68, 75, 115, 247, 324; equivalente, 169; generalizada, 92, 168, 170-1, 211; mútua, 169-70

Redfield, Robert, 271-2, 364

reflexividade, 257; *ver também* irreflexividade

região de Rzeszów (Polônia), 283

relações sexuais, 323, 326; iniciação pré-conjugal, 165; organização de,

58; parceiros; comuns e atraentes, 165; potenciais, 129, 165

República Popular da Polônia, 12

Reznikow, L. D., 80

Richards, Ivor A., 80

RNA (ácido ribonucleico), 121

Rousseau, Jean-Jacques, 61

Rysakova, S. A., 133

S

sacerdócio do arco dos Zuni, 54

Sahlins, Marshall D., 168

salões do Rococó, 115, 253

Sartre, Jean-Paul, 247

Saussure, Ferdinand de, 59, 74, 94, 96, 111, 194, 198, 372

Sautuola, Marcelino de, 145

Scher, Jordan M., 166

Scriven, Michael, 154

segurança, 163, 292, 348, 371; emocional, 335-40; garantia da, 353

Seligman, Brenda Z., 165

selvagens, 47-8, 60-1

semântica, 65, 82, 91, 97, 203, 226, 263; características especializadas, 124; desembaraçando elementos mútuos, 193; estrutural, 200; fonemas importantes, 110; métodos de análise estrutural em, 218

semiótica, 15, 18, 23, 33-4, 76, 101, 370; sociológica, 95; soviética, 79; *ver também* signos

sentenças semióticas, 215; criação constante de, 216

Shannon, Claude E., 88, 121

Sheriff, Muzafer, 183

Siek, Janusz, 9, 11

Sierpiński, Wacław, 95

Siewierz, 281

significado cultural, 110, 166-7, 200, 219, 310, 355; ambivalência em, 184; atribuído, 90; esfera marginal subordinada a, 182;

excesso de, 177; fenômeno de, 262; multiplicidade de, 184, 186; reconhecido, 197

significado(s), 28n35, 94, 98-9, 104, 122, 125, 199, 225, 241, 244, 274, 276, 302, 337; acessíveis, 191, 310; adaptativos, 247, 303; adquiridos, 47, 67; ambíguos, 340; análise dos, 234; aprendidos, 310-3; atribuídos, 205; ausência de, 149, 176-7; autonomização dos, 306; caos da experiência transforma-se num sistema coerente de, 108; categorias de, 34; clareza e originalidade necessárias dos, 136; codificados, 193; cognitivo-criativos, 163; coisas sem, 245; compartilhados, 19; compreendidos, 80, 269; compreensíveis, 193; condição necessária dos, 99; contraditórios, 180; crises de, 219; decisivos, 105; decodificados, 77; delineados, 127; devido a associações estatísticas, 266; dialéticos, 119; dinâmicos, 119; discrepâncias de, 186; do comportamento humano, 81-93, 112, 142, 193; duplo, 179; elementos fundamentais dos, 218; enfatizados, 16, 18; esforço eterno para dar, 111; espaço-temporais, 216; essência e, 14; essenciais, 23-4; estruturas de, 65, 67, 74; estruturas bem-conhecidas de, 90; excesso de, 240; expressos, 53, 197; extremamente restritos, 130; fixos, 19; "fossos" entre, 178; funções do, 187; geral, 353; importantes, 167; inequívocos, 139, 179, 208, 373; informacionais, 304; intelectuais, 174; léxicos, 82; livres, 308; "miscelânea" de, 178; modelos não necessariamente coerentes e, 21; mutuamente

Índice remissivo

contraditórios, 177; mutuamente significativos, 74; não econômicos, 291; nem todas as coisas observadas pelos sentidos têm, 132; novo, 118, 149; objetivo, 361; objeto tem, 79; ocultos, 356; oposição de, 218; pensamento, 201; privação temporária de, 231; problemas de há muito discutidos dos, 75; próximos, 373; rede de, 107; regiões marginais dos, 22, 187; relação de, 178; relação objetificada de, 149; relacionados ao status, 288; religiosos, 288; revelados, 124; semióticos, 79, 268; separação de, 307; significantes, 128, 131; signos são determinados pelos, 77; singular, 177, 179, 183, 188; sociais, 288; sociológicos, 361; sociológicos estritos, 359; solidificados, 139; surgimento dos, 372; unificados, 151; *ver também* significado cultural, multiplicidade de

signos, 39, 68, 89, 91, 123, 191, 241; absorvidos, 230; acesso irrestrito a, 230; acústicos, 148; adquiridos, 131; animais e, 125-36, 148, 152; articulados, 199; artificiais, 79; característica que diferencia, 80; complexos, 96; comportamentais, 100; comunicativos, 136, 148; conceito contemporâneo de, 76-81; conjunto de, 98, 225-6; criação e disseminação de, 239; decifrar, 53; determinados pelo significado, 77; diferenciar, 80, 131, 178, 229-30; divididos em componentes mutuamente autônomos, 373; especializados, 81, 231; fenômenos observáveis como, 77; fenômenos que exercem a função de, 78; função dos, 53; humanos, 41, 149, 152-3; identificantes, 211;

intelectualmente acessíveis, 64; linguísticos, 94, 153; mecanismo filogenético de produção de, 133; naturais, 78-9, 124; novos, 216, 228, 242; oposição de, 138; oposições artificiais de, 70; oposições isomórficas no mundo dos, 262; posição-criativos, 17, 231; posição-derivativos, 17, 226, 228, 231; posicionais, 242; problema dos, 81; reações lineares com, 82; selecionar, 135; significado dos, 86, 373; significativos, 65, 76, 81; troca de, 227; univocidade dos, 144; *ver também* signos culturais; significado(s); sistema de signos; teoria dos signos

signos culturais, 227; acessíveis, 230; caráter de posição-criativo ou de posição-derivativo, 234; estrutura social e, 225; ideais, 225; papel de, 64; informação prévia para, 231

Silésia, 284

símbolos subjetivos-objetivos, 166

Simon, Herbert A., 190

singularidade, 148-53, 374

sírios, 263

sistema de signos, 141, 152; a cultura como, 147, 234; critérios de seleção para a construção de, 135; esforços para interpretar a cultura como, 34; função crucial do, 83; herdado, 123; relação entre sistema de significados e, 83

sistema nervoso, 116; bem desenvolvido, 144; simétrico bilateral, 134

sistemas populares, 55

sistemas socioculturais, 244-53; busca urgente da individualização conhecida de, 231

Skinner, Burrhus, 123

Smith, Adam, 352

402 Esboços de uma teoria da cultura

Smoczyński, Piotr, 222
socialismo, 269-70, 297, 299, 364;
britânico, 12; características
constitutivas do, 330; construção
do, 330, 334; gama de
implementação de valores, 13;
transição do capitalismo ao, 296
socialização, 141, 223, 240, 308,
329; estágio decisivo da, 224;
possibilidade de, 61
Sociedade Polonesa de Filosofia, 9
sociologia, 74, 102, 226, 256, 261;
abstrata, 349; americana, 239-40,
341; analítica, 72; comportamental,
255; concepção neopositivista
da, 73; economização superficial
da, 267; estrutural, 370; modesta,
356; polonesa, 14; positivista, 255;
versão cultural unilateral da, 242
sociologia da educação, 321
sociologia política, 12
Solino, Gaio Júlio, 143
Sommerhoff, Gerd, 103
Spence, Kenneth W., 192
Spencer, Herbert, 118
Spinoza, Baruch, 118
Steward, Julian, 356
Stonequist, Everett V., 184-5
Strachey, William, 48
superioridade cultural, 45-6, 357, 366;
objetivação, 362
Suszko, Roman, 83
Szczepański, Jan, 332
Szczerba, Leslaw W., 111

T
tabus, 55, 154, 177, 234, 263;
ambivalência relacionada a, 176;
área altamente significativa do
ponto de vista social dos, 182;
implacáveis, 143; justificando
o uso de, 179; utilização da
instituição de, 186; *ver também*
tabus culturais
tabus culturais, 145, 183, 233, 263;
encarnação visível de, 143

Tácito, 332
Tales de Mileto, 39
Tanganica (Garganta de Olduvai), 145
Taylor, James, 41, 202
tecnologia, 21, 147, 273, 323, 329;
berço da, 39; dependência da,
350-2; esferas especializadas da,
63; fantástica, 356; fascinação pela,
351; nova, 341, 352; realizações
da, 18; reflexão acadêmica sobre,
44; significado de, 16; socialmente
acessível, 68
Teilhard de Chardin, Pierre, 148
Tel Aviv, 11
teoria da informação, 39
teoria da linguagem, 197;
estruturalista, 202; sincrônica, 214
teoria dos signos, 76
teoria semiótica da cultura, 39-234
Tester, Keith, 12, 26n15
Tich, N. A., 149
Tikopia, ilha, 171
Tinbergen, Nikolaas, 123, 126, 129
Tjuchtin, V. S., 120
Tolman, Edward C., 123
Tomás de Aquino, são, 265
trabalho assalariado, 282, 286;
crescimento da necessidade
de, 276; criação de um amplo
mercado de, 290
transformações, 12, 15, 23-4, 52, 65,
187, 215-6, 270, 272, 296-7, 319;
bens/artigos em mercadorias, 276,
279; constantes, 20; examinadas
pela cibernética, 237; humanas,
259; incrivelmente rápidas,
imprevisíveis, 8; infindáveis,
229; intensificação das, 244;
processo infraestrutural das, 363;
recíprocas, 64; revolucionárias,
116; significados podem ser
submetidos a, 307; significativas,
12, 280; sociais, 18; socioculturais,
18; visíveis, 64
Trobriand, ilhas, 52, 55, 93, 172
Tucídides, 50

Índice remissivo

tungúsicos, povos, 171
Turing, Alan M., 154

U

União Central da Indústria Polonesa, 284
União Soviética, 79, 104, 133, 149, 222, 273
universais: disciplinares, 58; infraestruturais, 347, 350-1, 353-4; macrossociais, 352-3; o problema dos, 16, 22, 156-88; pré-culturais, 57; *ver também* universais culturais
universais culturais, 160, 173, 186-7; buscas intensas por, 57; desejados, 164; espaços vazios não podem ser, 177; lugar de, 159; problema dos, 157; procurando por, 161
Universidade de Leeds, 9, 11
Universidade de Varsóvia, 10, 14, 27n17, 35, 370
urbanização, 17, 35, 40
urbanização das aldeias, 26n13, 270-4, 276, 279, 285, 288-92, 300-2

V

Van Gennep, Arnold, 325
VI (variável interveniente), termo, 191
visões cartesianas, 117
Vygotsky, Lev, 81, 84-5, 191

W

Wallas, Graham, 248
Walter, William G., 154
Washburn, Sherwood, 322
Weber, Max, 71
Wesley, John, 48, 50
White, Leslie A., 275, 356
Williams, Gertrude M., 185
Wilson, Charles, 352
Wissler, Clark, 41

Z

Zagórski, Krzysztof, 365
Zeidler-Janiszewska, Anna, 28n45
Zinoviev, Alexander, 78, 83
Znaniecki, Florian, 41, 54, 71-2, 75
Żółkiewski, Stefan, 14, 26n8, 35, 112, 196, 342
Zopf Jr., George W., 102, 106, 117

ESTA OBRA FOI COMPOSTA POR MARI TABOADA EM MINION PRO E IMPRESSA EM OFSETE PELA GRÁFICA SANTA MARTA SOBRE PAPEL PÓLEN SOFT DA SUZANO S.A. PARA A EDITORA SCHWARCZ EM MARÇO DE 2022

A marca FSC® é a garantia de que a madeira utilizada na fabricação do papel deste livro provém de florestas que foram gerenciadas de maneira ambientalmente correta, socialmente justa e economicamente viável, além de outras fontes de origem controlada.